面向21世纪卫生职业教育系列教材

供护理、英语护理、卫生保健、社区医学、助产、药剂、医学检验、药学、康复、眼视光、口腔工艺、影像技术、中医、中西医结合等专业使用

疾病学基础

主　编　王志敏　张金来
副主编　程　剑　李　永
编　者　（以姓氏笔画为序）
　　　　王　枚　贵州省遵义医药高等专科学校
　　　　王志敏　江苏省无锡卫生学校
　　　　王智明　江苏省镇江卫生学校
　　　　李　永　河南省焦作卫生学校
　　　　吴华英　江苏省无锡卫生学校
　　　　张金来　内蒙古呼伦贝尔市卫生学校
　　　　范忆江　江苏省盐城卫生职业技术学院
　　　　金春亭　河北省北方学院
　　　　庞兰英　甘肃省卫生学校
　　　　程　剑　江苏省无锡卫生学校
　　　　蒙　仁　广西壮族自治区人民医院附属卫生学校
　　　　魏　昕　贵州省遵义医药高等专科学校

科学出版社

北　京

内容简介

本教材根据教育部、卫生部关于卫生职业教育文件精神编写,供护理、英语护理、卫生保健、社区医学、助产、药剂、医学检验、药学、康复、口腔工艺、影像技术、眼视光、中医、中西医结合等专业使用。内容包括免疫学基础、病原微生物、人体寄生虫和病理学等知识,主要介绍人体疾病发生的原因、发生机制、发展规律和转归以及在疾病发展过程中机体出现的形态、功能和代谢的变化。本书语言生动,版式新颖,适合卫生职业院校教学使用。

图书在版编目(CIP)数据

疾病学基础/王志敏,张金来主编.—北京:科学出版社,2007.2
(面向21世纪卫生职业教育系列教材)
ISBN 978-7-03-018592-1

Ⅰ.疾… Ⅱ.①王…②张… Ⅲ.疾病学-职业教育-教材 Ⅳ.R366

中国版本图书馆 CIP 数据核字(2007)第 021264 号

责任编辑:魏雪峰 李 君/责任校对:张 琪
责任印制:李 彤/封面设计:黄 超

版权所有,违者必究。未经本社许可,数字图书馆不得使用

科学出版社 出版
北京东黄城根北街 16 号
邮政编码:100717
http://www.sciencep.com

北京凌奇印刷有限责任公司 印刷
科学出版社发行 各地新华书店经销

*

2007年2月第 一 版　　开本:787×1092 1/16
2023年2月第十四次印刷　印张:22
字数:500 000
定价:79.80元
(如有印装质量问题,我社负责调换)

序　言

党的二十大报告指出"人民健康是民族昌盛和国家强盛的重要标志。把保障人民健康放在优先发展的战略位置，完善人民健康促进政策。"贯彻落实党的二十大决策部署，积极推动健康事业发展，离不开人才队伍建设。"培养造就大批德才兼备的高素质人才，是国家和民族长远发展大计。"教材是教学内容的重要载体，是教学的重要依据、培养人才的重要保障。新版"面向21世纪卫生职业教育系列教材"的编写工作，要求全套教材在"新"字上下功夫，不但要更新教学大纲，而且要更新教材内容；不但要更新教材的结构，而且要更新教材的版面。

面向21世纪卫生职业教育系列教材有《正常人体学基础》、《疾病学基础》、《药物学基础》、《中医学基础》、《心理学基础》、《诊断学基础及常用诊疗技术》、《疾病概要（内科分册）》、《疾病概要（外科分册）》、《预防医学》、《健康教育》、《保健学基础》、《急救知识与技术》、《美学基础》等。新版教材适用于护理、英语护理、卫生保健、社区医学、助产、药剂、康复、药学、医学检验、口腔工艺、影像技术、眼视光、中医、中西医结合等专业。

衷心希望广大师生在使用上述教材的过程中，对教材中存在的疏漏和不足之处，及时提出宝贵意见，从而使有关教材更臻完善。今后，我们将不遗余力地做好专业建设和教材建设工作，为卫生职业教育贡献力量。

愿我们的卫生职业教育事业和城乡卫生人才队伍的建设蒸蒸日上！

中华预防医学会　　陈锦治
公共卫生教育学会职教分会
2006年8月

前　言

为了适应我国城乡卫生事业发展对中等卫生保健人才培养的需要，中华预防医学会公共卫生教育学会中专学组委会根据教育部、卫生部有关文件精神，组织编写了卫生保健专业系列教材。《疾病学基础》是其中的一门，它是在医学教育改革中将《免疫学基础》、《医学微生物学》、《人体寄生虫学》和《病理学》四门课程综合起来的一门新课程，属于医学专业基础课，内容包括免疫学基础、病原微生物、人体寄生虫和病理学等知识，主要介绍人体疾病发生的原因、发生机制、发展规律和转归以及在疾病发展过程中机体出现的形态、功能和代谢的变化。本书根据教学大纲，结合专业特点，突出了实用性和自学性，注重前期与后期课程的联系，注重基础与临床的联系。

本教材的编写得到中华预防医学会公共卫生教育学会职业教育分会领导的支持，得到编者们所在单位领导的关心和支持，得到科学出版社的帮助，在此一并表示衷心感谢。

由于编者们水平有限，书中出现的错误之处，恳请广大师生批评指正，期待再版时改进和提高。

王志敏

2006 年 10 月

目 录

绪论 ……………………………………………………………………………………………… (1)
第1章 医用微生物学概述 ………………………………………………………………… (3)
第1节 微生物的概念、种类及与人类的关系 ………………………………………… (3)
第2节 细菌的生物学性状与致病性 …………………………………………………… (4)
第3节 病毒的基本特性、致病性与免疫性 …………………………………………… (27)
第4节 其他微生物 ……………………………………………………………………… (35)
第5节 常见病原微生物 ………………………………………………………………… (39)
第2章 人体寄生虫学概述 ………………………………………………………………… (52)
第1节 概述 ……………………………………………………………………………… (52)
第2节 医学蠕虫 ………………………………………………………………………… (57)
第3节 医学原虫与医学节肢动物 ……………………………………………………… (84)
第3章 心理、社会因素与疾病 …………………………………………………………… (100)
第1节 概述 ……………………………………………………………………………… (100)
第2节 心身疾病的病因学 ……………………………………………………………… (102)
第3节 心身疾病的发病学 ……………………………………………………………… (104)
第4节 几种常见的心身疾病 …………………………………………………………… (105)
第4章 免疫学基础 ………………………………………………………………………… (111)
第1节 概述 ……………………………………………………………………………… (111)
第2节 免疫系统 ………………………………………………………………………… (112)
第3节 抗原 ……………………………………………………………………………… (116)
第4节 免疫球蛋白 ……………………………………………………………………… (121)
第5节 补体系统 ………………………………………………………………………… (127)
第6节 免疫应答 ………………………………………………………………………… (132)
第7节 抗感染免疫 ……………………………………………………………………… (136)
第5章 免疫病理与免疫学应用 …………………………………………………………… (141)
第1节 超敏反应概述 …………………………………………………………………… (141)
第2节 Ⅰ型超敏反应 …………………………………………………………………… (141)
第3节 Ⅱ型超敏反应 …………………………………………………………………… (144)
第4节 Ⅲ型超敏反应 …………………………………………………………………… (146)
第5节 Ⅳ型超敏反应 …………………………………………………………………… (148)
第6节 自身免疫病 ……………………………………………………………………… (150)

第 7 节　免疫缺陷病 ……………………………………………………………… (152)
第 8 节　免疫学应用 ……………………………………………………………… (153)

第 6 章　组织、细胞的适应、损伤和修复 ……………………………………… (161)
第 1 节　适应 ……………………………………………………………………… (161)
第 2 节　组织、细胞的损伤 ……………………………………………………… (164)
第 3 节　组织、细胞的修复 ……………………………………………………… (167)

第 7 章　局部血液循环障碍 ……………………………………………………… (169)
第 1 节　充血 ……………………………………………………………………… (169)
第 2 节　血栓形成 ………………………………………………………………… (171)
第 3 节　栓塞 ……………………………………………………………………… (174)
第 4 节　梗死 ……………………………………………………………………… (176)

第 8 章　炎症 ……………………………………………………………………… (179)
第 1 节　炎症的原因 ……………………………………………………………… (179)
第 2 节　炎症局部的基本病理变化 ……………………………………………… (180)
第 3 节　炎症的局部表现和全身反应 …………………………………………… (184)
第 4 节　炎症类型 ………………………………………………………………… (185)
第 5 节　炎症的结局 ……………………………………………………………… (188)

第 9 章　肿瘤 ……………………………………………………………………… (190)
第 1 节　肿瘤的概念 ……………………………………………………………… (190)
第 2 节　肿瘤的形态结构和异型性 ……………………………………………… (190)
第 3 节　肿瘤的生长与扩散 ……………………………………………………… (194)
第 4 节　肿瘤细胞的代谢特点 …………………………………………………… (195)
第 5 节　肿瘤对机体的影响 ……………………………………………………… (196)
第 6 节　良性肿瘤与恶性肿瘤的区别 …………………………………………… (197)
第 7 节　癌前病变、原位癌和早期浸润癌 ……………………………………… (197)
第 8 节　肿瘤的命名原则与分类 ………………………………………………… (199)
第 9 节　常见肿瘤举例 …………………………………………………………… (202)
第 10 节　肿瘤病因学和发病学 ………………………………………………… (205)
第 11 节　肿瘤的病理学检查方法 ……………………………………………… (207)
第 12 节　肿瘤的防治原则 ……………………………………………………… (208)

第 10 章　水、电解质代谢紊乱 …………………………………………………… (210)
第 1 节　水、钠代谢紊乱 ………………………………………………………… (210)
第 2 节　钾代谢紊乱 ……………………………………………………………… (214)

第 11 章　休克 ……………………………………………………………………… (217)
第 1 节　休克的原因和分类 ……………………………………………………… (217)
第 2 节　休克的发展过程、发生机制及病理临床联系 ………………………… (218)
第 3 节　休克时细胞的损伤与代谢障碍 ………………………………………… (221)
第 4 节　休克时重要脏器的病理变化 …………………………………………… (222)

目录

第12章　呼吸系统疾病 (224)
- 第1节　慢性支气管炎 (224)
- 第2节　慢性肺源性心脏病 (226)
- 第3节　肺炎 (227)
- 第4节　尘肺 (231)
- 第5节　肺癌 (233)
- 第6节　呼吸衰竭 (235)

第13章　心血管系统疾病 (239)
- 第1节　风湿病 (239)
- 第2节　心瓣膜病 (241)
- 第3节　高血压 (242)
- 第4节　动脉粥样硬化 (245)
- 第5节　心力衰竭 (249)

第14章　消化系统疾病 (255)
- 第1节　慢性胃炎 (255)
- 第2节　消化性溃疡 (256)
- 第3节　阑尾炎 (259)
- 第4节　病毒性肝炎 (260)
- 第5节　肝硬化 (264)
- 第6节　消化系统常见肿瘤 (267)
- 第7节　肝性脑病 (271)

第15章　泌尿系统疾病 (274)
- 第1节　肾小球肾炎 (274)
- 第2节　肾盂肾炎 (278)
- 第3节　肾功能衰竭 (280)

第16章　女性生殖系统疾病 (286)
- 第1节　慢性子宫颈炎 (286)
- 第2节　慢性盆腔炎 (287)
- 第3节　子宫内膜炎 (287)
- 第4节　子宫内膜增生症(无排卵性功能失调性子宫出血) (288)
- 第5节　子宫内膜异位症 (289)
- 第6节　女性生殖系统肿瘤 (289)
- 第7节　乳腺疾病 (293)

第17章　传染病及寄生虫病 (295)
- 第1节　结核病 (295)
- 第2节　伤寒 (300)
- 第3节　细菌性痢疾 (302)
- 第4节　流行性脑脊髓膜炎 (303)

第5节　流行性乙型脑炎 ·· (305)
第6节　脊髓灰质炎 ··· (307)
第7节　流行性出血热 ·· (308)
第8节　淋病 ·· (309)
第9节　梅毒 ·· (310)
第10节　获得性免疫缺陷综合征 ·· (312)
第11节　阿米巴病 ·· (313)
第12节　血吸虫病 ·· (315)
第13节　丝虫病 ··· (317)

实验指导 ·· (319)
　　实验1　细菌形态和结构 ··· (319)
　　实验2　细菌生理和外界环境因素影响 ·· (320)
　　实验3　人体寄生虫 ··· (322)
　　实验4　免疫学基础 ··· (322)
　　实验5　组织的损伤、修复与适应 ··· (322)
　　实验6　局部血液循环障碍 ·· (323)
　　实验7　炎症 ·· (324)
　　实验8　肿瘤 ·· (325)
　　实验9　呼吸系统疾病 ·· (326)
　　实验10　心血管系统疾病 ·· (326)
　　实验11　消化系统疾病 ··· (327)
　　实验12　泌尿系统疾病 ··· (328)
　　实验13　传染病与寄生虫病 ··· (329)

《疾病学基础》教学大纲 ··· (331)

主要参考文献 ·· (340)

绪 论

疾病学基础是阐述人体疾病发生发展的基本因素以及在病因作用下机体形态结构和机能代谢出现变化的一门医学基础课程。

一、疾病学基础的任务和研究内容

疾病学基础是以辩证唯物主义观点为指导思想,运用科学的思维方法和技术研究人体疾病发生的原因、发生机制、发展规律以及疾病发展过程中机体的形态结构、功能代谢变化和病变转归,为保健、临床诊治、护理和疾病预防提供科学理论依据。

疾病学基础包括免疫学基础、医学微生物学、人体寄生虫学和病理学等知识。

二、疾病学基础在医学中的地位和作用

疾病学基础是一门介于基础医学和临床医学之间的桥梁课程。学习疾病学基础必须具有坚实的医学前期学科知识,如正常人体学、生物化学、药理学等,疾病学基础又可为临床学科如内科学、外科学、儿科学、妇产科学等提供诊断、治疗和预防的依据。它们相互促进,共同提高。

三、学习疾病学基础的指导思想和方法

疾病学基础是一门实践性很强的学科,也很强调直观性和疾病的动态变化。因此,学习疾病学基础要以辩证唯物主义观点作为指导思想,既要学习、理解基本概念和基本理论,又要运用这些知识去认识疾病的发生和发展中出现的共性、个性和变化规律;既要认识疾病发生的原因、机制和病理变化,又要注意原因与条件以及它们之间的关系和相互影响;既要观察疾病时局部和表面的表现,又不能忽视整体的变化与反应。疾病的发生发展是一个连续的动态的过程,所以要用运动的、发展的观点认识疾病的全过程以及它的变化规律。通过理论学习和实践讨论,达到正确认识疾病本质、不断提高发现问题、分析问题和解决问题能力的目的,为临床医学课和专业课的学习打下坚实基础。

随着社会的进步,人类学习、工作和生活方式与环境的变化,疾病的发生原因、种类也发生了很大变化。因此,在学习疾病学基础时,要以生物—心理—社会这一新的医学模式去认识疾病,去指导我们学习这一课程。要重视心理因素和社会因素在疾病发生发展中的作用,要运用新的医学观在更深的层次上阐述病因和疾病发生、发展和转归过程中的基本规律。要以新的医学理论为指导,通过疾病学基础的学习与实验,加深对人与自然关系的理解,进一步提高临床工作水平。

在学习疾病学基础中应该注意做到:

1. 理论联系实际　疾病学基础是一门理论性和实践性都较强的学科,所以在学习时既要重视理论知识的学习,也要重视实践技能的提高,做到理论与实际相结合,两者相辅相成,提高学习效率。

2. 总论联系各论　总论是从宏观面阐述疾病学基础中的共性规律,各论是从微观面讨论疾病学基础中的内容。要学好各论中的基本理论、基本知识和掌握基本技能,就必须掌握比较扎实的总论中的知识和理论。两者密切相关,不可偏废。

3. 基础理论联系临床　疾病学基础中的基本理论与临床医学关系密切,学习本门知识必须联系临床工作的理论与实践。要学会用基本理论解释临床上病人出现的症状与体征,根据基本理论推测病人可能会出现的临床表现。

四、疾病学基础的研究方法

本学科十分重视对病人的病因与对各器官、组织形态结构和功能代谢变化的研究。通过应用微生物、免疫学检测技术和各种观察方法,如肉眼、光学显微镜、电子显微镜、组织细胞培养和免疫组织化学等先进技术与方法,对来源于活体、尸体、实验动物标本等进行细致的观察、科学的比较,得出客观的科学依据。

随着医学科学的发展,新的技术不断应用于疾病的研究之中,如图像分析技术已经将二维空间发展为三维空间,重组 DNA、核酸分子杂交、原位杂交、聚合酶链反应、DNA 测序等分子生物学技术为疾病病因的检查和肿瘤的诊断提供重要依据,流式细胞术对临床免疫检测起着重要作用,最近才应用到临床的基因芯片技术更是有着广阔的前景。

第1章 医用微生物学概述

第1节 微生物的概念、种类及与人类的关系

一、微生物的概念

微生物（microorganism 或 microbe）是一类肉眼不能直接看见，必须借助显微镜放大后才能观察到的微小生物。它们具有个体微小、结构简单、繁殖快、分布广、种类多和易变等特点。

二、微生物的种类

1. 根据微生物的细胞结构、分化程度和化学组成等特点，可分为三大类型。

（1）非细胞型微生物：无细胞结构、无产生能量的酶系统，由单一核酸（RNA 或 DNA）和蛋白质衣壳组成，只能在活的易感细胞内增殖。如病毒（virus）、亚病毒（subvirus）。

> **链接** 亚病毒——亚病毒是指比病毒结构还要简单的非细胞型微生物，它包括只有核酸而不具有蛋白质的类病毒、拟病毒和只有蛋白质而不具有核酸的朊病毒。马铃薯纺锤形块茎病的病原体是类病毒，疯牛病的病原体是朊病毒。

（2）原核细胞型微生物：细胞核分化程度低，仅有原始的核，无核仁和核膜。除核糖体外，无其他细胞器。如细菌、衣原体、支原体、立克次体、螺旋体和放线菌。

（3）真核细胞型微生物：细胞核分化程度高，有核膜、核仁和染色体，胞浆内有多种细胞器（如内质网、高尔基体和线粒体等），进行有丝分裂。如真菌、原虫。

2. 根据微生物种的特征又分为原虫、病毒、亚病毒、细菌、放线菌、真菌、衣原体、支原体、立克次体、螺旋体 10 个大类。简记"1虫2毒3菌4体"。

三、微生物与人类的关系

1. 绝大多数微生物对人类和动植物的生存是有益且必需的。在地球上，生物的繁荣发展、食物链的形成，微生物起着重要作用。如果没有微生物把有机物降解为无机物并产生大量二氧化碳，其结果将是地球上有机物堆积如山，同时新的有机物将无法继续合成。在这样的生态环境中一切生物将无法生存。

人和动物机体内正常情况下存在的微生物群系称为正常菌群（normal flora）。微生态学研究证明，正常菌群对于机体具有生理作用、免疫作用和生物屏障作用。

微生物在现代各行各业广泛应用。在农业方面，人类广泛利用一些微生物的特性，开辟了以菌制肥、以菌促长、以菌防病和以菌治病等农业增产新途径。在工业方面，微生物广泛应用在食品、制革、纺织、石油、化工、抗生素、维生素和辅酶的生产等领域。环保工程中用微生物来降解污水中的有机磷、氰化物等有毒物质。近年来，微生物在基因工程技术中作用辉煌，提供了多种工具酶和基因载体生产需要的生物制品，如胰岛素、干扰素等。此外，还可以人为地定向创建有益的工程菌新品种。

2. 少数微生物能引起人类或动植物的病害，这些具有致病性的微生物称为病原微生物。例如，脑膜炎奈瑟菌引起流脑、肝炎病毒引起病毒性肝炎、人类免疫缺陷病毒引起艾滋病等。有些微生物在正常情况下不致病，而在特定条件下可引起疾病，称为条件致病菌。

医学微生物学（medical micobiology）主要是研究与医学有关的病原微生物的生物学特性、致病性与免疫性、特异性诊断和防治措施等内容，目的是控制和消灭感染性疾病以及与之有关的免疫性疾病。

第2节 细菌的生物学性状与致病性

细菌（bacterium）是微生物中的一个大家族，属于原核细胞型微生物。它们体形微小，结构简单，繁殖快，只有核质，无核仁和核膜。了解细菌的形态对研究细菌的生理活动、致病性和免疫性，以及鉴别细菌、诊断疾病和防治细菌感染等均有重要意义。

一、细菌的形态与结构

（一）细菌的大小、形态与检查法

细菌很小，通常以微米（μm）作为测量单位。观察细菌形态要用光学显微镜放大几百倍到几千倍才能看到。细菌按其外形描述可分为3类：球菌、杆菌和螺形菌（图1-1）。

1. 球菌 菌体外形呈球形或近似球形，如肾形、矛头形等，平均直径0.8~1.2 μm。球菌根据其分裂方向和分裂后的排列方式不同，可分为双球菌、链球菌、葡萄球、四联球菌和八叠球菌。

2. 杆菌 外形呈杆状。各种杆菌大小、长短与粗细差异较大。大杆菌长约4~10 μm，如炭疽芽孢杆菌;中等大杆菌长约 2~3 μm,如大肠埃希菌;小杆菌长 0.6~1.5 μm,如布鲁氏菌。菌体两端呈钝圆形,少数两端平齐。有的菌体较短,称球杆菌;有的末端膨大呈棒状,称棒状杆菌;有的菌体呈分枝状,称分枝杆菌;还有的呈链状排列,称链杆菌。

3. 螺形菌 菌体有一个弯曲或几个弯曲的细菌称为螺形菌,可分为:①弧菌:菌体较短,约 2~3 μm,只有一个弯曲呈弧形或逗点状,如霍乱弧菌和副溶血性弧菌。②螺菌:菌体较长,约 3~6 μm,菌体有多个弯曲,如鼠咬热螺菌、幽门螺杆菌。

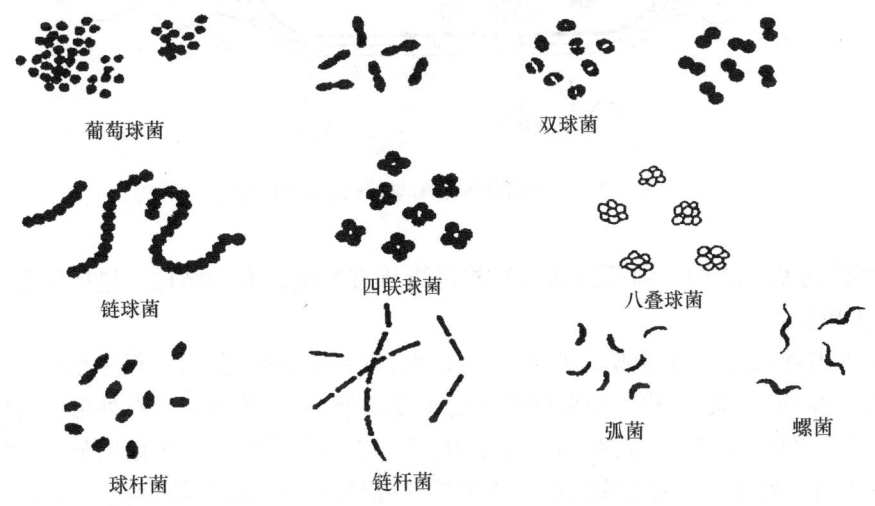

图 1-1 细菌的基本形态

细菌形态学检查法:

1. 不染色标本检查法 细菌标本不经染色直接在显微镜下观察,可看到生活状态下的细菌轮廓和细菌运动情况,常用的方法有:①压滴法:将细菌悬液滴在载玻片上,用盖玻片压在其上,放在显微镜下观察;②悬滴法:将细菌悬液倒置于盖玻片下面,盖玻片置于凹玻片凹孔上,放在显微镜下观察。

2. 染色标本检查法 细菌的等电点在 pH 2~5 之间,在中性环境中带负电荷,易于与带正电荷的碱性染料结合,从而使细菌着色。细菌染色法有单染法(用单一染料染色的方法,如美亚甲蓝染色法)、复染法(用两种以上染料进行染色的方法)和负染法(背景被染上颜色,而菌体不着色呈光亮色,如墨汁染色法)。常用复染方法有:①革兰染色(Gram stain):呈紫色为阳性菌,红色为阴性菌;②抗酸染色:呈红色为抗酸菌,呈蓝色为非抗酸菌;③荚膜特殊染色;④鞭毛特殊染色;⑤芽孢特殊染色。

细菌形态受到各种理化因素的影响。一般来说,在生长条件适宜时形态较为典型,在衰老时或不利环境下常常出现不规则的形态,表现为多形性。在临床诊断中要注意细菌的形态变异。

(二) 细菌的结构

细菌的结构包括基本结构和特殊结构(图 1-2)。学习细菌的结构,对了解细菌致病性、免疫性以及抵抗力等均有重要作用。

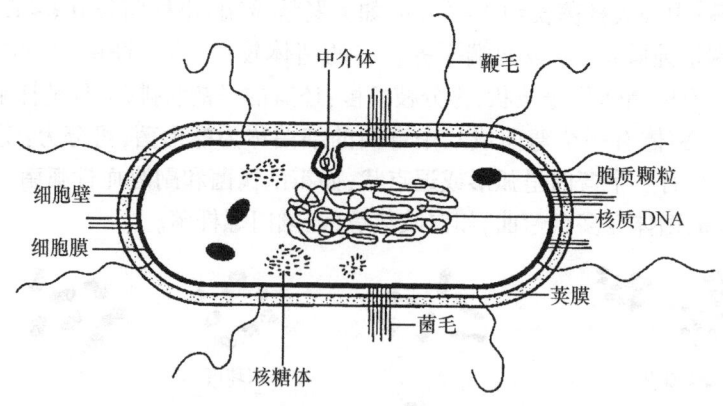

图 1-2 细菌的基本结构与特殊结构模式图

1. 细菌的基本结构　细菌的基本结构是指所有细菌都有的结构。包括细胞壁、细胞膜、细胞质和核质。

（1）细胞壁：是紧贴细胞膜的外层，强度较大，有一定弹性，其间有很多小孔，可溶性小分子可自由穿透的膜状结构。细菌细胞壁的主要功能：①维持细菌固有外形，保持菌体完整；②保护细菌抵抗低渗环境，起到屏障作用；③与细胞膜共同完成细菌内外的物质交换；④具有抗原性。细胞壁上带有多种抗原决定簇，决定细菌菌体的抗原性；⑤与致病性有关。某些细菌细胞壁成分是细菌致病的物质基础，如革兰阴性菌细胞壁的脂多糖。革兰阳性菌和革兰阴性菌细胞壁结构不同（图 1-3）。革兰阳性菌细胞壁主要由磷壁酸和肽聚糖（又称黏肽）组成。磷壁酸是革兰阳性菌的主要表面抗原。肽聚糖是细菌细胞壁中主要成分，占革兰阳性菌细胞壁干重的 50%~80%。肽聚糖是由 N-乙酰葡糖胺和 N-乙酰胞壁酸交替间隔排列，并由氨基酸组成的四肽链与五肽桥交叉连接构成机械强度相当大的三维立体结构（图 1-4）。

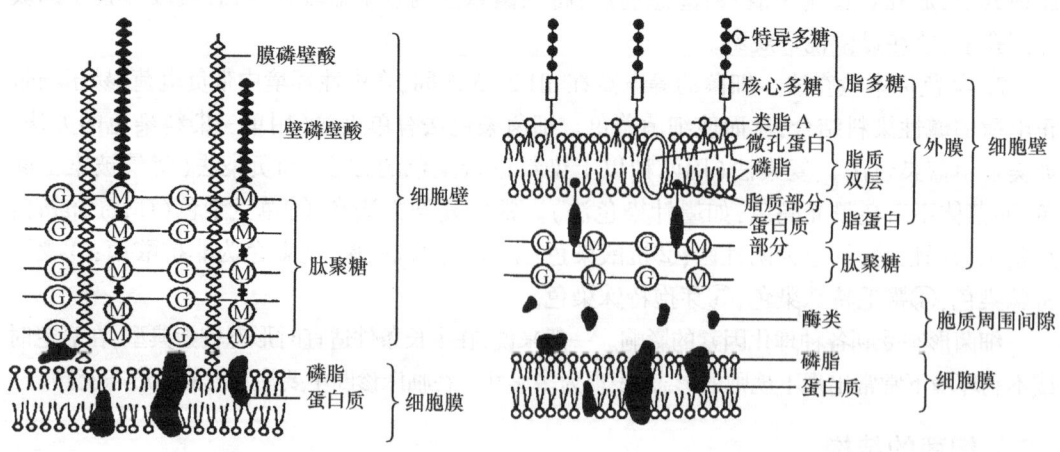

图 1-3　革兰阳性菌和革兰阴性菌细胞壁结构的比较

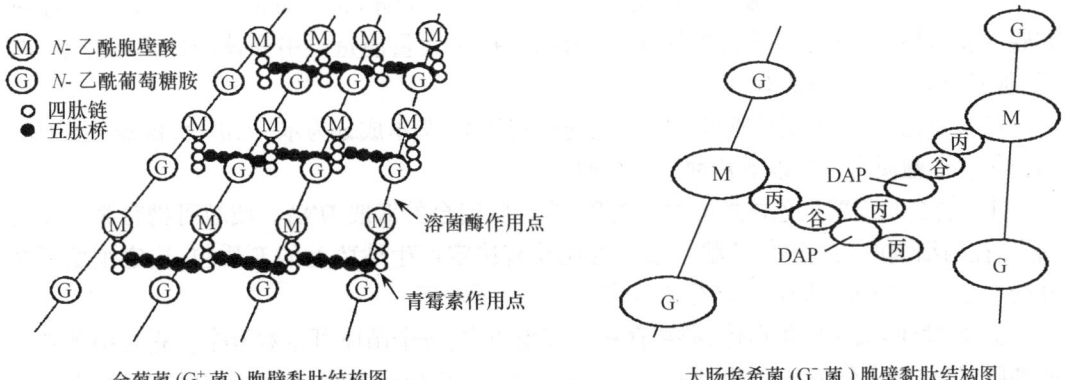

图 1-4 革兰阳性菌和革兰阴性菌细胞壁黏肽结构的比较

青霉素可抑制细菌合成肽聚糖,溶菌酶可溶解破坏肽聚糖,从而细菌失去了细胞壁的保护作用,在低渗环境下,水分渗入细胞内,使菌体膨胀裂解。所以青霉素和溶菌酶对革兰阳性菌有杀菌作用。

革兰阴性菌的细胞壁由肽聚糖和外膜组成。肽聚糖含量少,占革兰阴性菌细胞壁干重的 5%~20%,且结构疏松(图 1-4)。外膜由脂多糖、脂质双分子层和脂蛋白组成。脂多糖是革兰阴性菌的内毒素,与细菌的致病性有关。由于革兰阴性菌细胞壁含肽聚糖少,且有外膜层的保护作用,因此,对青霉素和溶菌酶不敏感。革兰阳性菌与革兰阴性菌细胞壁结构比较(表 1-1)。

表 1-1 革兰阳性菌与革兰阴性菌细胞壁结构比较

细胞壁	革兰阳性菌	革兰阴性菌
强度	较坚韧	较疏松
厚度	厚,20~80 nm	薄,10~15 nm
肽聚糖含量	占细胞壁干重 50%~80%	占细胞壁干重 5%~20%
磷壁酸	有	无
外膜	无	有

细胞壁缺陷型(细菌 L 型) 当细菌细胞壁中的肽聚糖结构受到理化、生物因素的破坏或合成被抑制,在高渗环境下尚能存活称为细胞壁缺陷型细菌,这种细胞壁受损能够生长和分裂的细菌称为细胞壁缺陷型或 L 型。细菌 L 型在临床上常引起尿路感染、骨髓炎、心内膜炎等疾病。临床上有明显症状而标本常规细菌培养阴性者,应考虑细菌 L 型感染的可能性。

(2) 细胞膜:细胞膜或称胞质膜,是位于细胞壁内侧,包绕在细胞质外的薄而具有弹性的半渗透性脂质双层生物膜,主要由磷脂及蛋白质构成。细胞膜的主要功能有:①选择性细胞内外营养物及代谢产物的运输;②维持细胞内正常渗透压,起屏障作用;③借助膜上含有的与呼吸有关的酶直接参与细菌的产能代谢,它是细菌的产能基地;④是合成细菌细胞壁及壁外各种附属结构的场所。

细胞膜向胞质内陷折叠形成囊状物,称为间体或中介体(mesosome)。中介体扩大了细胞膜的表面积,相应增加呼吸酶的含量,为细菌提供大量能量。中介体与细菌的分裂、呼吸、胞壁合成和芽孢形成有关。

(3) 细胞质:为细胞膜所包裹的无色透明胶状物,基本成分为水、无机盐、核酸、蛋白质、脂类等。细胞质内含有以下几种重要结构。

① 质粒:是细菌染色体外的遗传物质,为环状闭合的双股DNA。质粒可携带某些遗传信息,控制细菌的某些遗传性状。重要的质粒有决定产生性菌毛的F质粒,决定细菌耐药性的R质粒和决定大肠杆菌产生大肠菌素的Col质粒等。

② 核糖体:又称核蛋白体,游离存在于细胞质中,每个菌体可达数万个。它是细菌唯一的细胞器,化学成分是RNA和蛋白质,是细菌合成蛋白质的场所。有些抗生素如链霉素、氯霉素、林可霉素和红霉素等可与细菌核糖体结合,干扰蛋白质的合成,从而杀灭细菌,由于人类的核糖体与细菌不同,故上述抗生素对人体细胞无此作用。

③ 胞质颗粒:细菌细胞浆中常有各种内含颗粒,大多数为营养贮藏物,如糖原、淀粉、脂质和磷酸盐等。胞质颗粒不是细菌的必需成分和结构,有时出现,有时消失。一般来说,当营养充足时,胞质颗粒多;反之当营养缺乏时,胞质颗粒就会减少甚至消失。

胞质颗粒的成分为磷酸盐者,嗜碱性较强,染色时着色较深,称为异染颗粒;根据异染颗粒的形态与位置,可以鉴别细菌,如白喉棒状杆菌和鼠疫耶尔森菌等。胞质颗粒的成分为脂质者,称为脂质颗粒。脂质颗粒易被脂溶性染料(如苏丹黑)染色,颗粒多为球形,大小不一,折光性强,不染色也能清晰可见。胞质颗粒的成分为多糖者,称为多糖颗粒。当用碘染色时,多糖颗粒中的糖原染成红棕色,淀粉染成蓝色。大肠埃希菌的多糖颗粒光镜下不易看见,只有在电镜下才可见。

(4) 核质:是细菌的遗传物质,是细菌存活所必需的,决定细菌的遗传特征。细菌为原核细胞型微生物,无完整的细胞核,其遗传物质是由裸露的双股DNA反复回旋卷曲盘绕而成的染色体,无核膜包绕,故称为核质或拟核。

2. 细菌的特殊结构　细菌的特殊结构是某些细菌在一定条件下所特有的结构,不是所有细菌都具有,有些细菌具有一种特殊结构,有些具有两种或三种,有些一种没有。细菌的特殊结构包括荚膜、鞭毛、菌毛和芽孢。除菌毛外,其他3种特殊结构经特殊染色后在光学显微镜下可以看到。通过观察细菌的特殊结构可以鉴别细菌。

(1) 荚膜:细菌胞壁外围绕一层较厚的黏液性胶冻样物质,厚度在0.2 μm以上,普通光学显微镜可见,与四周有明显界限,称为荚膜(图1-5)。厚度在0.2 μm以下,普通光学显微镜下不可见,必须用电镜或免疫学方法证实其存在,称为微荚膜,如溶血性链球菌的M蛋白、伤寒杆菌的Vi抗原及大肠埃希菌的K抗原等。

荚膜的化学成分为多糖、多肽、透明质酸等。荚膜的形成与环境条件密切相关,一般在动物体内或营养丰富的培养基中容易形成,在

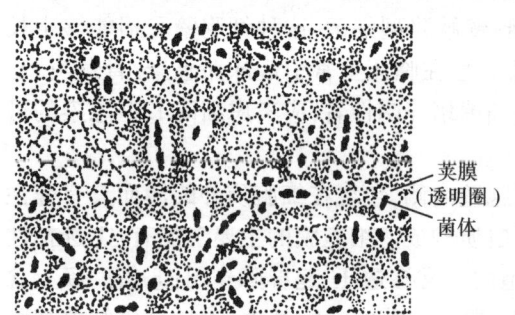

图1-5　细菌的荚膜

普通培养基传代培养时细菌荚膜易消失。

荚膜和微荚膜的功能：与细菌的致病能力有关。在机体内，荚膜具有抵抗吞噬细胞的吞噬和消化作用，其抗吞噬机制可能是荚膜多糖亲水、带负电荷、阻滞表面吞噬活性；荚膜可保护细菌免受体内杀菌物质如溶菌酶、补体、抗体和抗菌药物等对细菌的损伤；荚膜能贮留水分使细菌具有抗干燥作用。

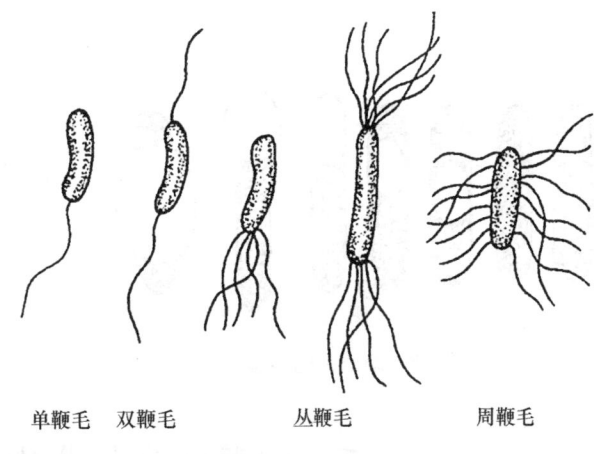

图1-6 细菌的鞭毛

（2）鞭毛：是在某些细菌菌体上附有的细长呈波状弯曲的丝状物。鞭毛的成分为蛋白质。鞭毛是细菌的运动器官。某些细菌的鞭毛与致病有关，如霍乱弧菌。按照鞭毛的数目及其排列，可将有鞭毛的细菌分为单毛菌、双毛菌、丛毛菌和周毛菌（图1-6）。

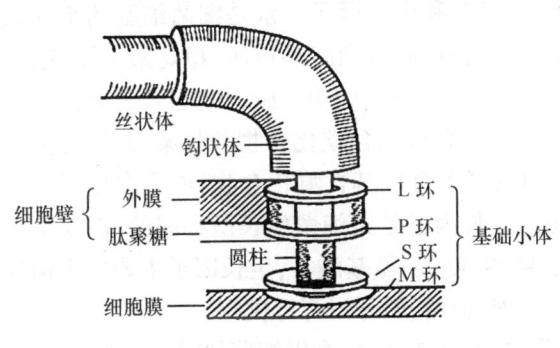

图1-7 鞭毛超微结构示意图

（3）菌毛：菌毛是许多革兰阴性菌和少数革兰阳性菌菌体上的比鞭毛更为细、短、直、硬和多的丝状物。其化学成分为蛋白质，需借助电镜才能看到（图1-7）。菌毛可分为普通菌毛和性菌毛两种。普通菌毛数目多，可达数百根，遍布整个菌体，具有黏附易感细胞的能力，便于其生长繁殖，故与细菌的致病性有关。性菌毛数目少，每个细菌仅有1~4根，比普通菌毛长而粗，为中空的管状；有性菌毛的细菌，通过性菌毛与另一细菌接触，可传递质粒携带的遗传物质，如耐药基因。

（4）芽孢：某些细菌在一定条件下，细胞浆脱水浓缩，在菌体内形成有多层膜包裹的圆形或椭圆形小体，称为芽孢。芽孢带有成套的核质、酶和合成菌体成分的结构，能保持细菌的全部生命活动。但芽孢不繁殖，在适当的条件下，一个芽孢又可吸水膨大，形成一个细菌繁殖体。因此，芽孢是细菌的休眠状态而不是繁殖方式。产生芽孢的细菌大多是革兰阳性菌。

根据各种细菌形成的芽孢大小、形态及在菌体中的位置不同，可以帮助鉴别细菌（图1-8）。芽孢含水量少，蛋白质受热不易变性，并有多层厚而致密的膜结构（图1-9），化学物品不易渗入，芽孢中还含有大量的耐热的吡啶二羧酸物质，故芽孢对热、干燥、化学消毒剂等理化因素抵抗力强。有芽孢的细菌在自然界中可存活20~30年，可耐100℃沸水数小时，用一般方法不易将其杀死。杀灭芽孢最可靠的方法是高压蒸气灭菌。由于芽孢抵抗力强，故在医疗实践中以杀灭芽孢为灭菌标准。

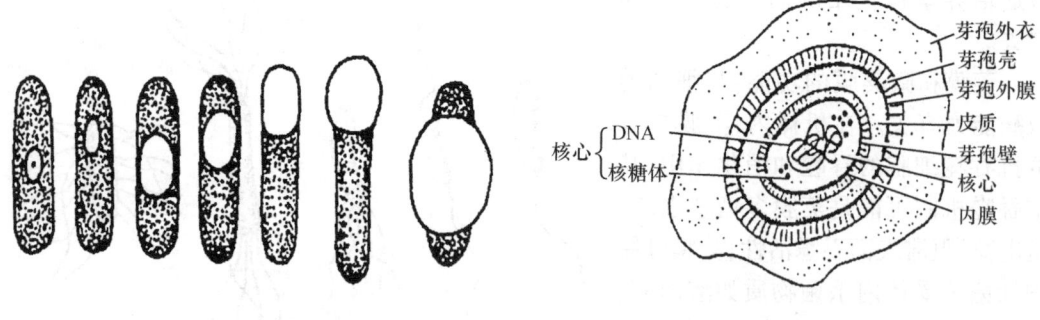

图1-8 细菌芽孢形态　　　　　图1-9 细菌芽孢结构

二、细菌的生长繁殖代谢及变异

(一) 细菌的生长繁殖

1. 细菌生长繁殖的条件

(1) 营养物质:主要包括水、无机盐、碳源、氮源和生长因子。水是细菌细胞的组成成分,也是良好的溶剂和媒介。无机盐参与菌体的构成、调节细胞渗透压、稳定酸碱平衡、维持酶活性等。细菌需要的无机盐有钾、钠、钙、镁、铁、锌、硫、磷等。碳源是指含有碳元素的营养物,主要是糖和蛋白质的降解产物;细菌以碳源合成其含碳化合物及骨架,并作为能量的来源。氮源是指含有氮元素的营养物,细菌以氮源合成其含氮化合物,如蛋白质、核酸、酶等;蛋白质及氨基酸是最易被利用的氮源。生长因子是指细菌生长所必需的,需要量少本身不能合成的一类营养物,如B族维生素、嘌呤、嘧啶、氨基酸等;生长因子主要用来构成辅酶、提供细菌不能合成的氨基酸等,一般由血液、血清、酵母浸膏等供应。

(2) 酸碱度:多数病原菌生长繁殖的最适pH为7.2~7.6,个别细菌如霍乱弧菌最适pH为8.4~9.2,结核分枝杆菌最适pH则为6.5~6.8。

(3) 温度:多数病原菌生长繁殖的最适温度为37℃。

(4) 气体环境:主要是氧和二氧化碳。根据细菌对氧的需求,可把细菌分为3种类型:专性需氧菌,只能在有氧的环境中才能生长繁殖的细菌,如炭疽芽孢梭菌;专性厌氧菌,必须在无氧的环境下才能生长繁殖的细菌,如破伤风芽孢梭菌;兼性厌氧菌,在有氧或无氧的环境中都能生长繁殖的细菌,大多数病原菌属于此类。

多数细菌利用自身代谢过程中产生的二氧化碳已能满足需要,某些细菌如脑膜炎奈瑟菌初次分离培养时,必须供给5%~10%二氧化碳才能生长。

2. 细菌的繁殖方式和速度

(1) 繁殖方式:细菌以简单的二分裂法进行无性繁殖,即1个分裂为2个再分裂成为4个,如此连续分裂。球菌沿赤道线分裂,然后形成不同的排列,如双球菌、链球菌、葡萄球菌等;杆菌一般沿横轴分裂。

(2) 繁殖速度:在适宜的生长繁殖条件下,细菌的繁殖速度是相当快的,多数为20~30 min分裂一次,个别细菌如结核分枝杆菌为18~20 h。细菌分裂一次称为繁殖一代。以

20 min 分裂 1 次计算,经过 10 h,1 个细菌将繁殖成 10 亿个以上。但事实上,任何环境对细菌生长繁殖不能总是适宜的,由于营养物质消耗和代谢产物的堆积,经过一段时间后,细菌繁殖速度会逐渐减慢,甚至死亡。

(二) 细菌的人工培养

1. **培养基** 以人工方法配制的专供微生物生长繁殖使用的混合营养物称为培养基。培养基制成后必须经灭菌处理。培养基种类很多,按用途可分为基础培养基、营养培养基、鉴别培养基、选择培养基和厌氧培养基等;按物理性状可分为液体、固体和半固体培养基。在液体培养基中加入一定量的凝固剂(如琼脂)成为固体或半固体培养基。

2. **细菌在培养基中的生长现象** 将细菌接种到培养基中,一般经 37℃ 培养 18~24 h 可出现肉眼可见的生长现象(图 1-10)。在液体培养基中可出现均匀混浊、沉淀和形成菌膜 3 种现象,临床上应用的澄清透明的注射液若发现上述任何一种现象,均表明已被细菌污染,不能使用。

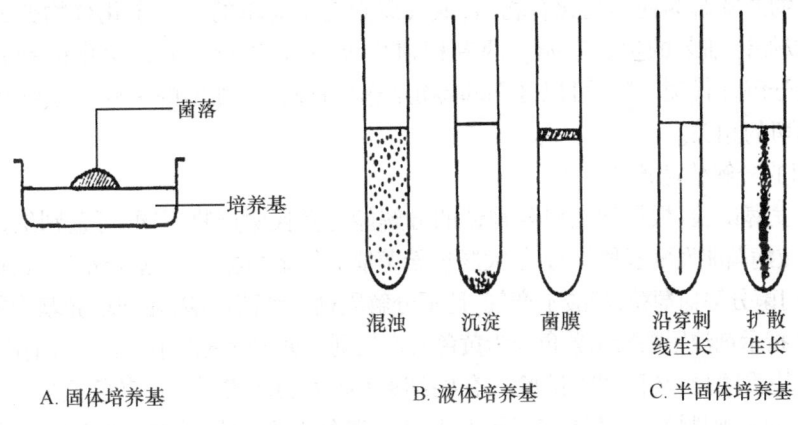

图 1-10 细菌在培养基中的生长现象

在固体培养基上可出现菌落和菌苔两种现象。菌落是固体培养基中单个细菌生长繁殖后,在培养基表面形成的肉眼可见的细菌集团。不同细菌形成的菌落大小、形态、颜色不同,有利于鉴别细菌种类(图 1-11)。许多菌落融合在一起连成片者称为菌苔。菌落是由一个细菌分裂形成的,所以是纯种的;菌苔是多个菌落混合而成,所以菌苔可以是纯种的,也可以是混合种的。在半固体培养基中的生长现象可以鉴别细菌是否有动力。半固体培养基一般装在试管内,将细菌用接种针穿刺接种于半固体培养基中,经培养后,无鞭毛细菌沿穿刺线生长,穿刺线清晰,表示细菌无动力;有鞭毛细菌则沿穿刺线向周围扩散生长,穿刺线模糊不清,表示细菌有动力。

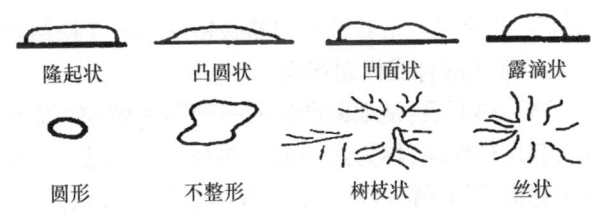

图 1-11 细菌菌落形态

3. 人工培养的实际应用

在医学中的应用:细菌的鉴定和研究,对细菌的生理、遗传变异、致病性和耐药性等的实验研究都需要细菌的人工培养。传染病的诊断和防治,明确诊断病原菌,进行细菌的分离培养鉴定、药物敏感试验,并指导临床用药。生物制品的制备,如疫苗、类毒素、抗毒素和免疫血清等的制备均要依靠人工培养。菌种的保存,先在培养基上进行纯培养挑选后再冷冻保存。

在基因工程中的应用:将带有外源性基因的重组 DNA 转化给受体菌,使其在菌体内获得表达。细菌培养操作方便,容易培养,繁殖快,基因表达产物易于提取纯化,故可以大大地降低成本。如应用基因工程技术已成功制备了胰岛素、干扰素和乙肝疫苗等。

在工农业产生中的应用:细菌培养及发酵在工农业生产中有巨大的作用。可用于制备抗生素、维生素、氨基酸、化学制剂和染料等产品。

(三) 细菌的代谢产物

细菌的新陈代谢是一系列的生化反应过程,包括分解代谢和合成代谢。分解代谢是将复杂的营养物质降解为简单的化合物;合成代谢则是将简单的小分子化合物合成为复杂的菌体成分,以保证细菌的生长繁殖。两者相辅相成,同时进行。通过生化试验的方法检测细菌的某些分解性代谢产物,可以区别和鉴定细菌的种类。细菌的一些合成性代谢产物与医学有着密切的相关。

1. 细菌的分解代谢产物

(1) 糖发酵试验:根据细菌对各种糖的分解能力及代谢产物不同,可鉴别细菌。

一般非致病菌能发酵多种单糖,如大肠埃希菌能分解葡萄糖和乳糖,产酸产气;而一般致病菌如伤寒沙门菌分解葡萄糖,产酸不产气,且不分解乳糖。细菌产酸,能把培养基中的指示剂变色(如酸能把指示剂溴甲酚紫由紫色变为黄色),产气则可见试管内的小导管有气泡出现。

(2) 靛基质试验:又称吲哚试验。有些细菌(如大肠埃希菌)具有色氨酸酶,能分解色氨酸产生靛基质(吲哚),靛基质与指示剂对二甲基氨基苯甲醛结合,可产生红色的玫瑰靛基质。

(3) 硫化氢试验:有些细菌(如变形杆菌和乙型副伤寒杆菌)能分解含硫氨基酸,产生硫化氢,硫化氢与培养基中的醋酸铅或硫酸亚铁结合生成黑色的硫酸铅或硫化亚铁。

2. 细菌的合成代谢产物

(1) 热原质:是细菌产生的一种脂多糖(如细菌的内毒素),将它注入人体或动物体内可引起发热反应,称为热原质。热原质耐高温,不被高压灭菌所破坏。热原质可通过一般细菌滤器,没有挥发性,除去热原质最好的方法是蒸馏。制备生物制品、注射液等要用无热原质的蒸馏水配制,在制备和使用注射药品过程中应严格无菌操作,防止被热原质污染。

(2) 毒素及侵袭性酶:毒素是病原菌合成的对机体有毒害作用的物质,有内毒素和外毒素两类。侵袭性酶是细菌合成的或者有利于细菌扩散或破坏机体组织的侵袭物质(见"细菌的致病性与传染概述"部分)。毒素及侵袭性酶是细菌致病的主要物质基础。

(3) 色素:某些细菌可产生不同的色素,色素的形成可用于鉴别细菌。细菌的色素分为两类:一类为水溶性的,能弥散到培养基或周围组织,如铜绿假单胞菌产生的绿色色素使培养基或伤口脓汁呈绿色;另一类为脂溶性的,不溶于水,只在菌体中,使菌落显色而培养基颜色不变,如金黄色葡萄球菌产生的金黄色色素。

(4) 抗生素:某些微生物代谢过程中产生的一种能抑制或杀死某些其他微生物或癌细胞的物质,如由放线菌和真菌产生的青霉素等。抗生素已广泛用于细菌感染性疾病的治疗。

(5) 细菌素:是某些细菌菌株产生的一类具有抗菌作用的蛋白质或蛋白质和脂多糖的复合物。与抗生素相比,其作用范围较窄,仅对与产生菌有亲缘关系的细菌有杀伤作用。现多用于细菌分型和流行病学调查。

(6) 维生素:细菌能合成一些维生素,除供自身需要外,还能分泌至周围环境中。如大肠埃希菌合成的 B 族维生素和维生素 K,可被人体吸收利用。

(四) 细菌的遗传与变异

细菌和其他生物一样具有遗传和变异的生命特征。细菌的生物学性状能相对稳定地传给子代,称为遗传。在传代过程中,子代与亲代或子代之间出现了差异,就称为变异。遗传使细菌的基本特征相对稳定,种属得以延续;而变异则可使细菌更能适应外界环境的变化,并产生新的变种。

细菌的变异有两种类型:一是遗传型变异,又称基因型变异,是由于细菌遗传物质的结构发生改变所致,已变异的性状可遗传给后代;二是非遗传型变异,又称表型变异,是由于环境的影响所致,已变异的性状并不遗传给后代。

1. 细菌的遗传物质

(1) 染色体:细菌染色体即核质,由一条环状双股 DNA 分子构成,附着在细菌横隔中介体或细菌膜上,无组蛋白包绕,但有核蛋白,核蛋白与基因的活化及 DNA 的复制有关。细菌染色体 DNA 的复制是双向复制,即从复制起点开始,按顺时针和逆时针两个方向进行,复制到 180°时汇合,全过程约需 20 min。

(2) 质粒:是存在于细菌细胞浆中的 DNA,又称细菌染色体外基因。其基本特征为:①是一条共价闭合环状超螺旋双链 DNA 分子;②能自主复制;③质粒基因常赋予宿主细胞某些特性,如致育性,对抗生素和重金属的抗性,合成抗生素、细菌素和毒素,降解多种有机化合物和固氮等能力。这些特性有利于宿主细胞在特定环境条件下的生存;④质粒能从宿主细胞自发消除,但消除频率很低;⑤不相容性或相容性。不同质粒能稳定地共存于一个宿主细胞内的现象称为质粒的相容性;反之,就称为质粒的不相容性。质粒的不相容性通常存在于亲缘关系相近的两种质粒;⑥质粒的转移性。质粒可通过接合、转化或转导等方式在细菌间转移。

常见的质粒类型:①F 质粒,是人类最先发现的一种与大肠埃希菌致育性有关的质粒。具有编码性菌毛和倡导细菌之间接合的能力;②耐药质粒,能使细菌对抗生素、化学药物或重金属离子等杀菌剂表现出抗性;③Col 质粒,是编码大肠菌素的质粒;④代谢质粒,又称降解质粒,带有能降解某些有毒化合物(如苯、农药、辛烷和樟脑等)的酶的基因,在环保方面具有重要意义。

(3) 转位因子:是指细胞基因组中能够改变自身位置的一段 DNA 序列。转位因子可以从染色体或质粒的一个位置转移到另一个位置,或者在同一细胞的两个复制子之间转移。由于转位因子的转位行为,将使 DNA 分子发生插入突变和广泛的基因重排,在促使生物变异及进化上具有重大意义。同时,转位因子也可作为遗传学和基因工程的重要工具。原核生物中的转位因子,按其结构与遗传性质可以分为3类:①插入序列(IS);②转座子(Tn);③转座噬菌体。

2. 细菌的变异现象　细菌的变异包括形态结构的变异和生理特性的变异。

(1) 形态结构变异:细菌的形态、大小以及许多结构都可发生变异。如由于药物的作用,细菌菌体变膨大,呈梨形和丝状等,称衰残型;细菌失去细胞壁变成L型细菌;有特殊结构的细菌失去荚膜、鞭毛或芽孢。有鞭毛的伤寒沙门菌变异后可失去鞭毛。变异的肺炎链球菌可以丢失其荚膜,同时毒力也降低。

(2) 毒力变异:指细菌在一定条件下毒力的增强或减弱。如白喉棒状杆菌感染β-棒状杆菌噬菌体后变成溶原性细菌,则能产生外毒素,由无毒株变成有毒株。又如将有毒的牛型结核分枝杆菌培养在含有胆汁、甘油、马铃薯的培养基中,经13年230代转种,即获得失去毒力的结核分枝杆菌变异株,即卡介苗(BCG),用于预防结核病。

> **链接**　卡介苗的故事——19世纪80年代,法国科学家巴斯德首先发明了减弱了毒力的细菌预防某些疾病的方法。法国微生物学家卡默德和介兰从中受到启发,他们密切合作,共同进行试验,希望能制造出一种预防结核病的疫苗来。但是,结核病是那样的顽固和可恶。应用杀死了的结核菌制作疫苗,接种在人身上后并不能产生有效的抵抗力,而应用活的结核菌疫苗却会使接种人患上可怕的结核病。1907年,卡默德和介兰开始培养一株从患结核病牛的乳汁内分离出来的致病力甚强的结核菌。他们将该菌培养于含有牛胆汁的马铃薯培养基中,每隔3周移种一次,在培养移种过程中,用动物进行了200多次试验,整整耗费了13年的光阴,卡默德和介兰的愿望终于实现了,他们制成了灭毒的活结核菌。
>
> 1921年,灭毒的活结核菌苗首次被应用于人类。它不仅不会使人引起可怕的结核病,反而使人体对结核菌产生抵抗力。
>
> 为了纪念这两位为疫苗付出了艰苦劳动的科学家卡默德和介兰,人们把这种疫苗叫做"卡介苗"。直到今天,卡介苗在结核病的防治工作中,依然起着相当重要的作用。

(3) 耐药性变异:指细菌对某一抗菌药物由敏感变为有抵抗力。如耐青霉素的金黄色葡萄球菌已从1946年的14%上升到目前的80%以上。耐药性细菌的产生,给临床治疗带来了很大困难。所以在临床治疗时要注意合理使用抗生素,用药要足量,疗程要合适;做好消毒与隔离,防止耐药菌的交叉感染;做药物敏感试验,供临床选择抗菌药物。

3. 细菌的变异机制

细菌的变异机制很复杂,主要是基因的突变和基因的转移与重组。基因突变是染色体上某一点核苷酸序列的改变所致,包括碱基置换和移码。基因突变是随机发生的,具有相对稳定性,可发生回复突变。细菌的基因转移有转化、转导、溶原性转换、接合和原生质体融合等几种方式。

(1) 转化:受体菌直接摄取供体菌的游离DNA片段并整合到自己基因组中,从而获得新的遗传性状的过程称为转化。供体菌的DNA可用人工方法抽提得到或由细菌自然死亡崩解后释放出来。转化现象最早发现于肺炎链球菌,1928年Griffith将有毒力的肺炎链球菌Ⅲ型(光滑型,ⅢS型)加热杀死,和无毒力的肺炎链球菌Ⅱ型(粗糙型,ⅡR型)混合,注入小白鼠,则可导致小白鼠死亡,并从小白鼠体内分离出有毒力的ⅢS型菌(图1-12)。后来在嗜血杆菌属、奈瑟菌属、枯草芽孢菌等也发现有转化现象。

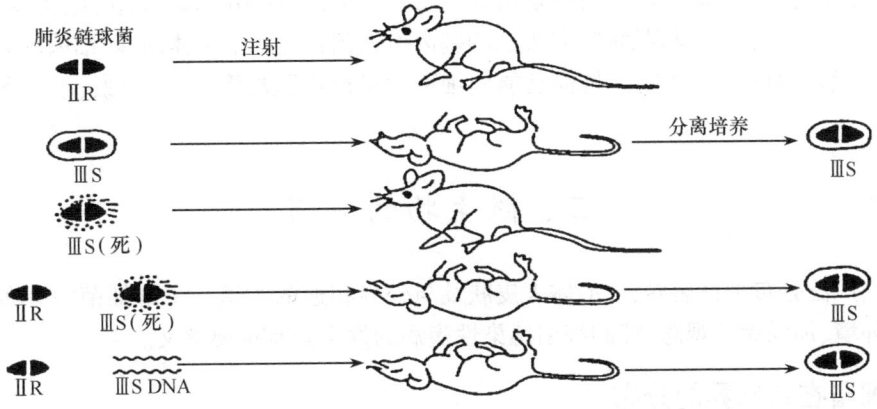

图1-12 小鼠体内肺炎链球菌的转化试验

(2) 转导:是以温和噬菌体为媒介,将供体菌DNA片段转移到受体菌内,使受体菌获得新的遗传性状称为转导。转导在革兰阳性菌和革兰阴性菌中均可发生。按噬菌体转导性状的范围,转导可分为普遍性转导和局限性转导。

(3) 溶原性转换:溶原性细菌因染色体上整合有前噬菌体而获得新遗传性状时称溶原性转换。溶原性转换可使某些细菌发生毒力变异或抗原性变异。例如,不产生毒素的白喉棒状杆菌被β-棒状杆菌噬菌体感染成为溶原性细菌时,便可产生白喉外毒素。如果该噬菌体从细菌中消除,则细菌产生毒素的能力也随之消失。

(4) 接合:两个细菌接触,供体菌(有性菌毛的细菌,称为雄性菌)通过性菌毛将DNA直接转入受体菌(无性菌毛的细菌,称为雌性菌)内,使受体菌获得新的遗传性状的过程称为接合或细菌的杂交。具有F质粒或R质粒的细菌,能以接合的方式转移遗传物质。同一种属内转移频率高,而不同种属间转移频率低。

(5) 原生质体融合:细菌形成原生质体后,在聚乙二醇(PEG)作用下可以使两个细菌细胞发生融合。融合的细菌可在高渗培养基上生长。融合体具有两套亲本的染色体,因此可以表现两者的特性。原生质体融合技术常用于生物工程的研究和应用。

4. 细菌遗传变异在医学上的应用

(1) 诊断方面:因细菌的变异,可出现一些非典型菌株,要注意鉴别,以免做出错误的诊断。

(2) 治疗方面:由于抗生素的广泛应用,细菌中耐药菌株逐渐增多,给治疗带来很大困难。在临床治疗时要注意合理使用抗生素,用药要足量,疗程要合适;做好消毒与隔离,防止耐药菌的交叉感染;做药物敏感试验,供临床选择抗菌药物。

(3) 预防方面:可采用人工方法诱导细菌变异,获得减毒或无毒菌株,制成活疫苗,预防相应疾病。

(4) 检查致癌物质方面：细菌的基因突变可由诱变剂引起。凡能诱导细菌突变的物质对人体也可能有诱发突变作用，引起肿瘤。据此，可用细菌的致突变试验，检测致癌物质。

(5) 流行病学调查方面：近年来，质粒的分子生物学分析方法，如质粒指纹图谱法（PFP），已被应用于病原菌的流行病学调查。PFP方法特异性分辨力高，快速，重复性好。

(6) 基因工程方面：将某种需要表达的基因引入到合适的细菌体内，随细菌的大量繁殖而获得大量需要的基因产物。目前已能使细菌大量产生胰岛素、生长激素、干扰素和乙肝疫苗等。

三、微生物的分布

细菌广泛分布于自然界、人的体表皮肤及与外界相通的腔道。了解细菌的分布情况对于保护环境、加强无菌观念、控制细菌感染性疾病的发生具有重要意义。

(一) 细菌在自然界的分布

细菌广泛分布于土壤、水和空气等自然界中。

1. 土壤中的细菌种类多、数量大，大多数对人有益。土壤中的致病菌来源于人和动物排泄物及死于传染病的人、畜尸体，其中能形成芽孢的细菌如破伤风芽孢梭菌、产气荚膜芽孢梭菌、炭疽芽孢杆菌等能长期存活并通过伤口使人感染。

2. 水也是细菌生存的天然环境，水中细菌主要为自然生存于水中的细菌和来自于土壤、人及动物排泄物的细菌。水中细菌的种类和数量以水源不同而异，不流动的、离居民生活区较近的水源，细菌数量通常较多，水中的病原菌常是引起消化道传染病的细菌，如伤寒沙门菌、痢疾志贺菌和霍乱弧菌等。

3. 空气中因缺乏细菌生长的条件，且受日光照射，细菌不易繁殖。但土壤及水中细菌可随飞尘、水雾等扩散到空气中，人和动物也不断通过呼吸道排出细菌，所以空气中也存在着不同种类和数量的细菌。在人口密集的公共场所或医院，空气中细菌种类和数量显著增多，常见的致病菌有白喉棒状杆菌、结核分枝杆菌、金黄色葡萄球菌、嗜肺军团菌等，可引起呼吸道传染病或伤口感染。此外，空气中的非病原菌常可造成生物制品、培养基、药物制剂的污染。

(二) 细菌在正常人体的分布

1. 正常菌群

(1) 概念：在正常情况下，人体体表及与外界相通的腔道中存在着不同种类和数量对人无害的微生物群，称正常菌群或称正常微生物群。一个健康成人，全身的正常菌群可达10^{14}个。

(2) 分布

1) 人体体表：包括皮肤、眼结膜和外耳道。这些部位有大量的细菌存在。

2) 与外界相通的腔道：包括呼吸系、消化系和泌尿生殖道。呼吸系中鼻咽部细菌很多，越往内细菌就越少，肺泡内一般是无菌的。消化系中，口腔内存在大量的细菌和其他微生物,口腔中的细菌黏附在牙齿表面或牙缝中,分解糖产生大量的酸性物质,会腐蚀牙齿导致龋齿。食管内也有细菌存在;胃内因有胃酸等杀菌物质的存在,一般是无菌的;肠道从上往下,细菌越来越多,粪便中存在大量的细菌和其他微生物。泌尿生殖系中,尿道和阴道均有大量细菌存在(表1-2)。

表1-2 人体常见正常菌群

部位	主要菌类
皮肤	葡萄球菌、类白喉棒状杆菌、铜绿假单胞菌、非致病性分枝杆菌、痤疮丙酸杆菌、白色念珠菌
口腔	表皮葡萄球菌、草绿色链球菌、肺炎链球菌、奈瑟球菌、乳杆菌、类白喉棒状杆菌、梭杆菌、白色念珠菌、放线菌
鼻咽腔	葡萄球菌、草绿色链球菌、肺炎链球菌、奈瑟球菌、类杆菌、梭杆菌
外耳道	葡萄球菌、类白喉棒状杆菌、铜绿假单胞菌、非致病性分枝杆菌
眼结膜	表皮葡萄球菌、结膜干燥杆菌
胃	一般无菌
肠道	大肠埃希菌、产气杆菌、变形杆菌、铜绿假单胞菌、葡萄球菌、粪链球菌、类杆菌、产气荚膜芽孢梭菌、破伤风芽孢梭菌、双歧杆菌、乳杆菌、白色念珠菌
尿道	表皮葡萄球菌、类白喉棒状杆菌、非致病性分枝杆菌
阴道	乳杆菌、大肠埃希菌、类白喉棒状杆菌、白色念珠菌

3)与外界不相通的组织器官:人体与外界不相通的组织器官,如皮下组织、肌肉、骨骼、内脏(心、肺、肝、脾、肾、睾丸、卵巢、子宫等)、胸腔、腹腔、血液、脑脊液等,无微生物存在。这些部位通称人体的无菌部位。医疗技术操作时,如注射、手术、穿刺、导尿等,必须严格无菌操作,以防止这些部位的各种医源性感染。

(3)作用:正常菌群对构成局部微生态平衡十分重要,其生理意义为:

1)生物拮抗作用:正常菌群通过受体、营养和空间竞争及产生有害代谢产物等方式,抵抗外来致病菌,使之不能定植或被杀死。如口腔中的唾液链球菌产生过氧化氢,能抑制白喉棒状杆菌和脑膜炎奈瑟菌生长;阴道内的乳酸杆菌可保持阴道内酸性环境,不利于其他微生物生长。

2)营养作用:一些正常菌群能参与宿主的物质代谢、营养转化和合成,如大肠埃希菌合成维生素B、K,可供机体吸收利用。

3)免疫作用:正常菌群能促进宿主免疫器官的发育,刺激免疫系统产生一定保护力的免疫应答。

4)抗衰老作用:健康乳儿肠道中,双歧杆菌约占肠道菌群的98%。成年后,此类菌明显减少,其他细菌数量增加。老年后,产生硫化氢和吲哚的芽孢杆菌增多,产生的有害物质经肠道吸收后可加速机体衰老。肠道正常菌群中的双歧杆菌产生的酸性物质可保持酸性环境,维持肠道正常蠕动,促进肠道内容物的排出,具有抗衰老作用。

5)抗肿瘤作用:正常菌群能将某些致癌物质转化为非致癌物质,同时还可激活巨噬细胞等参与免疫功能,产生一定的抗肿瘤作用。

2. 菌群失调与菌群失调症

由于受到某些因素的影响,宿主某部位正常菌群中各种细菌的种类和数量发生较大幅度的变化而超出正常范围的状况,称为菌群失调。由菌群失调导致的病症称为菌群失调症或菌群交替症。引起菌群失调症的主要原因:长期或大量使用抗菌药物后,大多数正常菌群被杀死或抑制,而原处于劣势的菌群或某些耐药菌则得以大量繁殖引起疾病。

3. 条件致病菌或机会致病菌

正常菌群在特定条件下,若机体与正常菌群之间的平衡状态及正常菌群内各群之间的平衡状态被打破,则原来不致病的正常菌有可能成为致病菌,称为条件致病菌或机会致病菌。其致病条件为:

(1) 寄居部位的改变:某些细菌离开正常寄居部位进入其他部位,即定位转移后,由于脱离了原有的制约因素而无节制地繁殖,导致疾病。如大肠埃希菌从原来寄居的肠道进入泌尿道引起尿道炎和膀胱炎等,或手术时通过伤口进入腹腔和血液等。

(2) 免疫功能低下:如大面积烧伤患者、慢性消耗性疾病、过度疲劳以及长期应用免疫抑制剂、激素、抗肿瘤药物等而造成机体免疫功能降低,正常菌群中的某些细菌引起自身感染而出现各种疾病。

(3) 菌群失调:菌群失调时,耐药菌的大量增殖,可发生二重感染。引起二重感染的常见细菌有金黄色葡萄球菌、白假丝酵母菌和某一些革兰阴性杆菌。临床表现多见于假膜性肠炎、肺炎、鹅口疮、尿道炎、阴道炎、肛门感染和败血症等。

(三) 医院内获得性感染

医院内获得性感染是指病人在住院期间发生的感染。其发生根据感染来源有以下3种类型:①交叉感染:由医院内病人或医务人员直接或间接传播而引起的感染;②医源性感染:接触被污染的物品或器械消毒不严而获得的感染;③自身感染:又称为内源性感染,由病人自身体内正常菌群引起的感染。

医院内获得性感染的预防原则:加强宣传工作,提高病人和医务人员对医院内获得性感染的认识;严格执行医院清洁、消毒灭菌和隔离制度;严格进行无菌操作、合理使用抗菌药物等。

四、外界因素对微生物的影响

影响微生物生长繁殖的因素大致可分为物理、化学和生物3个方面。物理因素包括温度、辐射、超声波、渗透压、过滤及干燥等。化学因素包括用来杀死或抑制微生物生长繁殖的化学药品,如消毒剂和防腐剂等。生物因素主要包括细菌素、噬菌体及抗生素等。

(一) 相关概念

1. 消毒 杀死物体上病原微生物的方法,但不一定能杀死细菌芽孢和非病原微生物。用于消毒的化学制剂称为消毒剂,如用75%的酒精消毒皮肤,杀死病原体的繁殖体。

2. 灭菌 杀灭物体上所有微生物的方法。因此,灭菌比消毒要求高,包括杀灭病原微生物、非病原微生物、细菌的繁殖体和芽孢。如用高压蒸汽灭菌法进行手术器械和敷料的灭菌。

3. 防腐 防止或抑制微生物生长繁殖的方法,微生物一般不死亡。用于防腐的化学制剂称为防腐剂。如在生物制品中加入 0.01% 硫柳汞,防止杂菌的生长。同一种化学制剂,在高浓度时可为消毒剂,在低浓度时可作为防腐剂。

4. 无菌和无菌操作 无菌是指不含活菌的意思,是灭菌的结果。经过灭菌的物品称"无菌物品"。需要进入人体内部,包括进入血液、组织和体腔的医疗器材,如手术器械、注射用品和一切置入体腔的引流管等,要求绝对无菌。防止微生物进入机体或物体的操作技术称为无菌操作。如外科手术时须防止细菌进入伤口,微生物学实验过程要注意防止污染和感染。

(二) 物理消毒灭菌法

1. 热力消毒灭菌法 高温可使细菌的蛋白质和酶类凝固变性,细菌死亡。热力灭菌法分干热灭菌法和湿热灭菌法两大类。在同一温度下,湿热的杀菌效果比干热好,这是因为:湿热中细菌菌体蛋白质吸收水分,蛋白质较易凝固;湿热比干热穿透力大;湿热的蒸汽与物体接触凝结成水时放出潜热,能迅速提高物体的温度。

(1) 湿热消毒灭菌法:常用的湿热消毒灭菌法有煮沸法、间歇灭菌法、高压蒸汽灭菌法和巴氏消毒法,其中高压蒸汽灭菌法为最常用、最有效的方法。

链接 巴斯德的巴氏消毒法——牛奶巴氏消毒法是法国人巴斯德于1865年发明,经后人改进,用于彻底杀灭啤酒、白酒、牛奶、血清白蛋白等液体中病原体的方法,也是现在世界通用的一种牛奶消毒法。

巴氏消毒的目的是杀死牛奶中可能存在的所有有害微生物(包括一切致病菌)。在巴氏消毒法发明前,欧洲因喝生牛奶或吃乳制品而感染结核病的人不计其数。由于当时还未发明抗生素,因此,因结核病而死的人也是不计其数。但自从巴氏消毒法广泛应用以后,因喝牛奶而感染此病的人已很少见。但现在世界上也有一些地方的人喜欢喝生牛奶,比如我国的内蒙。据科学家调查,在内蒙牧民肺结核病人中,有10.6%的患者有喝生牛奶的习惯。

巴氏消毒法还用于消毒啤酒、白酒等饮品,经过巴氏消毒的啤酒称为干啤;不经巴氏消毒,只能冻藏保鲜的啤酒就是生啤。

(2) 干热灭菌法:常用的有干烤法、焚烧法和烧灼法(表1-3)。

表1-3 常用热力消毒灭菌法

	种类	方法	用途
湿热法	① 煮沸法	100℃ 5~10 min	注射器、食具、饮水消毒
	② 间歇灭菌法	流通蒸汽灭菌 15~30 min	含糖类、血清、蛋白的培养基灭菌移入37℃温箱过夜,如此连续3次,可达到灭菌目的。
	③ 高压蒸汽灭菌法	用高压蒸汽灭菌器,压力 1.05 kg/cm^2 或 103 kPa,达 121.3℃ 15~30 min	耐高温物品,如敷料、手术衣、手术器械、注射器、生理盐水、普通培养基等的灭菌
	④ 巴氏消毒法	61.1~62.8℃ 30 min 或 71.7℃ 15~30 s	牛奶、酒类的消毒

	种类	方法	用途
干热法	① 焚烧法	用焚烧炉燃烧	废弃的污染物品、人和动物的尸体等灭菌
	② 烧灼法	用火焰烧灼	接种环、试管口、瓶口等的灭菌
	③ 干烤法	用干烤箱160~170℃,2 h	玻璃器皿、凡士林、某些粉剂药物等的灭菌

2. 辐射灭菌法 包括电离辐射灭菌法和非电离辐射灭菌法两种。

(1) 电离辐射灭菌法:包括高速电子、X射线、γ和β射线。这些射线在足够剂量时,对各种细菌均有致死作用。电离辐射灭菌机制是破坏细菌的DNA。由于电离辐射穿透力强,照射时不使物品升温,故主要用于一次性不耐热的塑料注射器和导管等消毒,亦可用于食品的消毒而不破坏其营养成分。

(2) 非电离辐射灭菌法主要包括微波、日光和紫外线。

1) 微波是一种高频电磁波,其杀菌作用原理为:①热效应,所及之处产生分子内部剧烈运动,使物体内外温度迅速升高;②综合效应,如化学效应、电磁共振效应和场致力效应。目前已广泛应用于食品和药物的消毒。

2) 日光的杀菌作用主要来自红外线和紫外线。红外线可产生高热,但热效应只在照射表面产生。病人的书籍、衣服、被褥等用品在日光下曝晒数小时,可杀死大部分细菌。

3) 紫外线有效杀菌波长为200~300 nm,其中以265~266 nm的杀菌力最强,这与DNA吸收光谱范围相一致。紫外线的杀菌原理是改变DNA的分子构型,干扰DNA的复制,导致细菌的变异或死亡。紫外线穿透力弱,普通玻璃、纸、布、水蒸气、尘埃等均能阻挡紫外线,故只能用于手术室、婴儿室、烧伤病房、无菌制剂室、微生物接种室的空气消毒和物品的表面消毒。紫外线灯的消毒效果与照射的距离、时间和强度等因素有关。用于空气消毒时,有效距离不超过2米,照射30~60 min。杀菌波长的紫外线对眼睛和皮肤有损伤作用,所以不要在紫外线灯照射下工作。

3. 滤过除菌法 是用物理阻挡的方法将液体和空气中的细菌除去。所用的器具是滤菌器。滤菌器的除菌能力取决于滤板或滤膜的孔径。滤过除菌主要用于不耐高温的血清、抗生素、药液等物品以及空气的除菌。

4. 超声波杀菌 是利用频率在20~200 kHz内的声波,使细菌裂解以达到消毒目的。目前主要用于粉碎细胞,以提取细胞组分或制备抗原等。

5. 干燥与低温抑菌法 有些细菌的繁殖体在空气中干燥后会很快死亡,如脑膜炎奈瑟菌等;但有些细菌的繁殖体抗干燥能力较强,如结核分枝杆菌。芽孢抗干燥能力更强,如炭疽芽孢杆菌的芽孢耐干燥可达20余年。干燥主要用于保存食物。多数细菌耐低温,细菌在低温状态下,新陈代谢减慢,当温度回升至适宜范围又能恢复生长繁殖,故低温常用于保存菌种。少数细菌如脑膜炎球菌和淋球菌对低温敏感,容易死亡。

(三) 化学消毒灭菌法

消毒剂对细菌和人体细胞都有毒,故只能外用。主要用于人体体表(皮肤、黏膜、伤口等)、病人的排泄物和分泌物、饮水、空气、医疗器械、物品表面、厕所、阴沟及病区环境等的消毒。

1. 消毒剂的作用原理

(1) 菌体蛋白质变性或凝固:酚类(高浓度)、醇类、重金属盐类(高浓度)、酸碱类、醛类等,均可使蛋白质变性或凝固。

(2) 干扰细菌的酶系统和代谢:某些氧化剂、重金属盐类(低浓度)与细菌菌体蛋白中的巯基(—SH)结合使酶失去活性,导致细菌的代谢障碍而死亡。

(3) 改变细菌细胞壁或细胞膜的通透性:酚类(低浓度)、表面活性剂、脂溶剂等,可改变细胞壁和细胞膜的通透性,使细菌细胞质内重要物质外漏。

2. 常用消毒剂的种类与用途(表1-4)。

表1-4 常用消毒剂的种类、浓度及用途

种类	常用浓度	用途	备注
重金属盐类			
红汞	2%	皮肤黏膜、小伤口消毒	
硫柳汞	0.01%	生物制品防腐	毒性小,杀菌力大
	0.1%	皮肤、手术部位消毒	
氧化剂			
高锰酸钾	0.1%	皮肤黏膜、水果、蔬菜、食具等消毒	
过氧化氢	3%	皮肤创伤、化脓性炎症厌氧菌感染消毒	
过氧乙酸	0.2%~0.5%	敷料、玻璃、人造纤维消毒皮肤消毒(洗手)	
卤素及其化合物			
氯	每100万份水用氯气0.2~0.5份	饮水和游泳池水的消毒	
漂白粉	10%~20%	排泄物地面厕所消毒,饮水消毒	不能用于衣物、有色金属的消毒
碘酒	2.5%	皮肤消毒	因刺激大,涂后用酒精拭净,不能与红汞同用
碘伏	0.5%~1%	手术前皮肤和手消毒	
酚类			
石炭酸	2%~5%	器械、排泄物消毒	
来苏儿	3%~5%	器械、排泄物、家具、地面消毒	
醇类			
乙醇	70%~75%	皮肤、温度计消毒	不适用于伤口黏膜
醛类			
甲醛	10%	浸泡、物品表面消毒	
	10%溶液加等量水	蒸汽消毒(蒸发、密闭房间6~24 h)	

续表

名称	常用浓度	用途	备注
表面活性剂			
苯扎溴铵(新洁尔灭)	0.1%	手术器械消毒、外科手术洗手	
	0.01%~0.05%	黏膜及深部伤口感染消毒	
消毒净	0.1% 0.1%乙醇溶液	手术器械消毒、外科手术洗手 手术部位消毒	
烷基化合物			
环氧乙烷	50 mg/L	医学仪器、生物制品、衣服、塑料皮革、羊毛、人造丝、尼龙袋消毒,橡胶类消毒	有毒、密闭
酸类			
醋酸	100 m³空间用 500 ml 加等量水	房间的空气蒸发消毒	
碱类			
生石灰	加水 1∶4 或 1∶8	消毒排泄物、地面	
染料			
甲紫	2%~4%	皮肤黏膜、浅表创面消毒	

3. 影响消毒效果的因素　消毒效果受环境、微生物种类及消毒剂本身等多种因素的影响。

(1) 消毒剂的性质、浓度和作用时间：各种消毒剂的理化性质不同，对微生物作用大小也不同。例如，表面活性剂对革兰阳性菌的杀菌效果比对革兰阴性菌好；甲紫对葡萄球菌的作用较强。同一种消毒剂的浓度不同，其消毒效果也不同。绝大多数消毒剂在高浓度时杀菌作用大，当浓度降低到一定程度时只有抑菌作用。但醇类则例外，70%~75%的乙醇消毒效果最好，高于此浓度的乙醇可以使菌体表面蛋白迅速凝固，影响乙醇继续渗入菌体内而降低杀菌作用。消毒剂在一定浓度下，对细菌的作用时间越长，消毒效果越好。

(2) 细菌的种类、状态和数量：不同种类的细菌对消毒剂的敏感性不同，不同状态的细菌对消毒剂的抵抗力也存在差异。细菌的芽孢比繁殖体抵抗力强；幼龄菌比老龄菌敏感。细菌的数量越大，所需消毒时间就越长。

此外，影响消毒效果的因素还有温度、酸碱度等。

五、细菌的致病性与传染

(一) 细菌的致病性

细菌能引起疾病的性能，称为细菌的致病性。具有致病性的细菌，称为病原菌或致病菌。不同的病原菌有不同的致病性，引起不同的疾病。病原菌能否引起疾病，取决于病原菌的致病因素、机体的防御功能，并与环境因素(自然因素与社会因素)的影响有一定的关系。细菌的致病因素是由细菌的毒力、侵入数量和侵入门户决定的。

1. 细菌的毒力　病原菌致病能力的强弱程度称为毒力。各种病原菌的毒力不同,同种细菌的毒力也因型和株的不同存在着一定的差异,可分为强毒株、弱毒株和无毒株。细菌的毒力主要指侵袭力和毒素,是细菌致病的关键。

(1) 侵袭力:侵袭力是指病原菌突破机体防御功能,在机体内定居、生长繁殖和扩散的能力。构成细菌侵袭力的致病物质主要有黏附素、荚膜和微荚膜及侵袭性物质。

1) 黏附素:黏附是指病原菌附着于宿主呼吸道、消化道和泌尿生殖道黏膜细胞的功能。具有黏附作用的细菌特殊结构及有关物质称为黏附素或黏附因子。细菌黏附素能与宿主细胞表面相应受体发生特异性结合,使细菌黏附在宿主细胞上,引起疾病。受体一般为黏蛋白或糖脂。一种黏附素可有一种以上受体,一种受体可被多种黏附素识别。细菌的黏附素可分为菌毛和非菌毛黏附物质。

菌毛主要存在于革兰阴性菌,如大肠埃希菌、人志贺菌、霍乱弧菌、脑膜炎奈瑟菌和淋病奈瑟菌等。细菌通过菌毛与宿主细胞表面受体相互作用使细菌吸附而立足,获得定居的机会,故菌毛又称定居因子。所有菌毛都由菌毛蛋白亚单位组成。编码产生菌毛蛋白的基因存在细菌染色体或质粒上。

非菌毛黏附物质主要见于革兰阳性菌如 A 族链球菌和金黄色葡萄球菌等,是菌体表面的毛发样突出物,能与宿主细胞表面相应受体发生特异性结合。如金黄色葡萄球菌细胞壁上的脂磷壁酸就是非菌毛黏附物质,能与人呼吸道上皮细胞表面的纤连蛋白特异性结合,使细菌定居,生长繁殖,产生毒素,引起疾病。

2) 荚膜和微荚膜:荚膜成分主要为多糖。不同的细菌微荚膜成分不同,有蛋白,也有多糖。链球菌 M 蛋白、伤寒杆菌 Vi 抗原和大肠埃希菌 K 抗原都是微荚膜成分。荚膜和微荚膜均能保护细菌,具有抗吞噬和抗体液中杀菌物质,如补体的损伤作用,使细菌能抵抗和突破宿主的防御功能,并迅速繁殖。

3) 侵袭性物质:某些细菌可释放侵袭性的胞外酶,这些物质一般不损伤机体组织细胞,但能协助致病菌定居、繁殖与扩散。如金黄色葡萄球菌产生的血浆凝固酶能促进细菌抗吞噬;A 族链球菌产生的透明质酸酶、链激酶和链道酶可分解细胞间质的透明质酸利于细菌在组织中扩散;淋病奈瑟菌、脑膜炎奈瑟菌、流感嗜血杆菌和肺炎链球菌等产生分解 IgA 的蛋白酶,降低宿主特异性免疫功能;志贺菌和肠侵袭性大肠埃希菌能编码侵袭素,使细菌侵入上皮细胞等。

(2) 毒素:是细菌合成的对机体组织细胞有损害作用的毒性物质。有外毒素和内毒素 2 种。

1) 外毒素:是某些细菌在生长繁殖过程中合成的,并分泌或释放到菌体外的毒性蛋白质。能产生外毒素的细菌主要是革兰阳性菌,如白喉棒状杆菌、破伤风芽孢梭菌、肉毒芽孢梭菌、金黄色葡萄球菌、A 群链球菌等。少数革兰阴性菌也能产生外毒素,如霍乱弧菌、产毒性大肠埃希菌、痢疾志贺菌等。外毒素的主要特点是:①化学成分是蛋白质,性质不稳定,不耐热,易被热、酸、蛋白酶分解破坏。其结构由 A、B 两个亚单位组成,A 亚单位是毒素的毒性部分,决定毒素的致病作用。B 亚单位无致病作用,是介导外毒素分子与宿主细胞结合的部分,对靶细胞有亲和力;②毒性强,作用有选择性。如肉毒毒素纯品 1mg 可杀死 2 亿只小白鼠,毒性比氰化钾强 10 000 倍。外毒素作用有选择性,能通过与特定靶组织器官的受体结合,引起细胞特征性病变,产生特殊的临床表现。如破伤风痉挛毒素,对脊髓前角运动神经细胞有高度的亲和力,阻断抑制性神经冲动的传递,引起骨骼肌强直性痉挛,临床表现出苦笑脸容、颈项强直、角弓反张等特殊的症状;③免疫原性强,经用0.3%~0.4%甲醛处理,能使其失去毒性,但仍保留免疫原性,成为类毒素,注射机体可刺激产生抗毒素,用于传染病的防治;④种类繁多。根据外毒素对宿主靶细胞的亲和性及其作用机制,可将外毒素分为神经毒素、细胞毒素和肠毒素3大类(表1-5);⑤部分外毒素具有超抗原特性,如葡萄球菌肠毒素、毒性休克综合征毒素-1(TSST-1)和链球菌致热外毒素(SPE)等,极其微量就能激发大量T细胞活化增殖,释放白细胞介素-2(IL-2)和肿瘤坏死因子(TNF)等细胞因子。这些毒素称为超抗原。细菌毒素超抗原与许多急性和慢性疾病的发生有关,如链球菌感染后的肾小球肾炎和风湿热等。

表1-5 外毒素的种类及作用

类型	细菌	外毒素	作用机制	症状和体征	疾病
神经毒素	破伤风梭菌	痉挛毒素	阻断上、下神经元间正常抑制性神经冲动传递	骨骼肌强直性痉挛	破伤风
	肉毒梭菌	肉毒毒素	抑制胆碱能运动神经释放乙酰胆碱	肌肉松弛性麻痹	肉毒中毒
细胞毒素	白喉杆菌	白喉毒素	抑制细胞蛋白质合成和损伤外周神经麻痹	肾上腺出血、心肌	白喉
	葡萄球菌	TSST-1 表皮剥脱素	增强对内毒素休克的敏感性;表皮与真皮脱离	发热、皮疹和休克表皮剥脱性病变	TSST 烫伤样皮肤毒综合征
	A群链球菌	致热外毒素	破坏毛细血管内皮细胞	猩红热皮疹	猩红热
	百日咳鲍特菌	百日咳毒素	阻断参加细胞通路调节G的蛋白	支气管痉挛和阵发性咳嗽	百日咳
肠毒素	霍乱弧菌	肠毒素	激活肠黏膜腺苷环化酶,增高细胞内cAMP水平	小肠上皮细胞内水分和Na^+大量丢失;吐泻	霍乱
	产毒性大肠埃希菌	肠毒素	不耐热肠毒素,同霍乱肠毒素,耐热肠毒素使细胞内cGMP增高	同霍乱肠毒素	腹泻
	产气荚膜梭菌	肠毒素	同霍乱毒素	呕吐和腹泻	食物中毒
	金黄色葡萄球菌	肠毒素	作用于呕吐中枢	呕吐为主和腹泻	食物中毒

2)内毒素:内毒素是革兰阴性菌细胞壁的脂多糖成分,只有当细菌裂解时才释放出来。内毒素性质稳定,耐热;不能用甲醛处理成类毒素;毒性与免疫原性较外毒素弱;对人体组织器官的选择性不强,引起的症状基本相同:①发热反应:内毒素作用于中性粒细胞及单核细胞后,导致细胞释放内源性致热原,刺激下丘脑体温调节中枢引起发热;②白细胞反应:在感染早期,内毒素能使白细胞受损,受损的白细胞易黏附于微血管壁,引起血液循环中白细胞数目暂时减小,后因骨髓受到内毒素的刺激,释放大量白细胞,造成外周血中白细胞总数显著增多。但伤寒沙门菌内毒素可始终使白细胞总数减少;③内毒素血症与内毒素休

克:当大量内毒素进血流时,可导致内毒素血症。内毒素作用于血小板、白细胞、补体系统等,可以引起血管活性介质(组胺、5-羟色胺、激肽等)的释放,导致毛细血管扩张、静脉回流量减少、血压下降、组织器官供血不足,严重时发生内毒素休克。内毒素休克又称感染性休克,常见于由脑膜炎奈瑟菌引起的暴发型流行性脑脊髓膜炎、志贺菌引起的中毒性菌痢及革兰阴性菌引起的败血症等;④弥散性血管内凝血(DIC):内毒素可以激活凝血系统,在凝血过程中,由于凝血因子和血小板的大量消耗,加上内毒素可激活纤维蛋白溶酶原成为纤维蛋白溶酶,使已凝固的纤维蛋白溶解,造成皮肤瘀斑和内脏广泛出血。患者常因重要器官出血坏死、功能衰竭而死亡。流行性脑脊髓膜炎患者的皮肤黏膜上迅速出现的大片瘀斑,甚至内脏出血,均由此而引起。外毒素与内毒素的主要区别(表1-6)。

表1-6 外毒素与内毒素的主要区别

特征	外毒素	内毒素
产生毒素的细菌	革兰阳性菌及部分革兰阴性菌	革兰阴性菌
存在部位及释放方式	由活菌分泌或释放到菌体外	是细胞壁成分,菌体裂解后释放
化学成分	蛋白质	脂多糖
耐热性	不耐热,60~80℃ 30 min 被破坏	耐热,160℃ 2 h 被破坏
毒性作用	强,不同细菌的外毒素对机体组织器官有选择性的毒害作用,引起特殊临床表现	较弱,各种细菌的内毒素作用大致相同
免疫原性	强	较弱
甲醛处理	可脱毒成类毒素,用于预防	不能脱毒成类毒素

2. 细菌的侵入数量

病原菌进入机体后,能否引起疾病,除了病原菌具有一定的毒力外,还与侵入机体的菌量有关。菌量又与病原菌毒力强弱和机体免疫力高低有关。如几个毒力强的鼠疫耶尔森菌进入无特异性免疫的机体中,就可引起鼠疫;而毒力弱的引起食物中毒的沙门菌,常需食入较大量的细菌,才能引起急性胃肠炎。

3. 细菌的侵入门户

有了一定毒力和数量的病原菌,如果没有适宜的侵入门户,还是不能使易感染者发生感染。不同细菌其侵入门户不同,例如,破伤风芽孢梭菌必须经深而污染的厌氧伤口感染,引起破伤风;伤寒沙门菌则须经消化道感染,才能引起伤寒。但有的细菌可通过多种途径侵入机体,引起疾病,如结核分枝杆菌,经呼吸道、消化道或皮肤黏膜创伤都能引起感染。

(二) 传染概述

病原菌在一定环境条件下,突破机体的防御功能,侵入机体,与机体相互作用而引起不同程度的病理过程称为传染,也称感染。严格来说,传染与感染的含义并不完全相同,感染不一定具有传染性,而传染属于感染范畴。机体感染了病原菌后出现临床表现者称为传染病。

1. 传染的形成

传染病的发生一般经过以下3个环节:

(1) 传染源:是指病原体传染的来源。分为外源性和内源性2类。

1) 外源性传染:病原体来自体外,包括病人、带菌者、患病动物和带菌动物等,通过各种途径进入人体,引起传染。

2) 内源性传染:病原体来自体内正常菌群的条件致病菌。内源性感染已逐步成为当今临床细菌感染中的多发病、常见病,也是医院内感染的常见现象之一。

(2) 传播途径:按病原体入侵门户不同分为

1) 呼吸道传染:病人或带菌者通过咳嗽、喷嚏或大声说话将含有病原体的分泌物或飞沫带到空气中被他人吸入而感染,如结核分枝杆菌、脑膜炎奈瑟菌等。

2) 消化道传染:病人或带菌者的排泄物污染了食物、水或手,经口进入他人消化道而引起的传染,即粪-口途径的传染,如痢疾杆菌、霍乱弧菌。

3) 接触传染:病原体通过人与人、人与动物直接接触而传染,如淋球菌、布氏杆菌,或通过用具等间接接触而传染,如沙眼衣原体、癣菌等。

4) 创伤传染:病原体通过皮肤黏膜、创面而感染,如葡萄球菌、破伤风芽孢梭菌等。

5) 虫媒传染:病原体通过节肢动物为媒介而传染,如鼠蚤叮咬而传播鼠疫等。

6) 多途径传染:有些细菌可通过多种途径传染,如结核分枝杆菌、炭疽芽孢杆菌可通过呼吸道、消化道、创伤等途径传染。

(3) 人群易感受性:是指机体对病原体的感受性,受多种因素影响,如年龄、性别、地区和社会等多种因素。

2. 传染的类型

传染的发生、发展与结局是机体同病原体相互作用的一个错综复杂的过程。在机体免疫力相对恒定的条件下,感染的发生与病原体的毒力、侵入数量和侵入门户3大因素有密切关系,其中毒力是关键,根据双方力量的对比,可出现隐性感染、显性感染和带菌状态3种。这3种类型并非绝对,随着双方力量的消长可出现移行、转化、交替的动态变化。

(1) 隐性感染:机体的抗感染免疫力较强或病原体入侵数量少,毒力较弱,感染后损害较轻,未出现明显临床表现的称为隐性感染。隐性感染后机体可获得特异性免疫力,但也可携带病原体作为重要传染源。

(2) 显性感染:当病原体毒力强,数量多且机体抗感染免疫力相对较弱,病原体入侵后生长繁殖引起不同程度的组织细胞损害,导致病理改变,出现临床症状,称显性感染。显性感染的类型如下:

1) 按感染的缓急程度分为:

急性感染:发病突然,症状明显,病程短,一般持续数日至数周,病愈后,病原体从体内消失,如流行性感冒。

慢性感染:病情缓慢,病程长,可持续数月至数年,如乙型肝炎。

2) 按感染的部位和性质不同分为:

局部感染:病原体仅限于机体某一部位,引起局部病变,如疖、疮、痈等。

全身感染:病原体或其代谢产物经血液向全身扩散引起全身症状。临床上有以下几种情况:

A. 毒血症:病原菌在侵入局部生长繁殖后产生的外毒素经血液循环到达特定的靶器

官,引起特殊的毒性症状,如破伤风、白喉等。

B. **菌血症**:病原菌由局部侵入血流,但未在血中繁殖,仅短暂通过血流,到达合适部位进行繁殖而致病,如脑膜炎奈瑟菌。

C. **败血症**:病原菌入血并在血液中大量繁殖,产生毒素,引起严重的全身中毒症状,如高热、皮肤黏膜淤血、肝脾肿大等,如伤寒。

D. **脓毒血症**:指化脓性细菌引起的败血症状,细菌随血流扩散到组织器官引起化脓性病灶,如金黄色葡萄球菌的脓毒血症,可引起多发性的肝脓肿、皮下脓肿、肾脓肿和肺脓肿等。

(3) **带菌状态**:是指机体在隐性感染或显性感染后,病原体未被及时清除而继续存在,与机体的免疫力形成相对的平衡状态,称为带菌状态。带有病原体而无临床表现的宿主称为带菌者。带菌者经常或间歇地排出病原体成为重要的传染源,及时发现带菌者并对其治疗和隔离,对控制传染病的流行具有重要意义。

第3节 病毒的基本特性、致病性与免疫性

病毒(virus)是结构简单、个体微小、含单一类型核酸(DNA 或 RNA)、必须在活的易感细胞内以复制方式增殖的非细胞型微生物。病毒与其他微生物的比较(表1-7)。病毒与人类关系极为密切,人类的传染病中约75%是由病毒引起的,病毒性传染病是严重危害人类健康的主要病种。有的病毒性疾病传染性极强,流行范围广,对人类健康威胁巨大,如病毒引起的肝炎、艾滋病、流感、腹泻和重症急性呼吸综合征(severe acute respiratory syndrome,SARS,又称传染性非典型肺炎,简称"非典")等。有些病毒还与肿瘤、免疫缺陷、自身免疫病、胎儿畸形及老年痴呆等密切相关。此外,家禽、家畜和植物等农作物也存在病毒性疾病。自抗生素问世以来,许多细菌性感染得到了控制。但是病毒对抗生素不敏感,目前尚缺乏针对病毒的特效药,因此,对病毒性疾病的防治已成为人类关注的热点。

表1-7 病毒和其他微生物特征比较

种类	病毒	细菌	支原体	立克次体	衣原体	真菌
结构	非细胞	原核细胞	原核细胞	原核细胞	原核细胞	真核细胞
大小	最小(nm)	0.5~3 μm	0.2~0.3 μm	0.2~0.5 μm	0.3~0.5 μm	最大
细胞壁	-	+	-	+	+	+
细胞器	-	+	+	+	+	高度发达
核酸	RNA 或 DNA	RNA+DNA	RNA+DNA	RNA+DNA	RNA+DNA	RNA+DNA
繁殖方式	复制	二分裂	二分裂	二分裂	二分裂	无性+有性
人工培养基	-	+	+	-	-	+
抗生素敏感	-	+	+	+	+	±

> **链接** 病毒的发现——伊万诺夫斯基被烟草的一种病态吸引住了,其症状是感染叶子上出现深、浅相间的绿色区域,故麦尔在1886年称为烟草花叶病。通过对叶子和土壤的分析麦尔指出不能把此病归于无机物平衡失调,这可能是一个细菌病。

> 1892年从事烟草病工作的年轻的俄国科学家伊万诺夫斯基(Ivanovski)发现感染花叶病的叶汁,即使经过Chamberland烛形滤器的过滤也仍具有传染的性质。这项观察提示了存在一种比以前所知的任何一种都小的病原,他认为该病是由产生毒素的细菌引起的。
>
> 1898年,荷兰科学家贝杰林克(Bei jerinck)重复了伊万诺夫斯基的实验,他从患花叶病的烟草叶中挤出汁液,并使之通过Chamberland滤器,表明滤液仍有侵染性。贝杰林克相信他的滤器阻挡住了细菌。将汁液置于琼脂凝胶块的表面时,发现侵染性物质在凝胶中以适当的速度扩散,而细菌仍滞留于琼脂的表面。因此,认为这种侵染性物质要比通常的细菌小。贝杰林克用"病毒(virus)"来命名这种史无前例的小病原体。不难看出真正发现病毒存在的是贝杰林克。
>
> 伊万诺夫斯基和贝杰林克通过他们创造性工作发现了烟草花叶病毒,从而开创了病毒学独立发展的历程。

一、病毒的基本特性

(一) 病毒的大小与形态

1. 病毒的大小 病毒的个体极其微小,需用电子显微镜放大几万倍才能看见。病毒的大小用纳米(nm,1 nm = 1/1000 μm)测量。各种病毒大小相差悬殊,大的如痘类病毒,约300 nm;中等的如流感病毒,约100 nm左右;小的如脊髓灰质炎病毒,仅有20 nm。

2. 病毒的形态 因病毒的种类不同而异,对人致病的病毒多为球形,如脊髓灰质炎病毒、流感病毒等。狂犬病病毒呈子弹头状,噬菌体为蝌蚪状,植物病毒多为杆形(图1-13)。

(二) 病毒的结构与功能

病毒的结构很简单,其化学成分主要由蛋白质和核酸构成。核酸构成病毒的核心。核心外面包绕一层由蛋白质组成的衣壳,核心和衣壳构成核衣壳,是最简单的病毒体。有些病毒外面还有一层包膜(图1-14)。

1. 核心 只含一种类型的核酸,DNA或RNA,分别构成DNA病毒和RNA病毒。病毒核酸携带着病毒的遗传信息(基因组),是决定病毒遗传、变异、增殖和传染性等生命活动的物质基础。失去衣壳的裸露核酸仍具有传染性,称为感染性核酸。核酸若被破坏,病毒即失去传染性。

2. 衣壳 由许多蛋白质亚单位,即多肽链构成的壳粒(capsomer)组成。各壳粒之间由非共价键连接,对称排列成为病毒衣壳的20面体立体对称型、螺旋对称型和复合对称型。衣壳的主要作用是保护病毒核酸免受核酸酶的破坏,并能吸附于易感细胞表面,协助病毒侵入细胞引起感染。此外,衣壳具有免疫原性,可诱导机体产生免疫应答。

3. 包膜 其化学成分为脂类、蛋白质和糖类。包膜是病毒复制成熟后,以出芽的方式穿过宿主细胞膜或核膜释放时获得的,所以具有宿主细胞脂类成分,易被脂溶剂如乙醚、氯仿和胆盐等溶解破坏。包膜对衣壳有保护作用,并与病毒的吸附、穿入宿主细胞作用有关。包膜还构成病毒体表面抗原,与病毒的致病性和免疫性有密切关系。

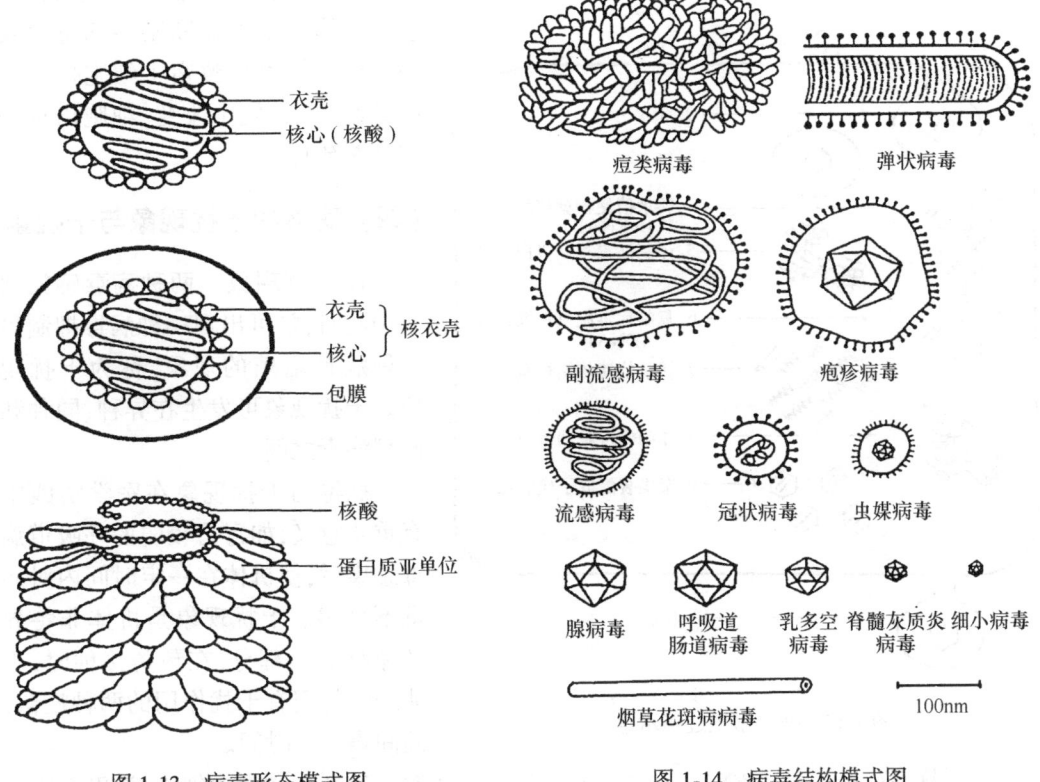

图 1-13 病毒形态模式图　　　图 1-14 病毒结构模式图

(三) 病毒的增殖

病毒缺乏完整的酶系统和细胞器,不能独立地进行代谢,必须在易感的活细胞中,依靠宿主细胞提供原料、能量和场所等,在病毒核酸遗传密码的控制下,使宿主细胞复制病毒的子代核酸和合成病毒的蛋白质,然后在宿主的细胞质或细胞核内装配为成熟的、有感染力的病毒,再以不同方式释放到细胞外,并能感染其他细胞。病毒的这种增殖方式称为复制。病毒增殖过程可分为吸附、穿入、脱壳、生物合成、装配成熟与释放等 5 个步骤。

1. 吸附(absorption)　病毒表面的蛋白质分子吸附于细胞表面相对应的受体分子。
2. 穿入　病毒可通过胞饮、融合的方式进入胞质中。
3. 脱壳　病毒体必须脱去蛋白衣壳,病毒核酸才能发挥作用。多数病毒穿入细胞后,在溶酶体酶的作用下,使衣壳蛋白水解,释放出核酸。
4. 生物合成　病毒核酸一旦被释放,就进入病毒复制的生物合成阶段,病毒利用宿主细胞提供的物质合成病毒核酸和结构蛋白。
5. 装配与释放　新合成的子代病毒核酸和子代病毒蛋白衣壳,在细胞内的一定部位装配成新病毒,从宿主细胞内释放。释放的子代病毒可再感染新的宿主细胞(图 1-15)。

某些病毒在宿主细胞内增殖后,能在胞核或胞质内形成圆形或椭圆形、嗜酸性或嗜碱性的斑块,称为包涵体。如狂犬病病毒感染后在脑细胞的胞浆内形成嗜酸性包涵体。包涵

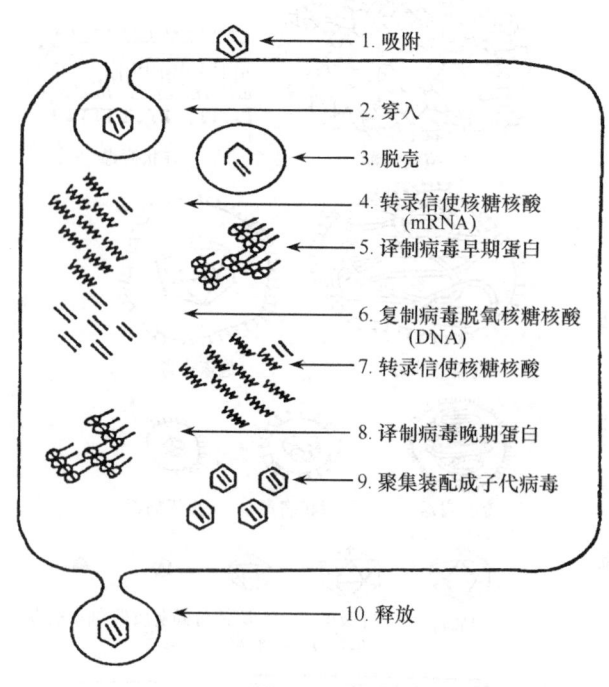

图 1-15 病毒增殖过程示意图

体在普通光学显微镜下可以查见，检查包涵体可辅助诊断某些病毒性疾病。包涵体可导致宿主细胞代谢功能紊乱、形态发生改变，细胞出现病变甚至死亡。

（四）病毒的干扰现象与干扰素

1. 干扰现象　两种病毒感染同一细胞时，常可出现一种病毒抑制另一种病毒增殖的现象，称为干扰现象。干扰现象可发生在异种、同种和同型病毒之间。

病毒的干扰现象在医学实践中有重要意义，如毒力较弱的呼吸道病毒感染后，使机体在一定时间内对病毒不易感。干扰现象是机体非特异性免疫的一部分，在预防接种时，不能同时使用有干扰作用的两种疫苗，须间隔一定时间。

2. 干扰素（interferon，IFN）　是由病毒或其他干扰素诱生剂刺激吞噬细胞、淋巴细胞及体细胞等多种细胞所产生的一种抗病毒物质，是后天获得的非特异性免疫成分。

（五）病毒的抵抗力

病毒耐冷，不耐热，一般加温60℃ 30 min 即失去感染性（灭活），在室温下，多数病毒只能存活很短时间。温度越低保存活力越久，一般在-30℃以下可以保存数月至数年，若经冷冻真空干燥，可长期保存。X射线、γ射线、紫外线可破坏病毒使其灭活。多数病毒对甘油的抵抗力强，故常用50%甘油盐水保存送检的病毒标本。乙醚、氯仿等脂溶性溶剂能破坏病毒的包膜，升汞、来苏儿、酒精、甲醛、碘等对病毒均具有一定的灭活作用。抗生素和磺胺类药物对病毒无抑制作用，所以，不能用于治疗病毒性疾病。

二、病毒的致病性与免疫性

（一）病毒的感染方式与途径

1. 水平感染（后天性感染）　指病毒在出生后的不同个体间传播，主要通过破损皮肤、呼吸道、消化道、眼结膜、泌尿生殖道等途径传播。

2. 垂直感染（先天性感染）　病毒经过胎盘或产道直接由亲代传给子代的方式称垂直感染，又称母婴传播。如孕妇妊娠早期感染风疹病毒而致胎儿先天畸形。

(二) 病毒的感染类型

病毒感染表现为隐性感染和显性感染,引起急性和慢性疾病。病毒隐性感染表示感染组织未受损害或轻微组织损伤,不影响正常功能。隐性感染可使机体获得免疫力,但无症状感染者可能是重要的传染源。

病毒的显性感染有急性感染和持续性感染,后者又分为慢性感染、潜伏感染和慢发感染。

1. 急性感染　机体感染病毒后,潜伏期短,发病急,病程数日至数周,恢复后机体内病毒消失,并常可获得特异性免疫。

2. 持续感染　病毒在机体内可持续存在数月、数年甚至数十年,感染者可有症状也可无症状出现。因病毒在体内存在时间长,成为长期携带者,是重要的传染源,也可引起慢性进行性疾病。

(1) 慢性感染:病毒感染后持续存在于机体的组织或血液中,并不断排出体外,病程可达数月至数年,感染者临床症状轻微或为无症状携带者,如乙型肝炎病毒。

(2) 潜伏感染:病毒感染后,病毒的基因组潜伏在特定的组织细胞内,不产生感染性病毒,但在某些条件下,潜伏的病毒被激活,可引起急性发作,如水痘-带状疱疹病毒。

(3) 慢发感染:病毒感染后有很长的潜伏期,症状一旦出现,病情则逐渐加剧,常导致死亡,如人类免疫缺陷病毒。

(三) 病毒的致病机制

病毒对细胞的致病作用是由病毒的直接损伤和机体免疫病理反应两方面所决定。

1. 病毒对宿主细胞的直接损伤作用

(1) 杀细胞效应:即病毒在细胞内增殖引起细胞溶解死亡。病毒增殖时,利用细胞内物质合成病毒蛋白质,从而干扰细胞蛋白质的合成和核酸代谢,导致细胞死亡;也可引起细胞溶酶体膜功能改变,释放溶酶体酶,促进细胞溶解破坏。

(2) 细胞膜改变:非溶细胞性病毒在细胞内增殖后虽不引起细胞溶解死亡,但能引起宿主细胞膜改变。如:①引起感染细胞与未感染细胞融合,形成多核巨细胞,细胞功能丧失而死亡;②细胞膜出现新抗原,发生自身性免疫细胞损伤;③细胞膜通透性改变,引起细胞自溶。

(3) 细胞转化:病毒 DNA 或其片段整合到宿主细胞 DNA 中,使宿主细胞遗传性改变,甚至发生恶性转化,成为肿瘤细胞;或某些病毒的基因或其代谢产物启动细胞癌基因而致细胞恶变。

(4) 形成包涵体:包涵体破坏细胞的正常结构和功能,引起宿主细胞死亡。

(5) 细胞凋亡:细胞凋亡,又称细胞程序性死亡(Programmed cell death, PCD),是指细胞在一定的生理或病理条件下,遵循自身的程序,自己结束其生命的过程。它是一个主动的、高度有序的、基因控制的、一系列酶参与的过程。有些病毒,如人类免疫缺陷病毒和腺病毒等感染细胞后,由病毒直接或病毒编码的蛋白间接作为诱导因子,激活凋亡基因,引发细胞凋亡。

2. 导致宿主免疫损伤

病毒具有较强的免疫原性,能诱导机体产生免疫应答,其结局既表现为抗病毒的保护作用,也可导致对机体的免疫损伤。

(1) 体液免疫损伤作用:抗病毒抗体与细胞膜上的病毒抗原结合,激活补体、NK细胞,引起细胞的破坏溶解,即导致Ⅱ型超敏反应。循环中的抗原-抗体复合物,在一定条件下可沉积于某些组织的血管壁基底膜,激活补体,引起组织损害,即导致Ⅲ型超敏反应。

(2) 细胞免疫损伤作用:宿主细胞膜表面抗原与致敏的 Tc 及 Th 淋巴细胞结合,通过直接的细胞毒作用或释放淋巴因子引起组织细胞损伤,即导致Ⅳ型超敏反应。

(四) 抗病毒免疫

机体的抗病毒免疫与抗菌免疫基本相似,也有非特异性免疫和特异性免疫。机体的抗病毒免疫是以细胞免疫为主,体液免疫对病毒的再次感染有重要意义。

1. 非特异性免疫 机体的屏障结构、吞噬细胞、补体系统等非特异性免疫机制在抗病毒感染中均有重要作用。其中,自然杀伤细胞对病毒感染细胞的杀伤作用和干扰素的抗病毒作用具有重要意义。

干扰素是获得性非特异性免疫物质,较特异性抗体出现早,能很快作用于正常细胞使其产生抗病毒蛋白,发挥抗病毒作用。

诱导干扰素产生的物质称为干扰素诱生剂。干扰素诱生剂种类很多,如病毒、细菌内毒素、原虫以及人工合成的多聚肌苷酸与多聚胞苷酸(PolyI:C)等。由人类细胞诱生的干扰素,按其来源和结构不同,可分为 α、β、γ 3 种。由白细胞和成纤维细胞所产生的干扰素分别称为 α、β 干扰素,又称为Ⅰ型干扰素。由 T 细胞产生的干扰素为 γ 干扰素,称Ⅱ型干扰素或免疫干扰素(iIFN)。

干扰素不是直接杀灭病毒,而是作用于宿主细胞的基因,使之合成一组抗病毒蛋白,包括蛋白激酶(如 $2'$-$5'$A 合成酶及 2-磷酸二酯酶),这些酶控制、阻止病毒在宿主细胞内复制增殖,从而达到抗病毒作用。受病毒感染的细胞在病毒复制的同时即形成并释放干扰素,干扰素渗入邻近细胞促使其产生抗病毒蛋白。因此,干扰素既能中断受感染细胞的病毒感染又能限制病毒的扩散。干扰素的抗病毒作用具有高活性、广谱性和相对种属性的特点。

此外,干扰素还具有抑制细胞分裂,抗肿瘤和免疫调节等一系列生物学活性。Ⅰ型干扰素抗病毒作用比Ⅱ型强,Ⅱ型对免疫细胞的调节作用比Ⅰ型强。目前 3 种干扰素都已有基因工程产品。

2. 特异性免疫

(1) 特异性细胞免疫:在抗病毒感染上起主导作用。病毒感染后可通过杀伤性 T 细胞(Tc)和辅助性 T 细胞(Th)发挥抗病毒作用。Tc 可通过分泌穿孔素和细胞毒素对靶细胞起直接杀伤作用;Th 由通过释放 IL-2、iIFN 等细胞因子来起作用。

(2) 特异性体液免疫:机体感染病毒或接种病毒疫苗后,能产生针对病毒多种抗原成分的各类特异性抗体,主要是 IgG、IgM 和 IgA。其抗病毒的机制主要是中和病毒作用和调理作用。

① 中和病毒作用:由某些病毒表面抗原成分诱生的抗体,能阻止病毒与细胞受体结合,

或使病毒聚集成小团块而使病毒失去感染性,称为中和抗体。中和抗体发挥的这种与病毒结合后消除病毒感染能力的作用称为中和病毒作用。黏膜上的中和抗体(SIgA)能阻止病毒吸附于宿主细胞膜上的特异性受体。血清中的中和抗体(IgG、IgM)则能与细胞外的病毒发生特异性结合,阻止病毒吸附和穿入易感细胞。

② 调理作用:抗病毒抗体与病毒结合后,能增强吞噬细胞对病毒的吞噬,即发挥调理吞噬作用,促进对病毒的吞噬和裂解,或导致病毒感染细胞的裂解。

三、病毒的微生物学检查

病毒的诊断技术目前已由传统方法,包括病毒的分离与培养、病毒的鉴定和血清学试验发展至很多新的快速诊断技术。早期诊断及早期治疗对控制病毒感染十分重要。由于病毒细胞内寄生的特性,使得其药物的开发受到很大的限制,至今还没有象抗生素对付细菌那样有效的药物。因此对病毒的预防显得尤为重要,人们将希望寄托在研制出高效而安全的新疫苗上。

(一) 标本的采集和送检

标本的正确采集及迅速送检是成功检测病毒的关键。用于分离病毒或检测其核酸的标本,应采集急性期标本,此时病毒量多,检出率高。要根据感染部位采集标本(如鼻咽分泌物、脑脊液、粪便、皮肤瘀斑、疱疹积液或血液等)。应严格注意无菌操作,对有杂菌污染的标本,应用高浓度抗生素处理。由于病毒在室温中很易被灭活,应在采集和运送标本中注意冷藏。送检组织可放入含抗生素的50%甘油缓冲液中低温保存送检。若标本不能立即送检或分离培养时,应存放在-70℃低温冰箱或液氮内保存。如作血清学检查,应取急性期和恢复期双份血清,了解血清中抗体含量的动态变化,有助于诊断。

(二) 检查方法

近年来病毒检查的方法发展很快,现简要概述如下:

1. **形态学检查** 包括用光学显微镜检查病毒包涵体,或用电镜或免疫电镜法观察病毒标本。

2. **病毒分离培养** 有动物接种、鸡胚培养、组织细胞培养等方法。

3. **免疫学检查** 应用抗原抗体反应原理,用已知病毒或病毒抗原检测病人血清中的相应抗体,以诊断某些病毒性疾病或进行流行病学调查;也可用已知抗体检测未知病毒抗原,以鉴定病毒或快速诊断病毒性疾病。常用方法有中和试验、血凝抑制试验、免疫标记技术等。免疫标记技术是用荧光素、核素、生物素和酶等标记物来标记已知的抗体或抗原,检测血液、分泌物或组织细胞中的病毒抗原或抗体。临床上乙肝"两对半"常用酶联免疫吸附试验(ELISA)检测。

4. **病毒基因物质的检查** 随着众多病毒基因被克隆或测序,已制备出多种病毒基因作为探针或基因芯片,根据核酸杂交的原理检测标本中是否含有相应的病毒核酸。这种方法的敏感性比电镜、免疫酶标等方法更为特异、敏感和快速,已成为病毒性疾病诊断的常用方法。目前常用的有斑点分子杂交(dot-blot)、Southern印迹(Southern-blot)、原位分子杂交法

(in situ hybridization)、多聚酶链反应(PCR)技术和基因芯片技术等。

四、病毒感染的防治原则

由于病毒性疾病目前尚缺乏可靠的特效治疗药物,故提高人群免疫力对预防和控制病毒性疾病具有重要意义。

(一) 病毒感染的预防

1. 人工主动免疫 接种病毒疫苗可使机体主动产生特异性体液免疫或细胞免疫。目前常用的病毒疫苗可分为传统疫苗和新型疫苗两类。传统疫苗包括灭活疫苗、减毒活疫苗和用天然病毒的某些成分制成的亚单位疫苗等。如乙脑疫苗、狂犬病疫苗、牛痘苗、脊髓灰质炎疫苗、麻疹疫苗、流感疫苗、流行性腮腺炎疫苗、甲肝疫苗、乙肝疫苗等,这些疫苗的广泛使用,使上述严重危害人类生命和健康的疾病得到有效的控制。

> **链接** 人类天花绝迹日——1979年10月25日是一个值得庆幸和纪念的日子,因为这一天被确定为"人类天花绝迹日"。
>
> 天花是一种很可怕的烈性传染病。它是由天花病毒引起的,一年四季都可发生,但以春秋两季得病较多。天花病人浑身长上脓疱,重的会丧命,侥幸活下来的,皮肤上也会留下一个个小瘢。17、18世纪,天花这一可怕的瘟疫在整个欧洲和亚洲蔓延着,而且还被勘探者、探险家和殖民者传播到了美洲。那时,几乎每个人迟早都会传染上这种可怕的病,成年人的脸上和身上都有天花留下的难看的瘢痕。据说,17世纪仅仅在欧洲,就有4000万人被天花病毒夺去了生命。
>
> 天花是一种相当古老的疾病。我国古代医学家葛洪在1600年前,就在他写的医书里谈到了天花。后来,阿拉伯医生雷撒斯也发现了天花。但是,多少年来一直没有找到一种简便而有效的预防天花的办法,到了18世纪末,英国医生琴纳经过20多年的探索试验,战胜了保守势力的重重阻挠,终于创造用了牛痘接种预防天花的好办法。自从采用牛痘苗预防接种后,得天花的人就明显地减少了。新中国成立后,人民政府重视预防传染病,实行普遍种牛痘,很快就在全国消灭了天花。
>
> 世界卫生组织曾经宣布:如果连续2年没有发现天花病人,就可以宣告人类天花的绝迹。1977年10月26日,在非洲的索马里发现还有1个天花病人。从那以后,各国的卫生组织都在调查,看还有没有新天花患者。1978年美国"查获"一名女摄影师患了天花,但经过周密的考察,她是以前在美国一所大学医学部工作时,被医学部病毒实验室保存的天花病毒污染环境而造成的。这次天花的发生,并不是自然存在的天花。实际上,从1977年10月26日以后的2年中,再没有发现一个新的天花病人了。于是,1979年10月25日便被定为"人类天花绝迹日"。

新型疫苗主要指基因工程技术生产的疫苗,包括基因工程亚单位疫苗、基因工程载体疫苗、核酸疫苗以及基因缺失减毒活疫苗等,通常习惯地将遗传重组疫苗、合成肽疫苗和抗独特型抗体疫苗包括在新型疫苗范围内。

2. 人工被动免疫　常用的人工被动免疫制剂有免疫血清、胎盘球蛋白、丙种球蛋白以及与细胞免疫有关的转移因子等。注射人免疫球蛋白对甲型肝炎、麻疹和脊髓灰质炎等具有紧急预防作用,可使接触者不出现症状或仅出现轻微症状。近年来已应用含有高效价抗-HBs 的乙肝病毒免疫球蛋白来预防乙型肝炎,取得一定疗效。

(二) 病毒感染的治疗

1. 核苷类药物　是最早用于临床的抗病毒药物。如阻断病毒复制的碘尿苷(IDU,商品名疱疹净)可用于眼疱疹病毒感染的治疗;竞争病毒复制酶的无环鸟苷(ACV)和丙氧鸟苷(DHPG)可用于治疗单纯疱疹病毒的感染;抑制病毒基因转录的 AZT 和 3TC 可用于治疗艾滋病等。

2. 干扰素及其诱生剂　干扰素具有广谱抗病毒作用,常用的为 α、β 干扰素,副作用较小,可用于疱疹病毒性角膜炎、生殖器疱疹、乳头瘤病毒等感染。干扰素诱生剂多聚肌苷酸和多聚胞苷酸构成的 PolyI:C,是人工合成的,具有诱导干扰素产生和免疫促进作用的药物。

3. 免疫制剂　包括特异性抗病毒抗体、非特异性免疫调节剂和治疗性疫苗。抗病毒的特异免疫球蛋白不仅用于预防,也可用于治疗。非特异性免疫调节剂干扰素(IFN)、白细胞介素(IL)和肿瘤坏死因子(TNF)等细胞因子具有广谱抗病毒作用。治疗性疫苗在病毒治疗中亦被重视,如已在临床研究中应用了单纯疱疹病毒、乙型肝炎病毒及 HIV 的治疗性疫苗。狂犬病疫苗是在感染后潜伏期内注射,也可被视为一种治疗性疫苗。病毒的核酸疫苗除作为预防疫苗外,亦有可供治疗的潜在价值。

4. 病毒蛋白酶抑制物　如 indinavirey 及 ritonavir 是针对逆转录酶及蛋白酶活性位点的抑制物。华裔美国科学家何大一用 3TC 加蛋白酶抑制剂联合治疗 HIV,被称为"鸡尾酒"疗法,可较长期抑制病毒复制,成为目前治疗艾滋病的主要方法之一。

5. 抗病毒基因治疗　主要是反义寡核苷酸技术和核酶的基因治疗。目前应用于临床的有针对巨细胞病毒的反义核酸,用于治疗局部巨细胞病毒感染所致的脉络膜及视网膜炎。

6. 中草药　中草药中已筛选出抗病毒作用的天然药物有 200 多种,常用的有板蓝根、大青叶、金银花、大蒜、黄芪、甘草、贯众、螃蜞菊等。这些中草药对呼吸道病毒和虫媒病毒有一定效果。

第 4 节　其他微生物

此节的其他微生物包括真菌、衣原体、立克次体、支原体、螺旋体、放线菌,通过概念、种类、生物学特性、致病性等方面的学习,了解这些微生物的知识及相互间的联系,为专业课积累必要的知识。

一、真　　菌

能引起疾病的真菌虽仅有几百种,但随着抗生素的广泛应用而导致菌群失调、免疫抑制剂的应用出现的免疫功能下降及 AIDS 患者的逐年增加,真菌性感染已经成为临床上常见的疾病。

（一）概念

真菌(fungus)是一类不分根、茎、叶，不含叶绿素的真核细胞型微生物。

（二）种类

真菌种类很多，在自然界分布也很广，绝大多数不致病，极少数可引起人体浅部或深部组织感染，称病原性真菌。

（三）生物学特性

真菌分单细胞和多细胞两种，单细胞真菌为圆形，如酵母菌、念珠菌等，多细胞真菌由孢子和菌丝组成，如丝状菌、霉菌等。孢子是真菌的繁殖结构，分有性与无性孢子，菌丝细长，可深入培养基获取营养，也可产生孢子。真菌对营养要求不高，但生长缓慢，以出芽、形成菌丝、产生孢子及菌丝断裂等方式繁殖，在外界的抵抗力不强，但对抗生素不敏感。

（四）致病性

病原性真菌可引起浅部的癣症和深部的组织感染，还可引起真菌性超敏反应及真菌中毒、致癌等。

1. **皮肤丝状菌** 是引起浅部真菌感染的病原体，有表皮癣菌属、小孢子菌属、毛癣菌属等，主要侵犯皮肤、毛发、指或趾甲的癣症，为局部感染，通过直接或间接接触感染。可取不同部位的标本，镜下观察菌丝和孢子，也可进行分离培养鉴定。

2. **白念珠菌** 单细胞真菌，有假菌丝，是正常人口腔、上呼吸道、肠道、阴道的正常菌群，在长期使用抗生素、激素、免疫抑制剂等机体抵抗力下降的情况下可造成感染，能引起皮肤黏膜、内脏及中枢神经系统如脑部的感染，检测时应反复多次验证，慎重判断(图1-16)。

3. **新型隐球菌** 单细胞真菌，有肥厚的荚膜，能产生芽生孢子，在自然界广泛存在，也存在于人体的体表、口腔、肠道，致病力弱，可经呼吸道、消化道、皮肤伤口进入，引起感染。

4. **其他病原性真菌** 黄曲霉菌可以引起急性或慢性肝病变导致肝硬化或肝癌；青霉菌产生的毒素可以引起中枢系统中毒和肝损伤；禾谷镰刀菌的毒素食入后能引起急性中毒；着色真菌、曲霉菌等污染空气，使人患过敏性鼻炎、支气管哮喘等。

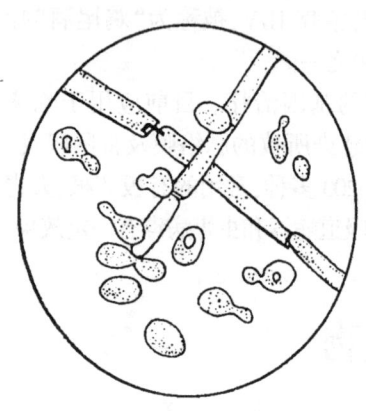

图1-16 白念珠菌

二、衣原体

衣原体含有DNA和RNA，具有细胞壁和严格细胞内寄生特点，有独特生活周期，致病的主要有沙眼衣原体、肺炎衣原体、鹦鹉热衣原体等。

(一) 概念

衣原体(chlamydia)是一类能通过细菌过滤器、有独特发育周期、严格细胞内寄生的原核细胞型微生物。

(二) 种类

衣原体广泛寄生在人类、鸟及哺乳类动物的体内,仅少数致病。引起人类疾病最常见的是沙眼衣原体。人类是沙眼衣原体的自然宿主。根据其生长特性和致病性的差异,将沙眼衣原体分为3个生物变种,即沙眼生物变种、性病淋巴肉芽肿生物变种和鼠生物变种。

(三) 生物学特性

衣原体在受染细胞中有特定的发育周期,其形态亦不一致。衣原体的发育周期包括原体和始体。原体为细小圆形,由始体分裂而来,具有高度传染性。始体较大亦呈圆形,无传染性,是其繁殖状态。衣原体以二分裂方式繁殖。常用姬姆萨氏染色法染色。

(四) 致病性

当沙眼衣原体侵入眼结膜上皮细胞后,在细胞内进行生长繁殖,形成嗜碱性胞浆内包涵体。经姬姆萨氏染色后,包涵体呈深蓝色。在沙眼急性期极易从眼穹隆及睑结膜的刮片中观察到,有诊断价值。沙眼主要通过眼-手-眼传播。衣原体侵入人眼角膜和结膜,引起颗粒性眼结膜炎、角膜炎、角膜血管翳。在眼结膜上常形成瘢痕,甚至眼睑内翻倒睫,若不及时治疗,可影响视力,严重者可致失明。性病淋巴肉芽肿生物变种主要通过性接触传染,引起腹股沟淋巴结化脓性炎症和慢性淋巴肉芽肿。

三、立克次体

立克次体体积微小,严格细胞内寄生,有5个属对人致病,多以节肢动物为传播媒介,为人畜共患的自然疫源性疾病。

(一) 概念

立克次体(rickettsia)是一类介于细菌和病毒之间的只能在细胞内寄生的原核细胞型微生物。

(二) 种类

常见的有普氏立克次体、斑疹伤寒立克次体和恙虫热立克次体。

(三) 生物学性状

立克次体为多形态性,常呈球杆状,长0.3~0.8 μm,宽0.3~0.5 μm。结构类似细菌。革兰染色阴性。常用姬姆萨染色法或马基维罗染色法,前者染成紫色或蓝色,后者染成红色。多数立克次体存在于受染细胞的胞浆中,有的存在于核内。立克次体必须在活的组织细胞内才能生长繁殖。常用的方法有鸡胚培养法、动物接种法和组织细胞培养法。立克次体的繁殖方式是二分裂繁殖。立克次体对理化因素的抵抗力较弱,一般56℃ 30 min能使之失去活性。对低温及干燥的抵抗力较强,在干虱粪中立克次体能保留传染性一年半以上。立克次体的细胞壁中含有一种多糖抗原,分别与变形杆菌 X_{19}、X_2、X_K 菌株的菌体(O)抗原中的多糖抗原相似。由于立克次体难以培养,故常用变形杆菌 OX_{19}、OX_2、OX_K 菌株代替立克次体的抗原,进行立克次体病的血清学诊断,此称为外斐氏反应。

(四) 致病性

立克次体寄生于节肢动物体内(如虱、蚤、蜱、螨等),通过节肢动物叮咬或其粪便污染伤口进入人体,或通过眼结膜、呼吸道黏膜进入人体,在局部淋巴组织或小血管内皮细胞中繁殖,引起细胞坏死。立克次体释放的脂多糖毒素样物质,使机体出现多种中毒症状。

四、支 原 体

支原体没有细胞壁,高度多形性,体积微小,但能在培养基中生长,在自然界分布广泛,能引起疾病的支原体不多,需与 L 型细菌区别。

(一) 概念

支原体(mycoplasma)是一群无细胞壁、独立生活的最小原核细胞型微生物。

(二) 种类

支原体在自然界分布广泛,人、家畜、禽类多携带,引起人类疾病的支原体有肺炎支原体、生殖器支原体、人型支原体、穿透支原体等。

(三) 生物学特性

支原体因无细胞壁而高度多形性,基本形状为球形和丝形,在培养基中以二分裂方式繁殖,营养要求高,形成"油煎蛋"样集落。其对外界的抵抗力不强。

(四) 致病性

肺炎支原体可引起原发性非典型性肺炎,飞沫传播,多见于儿童、青年和中年人。患病后体内除产生特异性抗体外还产生非特异性的冷凝集素,有辅助诊断意义。

五、螺 旋 体

螺旋体在自然界及动物体内广泛存在,种类很多,对人致病的有 3 个属:钩端螺旋体属、密螺旋体属、疏螺旋体属。

(一) 概念

螺旋体(spirochete)是一类细长、柔软、螺旋状、运动活泼的介于细菌与原虫之间的原核细胞型微生物。

(二) 生物学特性

螺旋体细长、呈螺旋状,钩端螺旋体属的螺旋细密整齐规则,一端或两端有钩,密螺旋体属的螺旋较致密而排列整齐,两端尖直,疏螺旋体属的螺旋疏松而不规则。

(三) 致病性

钩端螺旋体属中的钩端螺旋体可以引起钩体病,密螺旋体属中的梅毒螺旋体引起梅毒,疏螺旋体属中伯氏疏螺旋体是莱姆病的病原体,疏螺旋体属中的回归热螺旋体引起回归热。

六、放线菌

放线菌广泛存在于自然界的土壤中,正常存在于人和动物的口腔、上呼吸道、胃肠道、泌尿生殖道,某些情况下可以引起内源性感染,对人致病的放线菌为衣氏放线菌。

(一) 概念

放线菌(actinomyces)是介于细菌和真菌之间的原核细胞型微生物。

(二) 生物学特性

革兰阳性菌,常呈分枝状,以裂殖方式繁殖,在患者病灶的脓汁里可见黄色小颗粒,称硫磺样颗粒,将硫磺样颗粒制成压片,显微镜下可见颗粒呈菊花状,菌丝从中心向四周放射状排列。

(三) 致病性

衣氏放线菌条件致病引起化脓性感染,多呈慢性肉芽肿改变,并常伴多发性瘘管,在面颈部多见。

第5节 常见病原微生物

常见病原微生物包括细菌、病毒、真菌、衣原体、立克次体、支原体、螺旋体、放线菌等,按照传播途径如呼吸道传播、消化道传播、创伤感染、性传播、输血及血制品传播、中枢神经系统感染、人畜共患等进行分类学习,与临床专业知识连接紧密。

一、呼吸道传播的微生物

呼吸道传播的微生物经呼吸道进入人体,引起呼吸道及其他器官的病变,病原体较多。

(一) 结核分枝杆菌

1. **生物学特性** 抗酸染色阳性,细长略带弯曲杆菌,易呈束状排列;专性需氧,营养要求高,生长缓慢,菌落粗糙似菜花状,对干燥、酸、碱抵抗力强,可用酸、碱处理标本,对湿热、紫外线、酒精敏感;其变异菌株卡介苗用于预防。

2. **致病性与免疫性** 结核分枝杆菌通过呼吸道、消化道、破损的皮肤黏膜等多渠道进入人体,引起相应的结核病,免疫力低者还可以通过血液或淋巴液的播散引起全身粟粒状结核或结核性脑膜炎;该菌无内、外毒素和侵袭性酶,菌体物质与该菌顽强细胞内增殖以及机体出现的超敏反应可引起慢性肉芽肿性炎症、结核结节等表现;人对结核病的免疫是带菌免疫或传染性免疫,用旧结核菌素或 PPD 试验可检测或辅助诊断。

3. **结核菌素试验** 现有 2 种,一是旧结核菌素(old tuberculin, OT)试验,另一是纯蛋白衍生物(purified protein derivative, PPD)试验,原理是第Ⅳ型超敏反应;将 OT 或 PPD 注射与受试者前臂屈侧皮内,48~72 h 观察,若红肿硬结大于 5 mm 为阳性,大于 15 mm 为强阳性。

4. **防治原则** 用卡介苗特异性预防,新生儿可直接接种,对 OT 试验阴性的人也可接种,接种后 2~3 个月做 OT 试验,若为阴性,需再次接种;治疗常用药物有异烟肼、链霉素、利福平等,现多采用联合用药。

(二) 流行性感冒病毒

1. **生物学特性** 为 RNA 型,多为球形,其结构分为 3 层,内层是病毒核心为螺旋状卷曲的核蛋白缠绕着的 RNA,并含有 RNA 多聚酶,中层是衣壳为病毒膜蛋白,外层是包膜为脂质双层嵌有刺突即血凝素 H 和神经氨酸酶 N(图 1-17)。

根据核蛋白的抗原性不同,将流行性感冒病毒分为甲、乙、丙三型,再根据刺突 H 和 N 的抗原性不同将同型病毒分为若干亚型;其中以甲型流感病毒最易发生变异,变异幅度由

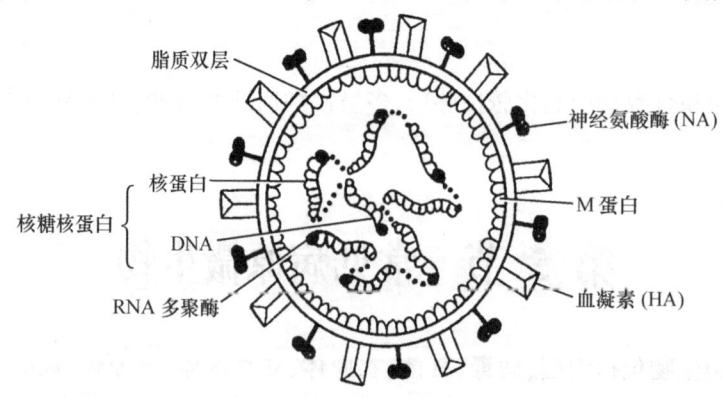

图 1-17 流感病毒

小到大,可引起世界大流行。

> **链接** 禽流感(AvianInfluenza,AI)——是禽流行性感冒的简称,它是由禽流感病毒引起的一种人、禽共患的急性传染性疾病,按病原体类型的不同,禽流感可分为高致病性、低致病性和非致病性禽流感3大类。高致病性禽流感因传播速度快、危害大,被世界卫生组织列为A类动物疫病。禽流感的自然感染过程复杂,传染来源较多,可以来自家禽、野生鸟类及其他动物,并且可以再次感染和传播。禽流感感染人类可通过病禽的分泌物、排泄物、尸体等污染饲料、饮水及其他物品,直接接触或间接接触、呼吸道、消化道、皮肤损伤和眼结膜等多种途径传播,禽流感的潜伏期从数小时到数天,最长可达21天。感染后的症状主要表现为高热、咳嗽、流涕、肌痛等,多数伴有严重的肺炎,严重者心、肾等多种脏器衰竭导致死亡,病死率很高。以冬春季节发病较多,候鸟、人员和车辆往来是传播本病的重要因素。

2. 致病性与免疫性　流行性感冒病毒是引起流行性感冒的病原体,通过呼吸道传播,发病前后两日的病人是其主要的传染源,病毒在局部引起细胞变性、坏死、脱落等病理改变,毒素对全身器官均有毒性作用,老人和婴幼儿易继发细菌感染,引起肺炎;病后对同型有短时免疫力。

3. 防治原则　预防为主,少去或不去人群密集的地方,对免疫力低的人可以接种疫苗;治疗主要对症并预防继发感染。

(三) 其他呼吸道传播的病原微生物

1. SARS冠状病毒　严重急性呼吸道症候群的病原体,为冠状病毒的变异体,主要通过呼吸道飞沫和密集接触传播,明显特征是家庭聚集和医院聚集地的传播多见;冠状病毒直径为80~160 nm,为有包膜的单股RNA病毒,属冠状病毒科;该病急性起病,一般在被感染后10天之内发病,多以发热为首发症状,主要呈现持续高热,常在39℃以上,甚至达40℃以上,高热多持续不退,偶然伴有怕冷、寒战,伴或不伴有头痛、关节酸痛、全身酸痛、乏力、胸痛、腹泻,可有咳嗽,多为干咳、少痰,偶有血丝痰,还可出现多个脏器功能衰竭的相关表现,如心功能衰竭、肾功能衰竭、中枢神经功能衰竭(昏迷)等。

2. 脑膜炎奈瑟菌　流行性脑脊髓膜炎病原体,易感人群为儿童,经飞沫传播,常在冬春季节流行;为革兰阴性双球菌,菌体呈肾形,凹面相对,营养要求高,在巧克力色血平板上形成为扁平、光滑、湿润、半透明菌落,易自溶,抵抗力弱;致病因素有内毒素、荚膜、菌毛,多数人仅表现为带菌状态,突破血-脑屏障后引起流行性脑脊髓膜炎;可特异性预防接种流脑疫苗(图1-18)。

3. 肺炎链球菌　主要引起大叶性肺炎,为条件致病菌;革兰阳性球菌,矛头状,成双或短链排列,营养要求高,在血平板上菌落为扁平、中心凹陷,菌落周围有草绿色溶血环,易自溶;致病因素主要是荚膜(图1-19)。

4. 流感嗜血杆菌　常在流感、麻疹等感染时引起继发性感染;革兰阴性短小杆菌,营养要求高,需X因子和V因子。

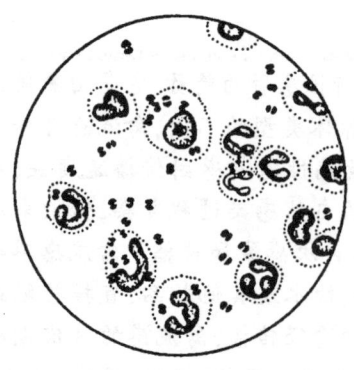
图1-18 脑膜炎球菌

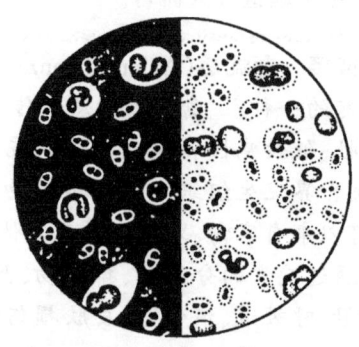
图1-19 肺炎球菌

5. **白喉棒状杆菌** 是白喉的病原体，呼吸道传播；革兰阳性，一端或两端膨大，有异染颗粒，对寒冷、干燥、日光的抵抗力较强；致病因素主要是外毒素，还可在局部形成假膜，若假膜脱落堵住气管可引起窒息；用白喉类毒素进行特异性人工自动免疫，还可用白喉抗毒素进行人工被动免疫。

6. **百日咳鲍特氏菌** 引起百日咳，儿童多见；革兰阴性球杆菌，营养要求高；致病因素有荚膜、菌毛、毒素，典型症状可出现痉挛性阵咳，病后有持久免疫力；用百日咳死菌苗进行特异性预防。

7. **水痘-带状疱疹病毒** 为潜伏感染的病毒，经呼吸道初次感染后表现为水痘，复发时表现为带状疱疹；孕妇感染后可垂直传播，胎儿出现畸形、流产或死产。

8. **流行性腮腺炎病毒** 为流行性腮腺炎的病原体，经呼吸道传播，还可引发睾丸炎、卵巢炎和脑膜炎，可接种减毒活疫苗进行预防。

9. **麻疹病毒** 是麻疹的病原体，儿童多见，易感者接触后90%以上发病，近年来发现麻疹病后可引起持续性感染，即继发亚急性硬化性全脑炎；用麻疹减毒活疫苗进行人工自动免疫，还可用正常人的免疫球蛋白或胎盘免疫球蛋白进行人工被动免疫。

10. **风疹病毒** 引起风疹，孕妇感染后可垂直传播，引起胎儿先天性风疹综合征，造成畸形、流产、死胎、智力低下等，故需对育龄妇女进行疫苗或免疫球蛋白的接种。

11. **肺炎支原体** 通过呼吸道感染可引起原发性非典型性肺炎，多见于儿童；形态为多形性，无细胞壁，培养时形成"油煎蛋"样集落；患者血清中除了特异性抗体外还存在非特异性冷凝集素。

二、消化道传播的微生物

消化道传播的微生物主要通过粪-口途径，微生物经过粪便污染水、手、食品、生活用品等，再经口进入机体。

（一）志贺氏菌属

1. **生物学特性** 革兰阴性小杆菌，无鞭毛；营养要求不高，在肠道选择培养基上因24 h

内不分解乳糖而呈无色菌落,宋内氏、志贺氏菌为粗糙型菌落,其余均为光滑型菌落,其常见生化反应见表1-8。

表1-8 志贺氏菌属常见的生化反应

乳糖	葡萄糖	硫化氢	动力	靛基质	尿素酶
-/+	+	-	-	+/-	-

2. 致病性与免疫性　志贺氏菌是引起细菌性痢疾的病原体,通过消化道传播,由菌毛、内毒素、外毒素致病,多数患者出现肠道症状,少数患者可发生中毒性痢疾,病后免疫力不长久。

3. 微生物学检查　在用药前取病人脓血便接种于肠道选择培养基上分离培养,做生化反应和玻片凝集试验,鉴定细菌。

4. 防治原则　早期诊断,及时治疗,加强管理饮食和饮水,灭蝇,还可口服疫苗进行特异性预防。

(二) 沙门氏菌属

1. 生物学特性　革兰阴性小杆菌,有鞭毛;营养要求不高,在肠道选择培养基上因24 h内不分解乳糖而呈无色、透明、细小的菌落,其常见生化反应见表1-9。

表1-9 沙门氏菌属常见的生化反应

乳糖	葡萄糖	硫化氢	动力	靛基质	尿素酶
-	⊕/+	+/-	+	-	-

2. 致病性与免疫性　致病因素有Vi抗原、菌毛、内毒素、肠毒素。可引起伤寒副伤寒、食物中毒、败血症。

3. 微生物学检查　伤寒副伤寒病人在第一周取病人血,第二周至第三周取粪便或尿液,食物中毒者取呕吐物和剩余食物,败血症取血液标本后先增菌,再接种于肠道选择培养基上分离培养,做生化反应和玻片凝集试验,鉴定细菌。

4. 血清学检查　肥达反应用伤寒副伤寒已知O抗体和H抗体测病人体内相应的抗体,其中伤寒的O抗体效价在1∶80以上,H抗体效价在1∶160以上,甲、乙型副伤寒的H抗体效价在1∶80以上,有诊断意义。

5. 防治原则　早期诊断早期治疗,隔离病人及带菌者,加强水及食品的监督和管理。用减毒伤寒活疫苗特异性预防。

(三) 弧菌属——霍乱弧菌

1. 生物学特性　有古典生物型和ElTor生物型,是引起霍乱——烈性消化道传染病的病原体,为革兰阴性弧菌,在病人"米泔水样"便中可见"鱼群样"排列的细菌,有一根鞭毛,呈穿梭样运动,营养要求不高,用碱性培养基培养(pH 8.0~9.0),抵抗力弱,对热、干燥、日光、酸和常用消毒剂均敏感。

2. 致病性与免疫性　细菌经口感染,暴饮暴食后胃内胃酸被冲淡,细菌进入肠道,产生肠毒素,使肠道细胞分泌功能亢进,出现剧烈呕吐和腹泻,不及时治疗可因失水、电解质紊乱、酸碱中毒而死亡。

3. 微生物学检查　取病人呕吐物、米泔水样便，革兰染色、分离培养鉴定，该病应及时向上级部门报告疫情。

4. 防治原则　加强国境检疫，加强水源卫生管理及粪便管理，可用霍乱疫苗进行特异性预防，对病人进行对症治疗。

（四）埃希氏菌属

1. 生物学特性　革兰阴性小杆菌，有鞭毛和菌毛，能分解乳糖，在肠道选择培养基中为有色菌落。

2. 致病性与免疫性　多为人和动物肠道中的正常菌群，正常情况下可合成维生素 B 和 K，还可抑制某些致病菌的生长；是条件性致病菌，引起肠道外化脓性感染，部分可产生毒素，直接导致肠道感染引起腹泻。

3. 卫生细菌学上的意义　可作为饮水、食品及药品的卫生学检测指标。

（五）甲型肝炎病毒

1. 生物学特性　HAV 为球形、无包膜、RNA 型病毒，对热、乙醚、pH 3.0 的酸处理有较强的抵抗力。

2. 致病性与免疫性　是引起甲型肝炎的病原体，经粪-口途径传播，呈急性过程，一般不转变为慢性肝炎；病毒侵入人体后先在肠道局部增殖，再经过血液至肝脏细胞内增殖而致病。

3. 微生物学检查　目前用 ELISA 法检查病人血清中的抗体来诊断。

4. 防治原则　可用甲肝疫苗进行特异性预防，治疗病人，加强水、食品、粪便的管理，注意个人卫生，对有接触史的儿童可注射正常人的免疫球蛋白来防止或减轻发病症状。

（六）肠道病毒

1. 脊髓灰质炎病毒　为球形，RNA 型，无包膜，根据抗原性的不同分为Ⅰ、Ⅱ、Ⅲ型，抵抗力较强，在外界可存活数周或数月，加热 56℃ 30 min 即灭活，对氧化剂类的消毒剂敏感；是脊髓灰质炎（小儿麻痹症）的病原体，经粪-口途径传播，病毒先在咽、肠壁及肠系膜中增殖，多为隐性感染，少数患者病毒进入血液，突破血-脑屏障，在脊髓前角和脑干的运动细胞内寄生，引起相应肢体肌肉弛缓性麻痹，以下肢多见，病后对同型病毒有持久免疫力，但各型之间无交叉反应；用脊髓灰质炎疫苗对儿童进行特异性预防，为了避免出现干扰现象，疫苗应间隔服用。

2. 轮状病毒　球形，RNA 型，双层衣壳，无包膜，外形似车轮，在外界有较强的抵抗力；主要引起婴幼儿的腹泻，是导致婴幼儿死亡的主要原因，粪-口途径是主要传播途径，也可经呼吸道传播；治疗时要及时输液、纠正电解质紊乱。

（七）消化道感染的其他微生物

1. 幽门螺杆菌　革兰阴性，螺旋状有端鞭毛，营养要求高，生长缓慢，有高活性的尿素酶，与人类慢性胃炎、胃十二指肠溃疡有关。

2. 空肠弯曲菌　革兰阴性,弯曲似逗点状,有单鞭毛,营养要求高,对外界抵抗力不强,是畜类、家禽肠道正常菌群,可引起人类婴幼儿急性腹泻及成人食物中毒。

3. 葡萄球菌　革兰阳性球菌,营养要求不高,其产生的肠毒素耐热,煮沸30 min不被破坏,人食入该毒素可出现恶心、呕吐、腹泻、腹痛等症状,属于毒素型食物中毒,在夏季多见。

4. 肉毒梭菌　革兰阳性杆菌,有芽孢,呈网球拍状,还有周鞭毛,专性厌氧,在外界抵抗力强,其产生的外毒素毒性极强,是嗜神经毒素,100℃ 10 min可破坏,但酸和消化酶的分解不但不破坏其毒性,还有利于毒素的吸收,食入有肉毒毒素的食品后,引起的食物中毒胃肠道症状少见,以神经系统症状为主,出现肌肉麻痹,严重者呼吸肌、心肌麻痹而死亡。

三、创伤感染的微生物

该类微生物通过伤口感染,多引起浅表或深部的化脓性感染,也可以引起脓毒血症,亦是医院内感染的病原体。

(一) 葡萄球菌

1. 生物学特性　革兰阳性球菌,排列成葡萄状;营养要求不高,在血平板上致病菌可见透明溶血环,有脂溶性色素,分为金黄色葡萄球菌、表皮葡萄球菌、腐生葡萄球菌;该菌抵抗力较强,但对甲紫敏感(图1-20)。

2. 致病性　以血浆凝固酶、溶血毒素、杀白细胞素等引起局部、全身的化脓性感染,还可产生肠毒素而引起食物中毒,条件致病的葡萄球菌还可引起菌群失调症,也常见于医院内的交叉感染。

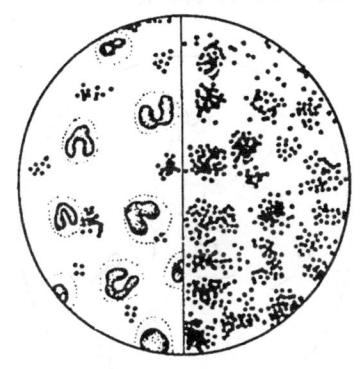

图1-20　葡萄球菌

3. 微生物学检查　取脓汁、分泌物、血液等直接涂片、分离培养等鉴定该菌。

4. 防治原则　注意无菌操作,防止医院内感染,用药应合理以减少耐药菌株的出现。

(二) 链球菌

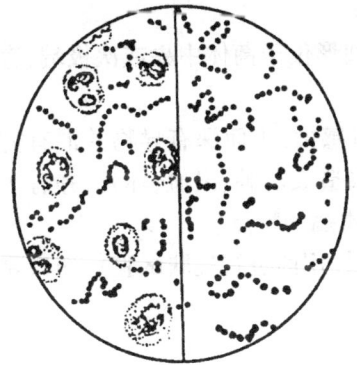

图1-21　链球菌

1. 生物学特性　革兰阳性球菌,呈链状排列,营养要求高,在血平板上出现透明溶血环的是乙型溶血性链球菌,出现草绿色溶血环的是甲型溶血性链球菌,无溶血现象的是丙型链球菌,该菌抵抗力不强(图1-21)。

2. 致病性与免疫性　该菌以菌体表面的M蛋白、产生的透明质酸酶、溶血毒素等引起各种化脓性感染,其红疹毒素可引起小儿急性传染病猩红热,若M蛋白与抗体形成的中等大小的免疫复合物沉积在肾小球基底膜、心瓣膜或关节滑膜上,可引起Ⅲ型超敏反应。甲型溶血性链球菌可条件致病,引起亚急性细菌性心内膜炎。猩红热病后有牢固的免疫力。

3. 微生物学检查　取脓汁、血液等检查细菌,用抗溶血素O试验可检测链球菌引起的Ⅲ型超敏反应。

4. 防治原则　早期治疗链球菌引起的感染以防止发生Ⅲ型超敏反应及亚急性细菌性心内膜炎,防止医院内感染。

(三) 铜绿假单胞菌

1. 生物学特性　革兰阴性杆菌,有端鞭毛,营养要求不高,菌落有水溶性色素,培养基常呈亮绿色,抵抗力较强。

2. 致病性与免疫性　属条件致病,多途径感染,医源性感染多见,主要引起继发性感染或混合感染,是医院内感染常见的病原体。

3. 微生物学检查　取脓汁、血液、医疗物品等培养鉴定。

4. 防治原则　医疗用品要彻底灭菌,严格无菌操作,防止医源性感染,合理用药。

(四) 破伤风梭菌

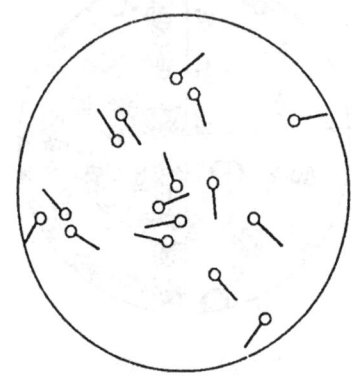

图1-22　破伤风梭菌

1. 生物学特性　革兰阳性细长杆菌,有周鞭毛,芽孢为圆形位于菌体顶端,直径大于菌体,似鼓槌。芽孢对外界的抵抗力强(图1-22)。

2. 致病性与免疫性　为破伤风的病原体,由伤口感染,小而深伴有异物并混有需氧菌的伤口易导致破伤风的发生。其产生的外毒素通过血液进入脑干及脊髓前角神经细胞,可阻碍神经元之间的抑制性冲动,使其所支配的运动性肌肉发生痉挛,严重者可导致呼吸肌痉挛而窒息死亡。

3. 防治原则　对易受伤的人进行人工自动免疫,对伤员或可疑病人进行人工被动免疫(用前进行皮肤试验),并进行伤口的处理,注射抗生素。

(五) 产气荚膜梭菌

1. 生物学特性　革兰阳性细长杆菌,有荚膜,芽孢为椭圆形位于菌体中央或次极端,直径不大于菌体。芽孢对外界的抵抗力强。

2. 致病性与免疫性　为气性坏疽的病原体之一,由伤口感染,小而深有异物并混有需氧菌的伤口易发生。其产生的多种外毒素和侵袭性酶类可以造成水肿、出血、坏死,并有大量气体产生造成气肿,扩散快、有剧烈疼痛、恶臭及捻发音为本病的特点。

3. 防治原则　对伤员或可疑病人进行多价抗血清的注射(用前进行皮肤试验),伤口要进行扩创,并注射抗生素,高压氧舱也有一定的疗效。

(六) 无芽孢厌氧菌

1. 生物学特性　包括革兰阴性及阳性的球菌和杆菌,无芽孢,专性厌氧,以革兰阴性的杆菌多见,如脆弱类杆菌、产黑色素类杆菌、梭杆菌等。

2. 致病性与免疫性　为正常菌群的细菌,可以条件致病,主要引起内源性感染。

3. 微生物学检查　取标本时注意避免接触正常菌群,严格无菌操作,减少与空气的接触,立即送检。

4. 防治原则　清创、去除坏死组织及异物,正确选择抗生素。

四、性传播疾病的微生物

通过性传播疾病的微生物,引起性病,且多可垂直传播影响下一代,传播范围广,速度快,免疫力低,可重复患病,需配偶双方同时进行治疗。

(一) 淋病奈瑟菌

1. 生物学特性　为革兰阴性球菌,常成双排列似肾形,急性病人可见于中性粒细胞内,慢性病人多在中性粒细胞外,有荚膜及菌毛,在外界抵抗力弱。

2. 致病性与免疫性　是淋病的病原体,只侵犯人类,通过性传播及间接接触途径传播,男性患者出现尿急、尿频、尿痛、尿道口有脓性分泌物等症状,女性患者为子宫内膜炎、输卵管炎、盆腔炎等,患病孕妇分娩时,可引起新生儿淋病性眼结膜炎,严重者可造成新生儿后天失明。病后免疫力不强。

3. 微生物学检查　无菌取局部脓性分泌物直接镜检,如在中性粒细胞内发现革兰阴性双球菌有诊断意义。对女性病人需做培养,还可以用免疫学的方法进行快速检测。

4. 防治原则　开展防治性病的知识教育,及时治疗病人,并对与其性接触过的人同时治疗,新生儿进行预防性的1%硝酸银眼液滴眼。

(二) 人类免疫缺陷病毒(human immunodeficiency virus,HIV)

1. 生物学特性　球形,为 RNA 型,双层衣壳,外膜上的糖蛋白刺突具有高度变异性,属于逆转录病毒,在外界抵抗力较弱(图1-23)。

2. 致病性与免疫性　是获得性免疫缺陷综合征(AIDS艾滋病)的病原体,主要传播途径有:同性及异性性传播、误输入含该病毒的血液及血制品或静脉药瘾共用污染注射器者、母婴垂直传播。该病毒侵犯有 CD4 抗原的细胞,引起大量 T 细胞死亡,造成机体细胞免疫缺陷,继而体液免疫下降,出现一系列综合症候群的表现。

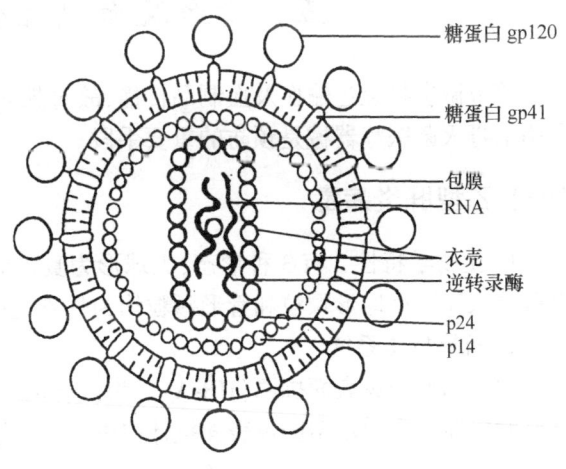

图 1-23　人类免疫缺陷病毒

3. 微生物学检查　目前多用免疫学的 ELISA、免疫荧光法或 PCR 等方法检测 HIV 抗体。

4. 防治原则 预防是控制该病的最好方法,要广泛宣传,杜绝不正常的性关系,杜绝吸毒、娼妓,对血制品、医疗器械严格消毒等。联合应用药物治疗病人。

(三) 梅毒螺旋体

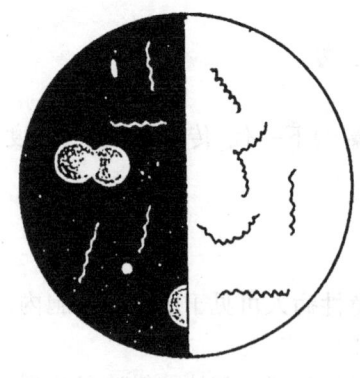

图 1-24 梅毒螺旋体

1. 生物学特性 细长,螺旋密而规则,两端尖直,运动活泼,人工不能培养,对外界抵抗力弱(图 1-24)。

2. 致病性与免疫性 是梅毒的病原体,人是唯一的传染源,通过性传播和垂直传播,先引起生殖器局部的硬性下疳,然后随血流进入全身,侵犯心血管及中枢神经系统。

3. 微生物学检查 取局部分泌物检查,或用免疫学的方法查反应素或抗体。

4. 防治原则 加强教育,严禁卖淫嫖娼,主要用青霉素进行治疗。

(四) 沙眼衣原体

1. 生物学特性 原体为小圆形,具有传染性,始体为大圆形,是其繁殖形式,以二分裂方式繁殖。

2. 致病性与免疫性 沙眼衣原体性病淋巴肉芽肿生物变种引起性病淋巴肉芽肿,传播途径为性传播,人类为其自然宿主。

3. 微生物学检查 取生殖器局部、直肠溃疡组织标本,或取淋巴结脓肿内脓液涂片或培养。

4. 防治原则 注意个人卫生,不使用公用毛巾、浴盆等,提倡健康性行为,积极治疗病人。

五、输血及血制品传播的微生物

该节微生物经过输血及血制品传播,故对献血员及血制品的检验、应用一次性注射器、严格消毒灭菌医疗器械是预防的重要手段。

(一) 乙型肝炎病毒

1. 生物学特性 有 3 种形态,大球形为真正的病毒颗粒(Dane 颗粒),为 DNA 病毒,具有两层衣壳。小球形颗粒和管形颗粒均为外衣壳的堆积产物。

2. 抗原抗体系统

(1) 乙型肝炎表面抗原(HBsAg):为该病毒外衣壳的抗原标志,病毒的 3 种颗粒均有,其刺激机体可产生乙型肝炎表面抗体(HBsAb),此抗体可抵御 HBV 的再侵犯。

(2) 乙型肝炎核心抗原(HBcAg):为该病毒内衣壳的抗原标志,只有大球形颗粒有此抗原,并在该病毒复制时才可见,刺激机体可产生乙型肝炎核心抗体(HBcAb),此抗体为无效抗体,其 IgM 效价越高,提示病毒复制得越活跃。

(3) 乙型肝炎 e 抗原(HBeAg):为该病毒内衣壳降解产物的抗原标志,存在于血液中,其刺激机体可产生乙型肝炎 e 抗体(HBeAb),此抗体是预后的象征。

3. 致病性与免疫性　引起乙型肝炎,主要通过血源传播,也可通过垂直传播等,病毒在机体肝细胞内复制,诱导肝细胞表面的抗原发生改变,刺激机体免疫系统破坏肝细胞。感染后机体可出现无症状携带者、急性肝炎、慢性肝炎、暴发性肝炎等表现,有的可转变为肝硬化,有的可诱发肝癌。

4. 微生物学检查　常用 ELISA 试验检测乙肝 3 系统,现还有许多可检测的新抗原,如 PreS1 和 PreS2 抗原,此两种抗原的检出提示病毒正在复制,相对应的两个抗体的检出则提示病毒正在或已经被清除,预后良好。

5. 防治原则　注射乙肝疫苗为最有效的预防方法,严格挑选献血员,严格消毒医疗器械。

(二) 丙型肝炎病毒

1. 生物学特性　病毒颗粒为球形,内有 RNA,有包膜。

2. 致病性与免疫性　经血液传播,引起丙型肝炎,也可垂直传播,临床症状与乙肝相似,但较之轻,可发展成肝硬化、肝癌。

3. 微生物学检查　检测出抗-HCV 或 HVC 的 RNA 即可确诊。

4. 防治原则　严格挑选献血员,严格消毒医疗器械。

六、中枢神经系统感染的微生物

中枢神经系统感染的微生物的传播途径不尽相同,但均要通过血-脑屏障进入中枢神经系统而引起感染,故而发病的人群多为小儿,在预防中也侧重于儿童的免疫。

(一) 脑膜炎奈瑟菌

1. 生物学特性　为革兰阴性双球菌,菌体呈肾形,凹面相对,新分离出的菌株有荚膜与菌毛。营养要求高,初次培养需提供 5%~10% 的 CO_2,在巧克力色血平板上形成为扁平、光滑、湿润、半透明菌落。该菌易自溶,抵抗力弱,标本应迅速保温送检。

2. 致病性与免疫性　流行性脑脊髓膜炎病原体,易感人群为儿童,经飞沫传播,常在冬春季节流行;致病因素有内毒素、荚膜、菌毛,多数人仅表现为带菌状态,突破血-脑屏障后引起流行性脑脊髓膜炎。病后有牢固的免疫力。

3. 微生物学检查　取血液、脑脊液、皮疹内容物或鼻咽拭子分离培养及涂片观察,也可用免疫学的方法检测抗体。

4. 防治原则　特异性预防接种流脑疫苗,早期发现早期治疗。

(二) 流行性乙型脑炎病毒

1. 生物学特性　小球形,RNA,有包膜。

2. 致病性与免疫性　是流行性乙型脑炎的病原体,通过蚊虫叮咬传播,库蚊与伊蚊是传播本病的主要媒介,蚊可带病毒过冬,与季节有关,病毒进入血管,经繁殖后若突破了血-脑屏障进入脑及脊髓中即引起神经细胞的变性、坏死。病后有持久的免疫力。

3. 微生物学检查 可用动物试验或免疫学的方法检测。

4. 防治原则 防蚊灭蚊,特异性预防接种乙脑疫苗,早期发现早期治疗。

七、人畜共患的微生物

人畜共患的微生物多以家畜或野生动物为储存宿主,人因为与病畜及其污染物接触而感染致病。

(一) 炭疽需氧芽孢杆菌

1. 生物学特性 革兰阳性大杆菌,呈竹节状排列,有荚膜,菌体中央有一椭圆形芽孢,芽孢不大于菌体,抵抗力强。

2. 致病性与免疫性 引起炭疽病,由荚膜、外毒素致病,羊、马等食草动物感染后人接触而感染,可通过多途径感染,呼吸道引起肺炭疽,消化道引起肠炭疽,皮肤接触引起皮肤炭疽,病后有持久免疫力。

3. 微生物学检查 取分泌物、痰、血等涂片及分离培养。

4. 防治原则 加强家畜炭疽病的预防,加强动物检疫,病畜严禁出售、解剖,必须深埋或焚烧;对接触病畜的人接种炭疽疫苗;可以用抗血清进行治疗。

(二) 狂犬病毒

1. 生物学特性 弹头状,病毒核酸为 RNA,有包膜,在受染细胞内可见嗜酸性包涵体,称内基氏小体。

2. 致病性与免疫性 是狂犬病的病原体,属于自然疫源性疾病,通过狗、猫、狐狸等动物咬伤、抓伤或舔伤传播,病毒在神经细胞内繁殖,可到达唾液腺,发病时喉部出现痉挛,尤对水敏感,故也称恐水病。

3. 防治原则 捕杀狂犬,管制家犬,用疫苗进行动物的预防。人若被咬伤,应尽快清洗伤口,并注射疫苗以免于发病或减轻症状。严重者还应注射抗血清。

(三) 钩端螺旋体

1. 生物学特性 细长,螺旋整齐而密集,一端或两端弯曲如钩,呈 C 或 S 状,运动活泼。可以用10%兔血清培养,生长缓慢,在外界抵抗力强(图 1-25)。

2. 致病性与免疫性 为自然疫源性疾病,在鼠类及家畜中为带菌状态,钩体在动物肾脏中繁殖,随尿液排出,人接触疫水疫土而感染,钩体可直接钻入皮肤,进入血液繁殖后到达全身各个脏器,引起不同的临床症状。

3. 微生物学检查 可取血液、尿液、脑脊液等涂片和培养,也可用免疫学的方法检测抗体。

4. 防治原则 控制或消灭啮齿类动物,及时发现并治疗病人,用钩体多价疫苗进行特异性预防。

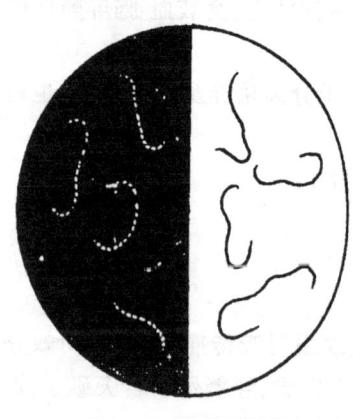

图 1-25 钩端螺旋体

(四) 立克次体

1. **生物学特性** 为多形态,常呈球杆状,似细菌,革兰阴性,细胞内繁殖,需在活组织细胞内培养,在外界抵抗力不强,但在节肢动物粪中可以数月保持传染性。其中普氏立克次体和斑疹伤寒立克次体及恙虫病立克次体的脂多糖抗原与变形杆菌的 O 抗原有共同成分,可用变形杆菌的抗原代替测立克次体的抗体,该试验为外斐反应。
2. **致病性与免疫性** 立克次体病为自然疫源性疾病,鼠、兔、狗、鸟、牛、马、猫等动物都是储存宿主,节肢动物为传播媒介,通过叮咬吸血进入人体。
3. **微生物学检查** 取标本进行活细胞培养,外斐氏反应可检测斑疹伤寒和恙虫病。
4. **防治原则** 消灭传播媒介,治疗病人,对宠物进行定期检疫。

(五) 鼠疫耶尔森氏菌

1. **生物学特性** 革兰阴性杆菌,两端浓染,普通培养基即可培养,对外界抵抗力较强。
2. **致病性与免疫性** 鼠疫为自然疫源性疾病,老鼠为其自然宿主,鼠间鼠疫流行后,老鼠大量死亡,鼠蚤通过叮咬人类,或病原体通过呼吸道进入人体,引起腺鼠疫、肺鼠疫、败血症型鼠疫,病后可以获得持久免疫。
3. **微生物学检查** 取穿刺液、血液、痰等标本专门专人在指定的实验室中检测鼠疫菌。
4. **防治原则** 灭鼠灭蚤,加强国境检疫,密切注意鼠间鼠疫的动态,严格隔离患者,早期积极治疗病人,也可用鼠疫疫苗进行特异性预防。

(六) 布鲁氏杆菌

1. **生物学特性** 革兰阴性小杆菌,有微荚膜,用营养丰富的培养基培养,生长缓慢对外界抵抗力较强。
2. **致病性与免疫性** 其内毒素、荚膜与侵袭性酶致病,引起布氏菌病。羊、猪、牛的母畜感染后出现流产,人类因为接触病畜或通过呼吸道、消化道感染,在细胞内寄生,间歇进入血液,临床上出现波浪热。
3. **微生物学检查** 急性期取血液、慢性期取骨髓液分离培养,还可用免疫学方法检测抗体。
4. **防治原则** 控制畜间布氏菌病,对接触者进行疫苗接种,加强动物检疫和食品卫生管理,治疗病人。

第 2 章 人体寄生虫学概述

第 1 节 概 述

人体寄生虫学(human parasitology)又称医学寄生虫学,是研究与人体健康有关的寄生虫的形态、生活活动、生存繁殖规律,阐明寄生虫与人体和外界环境因素相互关系的一门科学。该学科内容包括医学蠕虫学、医学原虫学、医学节肢动物学 3 部分,是预防医学和临床医学的基础。医学生学习人体寄生虫学,其目的在于认识寄生虫病原和媒介节肢动物及其与人体的相互关系,掌握相应的致病机制、诊断和防治基本知识和技能,为日后的专业工作打下基础。

一、寄生虫的概念

在自然界,生物在长期进化的过程中,不同生物之间逐渐形成了复杂的关系。两种生物共同生活从其利害关系可分为 3 种基本类型。

(一) 共栖

指两种生物在一起生活,形成生态上的恒定关系,其中一方获得利益,另一方既不受益,也不受害。

(二) 互利共生

指两种生物在一起生活,双方相互依存,共同受益。

(三) 寄生

两种生物在一起生活,经过长期共同进化和相互适应,一种生物依赖另一生物而生存,一方得利,另一方受害,两者即构成寄生关系,受益者称为寄生虫,受害者称为宿主。

概括地说,某些低等动物长期或短暂地依附于另一种生物体内或体表,获得营养并给对方造成损害,将这些低等动物称为寄生虫(parasite)。被寄生虫寄生并遭受其损害的动物和人称为宿主(host)。寄生虫完成一代生长发育繁殖的全过程称为生活史(life history)。寄生虫在其发育的各个阶段中并不是任何一个阶段都能使人受感染,只有其中某一特定的阶段,才具有感染人的能力,这个阶段称为感染阶段。寄生虫在宿主体内移行,最后必须达到一定部位才能营寄生生活,这一部位称为寄生部位,如蛔虫寄生在人体的消化道,蛔虫是寄生虫,人是宿主,消化道是寄生部位。

在寄生关系形成的漫长过程中,寄生生物部分或完全丧失自生生活能力而适应寄生生活,通过逐渐发生形态和生理上的变化以适应寄生环境。寄生生活对寄生虫形态影响可表现为:①某些器官的退化或消失,如猪带绦虫寄生于消化道内,其自身的消化器官消失,而以体表微毛吸收营养;吸虫的消化器官退化,多呈不完全的消化道;②某些器官逐渐发达,如寄生蠕虫生殖器官发达,有的几乎充满整个虫体,使其具有较强的繁殖能力以维持种群数量;③新器官产生,由于固着生活,有的寄生虫的附着器官高度发达,如猪带绦虫的头节,其直径虽然只有 1 mm,却有 4 个吸盘和 2 圈小钩,使头节牢固地附着在肠壁上,以致长 2~4m 的虫体不易被排除体外;④体形的变化,如跳蚤由于适应在宿主毛丛间活动而逐渐演变为左右侧扁的体形。另外,有些虫种逐渐形成某种代谢特点,如阔节裂头绦虫大量消耗宿主的维生素 B_{12},加之其毒性作用,致一些患者出现恶性贫血。寄生原虫则表现为生殖方式多样和增殖力强大。这些形态和生理上的变化,形成对寄生虫适应宿主转换和一定阶段的外环境生存所引起的生活史延续不确定性的补偿。寄生虫寄生生活影响,其生理方面显著的变化是在营养来源方面对宿主高度依赖和生殖生理功能的高度增强。

二、寄生虫和宿主的种类

人体寄生虫有 100 余种,较常见者有数十种。依寄生部位,可分为体内寄生虫(如钩虫寄生于小肠)和体外寄生虫(如虱子寄生于体外)。

按照生物学系统分类,人体寄生虫归属为动物界的 5 个门,即线形动物门、扁形动物门、棘头动物门、原生动物门和节肢动物门的 10 余个纲。纲以上分类如下(表 2-1)。

表 2-1 人体寄生虫的纲以上分类

界	门	纲
动物界	线形动物门	线虫纲
	棘头动物门	棘头虫纲
	扁形动物门	吸虫纲
		绦虫纲
	原生动物门	叶足纲
		动鞭纲
		孢子纲
		动基裂纲
	节肢动物门	蛛形纲
		昆虫纲
		甲壳纲
		唇足纲

寄生虫在发育过程中需要1种或1种以上的宿主,按照寄生关系的性质,宿主可有以下类别。

1. 终(末)宿主　寄生虫成虫或有性生殖阶段所寄生的宿主。如血吸虫成虫寄生于人体并在人体内产卵,故人是血吸虫的终(末)宿主。

2. 中间宿主　寄生虫幼虫或无性生殖阶段所寄生的宿主。有些寄生虫在其发育过程中需两个中间宿主,按其寄生顺序依次称为第一中间宿主和第二中间宿主。如华支睾吸虫的第一中间宿主为某些种类的淡水螺,第二中间宿主为某些淡水鱼类。

3. 储蓄宿主或保虫宿主　可以作为人体寄生虫病传染来源的受感染脊椎动物。例如,肝吸虫成虫寄生于人体内,同时亦可寄生于猫等动物,其幼虫期先后寄生于某些螺类和淡水鱼、虾体内,因而人是其终宿主,猫等动物既是其终宿主又是储蓄宿主,而某些螺类和淡水鱼、虾分别是其第一中间宿主和第二中间宿主。

三、寄生虫与宿主的相互作用

寄生虫侵入宿主后,可对宿主造成损害,宿主也会产生相应的抗损害的防御反应,这种损害和抗损害的斗争,贯穿于寄生虫感染的始终,表现为寄生虫对宿主的致病作用和宿主对寄生虫的免疫作用。

(一) 寄生虫对宿主的致病作用

1. 夺取营养　寄生虫以人体的消化或半消化物质、血液等为食,对人造成损害,如钩虫寄生于人体的小肠,可致缺铁性贫血。

2. 机械性损伤　寄生虫在其寄生局部造成阻塞、压迫及其他物理损害,如囊尾蚴和棘球蚴压迫组织,蛔虫阻塞胆管,钩虫的钩齿或板齿致肠黏膜损伤。

3. 毒性与免疫损伤　寄生虫的分泌物、排泄物及代谢产物可对宿主产生化学刺激或诱发超敏反应,前者如溶组织内阿米巴滋养体分泌溶组织酶致肠黏膜形成溃疡,后者如血吸虫虫卵可溶性抗原引起虫卵肉芽肿形成肝、肠病变。

(二) 宿主对寄生虫的免疫作用

寄生虫侵入宿主可引起一系列的防御反应,机体通过非特异性和特异性免疫反应抑制、杀伤或消灭感染的寄生虫。寄生虫抗原可分为体抗原、表面抗原和代谢抗原,后者包括分泌抗原和排泄抗原,抗原的化学性质为蛋白质及多糖。不同种类的寄生虫和同一虫种的不同发育阶段,既存在不同抗原,又可有共同抗原,从而形成寄生虫和宿主之间复杂的免疫反应。

四、寄生虫病的实验诊断

流行病学资料、相应的症状和体征等临床征象及有关影像等检查结果均可作为寄生虫病诊断的重要线索,实验室检查的阳性发现是必要的诊断依据,主要包括:

(一) 病原学检查

从患者排泄物、血液及组织液、活组织等样本检出寄生虫某一发育阶段,如粪检各种寄生虫的虫卵、幼虫和成虫,血涂片查出红内期疟原虫和丝虫的微丝蚴等。病原学检查的阳性结果是最可靠的实验诊断依据。

(二) 免疫学检查

以患者血清或其他样本,应用免疫学方法检出特异性的抗体、循环抗原或免疫复合物,作为寄生虫病的辅助诊断。常用于不能或难以检出病原的寄生虫病以及进行流行病学调查,可采用皮内试验、各种凝集和吸附试验、荧光抗体试验、电泳等方法。

近年来由于分子生物学的迅速发展。使某些寄生虫病诊断应用新的技术方法,如 DNA 探针、聚合酶链反应(PCR)等,现已用于疟疾、丝虫病等科研防治工作。

五、寄生虫病的流行及途径

寄生虫病在一个地区流行必须具备3个基本条件,即传染源、传播途径和易感人群。这3个条件通常称为寄生虫病流行的3个环节。当这3个环节在某一地区同时存在并相互联系时,就会构成寄生虫病的流行。寄生虫病的流行过程在数量上可表现为散发、暴发、流行和大流行;在地区上可表现为地方性和自然疫源性;在时间上可表现出季节性;在人群中则有年龄、性别、职业及民族等不同分布的表现。此外,生物因素、自然因素和社会因素也会对寄生虫病的流行产生影响。

(一) 流行的基本环节

1. 传染源 寄生虫病患者、带虫者及保虫宿主构成寄生虫病的传染源;广义地说还包括有感染阶段的寄生虫病原存在的外环境。
2. 传播途径 指感染阶段的寄生虫病原侵入人体的途径。人体感染寄生虫病的途径和方式主要有:

(1) 经口感染:感染阶段寄生虫病原通过食物、饮水等进入人体,如食入感染性蛔虫卵后,即感染蛔虫。

(2) 经皮肤感染:感染阶段寄生虫病原经皮肤侵入人体,如钩虫的丝状蚴侵入皮肤后致钩虫感染。

(3) 经媒介昆虫感染:有些寄生虫必须在昆虫体内发育至感染阶段,再通过叮咬等方式使人受感染,如蚊对疟原虫和丝虫的传播。

(4) 经接触感染:有些寄生虫病原可经直接或间接接触感染人体,如疥螨和阴道毛滴虫。

(5) 经胎盘感染:或称垂直感染,当母体在妊娠时感染某些寄生虫病,可经胎盘将病原体传递给胎儿,致使其发生先天性寄生虫病,如弓形虫等。

除以上较常见的感染方式以外,尚有其他一些途径致寄生虫感染,如输血感染、吸入感染等,前者如疟疾患者作为供血源可致受血者患疟疾,后者如蛲虫卵偶可随飞扬的灰尘被儿童吸入致感染;另外,还有自体感染,如猪带绦虫。

3. 易感人群　缺乏免疫力或免疫力较低的人群是寄生虫的易感人群。一般说来,人对人体寄生虫普遍易感。

(二) 流行特点

寄生虫病流行主要具有以下特点:

1. 地方性　受地理环境和中间宿主及媒介昆虫等因素的影响,寄生虫病有明显地域性,多流行于热带、亚热带和温带地区。如西北高寒地区因外界环境不适宜钩蚴发育,而无钩虫病流行。

2. 季节性　与寄生虫生活史中存在外环境发育和中间宿主及媒介昆虫体内发育过程有关,如蚊传播的疟疾与蚊的季节消长呈相关关系。

3. 自然疫源性　有的人体寄生虫病可以在脊椎动物和人之间自然传播,称为人兽共患寄生虫病。有些寄生虫可在荒漠地区的脊椎动物之间传播,人偶然进入该地区时,可通过一定途径传播给人,这些寄生虫病具有明显的自然疫源性;其自然流行的地区称为自然疫源地。

六、寄生虫病的防治原则

寄生虫病防治的基本原则是控制寄生虫病流行的3个环节。

(一) 控制传染源

治疗患者、普查普治带虫者,查治和处理保虫宿主,此外,还要作流动人口的监测,控制流行区传染源的输入和扩散。

(二) 切断传播途径

针对各种寄生虫病传播的不同途径,采取综合措施,搞好环境和个人卫生,加强粪便和水源管理,注意环境和个人卫生,消灭及控制媒介节肢动物和中间宿主。

(三) 保护易感者

人类对各种寄生虫的感染大多缺乏先天的特异性免疫力,因此对人群采取必要的保护措施是防止寄生虫感染的最直接的方法。关键在于加强健康教育,改变不良的饮食习惯和行为方式,提高人群的自我保护意识。

由于大多数人体寄生虫的生活史比较复杂,同时影响寄生虫病流行的因素较多,采取单一的防治措施难以奏效。目前我国对寄生虫病采取的是综合防治措施,即根据流行区的实际情况和流行规律,将控制传染源、切断传播途径和保护易感人群有机的结合起来,突出重点,形成良性循环。实践证明,采取综合防治措施对寄生虫病的流行是切实有效的。

第 2 节 医学蠕虫

蠕虫(helminth)是多细胞无脊椎动物,体软,借身体的肌肉收缩做蠕形运动,故称蠕虫。寄生于人体的蠕虫称为医学蠕虫,包括线虫、吸虫和绦虫。

根据对更换宿主的需要,可将蠕虫分为两大类。一类不需要更换宿主(如蛔虫),虫卵或幼虫直接在外界发育为感染阶段,人们通过食入被其污染的食物或接触被其污染的土壤而感染,称为土源性蠕虫(直接型),绝大多数线虫属于土源性蠕虫。另一类需要更换宿主(如丝虫),这类蠕虫在发育的过程中,必须经过中间宿主体内的发育,然后才能感染人,称为生物源性蠕虫(间接型),所有吸虫、多数绦虫属于生物源性蠕虫。

一、线 虫 纲

(一) 似蚓蛔线虫

似蚓蛔线虫(*Ascaris Lumbricoides*)简称蛔虫或人蛔虫,是一种最常见的人体消化道寄生虫,成虫寄生在小肠,可引起蛔虫病。

1. 形态

(1) 成虫:虫体呈长圆柱形,形似蚯蚓,活体时呈淡红色,死后呈灰白色。体表有纤细的横纹,两侧有明显的侧线。口孔位于虫体顶端,有 3 个呈品字形排列的唇瓣围绕,唇瓣内缘靠近口孔有锯齿形的细齿。雌虫长 20~35 cm,尾端钝圆,雄虫长 15~31 cm,尾端向腹面卷曲。

(2) 虫卵:有受精卵和未受精卵 2 种类型。

① 受精卵:呈宽椭圆形,大小为 $(45\sim75)\mu m\times(35\sim50)\mu m$。卵壳外常有一层凹凸不平的波浪状的蛋白质膜,常被胆汁染成棕黄色。卵壳厚而透明,自外向内分为 3 层,即受精膜、壳质层与蛔甙层。蛔甙层可以防止水溶性化合物渗入卵内,也可使卵内液体不致外渗,使虫卵具有抵抗力强的特征。卵内含一大而圆的卵细胞,卵细胞与卵壳两端常见新月形空隙(图 2-1)。

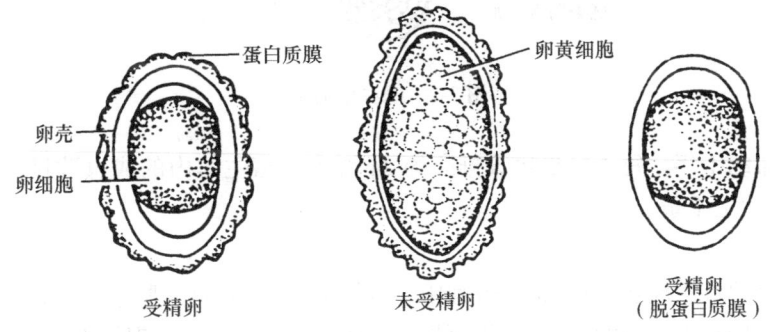

图 2-1 蛔虫卵

② 未受精卵：呈长椭圆形，棕黄色，大小为(88~94)μm×(39~44)μm，卵壳与蛋白质膜均较薄，无蛔甙层。卵内含许多大小不等的屈光颗粒。

③ 脱蛋白质膜卵：受精卵及未受精卵的蛋白质膜均可脱落，成为脱蛋白质膜卵，蛔虫卵脱去蛋白质膜后无色，应注意与钩虫卵区别。

2. 生活史　蛔虫在生长发育过程中，不需要中间宿主。成虫寄生在人体小肠中，以肠内半消化食物为营养。雌、雄虫交配后产卵，卵随粪便排出体外。

（1）在外界的发育：受精卵在荫蔽、潮湿、氧气充足和适宜温度(21~30℃)下，约经2周，其内的卵细胞发育为幼虫，再经1周，幼虫第一次蜕皮，成为第二期幼虫，这种虫卵称为感染期卵，是蛔虫的感染阶段。

（2）在人体内的发育：感染期卵被人吞入，在小肠中卵壳被消化孵出幼虫。幼虫钻入肠壁，进入小血管和小淋巴管，经肝、右心，到达肺，穿破肺毛细血管进入肺泡，在此进行第2次和第3次蜕皮，然后，再沿支气管、气管到达咽部，被宿主吞咽，经食管、胃到小肠，在小肠内进行第4次蜕皮成为童虫，后经数周，发育为成虫（图2-2）。自感染期卵进入人体到雌虫开始产卵约需2个月。

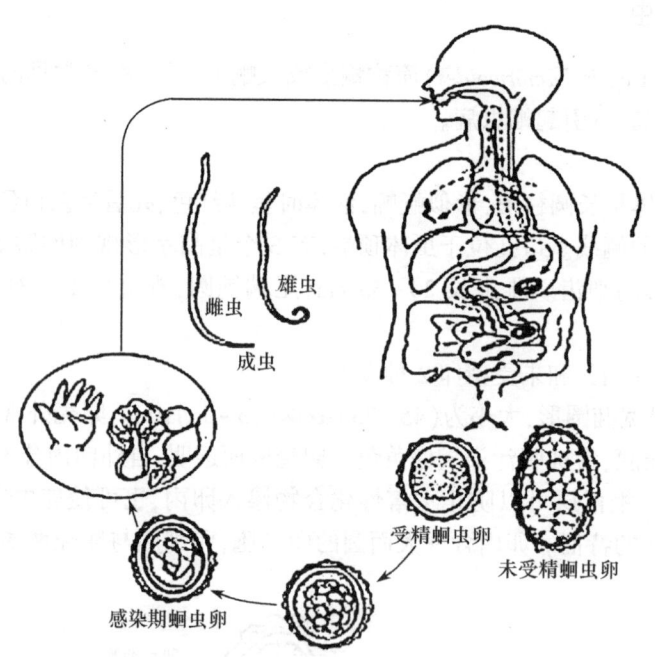

图2-2　蛔虫生活史

成虫寿命约1年。每条雌虫每日排卵约24万个。宿主体内的成虫数目一般为一至数条，个别可达上千条。

3. 致病性

（1）幼虫的致病性：幼虫在移行过程中，穿破肺毛细血管进入肺泡，可造成肺局部出血、炎性渗出和嗜酸粒细胞浸润，大量感染可导致蛔蚴性肺炎，患者出现体温升高、咳嗽、哮喘、吐黏液痰或血痰，甚至呼吸困难等症状。多数病例在发病后4~14天自愈。

(2) 成虫的致病性:成虫寄生于小肠中,引起蛔虫病。成虫掠夺宿主的营养,损伤肠黏膜,不仅影响小肠的消化和吸收功能,同时可导致肠黏膜的炎性病变,而引起一系列消化道症状,患者常表现为腹部不适、阵发性脐周疼痛、恶心、呕吐、食欲不振、消化不良、腹泻或便秘等。重度感染儿童可出现营养不良,甚至发育障碍。虫体的分泌物、代谢物常使患者出现荨麻疹、血管神经性水肿、皮肤瘙痒等过敏反应及磨牙、惊厥等神经症状。

成虫有窜扰、钻孔习性。当宿主体温升高或食入刺激性食物,或不适当的驱虫治疗时,常使虫体乱窜钻孔,进入胆总管、胰管、阑尾等处引起胆道蛔虫病、蛔虫性胰腺炎、蛔虫性阑尾炎等常见并发症,也可因肠道病变致肠穿孔。感染虫数较多时,虫体可扭结成团堵塞肠管而产生肠梗阻。

4. 实验诊断 雌虫的产卵量大,用粪便直接涂片法查虫卵可取得较好的效果,一张涂片的检出率为80%,三张涂片检出率达95%。自然沉淀法、饱和盐水浮聚法检出率更高。

5. 流行 呈世界性分布,尤在温暖、潮湿和卫生条件差的地区。人群感染较普遍。

我国人体肠道寄生虫分布调查表明,全国蛔虫感染人数达5.31亿,平均感染率为44.91%。人群感染的特点为农村高于城市,儿童高于成人。农村地区的学龄前和低龄儿童的感染尤为明显。蛔虫感染率高,广泛流行的原因主要有:

(1) 蛔虫生活史比较简单。

(2) 蛔虫的生殖力强、产卵量大。

(3) 虫卵的抵抗力强,蛔虫卵在荫蔽、潮湿的土壤中可存活数月至1年,食用醋、酱油、腌菜和泡菜中的蛔虫卵均能存活。

(4) 人们不良的生活方式,如饭前不洗手,生吃瓜果、蔬菜,饮生水等。

(5) 粪便管理不当,用未经无害化处理的粪便施肥等均可造成人体感染。

6. 防治原则

(1) 进行卫生宣传教育:加强宣传教育,普及卫生知识,纠正不良生活习惯和行为,防止食入蛔虫卵,减少感染机会。

(2) 加强粪便管理:改善环境卫生,用无害化处理的粪便施肥,消灭苍蝇,是阻断传播途径的重要措施。

(3) 药物治疗:常用驱虫药有丙硫咪唑、甲苯咪唑、左旋咪唑、噻嘧啶等。

祖国医学在数千年前认为蛔虫"得酸则静,得辛则伏,得苦则下"。故用乌梅汤(丸)治疗胆道蛔虫症疗效显著,中药使君子、苦楝根皮等均有驱虫作用。

(二) 毛首鞭形线虫

毛首鞭形线虫(*Trichuris trichiura*)简称鞭虫。成虫寄生于人体盲肠,可引起鞭虫病。

1. 形态

(1) 成虫:形似马鞭,虫体前3/5细长,后2/5乃明显粗大。雌雄异体,雌虫长35～55 mm尾端钝圆而直。雄虫长30～45 mm,尾端向腹面卷曲。

(2) 卵:纺锤形,黄褐色,大小为(50～54)μm×(22～23)μm。卵壳较厚,两端各具一透明栓,内含1个未分裂的卵细胞(图2-3)。

2. 生活史 成虫寄生于盲肠,虫体前端钻入肠壁,以血液和组织液为营养。雌、雄虫交配后产卵,卵随粪便排出体外,雌虫每日产卵约1000~7000个。虫卵在适宜的条件下,约经3~5周,卵内细胞发育为成熟的幼虫,即感染期卵,感染期卵是鞭虫的感染阶段。人因误食污染了感染期卵的食物而感染。在小肠内幼虫孵出,从肠腺隐窝处钻入肠黏膜,摄取营养,约经10天左右,幼虫回到肠腔,移行至盲肠,发育为成虫。从食入感染期卵至发育为成虫,约需1~3个月,成虫寿命一般3~5年。

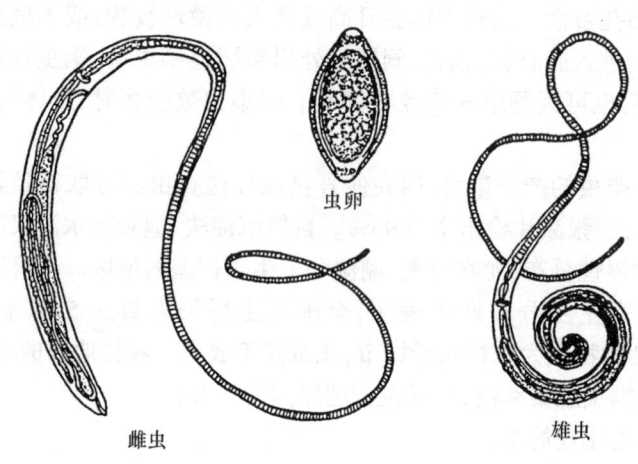

图2-3 鞭虫

3. 致病性 成虫细长的前端钻入肠黏膜,甚至黏膜下层,可致肠壁组织充血、水肿或出血等慢性炎症反应,也可刺激引起细胞增生,肠壁组织增厚,形成肉芽肿病变。重度感染可致慢性失血,轻度感染多无明显症状。重度感染者有头晕、消瘦、贫血、腹痛、慢性腹泻,少数有下腹部阵发性疼痛,粪潜血试验阳性。重度感染营养不良的儿童,可致直肠脱垂。

4. 实验诊断 采用粪便直接涂片法、沉淀集卵法或饱和盐水浮聚法查找虫卵。因成虫产卵量少,虫卵小,容易漏检,宜反复检查。

5. 流行 鞭虫的分布及流行因素与蛔虫相同,常与蛔虫感染并存,但感染率低于蛔虫。我国人均感染率为19.92%,南方高于北方,农村高于城市,儿童高于成人。

人是唯一的传染源。虫卵在适宜的环境中可保持感染力数月至数年,但对低温、干燥的抵抗力不及蛔虫卵强。

6. 防治原则 同蛔虫。驱虫采用甲苯咪唑、阿苯达唑效果较好,噻嘧啶与甲苯咪唑合用效果更好。

(三) 蠕形住肠线虫

蠕形住肠线虫(*Enterobius vermicularis*)又称蛲虫,成虫寄生于人体肠道的回盲部,可引起蛲虫病。

1. 形态

(1) 成虫:虫体细小如线头状,乳白色。前端角皮膨大形成头翼。口孔位于顶端,周围有3个小唇瓣。咽管末端膨大呈球形,称咽管球。雄虫细长,大小(2~5)mm×(0.1~0.2)mm,尾端向腹面卷曲,雌虫大小(8~13)mm×(0.3~0.5)mm,虫体中部膨大,呈长纺锤形或短线头状,尾端直而尖细(图2-4)。

(2) 卵:呈不对称椭圆形,一侧较平,一侧稍凸,形似柿核,大小为(50~60)μm×(20~30)μm。卵壳厚,无色透明,卵自虫体排出时,卵内细胞已发育成蝌蚪期胚,在外界与空气接触后,蝌蚪期胚很快发育为幼虫(图2-4)。

2. **生活史** 成虫的生活史简单,不需要中间宿主。成虫寄生于人体的回盲部,用头部吸附于肠黏膜上,以肠内容物、组织或血液为食。雌、雄虫交配后,雄虫很快死亡,虫体随粪便排除,成熟的雌虫子宫内充满虫卵,压迫咽管球,使虫体不能牢固附着肠壁,而从肠黏膜脱落,抵达直肠,当宿主入睡后,肛门括约肌松弛,部分雌虫移行至肛门外,受温度、湿度改变及冷空气刺激,在肛门外皱襞处,开始大量产卵。雌虫产卵后多死亡,少数可蠕动经肛门返回肠腔,偶可移行进入女性阴道、尿道致异位寄生。

(1) 在外界的发育:黏附在肛门周围的虫卵,在适宜的温度和湿度条件下,在空气的刺激下,卵内蝌蚪期胚约经6 h即发育为幼虫,再经一次蜕皮,即发育为感染期卵。感染期卵是蛲虫的感染阶段。

(2) 在人体的发育:感染期虫卵经口或随空气吸入等方式被人吞食后,在小肠内孵出幼虫,并沿小肠下行,途中蜕皮2次,行至回盲部,再蜕皮1次发育为成虫。自吞入感染期虫卵至发育为成虫产卵约需2~6周。雌虫寿命一般为2~4周(图2-5)。

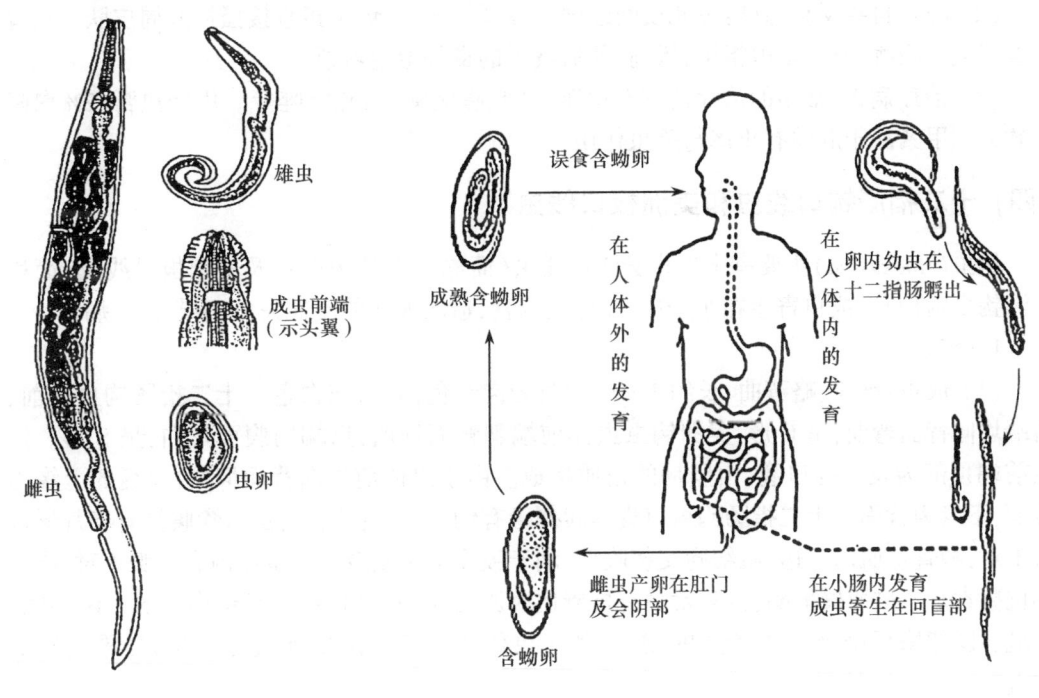

图2-4 蛲虫　　　　　图2-5 蛲虫生活史

3. **致病性** 蛲虫雌虫在肛周爬行、产卵刺激肛门及会阴部皮肤,引起皮肤瘙痒,是蛲虫病的主要症状。搔抓时抓破皮肤,常可引起继发感染。患者常有烦躁不安、失眠、食欲减退、消瘦、夜惊、夜间磨牙等症状。长期反复感染,会影响儿童的身心健康。虫体附着可致肠黏膜轻度损伤,出现慢性炎症及消化功能紊乱。蛲虫可钻入阑尾,引起阑尾炎。若有异位寄生,可因侵入阴道,引起阴道炎,继而导致子宫内膜炎、输卵管炎;侵入尿道,可出现尿道炎、膀胱炎。

4. 实验诊断　采用棉拭子法或透明胶纸法在肛周取材查虫卵是最好的实验诊断方法,应在清晨排便前进行。此外,在粪便内检获成虫或在患儿睡后查看肛周附近有无爬出的雌虫也可确诊,一般在入睡1~3 h后进行。

5. 流行　蛲虫感染是世界儿童常见的寄生虫病。在美国蛲虫病是最常见的蠕虫病,估计感染人数为4200万。我国人群感染也较普遍,儿童感染率在40%以上,平均为30.4%,个别地方可高达90%以上。感染率一般是城市高于农村,各年龄人群均可感染,但以5~7岁幼童感染率较高,其分布具有儿童集体性及家庭聚集性的特点。人是唯一的传染源,感染方式主要是肛门-手-口的自体外重复感染。蛲虫卵的抵抗力较强,在室内可存活3周左右,因而虫卵可通过污染玩具、用具等间接方式经口感染。此外还可通过吸入散落在尘土中的虫卵而传播。以上是造成人体自身反复感染和相互感染的主要途径和原因。

6. 防治原则

(1) 防止相互感染:注意公共卫生,家庭及个人卫生。幼儿园的玩具、被褥应定期清洗消毒。

(2) 防止自身反复感染:患儿夜间睡眠不穿开裆裤,避免手指直接搔抓肛周皮肤。教育儿童养成不吸吮手指,勤剪指甲,饭前、便后洗手的良好卫生习惯。

(3) 治疗病人:常用的治疗药物有甲苯咪唑、噻嘧啶、丙硫咪唑等。用蛲虫膏、2%白降汞软膏或甲紫涂于肛周有止痒与杀虫作用。

(四) 十二指肠钩口线虫和美洲板口线虫

钩虫(*Hookworm*)主要有十二指肠钩口线虫(简称二指肠钩虫),及美洲板口线虫(简称美洲钩虫两种)。成虫寄生在小肠中,以血液为食,造成人体的慢性失血,引起钩虫病。

1. 形态

(1) 成虫:细长、略弯曲、长约1 cm,活时为肉红色,死后灰白色。十二指肠钩虫体前、后端均向背面弯曲,呈C形;美洲钩虫虫体前端朝背面仰曲,后端向腹面弯曲,呈S形。钩虫前端顶部为发达的口囊,由坚韧的角质构成。由于虫体前端向背面仰曲,口囊的上缘为腹面,下缘为背面。十二指肠钩虫口囊其腹侧缘有钩齿2对;美洲钩虫口囊腹侧有半月形板齿1对,咽管壁肌肉发达,肌细胞交替收缩,利于吸取宿主血液。钩虫体内有头腺1对,能分泌抗凝素及乙酰胆碱酯酶,抗凝素具有抗凝血酶原的作用,阻止宿主肠壁伤口的血液凝固。乙酰胆碱酯酶可降低宿主肠壁的蠕动,利于虫体的附着。钩虫雄虫尾部膨大,雌虫尾部尖直。

(2) 虫卵:椭圆形,大小为(56~76)μm×(35~40)μm。卵壳薄,无色透明,卵内含卵细胞,卵细胞分裂快,新鲜粪便中的虫卵,卵内含4~8个细胞,卵壳与细胞间有明显的环形空隙。患者便秘或粪便放置过久,卵内细胞可分裂为桑葚胚或幼虫。

2. 生活史　两种钩虫的生活史基本相同,均不需要中间宿主。成虫寄生于人体小肠上段,借口囊的钩齿或板齿咬附在肠黏膜上,以人体血液、组织液、肠黏膜为食。雌、雄虫交配后,雌虫产卵,卵随粪便排出体外。

(1) 在外界的发育:虫卵在温暖(25℃~30℃)、潮湿(相对湿度60%~80%)、荫蔽、氧气充足的土壤中,卵内细胞很快分裂,约经1天,卵内幼虫孵出,刚孵出的幼虫呈杆状,称杆状蚴。约经2天进行第1次蜕皮,发育为第二期杆状蚴,杆状蚴以土壤中细菌、有机物为食。再经5~6天,虫体停止摄食,咽管变长,进行第2次蜕皮,成为丝状蚴,即钩虫的感染阶段,丝状蚴主要生存于表层土壤内,运动活跃,沿地面植物向上移行高达20 cm,常呈聚集性活动。在适宜的土壤中,丝状蚴可存活15周左右。冬季大都自然死亡。

(2) 在人体内的发育:丝状蚴具有向温、向湿的特性,当接触到人的皮肤时,活动力增强,依靠机械性穿刺和酶的作用,从皮肤薄嫩处,经毛囊、汗腺口或破损处钻入人体(十二指肠钩虫也可经口感染,常因食入生菜所致),在局部停留约24 h,然后进入小静脉或淋巴管,随血流经右心,到肺循环,穿过肺血管进入肺泡,再借助细支气管、支气管上皮细胞的纤毛摆动,向上移行至咽,随吞咽活动被咽下,经食管、胃到达小肠。幼虫在小肠内迅速发育,经2次蜕皮,发育为成虫。自丝状蚴经皮肤感染至成虫产卵,一般需5~7周。每条雌虫日平均产卵十二指肠钩虫为10 000~30 000个,美洲钩虫为5000~10 000个。成虫寿命一般为3~5年(图2-6)。

3. 致病性　人体感染钩虫后,是否出现临床症状,与寄生在人体的虫数、人体的营养状况和免疫力有关。两种钩虫的致病作用相同,但十二指肠钩虫对人的危害比美洲钩虫大。

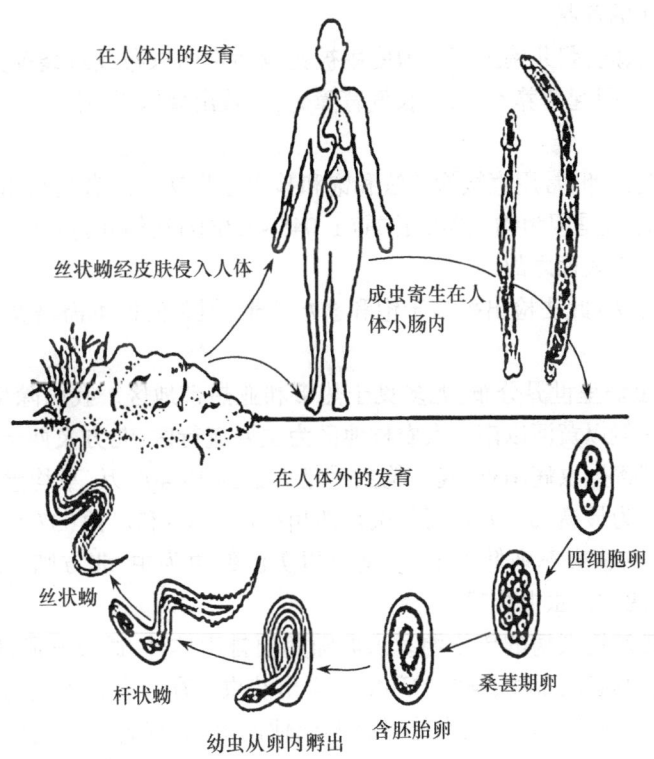

图2-6　钩虫生活史

(1) 幼虫致病作用

1) 钩蚴性皮炎:丝状蚴侵入皮肤后,数10 min内引起局部皮肤奇痒、灼痛、局部形成丘疹、水疱,称钩蚴性皮炎,俗称"粪毒"。若继发细菌感染则形成脓疱。多见于与土壤接触的足趾、足背、手背、指(趾)间的皮肤。

2) 钩蚴性肺炎:钩虫幼虫移行至肺,穿破微血管进入肺泡时,引起局部出血及炎症病变,临床表现为钩蚴性肺炎,患者出现咳嗽、痰中带血,常伴畏寒、发热等全身症状。重者可咯血、持续干咳和哮喘。

(2) 成虫致病作用

1) 消化道症状:成虫咬附在人体小肠黏膜,并经常更换咬附部位,造成肠黏膜散在出血点及小溃疡,患者常有上腹部不适及隐痛、恶心、呕吐、腹泻等症状,患者食欲增加,体重却减轻。少数患者出现喜食生米、生豆,甚至泥土、煤渣等异常症状,称为"异嗜症",补充铁剂后,大多数患者此现象消失。

2) 贫血:钩虫成虫以血液为食(每条美洲钩虫每日吸血量约为0.02~0.10 ml,十二指肠钩虫每日吸血量为0.14~0.40 ml)。吸血时,钩虫头腺分泌抗凝素,使血液不凝固,钩虫有不断更换吸血部位的习性,以致肠黏膜多处伤口出血,此外,虫体活动造成的组织损伤也可引起人体失血。由于人体长期慢性失血,铁和蛋白质不断丧失,出现缺铁性贫血。患者皮肤蜡黄、黏膜苍白、头晕、乏力、劳动力减弱或丧失,严重者可有心慌、气促、面部及下肢浮肿等贫血性心脏病的症状。

3) 婴幼儿钩虫病:婴儿钩虫病多为使用被钩蚴污染的尿布或睡袋等方式感染,病死率高,儿童患钩虫病易引起营养不良,生长发育障碍,以致出现侏儒症。

4. 实验诊断

(1) 粪便检查虫卵:常用直接涂片法和饱和盐水浮聚法。后者的检出率比直接涂片法约高5~6倍。其原理是因为钩虫卵的比重(1.045~1.060)比饱和盐水的比重(1.20)轻,虫卵易浮聚于饱和盐水表面之故。

(2) 钩蚴培养法:此法检出率高于饱和盐水浮聚,但粪便标本需培养5~6天才能孵出幼虫。

5. 流行 钩虫病呈世界分布,尤多见于热带和亚热带地区。我国除少数西北地区外,各省均有流行。一般以黄河以南广大农村地区为主要流行区,北方及西部地区较少。根据1988~1992年全国寄生虫病调查,我国钩虫感染人数为19 405万,平均感染率为17.17%,以海南省的感染率为最高(60.90%),其次是四川(40.88%)和广西(37.85%)。东北、华北和西北10省(区)的感染率则低于1%。南方以美洲钩虫为主,北方则十二指肠钩虫占优势,大部分地区为两种钩虫混合感染。

患者和带虫者是钩虫病的传染源。虫卵随粪便排出体外,通过施肥、随地大便等方式污染土壤,在适宜的温度、湿度、荫蔽的环境下孵出幼虫。存在有感染期幼虫的土壤称为疫土。人与疫土接触而感染,如赤足在施过新鲜粪便的蔬菜、红薯、玉米、棉花地及桑田中耕作,特别在雨后初晴或久晴初雨之后,更易感染。矿井阴湿、温暖,也有利于钩虫病的传播与流行。食生菜易致十二指肠钩虫感染。钩虫感染率最高的是半农半商的菜农,感染率为30.96%,其次是农民,感染率为19.80%。感染季节各地不同,温暖的南方几乎全年均可感染。国内大部分地区以5~8月份为感染高峰,9月份下降。

6. 防治原则

(1) 普查普治:在流行区进行普查普治,是预防钩虫病的重要环节。驱虫宜在每年冬、春季进行。常用驱虫药物甲苯咪唑、左旋咪唑、丙硫咪唑、噻嘧啶等。治疗钩蚴性皮炎和移行症可用噻达唑。中药榧子、槟榔、贯众等有驱虫效果。

(2) 加强粪便管理:不随地大便,使用无害化粪便做肥料,减少外界环境中的钩虫卵。

(3) 加强个人防护:改良耕作方法,尽量减少手、足直接与泥土接触,必要时可涂用防护剂(1.5%左旋咪唑硼酸酒精、15%噻苯咪唑软膏)以防感染。

(五) 班氏吴策线虫与马来布鲁线虫

丝虫(Filaria)是由吸血昆虫传播、寄生在人体的淋巴系统、引起丝虫病。本病是我国五大寄生虫病之一。人体寄生的丝虫已知的有8种,我国仅有班氏吴策线虫(简称班氏丝虫)和马来布鲁线虫(简称马来丝虫)两种。

1. 形态

(1) 成虫:两种丝虫成虫形态相似。乳白色,细长如丝线状,体表光滑,雌虫大于雄虫,雄虫尾端向腹面卷曲2~3圈,雌虫子宫粗大几乎充满虫体,尾部钝圆,略向腹面弯曲。班氏丝虫雌虫长72~105 mm,雄虫为28~42 mm。马来丝虫雌虫长50~62 mm,雄虫长20~28 mm。因成虫寄生于淋巴管、淋巴结中,一般不易见到。

(2) 微丝蚴:雌虫产出的幼虫称微丝蚴,微丝蚴长177~296 mm,宽度与红细胞直径相近,头端钝圆,尾端尖细,外有鞘膜,活时呈蛇样运动。染色后可见体内有很多圆形或椭圆形的细胞核,称体核。虫体前端无体核处称头间隙。马来微丝蚴头间隙长,体态硬直,大弯中有小弯,体核密集不易分清,尾部有2个尾核,尾核处的虫体膨大。班氏微丝蚴头间隙短,体表柔和,弯曲大而自然,体核清晰可数,尾部无尾核(图2-7)。

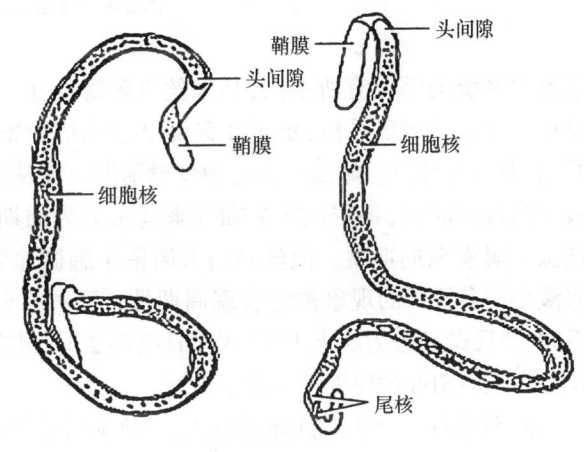

图2-7 丝虫微丝蚴

2. 生活史 班氏丝虫和马来丝虫的生活史基本相同,即幼虫在中间宿主蚊体内的发育和成虫在终宿主人体内的发育(图2-8)。

(1) 在蚊体内的发育:当媒介昆虫蚊吸血时,将病人血中的微丝蚴吸入蚊胃内脱去鞘膜,穿过胃壁钻入胸肌,形成短而粗的腊肠蚴,经10天左右发育为细长感染性蚴,称为丝状蚴。此期幼虫移行至蚊喙部,当蚊再次吸血时,丝状蚴即由蚊下唇逸出,沿叮咬的伤口钻入人体。

(2) 在人体内的发育:感染期幼虫侵入人体后进入淋巴系统,在淋巴管或淋巴结内经过半年到一年发育为成虫。成虫寿命一般为4~10年,个别可长达40年。两种丝虫成虫寄生

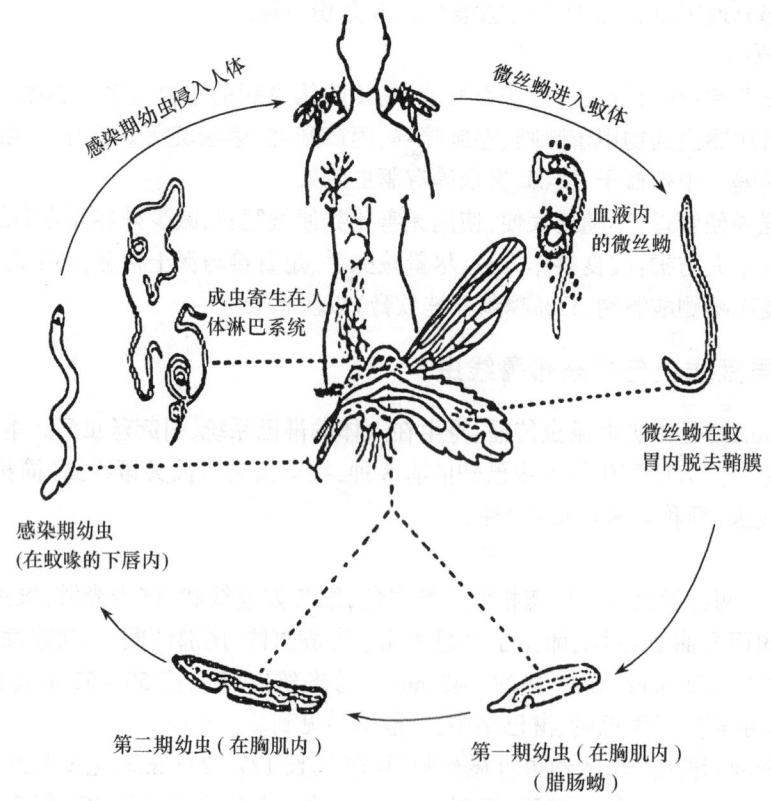

图 2-8 丝虫生活史

于淋巴系统的部位有所不同,马来丝虫多寄生在上、下肢浅部淋巴系统,以下肢为多;班氏丝虫可在浅部淋巴系统,更多在深部淋巴系统中寄生,主要见于下肢、阴囊、精索、腹腔、腹股沟、肾盂等部位。雌虫产出的微丝蚴随淋巴液从胸导管入血循环。根据微丝蚴在外周血液中出现的时间,将班氏丝虫和马来丝虫分为周期型、亚周期型和无周期型。我国的两种丝虫均属夜现周期型。微丝蚴白天滞留于肺微血管,夜间出现在外周血液,微丝蚴在外周血液中夜多昼少的现象称为夜现周期性。两种微丝蚴出现于外周血液中的高峰时间略有不同,班氏微丝蚴为晚上 10 时到次日凌晨 2 时,马来微丝蚴为晚上 8 时至次日凌晨 4 时,微丝蚴夜现周期性的原因至今尚不清楚。

3. 致病性　丝虫对人体的危害,主要为寄生于淋巴系统中的成虫和发育中的幼虫引起的丝虫病。微丝蚴对人体的损害不明显。丝虫病的发病过程分为两期。

(1) 急性期超敏和炎症反应:幼虫虫体的代谢产物、分泌物、幼虫的蜕皮液、蜕下的外皮和死虫分解产物等均可刺激机体产生超敏反应及炎症反应。临床常表现出淋巴管炎、淋巴结炎、丹毒样皮炎。发作时可见皮下一条红线自上而下离心性延伸,以下肢为多见,俗称"流火"。班氏丝虫常寄生于阴囊内的淋巴管,可发生精索炎、附睾炎及睾丸炎。在发生淋巴管炎、淋巴结炎等局部症状的同时,患者常出现畏寒、发热等症状,临床称为丝虫热。有些患者仅有畏寒、发热而局部症状不明显,可能为深部淋巴系统的急性炎症。

（2）慢性期阻塞性病变：由于急性病变的持续发展和炎症的反复发作，淋巴管内出现增生性肉芽肿。随后，大量的纤维组织增生，导致淋巴管部分或完全阻塞。由于阻塞部位以下的淋巴管内压增高，于是形成淋巴管曲张甚至破裂，淋巴液进入周围组织。由于阻塞部位不同，患者的临床表现也不同。

① 象皮肿：淋巴管破裂，蛋白质含量较高的淋巴液积聚于皮下组织，刺激纤维组织增生，使局部皮肤明显增厚，弹性减弱，皮肤变粗变硬形似象皮，故称象皮肿，多见于下肢和阴囊，也可发生在上肢、阴茎、阴唇和乳房等部位。象皮肿的产生使局部血液循环发生障碍，皮肤抵抗力降低，易引起细菌感染，导致局部炎症和慢性溃疡，这些病变又可加重象皮肿的发展。

② 睾丸鞘膜积液：精索、睾丸淋巴管阻塞，淋巴液渗入鞘膜腔内，引起鞘膜积液。鞘膜积液多见于一侧，积液较多时有下坠感，以致行动不便。积液中可查见微丝蚴。

③ 乳糜尿、乳糜腹泻、乳糜腹水：动脉前淋巴结或肠干淋巴结阻塞，致腰干淋巴压力增高，使从小肠吸收的乳糜液回流受阻，经侧支流入肾淋巴管，并经肾乳头黏膜破损处流入肾盂，混于尿中排出，尿液呈乳白色。由于常伴有肾毛细血管的破裂，可出现血性乳糜尿。淋巴液亦可流入肠腔、腹腔，出现乳糜腹泻，乳糜腹水。

两种丝虫的寄生部位有所不同，所致病变也有差异。马来丝虫多寄生于浅表淋巴系统，主要在四肢，尤以下肢淋巴管、淋巴结炎及象皮肿多见。班氏丝虫除寄生在浅表淋巴系统外，还寄生在深部淋巴系统，因此除四肢病变外，还可引起精索、附睾及睾丸的急性炎症、鞘膜积液、阴囊象皮肿、乳糜尿等症状和体征。

4. 实验诊断　丝虫病的诊断包括病原学检查和免疫学检查。

（1）病原学检查：从外周血液、乳糜尿、体液中查微丝蚴是确诊的方法。

血检微丝蚴：由于微丝蚴具有夜现周期性，采血时间应以夜间9时至凌晨2时为宜，检查的方法主要有：①厚血膜法：取耳垂血或指尖血3大滴（约60 μl）涂成厚片，干后溶血镜检或溶血后染色镜检，以鉴定虫种。此法检出率高，是最常用的方法；②新鲜血滴法：取1大滴末梢血于载玻片上的生理盐水中，加盖片后即镜检，观察活动的微丝蚴。此法多用于卫生宣传及教学。

体液和尿液查微丝蚴：鞘膜积液、淋巴液、乳糜尿、乳糜腹水、乳糜胸腔积液及心包积液中可见微丝蚴，故可取上述体液或尿液离心沉淀作直接涂片、染色镜检，或用薄膜过滤浓集法检查。

> **链接**　淋巴丝虫病的威胁——根据WTO 1991年估计，全世界受淋巴丝虫病威胁的人口达7亿，感染丝虫的患者约有1.2亿，为致残的第二大病因。我国曾经是世界上丝虫病流行最为严重的国家之一，20世纪50年代，我国受丝虫病威胁的人口达3.3亿，丝虫病人3099.4万。经过40多年的防治，取得了巨大的成就，1994年全国已达到基本消灭丝虫病标准（以行政村为单位，人群感染率降至1%以下）。在此基础上，我国又有785个县（市）通过省级或地区级审评达到消灭丝虫病标准，占全国864个流行县（市）的90.9%，使我国成为世界上首先消灭丝虫病流行的国家，但是根据1997年的病原学和临床检测资料，推算全国尚有微丝蚴血症者10.57万余人，有丝虫病临床表现者139万余人。因此，对丝虫病的流行检测及预防工作仍不能掉以轻心。

（2）免疫学检查：对感染早期、轻度感染及晚期丝虫病患者，血液及体液中不易查到微丝蚴，可用免疫学方法作辅助诊断。主要有间接荧光抗体试验和酶联免疫吸附试验，有较高的敏感性和特异性。

5. 流行　丝虫病流行于热带及亚热带，是全世界重点控制的十大热带病之一，也是我国五大重点防治的寄生虫病之一。

6. 防治原则　普查普治和防蚊灭蚊是防治丝虫病的两项重要措施。

（1）普查普治：应以1岁以上的全体居民为对象，普查率应达到95%以上，发现患者及带虫者及时治疗。治疗的药物以乙胺嗪（海群生）为主，在丝虫病流行区采用海群生掺拌食盐的全民食用法。对象皮肿患者除用海群生治疗外，结合中医中药和桑绑疗法、煤绑疗法进行治疗有一定疗效。用针灸治疗乳糜尿可获得满意的疗效。

（2）防蚊灭蚊：大力开展爱国卫生运动，采取综合措施，清除蚊的孳生地，杀灭成蚊和幼虫。挂蚊帐、点蚊香、涂擦驱蚊油防止蚊虫叮咬，避免感染。

（六）旋毛形线虫

旋毛形线虫（*Trichinella spiralis*）简称旋毛虫，寄生人体可引起旋毛虫病。旋毛虫病是一种危害很大的人兽共患寄生虫病。

1. 形态

（1）成虫：线状，乳白色，虫体前端稍细。雌虫长3~4 mm，宽0.06 mm，雄虫长1.4~1.6 mm，宽0.04 mm。

（2）幼虫囊包：新产出的幼虫细长，随血循环移行至横纹肌内逐渐形成囊包。囊包呈梭形，其纵轴与肌纤维平行，大小约（0.25~0.50）mm×（0.21~0.42）mm。囊包内常含1~2条卷曲的幼虫。

2. 生活史　旋毛虫的生活史可在同一宿主体内完成。人、猪、猫、犬、鼠及多种野生地位均可作为本虫的宿主，被寄生的宿主即是终宿主，又是中间宿主，虫体不需要在外界环境中发育。

当宿主食入生的或半生的含活旋毛虫幼虫囊包的肉类后，囊包在消化液的作用下，幼虫在小肠上段脱囊而出，并立即侵入肠黏膜。约24 h幼虫又回到肠腔，然后在小肠末端及回盲部定居，经2天发育为成虫。雌、雄虫交配后，雌虫排出幼虫，幼虫进入小血管或淋巴管，经右心、肺、左心、主动脉，到达身体各部但只有在横纹肌中才能继续发育。感染后1个月，在横纹肌内形成幼虫囊包，幼虫囊包是旋毛虫的感染阶段。约经6~7个月，幼虫囊包两端开始钙化，囊内幼虫随之死亡。雌虫寿命为1~2个月，有时可长达3~4个月，雄虫寿命很短，交配后立即死亡（图2-9）。

3. 致病性　旋毛虫对人体的致病与食入幼虫囊包数量、幼虫的活力、幼虫侵入部位和宿主的免疫力等因素有关。轻者可无症状，重者可在发病后3~7周死亡。旋毛虫的致病过程可分为3期：

（1）侵入期：幼虫自囊包内逸出并发育为成虫阶段，时间约1周。临床表现为恶心、呕吐、腹痛、腹泻等消化道症状，并伴有乏力、低热等。

（2）幼虫移行期：指新生幼虫随淋巴、血循环移行至全身各器官及侵入横纹肌内发育的阶段,时间约2~3周。主要引起肌肉病变,临床表现为全身肌肉酸痛,压痛,尤以腓肠肌、二头肌、三头肌显著,全身性血管炎、水肿、发热,血中嗜酸粒细胞增高等,重者可因心力衰竭、毒血症、呼吸道感染而死亡。

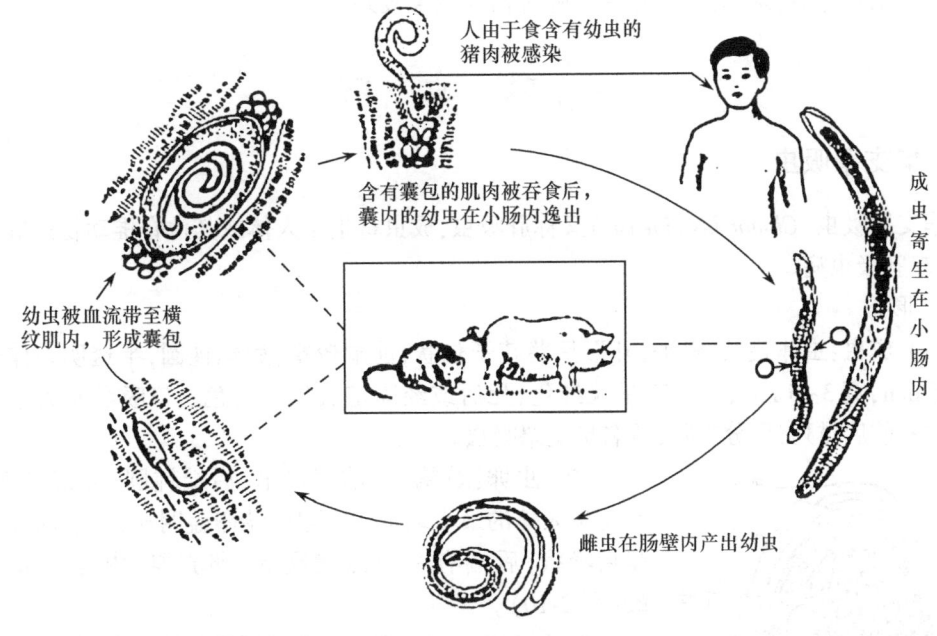

图2-9 旋毛虫生活史

（3）囊包形成期:是指移行到横纹肌的幼虫逐渐形成囊包的时期,也是受损肌细胞的修复过程。时间约为4~16周,随着幼虫虫体增大并卷曲,幼虫所寄生的肌细胞膨大,形成梭形囊包,此时组织的炎症消退,全身症状日渐减轻,但肌肉疼痛仍可维持数周。

4. 实验诊断　旋毛虫病临床表现复杂,诊断时要注意询问病人有无食入不熟肉类病史。实验诊断以肌肉活检查出幼虫为确诊依据,血清学方法可协助诊断。

（1）病原检查:从患者疼痛肌肉处,如腓肠肌、二头肌取一小块肌肉,做压片法,镜下查找幼虫。

（2）免疫学检查:一般多用消化脱囊的幼虫制备抗原。常用的方法有皮内试验、环蚴沉淀试验、皂土絮状试验、间接荧光抗体试验、酶联免疫吸附试验等。

5. 流行　旋毛虫病是一种动物源性寄生虫病,除人外,还有猪、犬、羊、牛、鼠等120多种哺乳动物之间广泛传播,成为人类感染的主要来源。旋毛虫病广泛流行于世界各地,以欧洲、北美洲发病率高。我国自1964年西藏首次发现人体旋毛虫病例以来,此后云南、吉林、辽宁、黑龙江、河南等地也先后有本病不同程度的流行。据1996年统计,全国发生558起旋毛虫病暴发流行,发病人数达23 419例,死亡238例。

6. 防治原则

（1）加强宣传教育:改变食肉方式,不吃生的或未熟透的肉类是预防本病的关键。做到生、熟食刀具、砧板分开,防止感染。

(2) 加强肉类检疫及食品卫生管理：未检疫的猪肉不准上市，发现有旋毛虫病的肉类要坚决焚毁。

(3) 改变动物饲养方法：提倡圈养。扑杀鼠类，减少传染源。

(4) 治疗患者：阿苯达唑、甲苯达唑等治疗效果较好。

二、吸 虫 纲

（一）华支睾吸虫

华支睾吸虫（*Clonorchis sinensis*）又称肝吸虫，成虫寄生于人体或其他脊椎动物的肝胆管内，引起肝吸虫病。

1. 形态

(1) 成虫：虫体狭长、扁平，外形呈葵花子仁状，前端较窄，后端钝圆，半透明。体长为 10~25 mm，宽 3~5 mm，活时略呈淡红色，死后或经固定后呈灰白色。口吸盘略大于腹吸盘。睾丸前后排列，呈分支状，故名华支睾吸虫。

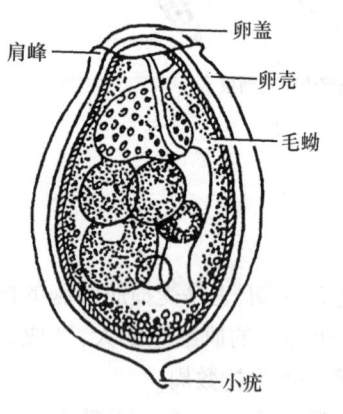

图 2-10 肝吸虫虫卵

(2) 虫卵：黄褐色，前端较窄，后端钝圆，形似灯泡状。是寄生人体的最小蠕虫卵。卵前端卵盖明显，卵盖周缘隆起呈肩峰状，后端有一逗点状突起，卵壳厚，内含一成熟毛蚴（图 2-10）。

2. 生活史　成虫寄生于人或哺乳动物的肝胆管内，严重时也可在胆囊、胆道及胰腺内寄生。虫卵随胆汁进入肠道随粪便排出体外。

(1) 在淡水螺体内的发育：虫卵入水被第一中间宿主豆螺或沼螺、涵螺等淡水螺吞食后，在螺的消化道内孵出毛蚴。毛蚴经胞蚴、雷蚴等无性生殖阶段，形成许多尾蚴。

(2) 在淡水鱼或淡水虾体内的发育：尾蚴成熟后自螺体逸出，尾蚴在水中可存活 1~2 天，若遇第二中间宿主淡水鱼、虾，即可侵入其体内发育为囊蚴。囊蚴是肝吸虫的感染阶段。

(3) 在人或其他哺乳动物体内的发育：当人因食入含有活囊蚴的淡水鱼、虾而受染。囊蚴在小肠内经消化液的作用，脱囊为童虫，继而从总胆管或穿过肠壁经腹腔进入肝胆管发育为成虫。成虫寿命长达 20~30 年（图 2-11）。

3. 致病性　肝吸虫在肝胆管内寄生，虫体的排泄物、分泌物等代谢产物的化学毒性作用和虫体的机械刺激可引起局部病变，表现为管壁上皮细胞脱落、增生，管腔变窄，甚至堵塞，导致胆汁淤积，出现阻塞性黄疸。若合并细菌感染，还可发生较为典型的胆管炎、胆囊炎。由于肝胆管周围结缔组织增生，还可致邻近肝细胞坏死、萎缩，引起脂肪变，甚至发生纤维化，少数患者可导致胆汁性肝硬化。研究表明，肝吸虫病可诱发原发性肝癌或胆管上皮癌。此外，还可诱发胆石症和急性胰腺炎。在临床上，轻者除肝大外，可无其他明显症状。中度感染可表现为消化不良、头晕、食欲减退、乏力及肝区隐痛；重度感染可出现营养不良症状、腹痛、脾肿大及神经衰弱和黄疸等。晚期则可出现肝硬化、腹水甚至肝衰竭死亡。

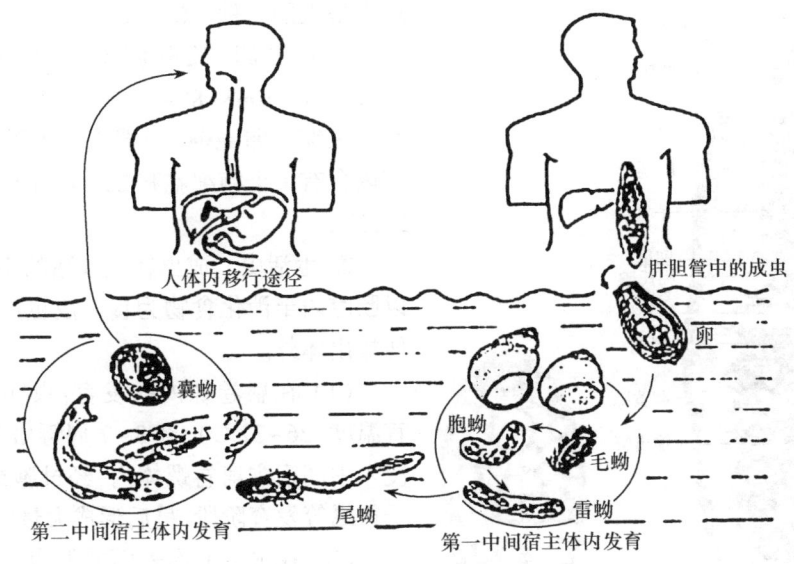

图 2-11 肝吸虫生活史

4. 实验诊断

(1) 病原学诊断:检获肝吸虫虫卵是确诊的依据。①粪便检查:常用的方法有自然沉淀法、倒置沉淀法、氢氧化钠消化法及改良加藤厚涂片法,检出率通常在 80%～90% 以上;②十二指肠引流液检查:对临床表现典型,但粪检阴性者,可引流十二指肠液(或胆汁)进行检查,其检出率几乎达 100%。

(2) 免疫学诊断:常用的方法有皮内试验、间接血凝试验、酶联免疫吸附试验等。

5. 流行 本病主要分布在亚洲,如中国、日本、朝鲜、越南和东南亚国家,我国除内蒙古、宁夏、青海、西藏等省、自治区外,其余 25 个省市、自治区均有报道,据 1988～1992 年全国寄生虫病调查报告,人群感染率平均为 0.365%,以广东、山东、河南和辽宁等地较为严重。因该病属人兽共患病,估计动物感染的范围更广。

6. 防治原则

(1) 开展卫生宣传教育:改变不良饮食习惯,不食生的或未熟透的鱼、虾是预防肝吸虫病的关键。

(2) 加强粪便管理:不用未经处理的新鲜粪便施肥,不随地大便;不在鱼塘上或河旁建厕所。应禁止用粪便喂鱼,以防虫卵污染水体。同时,还应清理鱼塘,定期灭螺。

(3) 积极查治病人及带虫者:治疗病人的药物有砒喹酮、阿苯哒唑等。

(二) 布氏姜片吸虫

布氏姜片吸虫(*Fasciolopsis buski*)俗称姜片虫,寄生于人体小肠,可致姜片虫病。

1. 形态

(1) 成虫:虫体肥厚,背腹扁平,前端略窄,后端钝圆。虫体活时呈肉红色,死后或固定后呈灰暗色,似生姜片状。虫体长 20～75 mm,宽 8～20 mm,厚 0.5～3 mm,是人体寄生的吸

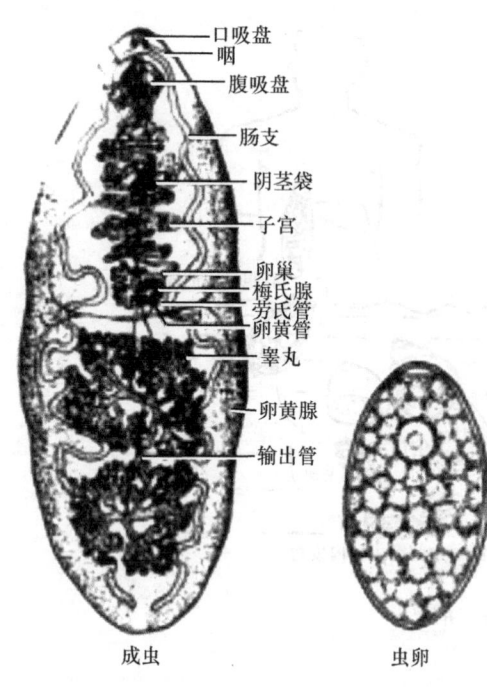

图 2-12 姜片虫

虫中最大的一种(图 2-12)。

(2) 虫卵:长椭圆形,淡黄色,大小为 $(130\sim140)\mu m\times(80\sim85)\mu m$,是寄生人体的最大蠕虫卵。卵壳薄,一端有一不明显的卵盖,卵内含有 1 个卵细胞和 20~40 个卵黄细胞(图 2-12)。

2. 生活史　成虫在人或猪的小肠内寄生。以肠腔内半消化食物为食。成虫产卵,卵随粪便排出体外。

(1) 在扁卷螺内的发育:虫卵入水,在适宜温度(26~32℃),经 3~7 周孵出毛蚴。毛蚴侵入中间宿主扁卷螺体内,经过胞蚴、母雷蚴、子雷蚴等发育阶段,最后形成大量的尾蚴。

(2) 在水生植物表面的发育:成熟尾蚴自扁卷螺内逸出,附着在水红菱、荸荠和茭白等水生植物或其他物体的表面,分泌成囊物质,脱去尾部,形成囊蚴。囊蚴是姜片虫的感染阶段。

(3) 在人或猪体内的发育:人或猪食入带有活囊蚴的水红菱、荸荠、茭白或饮用含囊蚴的生水后,在小肠内消化液和胆汁的作用下,幼虫脱囊而出,经 1~3 个月发育为成虫。成虫寿命一般为 1~2 年,长者可达 4~4.5 年(图 2-13)。

3. 致病性　姜片虫寄生在人体小肠,由于虫体大,腹吸盘肌肉发达,吸附力强,可致局

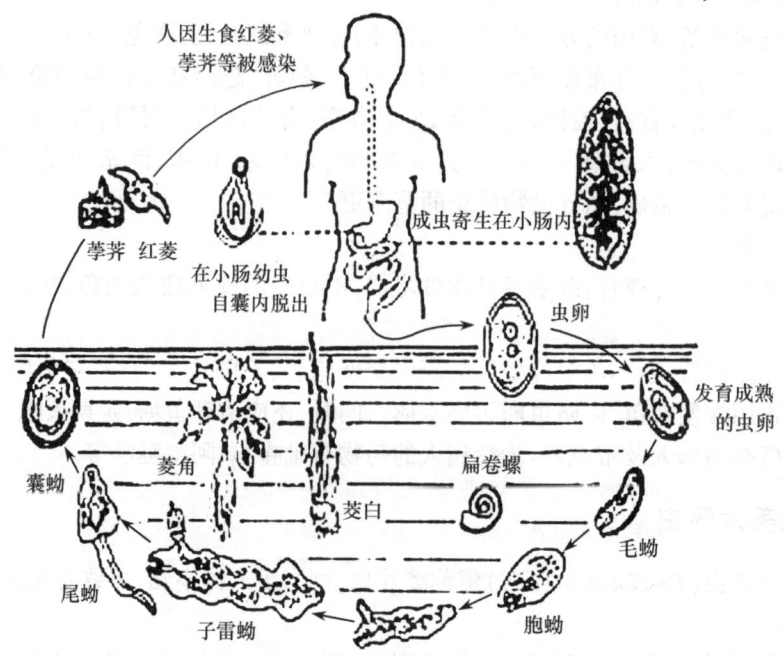

图 2-13　姜片生活史

部机械性损伤,小肠壁出现充血或点状出血、水肿、炎症,严重时还可累及胃幽门部和结肠,并可导致局部溃疡、脓肿。虫体吸附在小肠不仅摄取养料,还因大量虫体覆盖肠黏膜而影响消化、吸收功能。临床表现为贫血、营养不良和消化功能紊乱。虫体的排泄物、代谢产物还可引起超敏反应。大量感染时,虫体成团,阻塞肠腔,引起肠梗阻,儿童重度感染,可致发育障碍。

4. 实验诊断

(1) 病原学检查:从粪便内检出虫卵或虫体是确诊的依据。常用的粪检方法有直接涂片法、浓集法。有时在粪便中或呕吐物内发现成虫亦可诊断。

(2) 免疫学诊断:常采用皮内试验、ELISA 等,均有辅助诊断价值。

5. 流行　姜片虫病分布广泛,人群感染率为 0.01%~1.877%,平均为 0.169%。本病为人兽共患寄生虫病。传染源(人、猪、野猪、犬等)、中间宿主及媒介水生植物广泛存在、人们生食水生植物和饮生水的不良习惯、农民常以生青饲料喂猪;用新鲜粪便给水生植物施肥等都可引起本病的传播、流行。

6. 防治原则

(1) 积极开展卫生宣传教育:不生食水生植物、不喝生水防止病从口入,同时亦不要用生青饲料喂猪以防止本病的传播、流行。

(2) 粪便、水源管理:不要用新鲜未处理过的人粪和猪粪施肥,猪应圈养,防止虫卵入水。

(3) 治疗病人、病猪及带虫者:治疗药物主要是吡喹酮,中药槟榔、黑丑各半焙干后研为末,作成煎剂或冲剂服用,疗效显著,驱虫率可达 100%。采用槟榔单剂煎服,效果也很满意。

(三) 卫氏并殖吸虫

卫氏并殖吸虫主要寄生在肺部,所以又称肺吸虫。

1. 形态

(1) 成虫:虫体肥厚,背面隆起,腹部扁平。活时红褐色,半透明,死后砖灰色,似半粒黄豆。长 7.5~12 mm,宽 4~6 mm,长宽之比约为 2:1。雌雄同体,有口、腹吸盘各一个。由于虫体生殖器官左右并列为本虫的显著特征,故称之为并殖吸虫。

(2) 虫卵:椭圆形,金黄色,大小为 (80~118) μm×(48~60) μm,最宽处在近卵盖一端。卵盖较宽,常倾斜,卵壳厚薄不一卵内含有 1 个卵细胞和 10 余个卵黄细胞(图 2-14)。

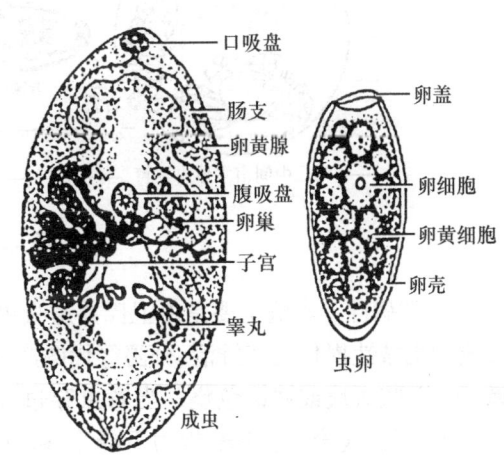

图 2-14　肺吸虫

2. 生活史　卫氏并殖吸虫寄生在人或保虫宿主(犬科及猫科等哺乳动物)的肺部。产出的虫卵经气管随痰咳出或因将痰咽下随粪便排出体外。

(1) 在川卷螺内的发育：虫卵入水，在25℃~30℃的适宜温度下，约经3周发育，即孵出毛蚴，并可侵入第一中间宿主川卷螺体内，经胞蚴、母雷蚴、子雷蚴及尾蚴等无性繁殖阶段的发育，最后形成大量的尾蚴。

(2) 在淡水蟹或蝲蛄内的发育：成熟的尾蚴自螺体逸出侵入第二中间宿主溪蟹等体内发育为囊蚴（囊蚴是肺吸虫的感染阶段）。或溪蟹等死亡裂解，囊蚴可脱落，散布于水中。

(3) 在人或其他哺乳动物体内的发育：人或猫、犬及猫科等哺乳动物食入含有活囊蚴的淡水蟹、蝲蛄、生水后被感染。囊蚴进入消化道，经消化液的作用，幼虫在小肠脱囊而出，成为童虫。童虫活动能力强，可穿过肠壁进入腹腔，再穿过膈，经胸腔到达肺寄居，并在肺中发育为成虫。自囊蚴进入人体发育为成虫并产卵，约需2个月。童虫进入腹腔后，在移行过程中，可停留在沿途各处，或侵入皮下、肝、脑、脊髓、肌、眼眶等处，引起异位寄生。异位寄生的虫体成熟时间长，不一定能发育成熟。成虫在体内的寿命一般为5~6年，也有长达20年者（图2-15）。

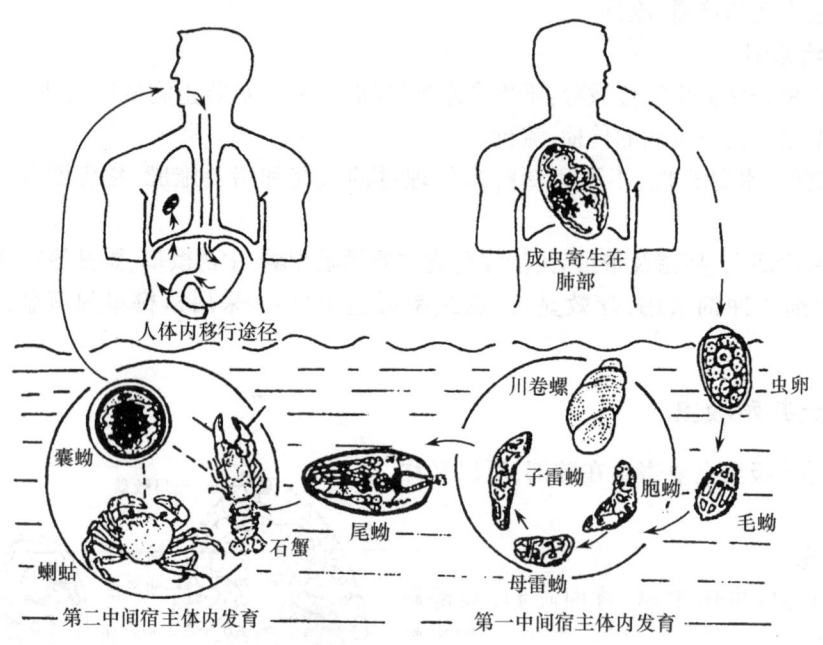

图2-15 肺吸虫生活史

3. **致病性** 本病主要是由卫氏并殖吸虫的童虫和成虫在器官组织内寄生、移行或窜扰造成的机械性损伤及其排泄、分泌等代谢产物而引起的免疫病理反应所致。临床表现有咳嗽、胸痛、咳血痰或铁锈色痰。当童虫穿过肠壁到达腹腔时，可引起腹痛、腹泻、便血等；移行到脑，可引起癫痫、偏瘫、视力下降等；移行至皮下组织，可引起皮下包块及结节。

4. **实验诊断**

(1) 病原学诊断：①痰液及粪便检查：粪检虫卵以沉淀法较好，痰检虫卵的检出率高于粪检；②活体组织检查：疑为皮肤型患者，可摘除皮下包块或结节，若检获童虫或成虫即可确诊。

(2) 免疫学诊断:常采用皮内试验、间接血凝试验、酶联免疫吸附试验、酶联免疫吸附抗原斑点试验等。

5. 流行　卫氏并殖吸虫分布广泛,全国各地均有本虫分布。肺吸虫病是一种人兽共患寄生虫病。除人可作终宿主外,还有多种动物如犬、猫、虎、豹、狮等可作为保虫宿主,是本病的重要传染源。野猪、野鼠为本虫的转续宿主,在流行病学上也有重要的意义。川卷螺的存在是本病传播和流行过程中不可缺少的环节,而人们不良的饮食习惯则是本病在人群中传播和流行的关键因素,因为通常的腌、醉溪蟹、石蟹及蝲蛄或制作溪蟹、石蟹和蝲蛄酱(或豆腐)等,均不能完全杀死其中的囊蚴,从而引起本病的传播、流行。生吃或半生吃转续宿主肉,也是感染本虫的原因之一。

6. 防治原则
(1) 加强卫生宣传教育:不吃生的或半生的溪蟹和蝲蛄,不饮生水,以防病从口入。
(2) 加强粪便水源管理:严禁用新鲜粪便施肥,以防虫卵入水。同时,积极消灭川卷螺,阻断流行环节。
(3) 治疗病人和带虫者:常用药物有砒喹酮、硫双二氯酚(别丁)。

(四) 日本裂体吸虫

日本裂体吸虫(*Schistosoma japonicum*)亦称日本血吸虫,简称血吸虫。成虫主要寄生在人体肠系膜下静脉内,可致血吸虫病。我国于1975年从湖北江陵西汉古尸体内检获血吸虫卵,表明此病在我国存在至少有2100多年的历史。除日本血吸虫外,寄生人体的血吸虫尚有曼氏血吸虫、埃及血吸虫、间插血吸虫、湄公血吸虫、马来血吸虫。我国仅有日本血吸虫病流行。

1. 形态
(1) 成虫:圆柱形,外观似线虫。雌雄异体,口、腹吸盘在虫体前部,相距很近。腹吸盘稍比口吸盘大,略突出。雄虫略粗短,呈乳白色或灰白色,大小为(10~22)mm×(0.5~0.55)mm,背腹略扁,虫体自腹吸盘后向两侧增宽并向腹侧卷折,形成一纵行的沟槽,雌虫居留在此沟中,故称为抱雌沟。睾丸通常为7个,椭圆形,位于腹吸盘后方的背侧,呈串珠状排列。雌虫较雄虫细长,圆柱形,大小为(12~26)mm×(0.1~0.3)mm,活时深褐色。卵巢1个,椭圆形。子宫内含虫卵50~300个(图2-16)。
(2) 虫卵:成熟虫卵呈椭圆

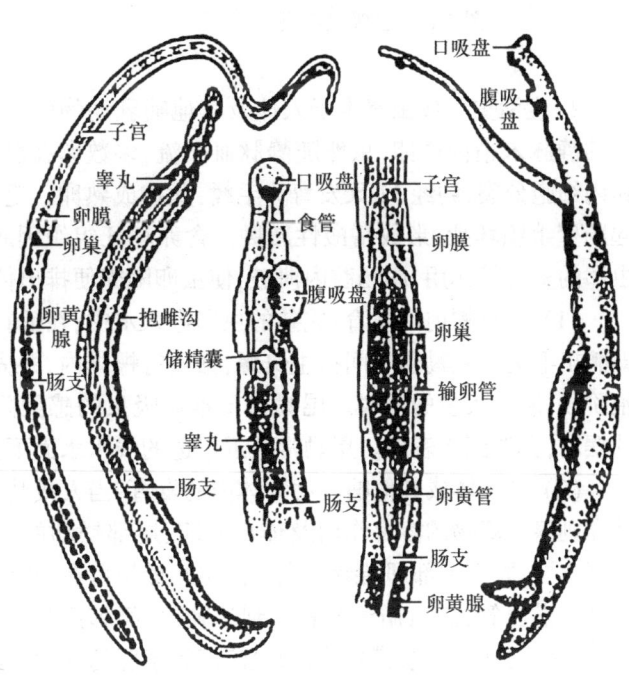

图2-16　日本血吸虫成虫

形,淡黄色,大小为(74~106)μm×(55~80)μm,内含一毛蚴。卵壳薄,无卵盖,在卵壳一端有一小棘,有时因卵壳周围附着坏死组织、粪渣等脏物或因虫卵位置关系而不易看清。

(3) 毛蚴:梨形,灰白色,半透明,大小为99 μm×35 μm。虫体周身披有纤毛,体前端略尖,有一锥形顶突(钻器),并有一顶腺及1对侧腺(头腺),体后部有许多生殖细胞(图2-17)。

(4) 尾蚴:尾蚴为叉尾型,分体部和尾部,尾部又分为尾干和尾叉。尾蚴大小为(280~360)μm×(60~95)μm。体部有口吸盘及腹吸盘各一个,腹吸盘两侧有5对穿刺腺,开口于虫体前端。尾叉长度小于尾干长度的1/2为日本血吸虫的重要特征(图2-18)。

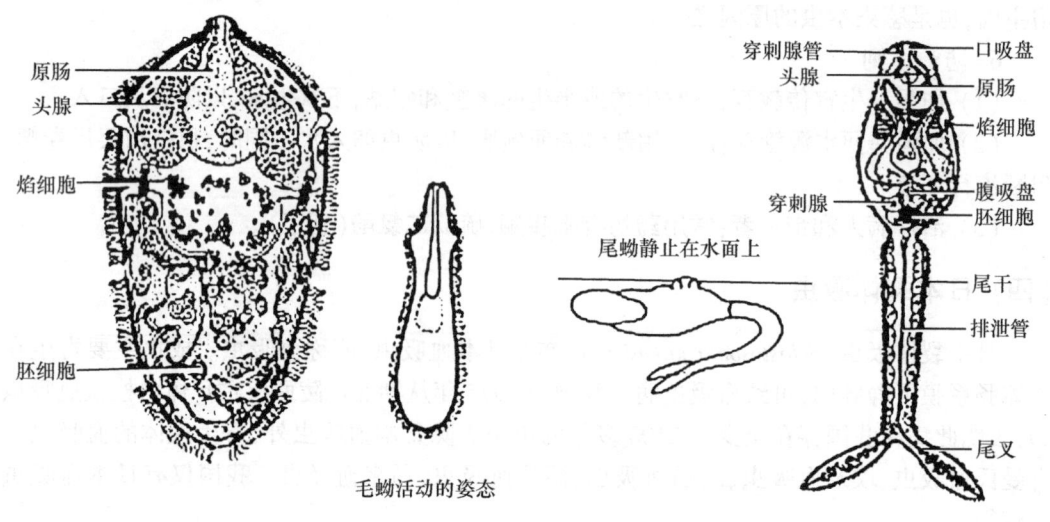

图2-17 血吸虫毛蚴　　　　图2-18 血吸虫尾蚴

2. 生活史　成虫寄生于人体及其他哺乳动物的肠系膜下静脉。雌虫在宿主肠黏膜下层的静脉末梢内产卵,虫卵随静脉血回流,多数卵在肝脏集聚,部分在结肠壁组织内沉积。卵内细胞分裂,约经11天发育为毛蚴,此称成熟卵。毛蚴头腺分泌的可溶性虫卵抗原可引起肠壁组织坏死,形成嗜酸性脓肿。含卵坏死组织因肠蠕动、腹内压和血管内压增高以及虫卵的重力等作用,向肠腔内溃破,使虫卵随粪便排出体外。

(1) 在钉螺内的发育:成熟的虫卵进入水中,在适宜条件(20℃~30℃)下,约经2~32 h即孵出毛蚴。毛蚴遇中间宿主钉螺,钻入钉螺体内,并先后发育为母胞蚴、子胞蚴等无性生殖阶段,形成大量的尾蚴。尾蚴是日本血吸虫的感染阶段。尾蚴自螺体逸出后,利用尾部的摆动,上浮到水表层。尾蚴常在近岸边的浅水水面下游动。

(2) 在人体或其他哺乳动物体内的发育:当人或其他哺乳动物与尾蚴接触时,尾蚴借助其穿刺腺分泌物的溶解作用及体部伸缩、尾部摆动的机械作用,钻入宿主表皮细胞间质到达真皮层,脱去尾部即转变为童虫。尾蚴最快可在10秒钟内钻入皮肤。童虫侵入宿主的小血管或淋巴管,随血循环经右心到达肺部,经肺静脉、左心进入大循环,再经肠系膜动脉及毛细血管网到达肠系膜静脉,随血流汇集于肝门静脉。经8~10天的发育后,即从肝内的门静脉分支逆行至肠系膜静脉定居,雌雄合抱,逐渐发育为成虫。从尾蚴侵入人体至成虫交配、产卵最短约需 24 天。通常在人体感染 30 天后,可在粪便中检获虫卵。每条雌虫日产卵 10 000~30 000 个。成虫在人体内的寿命一般为 2~5 年,有时可长达 30~40 年(图 2-19)。

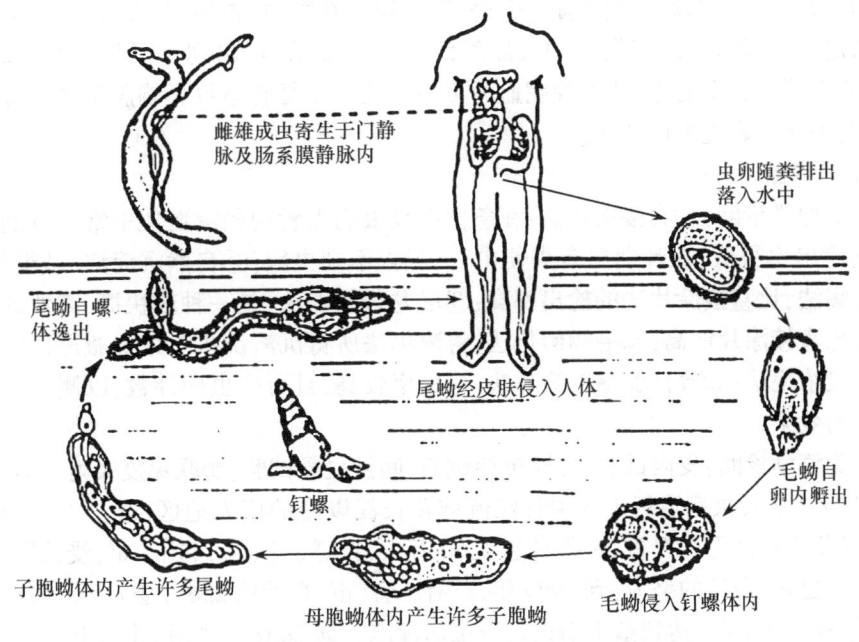

图 2-19 血吸虫生活史

3. 致病性　血吸虫的尾蚴、童虫、成虫及虫卵均可对宿主产生损害,其中,虫卵为最重要的致病阶段。

(1) 尾蚴和童虫:尾蚴侵入宿主皮肤时,由于其机械性损伤及化学毒性作用而导致局部炎症现象和免疫反应,出现丘疹,有瘙痒感,称尾蚴性皮炎。童虫至肺部时,引起血管炎、毛细血管栓塞、破裂,产生局部细胞浸润和点状出血,为肺部炎症及超敏反应。患者可出现咳嗽及发热等全身中毒症状等。

(2) 成虫:成虫寄生引起的机械损伤及免疫复合物的形成,可致静脉内膜炎和静脉周围炎,还可引起宿主整体性免疫功能下降。

(3) 虫卵:虫卵是血吸虫的主要致病阶段。成熟卵内毛蚴分泌的蛋白水解酶和糖蛋白等可溶性虫卵抗原可从卵壳微孔渗出。刺激机体的 T 细胞产生淋巴因子,吸引嗜酸粒细胞、浆细胞聚集在虫卵周围,并同时形成虫卵肉芽肿,早期伴有虫卵周围组织的坏死,形成嗜酸性脓肿。随着卵内毛蚴的死亡和组织修复,坏死物质逐步被吸收,纤维组织增生,最后引起纤维化。重感染者,门脉周围可出现广泛的纤维化,在肝的切面上,围绕在门静脉周围可见白色长纤维束从不同角度插入肝内,此称干线型肝硬化。由于窦前静脉的广泛阻塞,常导致门脉高压,出现肝、脾肿大及腹壁、食管和胃底静脉曲张,甚至发生上消化道出血及腹水等症状,此称肝脾性血吸虫病。肠壁肉芽肿纤维化还可导致肠狭窄、肠息肉等。严重感染时,还可有异位损害,此多见于肺,其次是脑及胃等器官。

日本血吸虫病可分为急性、慢性和晚期 3 种类型。无免疫力的初次严重感染者,临床上表现为肝脾肿大、肝区痛及压痛,并有发热、腹痛、腹泻或黏液血便等症状,此称急性血吸虫病。若不及时治疗或治疗不彻底,急性血吸虫病可转为慢性血吸虫病。此期患者由于有部分免疫力,病人可不出现明显的临床症状,部分病例有腹痛、腹泻、黏液血便、消瘦、乏力及劳动力减退等。若病程继续发展,肝、肠组织纤维化加重,可出现肝硬化、门脉高压症、巨脾、腹水或上消化道出血等,此称晚期血吸虫病。儿童反复感染可影响腺垂体功能,生长发育受抑制,临床上表现为侏儒症。

4. 实验诊断

(1) 病原学诊断:①直接涂片法:在急性血吸虫病患者的黏液血便中常可查到虫卵,但在慢性期检出率很低,在晚期患者粪便中,一般查不到虫卵;②自然沉淀法:是很早就采用的一种浓集法,比直接涂片法的检出率高;③尼龙袋集卵法:是一种较快捷、简便的浓集法,检出率亦比直接涂片法高;④毛蚴孵化法:将浓集法所得沉渣倒入三角烧瓶进行孵化,检出率高于一般浓集法;⑤改良加藤厚涂片法:检出率较高,且可作虫卵计数,以测定感染度,用于评价防治效果。

(2) 免疫学诊断:皮内试验、环卵沉淀试验、间接血凝试验、酶联免疫吸附试验等。

5. 流行 血吸虫病流行于我国长江流域及长江以南的广大地区,遍及13个省、市、自治区,尤以湖沼地区更为严重,感染者达1160万人,钉螺面积为143亿m^2,受威胁人口在1亿以上。经过40余年的努力,到1999年,已有5省、市、自治区236个县(市)达到消灭寄生虫病标准,52个县(市)达到基本消灭血吸虫病标准。据2002年资料,我国现有血吸虫病人约81万,但急性感染病例仍时有发生。

血吸虫流行区的范围与钉螺的分布范围基本一致。血吸虫病是人、畜共患的寄生虫病,被感染的人和哺乳动物如牛、猪、犬、鼠等都是传染源。血吸虫病流行因素有三:①有传染源,即病人或病畜的粪便污染水源;②必须有中间宿主钉螺的存在;③人、畜与疫水(含尾蚴的水)接触。

6. 防治原则

(1) 查治病人、病畜,控制传染源:对病人治疗药物有吡喹酮、氯硝柳胺、呋喃丙胺等,病牛可用精制敌百虫。

(2) 消灭钉螺,切断传播途径:采用结合农田水利建设,改造环境、消灭钉螺滋生地为主,辅以土埋、火烧、药杀的方法。积极消灭钉螺。常用药物有五氯酚钠、氯硝柳胺、氯乙酰胺等。

(3) 加强粪便水源管理:防止血吸虫卵污染水源。

(4) 加强个人防护,保护易感人群:首先应尽量避免与疫水接触。若必须接触疫水时,则应涂抹磷苯二甲酸丁二酯油膏或乳剂、氯硝柳胺酯剂、皮避敌及防蚴宁等,以防血吸虫尾蚴经皮肤感染;亦可使用塑料、橡胶或乳胶衣裤及长统胶靴等。

三、绦虫纲

(一) 链状带绦虫

链状带绦虫(*Taenia solium*)也称猪带绦虫、猪肉绦虫或有钩绦虫。中医学称之为寸白虫或白虫。它是最早记载的人体寄生虫之一。成虫寄生在人体小肠内,引起猪带绦虫病。幼虫寄生于人或猪的肌肉等组织内,引起猪囊尾蚴病。

1. 形态

(1) 成虫:乳白色,长 2~4 m,带状,节片薄。整个虫体由 700~1000 个节片组成。①头节:近球形,外观似小米粒,直径 0.6~1 mm,上有 4 个吸盘,头节顶端突起,称为顶突,顶突上有排列成内外两圈的小钩 25~50 个。吸盘和小钩是猪带绦虫的附着器官;②颈部:位于头节之后,与头节无明显的界限。颈部纤细,长 5~10mm;③链体:幼节宽大于长,节片里的生殖器官尚未发育成熟,而且仅有雄性器官;成节近方形,具发育成熟的雌、雄生殖器官各一套。睾丸呈滤泡状,约 150~200 个。卵巢位于节片后 1/3 的中央,除左右两大叶外,在子宫与阴道间有一小叶;孕节长大于宽,除充满虫卵的子宫外,其他器官均退化。子宫由主干向两侧分支,每侧 7~13 支,内含虫卵约 3 万~5 万个。在每一节片的侧缘,有一明显的生殖孔,不规则地左右交替开口于节片的两侧。

(2) 囊尾蚴:又称囊虫,为卵圆形、白色半透明的囊状物,大小为(8~10)mm×5 mm,内充满透明液体,头节凹入囊内呈白色点状,其构造与成虫头节相同。

(3) 虫卵:卵壳薄而透明,极易脱落,镜检所见多为具胚膜的虫卵。此时虫卵呈圆形或卵圆形,直径 31~43 μm,胚膜棕黄色,其上有放射状条纹,内含一个六钩蚴(图 2-20)。

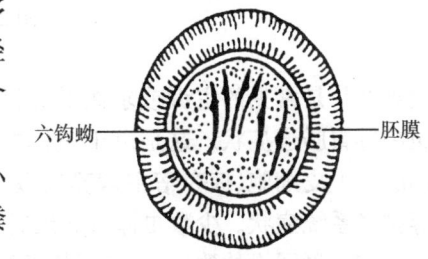

图 2-20 猪带绦虫卵

2. 生活史　人作为终宿主,成虫寄生在人体小肠,虫体末端的孕节常数节连在一起脱落至肠腔,随粪便排出体外。

(1) 在猪体内的发育:孕节或散出的虫卵被猪或野猪等中间宿主吞食后,在小肠消化液的作用下,经 1~3 天孵出六钩蚴并钻入肠壁血管或淋巴管,随血流到达猪的全身各处,尤以运动较多的肌肉如股、肩、心、舌、颈等处为多见,约经 60~70 天发育为囊尾蚴。囊尾蚴是猪带绦虫的感染阶段之一,含猪囊尾蚴的猪肉俗称"米猪肉"、"豆猪肉"或"米糁肉"。

(2) 在人体内的发育:人因食入生的或未熟透的"米猪肉"而感染,在小肠经胆汁刺激,囊尾蚴的头节翻出,用吸盘和小钩附在小肠黏膜上,并从颈部不断长出链体,经 2~3 个月发育为成虫,成虫寿命可长达 25 年之久(图 2-21)。人除作为终宿主外,若食入绦虫卵,也可作为本虫的中间宿主。卵内孵化出六钩蚴,到人体各部位发育为囊尾蚴,使人体患猪囊尾蚴病。

人感染囊尾蚴的方式有三种:①异体感染:误食外界环境中被虫卵污染的食物、水等而感染。②自体外重复感染:误食自己排出的虫卵而感染。③自体内重复感染:患者肠内成虫脱落的孕节或虫卵因恶心、呕吐等肠逆蠕动反流至胃,再返回肠内,经消化液的作用,孕节破裂,虫卵释出,卵内六钩蚴孵出,六钩蚴穿过肠壁进入血液,随血循环至全身各处,约经 10 周,发育为囊尾蚴,囊尾蚴多寄生在人体的皮下组织、肌肉、脑、眼、心、肝等处。

3. 致病性

(1) 成虫的致病性:成虫寄生于人体的小肠,可致猪带绦虫病,患者多无明显症状,粪便

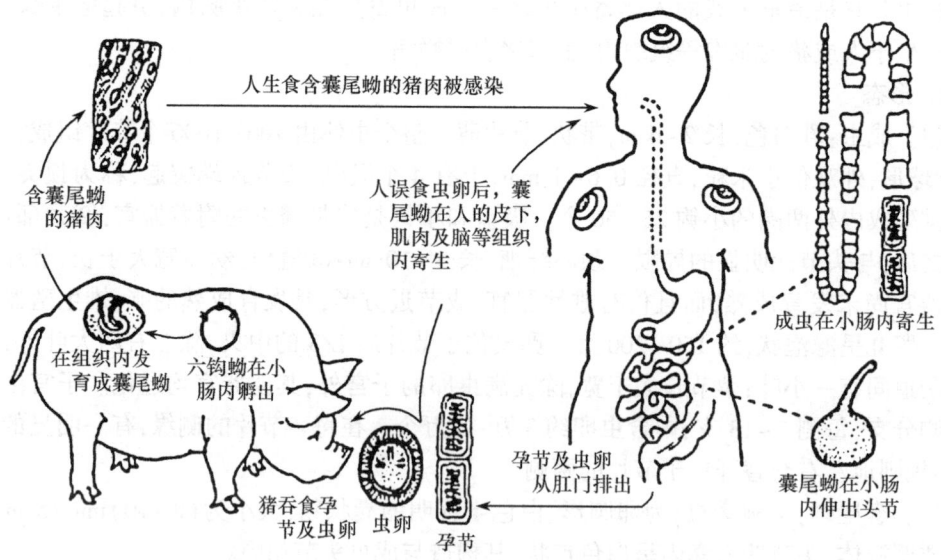

图 2-21 猪带绦虫生活史

发现节片是常见的主诉或求医的原因。部分患者表现为腹部不适、恶心、腹痛、食欲亢进、腹泻等胃肠道症状。这是由于虫体的吸盘、顶突、小钩和微毛附着于肠壁,刺激肠黏膜、损伤肠壁上皮细胞、掠夺宿主营养所致。虫体代谢产物被吸收后,可表现为头疼、头晕、失眠等神经系统症状。少数虫体可导致肠梗阻或头节穿破肠壁引起腹膜炎。

(2) 囊尾蚴的致病性:囊尾蚴的致病性比成虫强,囊尾蚴在寄生部位造成占位性病变,压迫周围组织,刺激邻近组织产生炎症,危害程度因囊尾蚴的数量和寄生部位而有所不同。常见的部位有皮下组织、肌肉、脑、心、舌等,临床上常见以下几种类型:①皮下及肌肉囊尾蚴病:在皮下寄生可形成结节,结节呈圆形,多见于头部及躯干,硬度如软骨,多可活动,无压痛。寄生在肌肉,可出现肌肉酸痛、发胀、肌肉痉挛等症状;②脑囊尾蚴病:危害最大,虫体压迫脑组织,引起的症状极为复杂,以癫痫发作最为常见,其次是颅内压增高和精神症状。患者表现为头痛、恶心、呕吐、失语、瘫痪、痴呆等,严重者可致死;③眼囊尾蚴病:可引起视力下降、甚至失明。

4. **实验诊断**

(1) 猪带绦虫病的诊断:询问患者有无食用"米猪肉"及大便排出节片的病史有助于诊断。确诊有赖于病原学检查,如检获孕节,计数子宫分支数目可鉴定虫种。检查虫卵,可用直接涂片法、饱和盐水浮聚法。

(2) 囊尾蚴病的诊断:询问有无绦虫病史有重要意义。诊断方法应根据寄生部位选择,对皮肤和肌肉囊尾蚴病,可手术摘取皮下结节或浅部肌肉内包块查囊尾蚴;脑囊尾蚴病可做 X 线检查,眼囊尾蚴病做眼底镜检多数可见活动虫体。免疫诊断对于囊尾蚴病的诊断有一定价值,多用囊尾蚴液作抗原进行间接血凝试验和酶联免疫吸附试验等血清学试验。

5. **流行** 猪带绦虫呈全世界分布。我国的东北、华北、西北、云南及贵州等地均有分布,感染率为 1%~15.2%。猪的饲养与管理不当及人生食或半生食猪肉的饮食习惯为造成本病流行的主要因素。有些地区人无厕所猪无圈，或猪圈与厕所连在一起(连茅圈)，均易造成猪吃人粪而感染。

各地猪囊尾蚴感染率高低不一，低者不足1%，高者可达30%。囊尾蚴病的感染则因个人卫生及饮食卫生不良误食猪带绦虫卵所致。目前，囊尾蚴病的流行出现两个新特点，一是城乡人群发病率差别缩小，二是儿童患者剧增，应引起临床注意。

6. 防治原则

(1) 加强卫生宣传教育：注意个人卫生和饮食卫生，不食生的或未熟透的猪肉。切生肉和熟食的菜刀、砧板要分开使用，饭前便后要洗手。加强肉类检查，不准出售米猪肉。

(2) 改进猪的饲养方式：猪要圈养，猪圈与厕所分开，防止猪吃人粪。粪便须经无害化处理才能用于施肥，防止虫卵污染蔬菜、水源致人、畜感染。

(3) 治疗患者：绦虫病人应及早驱虫，既可减少传染源，又对预防囊尾蚴病具有重要意义。常用槟榔、南瓜子合并服用驱虫，疗效好，反应小，驱虫时应注意检查头节是否排除。另外还可用氯硝柳胺(灭绦灵)、甲苯咪唑、吡喹酮、丙硫咪唑等驱虫均有良好疗效。囊尾蚴病亦可用吡喹酮或丙硫咪唑治疗，并通过手术摘除浅部的猪囊尾蚴。

(二) 肥胖带吻绦虫

肥胖带吻绦虫(*Taenia saginata*)又称牛带绦虫、牛肉绦虫或无钩绦虫。成虫寄生在人体小肠内，引起牛带绦虫病。

牛带绦虫的形态、生活史、致病性、寄生虫学检查及防治原则与猪带绦虫相近，其主要区别如下(表2-2)。牛带绦虫卵和猪带绦虫卵不易区别，故发现虫卵时，只能诊断为带绦虫病。

表2-2 猪带绦虫与牛带绦虫的区别

	区别要点	猪带绦虫	牛带绦虫
形态	体长(m)	2~4	4~8
	节片数	700~1000	1000~2000
	头节	圆球形，直径约1mm，具有顶突及小钩	方形，直径1.5~2mm，无顶突及小钩
	孕节	子宫分支不整齐，每侧分支数为7~13支，略透明	子宫分支整齐，每侧分支为15~30余支，不透明
生活史	感染阶段	猪囊尾蚴、猪带绦虫卵	牛囊尾蚴
	中间宿主	猪、人	牛
	孕节脱落情况	数节连在一起脱落，被动排除	单节脱落，常主动爬出肛门
致病性	幼虫	引起猪囊虫病	
	成虫	引起猪带绦虫病	引起牛带绦虫病
寄生虫学检查	孕节、虫卵检查	粪检孕节、虫卵	粪检孕节、肛门拭擦检查卵
	囊尾蚴检查	手术摘除皮下结节检查囊尾蚴	
	免疫学检查	用囊液作抗原进行间接血凝试验等	
防治原则		防治绦虫病	防治绦虫病
		防治囊虫病	

(三) 细粒棘球绦虫

细粒棘球绦虫(*Echinococcus granulosus*)又称包生绦虫。其幼虫棘球蚴也称包虫,可寄生于人体,引起棘球蚴病或称包虫病。

1. 形态

(1) 成虫:细小,体长2~7 mm,宽0.5~0.6 mm。头节呈梨形,吸盘四个,顶突由丰富的肌肉组织构成,伸缩力很强,有大小两圈小钩,呈放射排列。颈部之后为链体,包括幼节、成节和孕节各1节,幼节长略大于宽。成节较幼节长1倍,内有发育成熟的雌、雄生殖器官。生殖孔位于节片侧缘偏后或近中部。孕节可超过虫体其他部分的总长,子宫向两侧突出呈不规则膨大的侧囊,内含虫卵200~800个。

(2) 幼虫:也称棘球蚴,为圆形或近圆形的囊状物,大小不等,直径从几毫米至数百毫米,棘球蚴由囊壁及囊内容物组成。囊壁分两层,外层是角皮层,为无细胞的板层状结构,厚约1 mm,乳白色,半透明,脆弱易破。内层为胚层或称生发层,厚约10~25 μm,含无数细胞核。生发层紧贴角皮层内,向囊内长出原头蚴,也可向囊内长出育囊。每个育囊内含5~30个原头蚴(又称原头节,与成虫头节相似,但较小)。由生发层长出的原头蚴也可发育为育囊。育囊又可长出子囊。子囊亦可长出原头蚴及育囊。因此,一个棘球蚴可包含几百个以至几千个原头蚴。囊液又称棘球蚴液,为无色透明的液体,具有供给营养及保护原头蚴的作用。棘球蚴液中漂浮着许多由囊壁脱落的游离的原头蚴、育囊、子囊,统称棘球蚴砂。组成棘球蚴砂的各部分,均能发育成棘球蚴。

(3) 虫卵:其形态与猪带绦虫卵、牛带绦虫卵相似,不易区别。

2. 生活史
成虫寄生在犬科动物的小肠中,借头节的顶突、小钩及吸盘,附着在肠壁上,靠体表吸收肠腔内的营养物质为食。其孕节自虫体脱落,随粪便排除体外。

(1) 在牛、羊等体内的发育:孕节被牛、羊、猪等中间宿主吞食后,于十二指肠内受消化液和胆汁的作用虫卵释出,虫卵的胚膜被消化,孵出六钩蚴并穿入肠壁的血管,随血流到身体各部位,大部分六钩蚴停留在肝、肺等器官,约经5个月发育成直径为10~30 mm的棘球蚴。随后,棘球蚴内逐渐长出原头蚴、育囊和子囊。一个直径100 mm的棘球蚴内含10万个原头蚴。

(2) 在犬科动物体内的发育:含有棘球蚴的肝、肺等内脏被犬科动物等终宿主吞食后,囊内原头节散出,棘球蚴中的每一个原头蚴,约经8周的发育即可在小肠内形成一条成虫,成虫寿命为5~6个月。因此,在犬科动物肠道中寄生的成虫一般为数百至数千条,多者可达数万条,虫体成熟后可产卵。虫卵是包生绦虫的感染阶段(图2-22)。人多因与有成虫寄生的狗接触,误食包生绦虫卵而受到感染。虫卵进入人体后,约经3~5个月,在肝、肺等器官中发育为棘球蚴。

3. 致病性
棘球蚴的寄生部位与六钩蚴随血流经过脏器的先后有关,主要在肝、肺,也可在腹腔、脑、骨、纵隔、脾、胰、乳房、甲状腺、皮下及肌肉等处寄生,引起棘球蚴病。原发性感染的棘球蚴多为单个,继发性感染常为多个,并可累及几个器官。棘球蚴在人体生长缓慢,一般感染后半年其直径约0.5~1 cm,以后每年增长1~5 cm。

棘球蚴对人体的危害取决于其寄生的部位、大小、数量、机体的反应性及有无合并症。

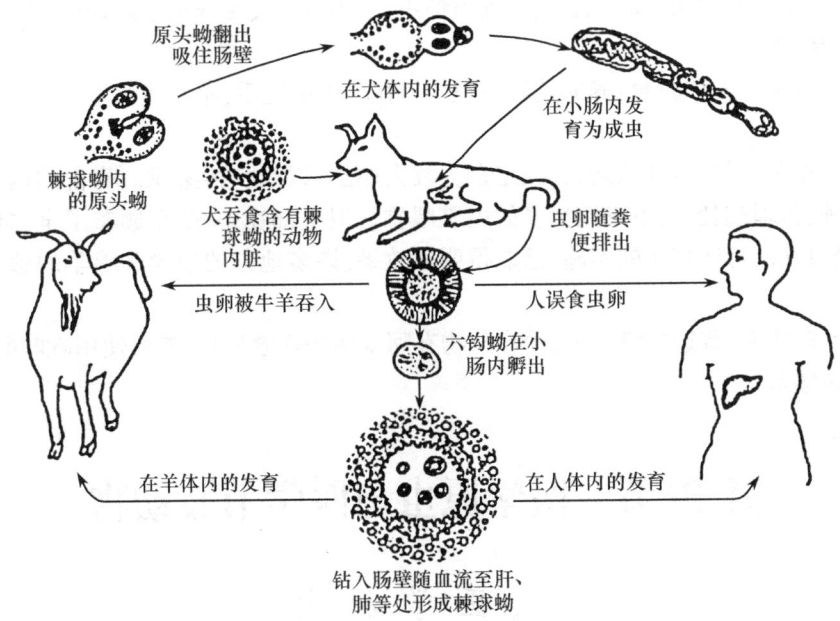

图 2-22 包生绦虫生活史

有些患者无明显症状。有些患者特别是有合并症的患者临床表现变化多端。主要临床表现为：①过敏症状，如荨麻疹、血管神经性水肿。若棘球蚴破裂，大量囊液外流，可导致过敏性休克，甚至死亡；②局部压迫和刺激症状，随寄生部位不同可出现肝区疼痛、阻塞性黄疸；咳嗽、胸痛、咯血、咳囊内容物；骨折；颅内压增高及一系列神经系统症状等；③全身中毒症状，可有食欲退、消瘦、贫血、发育障碍、恶病质等；④包块，包块表面可有棘球蚴震颤。

棘球蚴破裂，囊内原头节、子囊等进入体腔或其他组织可引起继发性棘球蚴病。棘球蚴病的病死率为 2.5%~4.1%。

4. 实验诊断

（1）病原学诊断：如手术摘除棘球蚴或从痰液、尿液、腹水或胸水中镜检发现棘球蚴砂，但严禁穿刺。

（2）免疫学诊断：常用棘球蚴液制成抗原，进行皮内试验、间接血凝试验和酶联免疫吸附试验等血清学试验，为棘球蚴病常用的辅助诊断方法。

5. 流行　棘球蚴病是一种人兽共患寄生虫病，我国是世界上包虫病发病率较高的国家之一，据几个重点流行省区的不完全统计，受包虫病威胁的人口约 5000 万，患病人数约为 50 万~60 万，人群中最易感染者为学龄前儿童（新疆 15 289 例病人中，15 岁以下者占 32.1%）。主要动物中间宿主绵羊的感染率在 3.3%~90% 之间，家犬的感染率在 7%~71% 之间。随着西部大开发战略的实施，对本病的防治将成为重要的任务。本病的流行与畜牧业有密切关系。牧民多养犬看护畜群，而犬又是本虫最适宜的终宿主。虫卵随犬、狼等终宿主粪便排出，污染牧草、水源，被羊、牛、马等中间宿主食入而感染，病死的家畜或其内脏又被用于喂犬，造成该病在犬与多种家畜之间的传播。人们在生活、放牧中与畜群、牧犬接触较多,虫卵极易污染手指,加之卫生、饮食习惯不良,则可误食虫卵而患棘球蚴病。

6. 防治原则

(1) 加强卫生宣传教育:养成良好的卫生习惯。饭前洗手,不喝生水生奶、不玩犬,防止食入包生绦虫卵。

(2) 严格牧犬管理:捕杀病犬,或定期为牧犬驱虫,以减少传染源。病畜的内脏和尸体要严格处理,深埋或焚烧,不准用病畜的内脏喂狗。卫生部在1992年颁布了全国包虫病防治规划,经过在流行区多年的实施,已取得明显效果,许多地方的家犬和绵羊的感染率都已迅速下降。

(3) 治疗病人:首选外科手术,治疗药物有阿苯达唑疗效最佳,亦可使用吡哇酮、丙硫咪唑或甲苯咪唑等。

第 3 节　医学原虫与医学节肢动物

一、医学原虫

(一) 溶组织内阿米巴

溶组织内阿米巴(*Entamoeba histolytica*)也称痢疾阿米巴。主要寄生于人体的结肠,可引起阿米巴痢疾;也可侵入其他器官组织,致各种肠外阿米巴病。

1. 形态　溶组织内阿米巴生活史中有滋养体和包囊两期。

(1) 滋养体:分为大滋养体及小滋养体(图2-23)。

① 大滋养体:又称组织型滋养体,有致病力。虫体较大,直径约 20～40 μm,多数为20~30 μm。外观多呈不规则形状,细胞质分外质和内质,内、外质界限清楚,外质透明,约占虫体的1/3,伸出舌状或指状伪足做定向运动;内质呈颗粒状,内含细胞核、食物泡及吞噬的红细胞。胞质内有无被吞噬的红细胞是与小滋养体及其他肠道阿米巴的重要鉴别特征。虫体经铁苏木素染色后,细胞核清晰可见,圆形,直径4~7 μm,蓝黑色,为典型的泡状核,核膜内

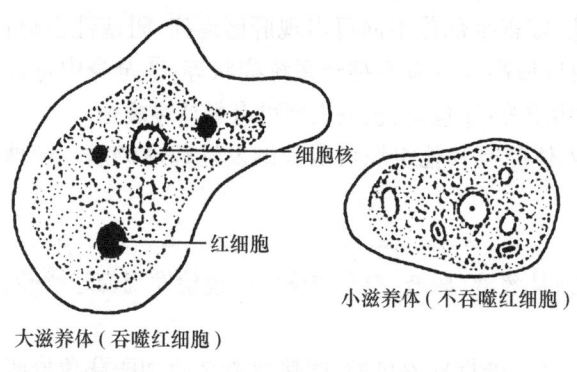
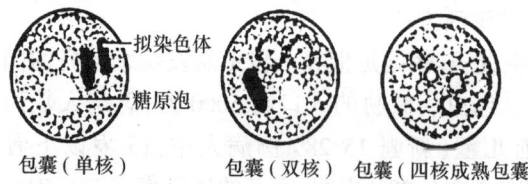

图 2-23　痢疾阿米巴滋养体与包囊征

缘有一层排列整齐、大小均匀的染色质粒,粒状的核仁居中或稍偏位,着色较深,核仁与核膜间可隐约见到网状核纤丝,因而核的形状略似车轮状。典型的核结构可借以鉴别虫种。

在光学显微镜下生理盐水涂片中,适宜温度下,虫体运动活泼。

② 小滋养体:又称共栖型滋养体,虫体较小,直径约 12~30 μm;运动不活泼;在生理盐水涂片中,内外质界限不清,食物泡中可见吞噬的细菌。经铁苏木素染色后,其核的结构与大滋养体相同。小滋养体在人结肠腔内以肠道细菌和肠内含物为营养,不吞噬红细胞。

(2) 包囊:圆球形,直径约 10~20 μm,在生理盐水涂片中呈无色透明的圆球形,内部结构隐约可见。经碘液染色后,呈淡黄色,囊壁较薄、光滑透明,核 1~4 个。单核和双核包囊是未成熟包囊,其内可见棕红色的糖原泡和无色透明的棒状拟染色体,四核包囊为成熟包囊,其内拟染色体及糖原泡均消失,四核包囊是痢疾阿米巴的感染阶段。包囊经铁苏木素染色后,核的结构与大滋养体相同,拟染色体染成蓝黑色,糖原被溶解留下空泡(图 2-23)。

2. 生活史 溶组织内阿米巴生活史的基本过程是:包囊—小滋养体—包囊,人食入被四核包囊污染的水或食物而感染。包囊能抵抗胃酸的作用,在小肠下段经肠内胰蛋白酶等碱性消化液的作用,囊壁变薄,出现微孔,虫体活动从囊内逸出,形成 4 个小滋养体,生活并定居在回盲部,以宿主肠黏膜、细菌及消化食物为食,并以二分裂法增殖。小滋养体随肠内容物下移,因肠内环境变化,如水分、营养物质减少,成形粪便增加,虫体活动逐渐停止,排出内含物,虫体变圆,进入囊前滋养体期,胞质内可见糖原泡和拟染色体;随后,胞质分泌囊壁,形成包囊。最初为单核包囊,经分裂形成双核和四核包囊。在粪便中有时可查到不同发育阶段的包囊。

当宿主肠功能紊乱或肠壁受损,机体抵抗力下降时,小滋养体可借其伪足运动及其分泌的酶和毒素的作用侵入肠壁组织,吞噬红细胞,虫体增大变为大滋养体,大滋养体可在肠壁组织中以二分裂法增殖,致使局部肠黏膜和组织坏死,形成溃疡;肠壁组织内的大滋养体可随坏死组织落入肠腔,随粪便排出体外,或者在肠腔中变为小滋养体,再形成包囊而排出体外。大滋养体有时也可从肠壁进入肠黏膜下的血管,随血行至肝脏、肺和脑等组织内进行增殖,引起相应脏器的病变。但组织内的大滋养体不形成包囊(图 2-24)。

3. 致病性 溶组织内阿米巴的致病作用与虫株的毒力、数量和寄生部位的微环境、肠道菌群以及宿主的免疫功能密切相关。

(1) 致病机制:①虫株毒力:研究表明,溶组织内阿米巴存在着两种在形态上难以区分而致病力显著不同的种群复合体,即致病型(侵袭型)和共栖型(非侵袭型);②细菌协同作用:某些肠内细菌,如溶血性链球菌、肺炎链球菌、伤寒沙门菌与溶组织内阿米巴混合感染动物,比单一溶组织内阿米巴感染率高、致病重;③宿主的功能状态:当人体生理功能改变,肠道或全身发生感染性疾病或宿主营养不良及免疫功能低下时,均易于在感染溶组织内阿米巴后发病。

(2) 临床表现:阿米巴病的临床表现复杂,病程较长且多反复不定。感染溶组织内阿米巴后可表现为:①带虫者,占感染者的 90%。大多由种群复合体中共栖型(非侵袭型)感染所致;②阿米巴病患者,一般由侵袭型溶组织内阿米巴感染引起,出现明显临床症状,多表现为肠阿米巴病,也可引起肠外阿米巴病;③肠阿米巴病,占患者的多数,侵入肠壁组织中的大滋养体借助伪足运动和胶原酶、透明质酸酶等的作用破坏肠壁组织,形成口小底大的烧瓶样溃疡,病变部位多见于回盲部和升结肠。患者的临床表现为腹痛、腹泻、里急后重等,粪便可呈褐色果冻状的脓血黏液便,有特别腥臭味;④肠外阿米巴病,侵入肠黏膜下的大滋养体可随血流扩散至肝、肺、脑等器官引起肠外阿米巴病。常见的为阿米巴肝脓肿,好发于肝右叶,患者有弛张热、肝肿大、肝区痛等表现。

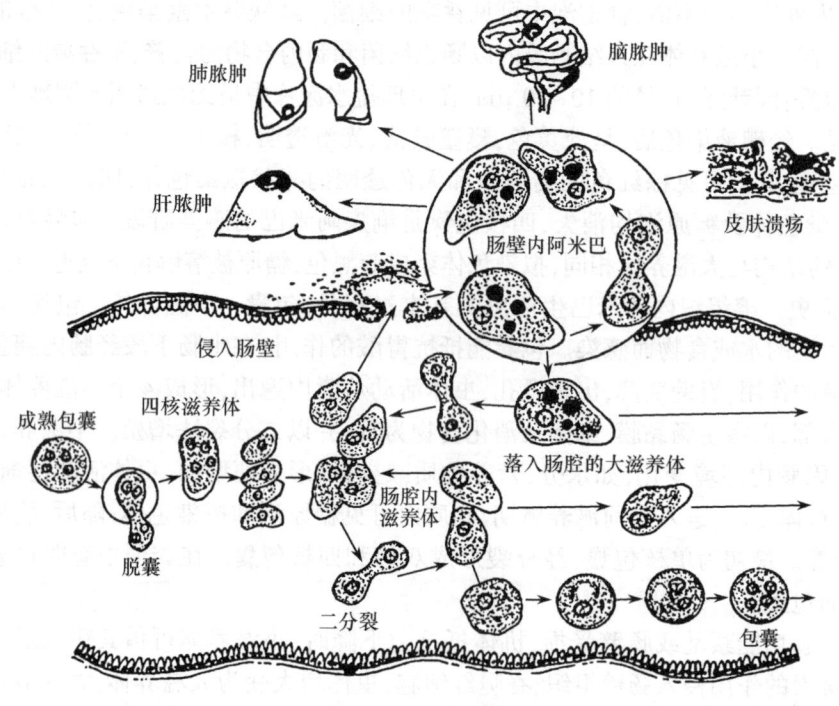

图 2-24 痢疾阿米巴生活史

4. 实验诊断

(1) 病原学检查:常用粪便检查或活组织检查,查找大滋养体、小滋养体和包囊,或从肝穿刺液、痰液、肠壁溃疡中检出大滋养体均可确诊。粪便检查包括:①生理盐水直接涂片法:从急性痢疾患者的脓血便中检查活动的滋养体。粪便标本应新鲜不可混入尿液,挑取脓血部分做涂片镜检;②碘液染色直接涂片法从慢性肠阿米巴病和阿米巴带虫者的成形粪便检查包囊;③包囊浓集法:包囊的排出有间歇性,多次检查可提高阳性率,送检 5 次的阳性率可达 90% 以上;④活组织检查和人工培养亦可用于病原诊断,可提高检出率。

(2) 免疫学诊断:常用方法有酶联免疫吸附试验、间接荧光抗体试验、间接血凝试验等。

5. 流行　阿米巴病呈世界性分布,热带和亚热带地区高发,平均感染率在 20% 以上。国内据 1988~1992 年调查,全国平均感染率为 0.949%,感染人数估计为 1069 万,主要在西北、西南和华北地区,其中云南、贵州、新疆、甘肃等地感染率超过 2%。

阿米巴病的传染源主要是粪便中持续排出包囊的带虫者和慢性阿米巴痢疾患者,每人每天排出包囊可超过 100 万,甚至达 3.5 亿个。包囊对各种理化因素抵抗力强,但对干燥的抵抗力较差。人群主要感染途径是经口传染。包囊可污染水源、食物、用具或手指,经口进入人体;水源污染可造成暴发流行。蝇等昆虫也能传播。易感性与年龄、性别无关,但感染者中以男性青壮年为多,多与生活习惯和职业等因素有关。由于缺乏有效的获得性免疫,患过阿米巴病的人还可再次感染。

6. 防治原则

(1) 查治患者和带虫者:控制传染源。尤其对饮食从业人员应定期进行体检,以控制传染源。首选药物为甲硝唑(灭滴灵)。根治肠阿米巴病,可配用喹碘方。中药鸦胆子、大蒜素、白头翁等也有显著疗效,且副作用小。

(2) 加强粪便管理和水源保护:对粪便进行无害化处理,杀灭其中的包囊,防止粪便污染水源。

(3) 加强卫生宣传教育:养成良好卫生习惯。注意个人卫生及饮食卫生,饭前便后洗手,不喝生水,生吃的蔬菜瓜果应先洗净。同时要消灭苍蝇和蟑螂等媒介昆虫。

(二) 杜氏利什曼原虫

杜氏利什曼原虫(*Leishmania donovani*)又称黑热病原虫。其生活史有前鞭毛体和无鞭毛体两个时期。无鞭毛体主要寄生于人及脊椎动物的巨噬细胞内,引起内脏利什曼病,又称黑热病。

1. 形态

(1) 无鞭毛体:也称利杜体,寄生于人、犬或其他哺乳动物的体内。虫体卵圆形,大小为 $(2.9\sim5.7)\mu m\times(1.8\sim4.0)\mu m$。瑞氏染液染色后,细胞质呈淡蓝色,核大而圆,呈红色或淡紫色,位于虫体一侧。动基体细杆状,染色较深。动基体之前有一点状的基体,与根丝体相连(图 2-25)。

(2) 前鞭毛体:也称鞭毛体,寄生于白蛉的消化道内。成熟的虫体呈梭形,大小为 $(14.3\sim20)\mu m\times(1.5\sim1.8)\mu m$。核多位于虫体中央,虫体前端有动基体、基体及游离于虫体外的 1 根鞭毛(图 2-25)。在培养基内前鞭毛体常相互缠绕排列成菊花状。

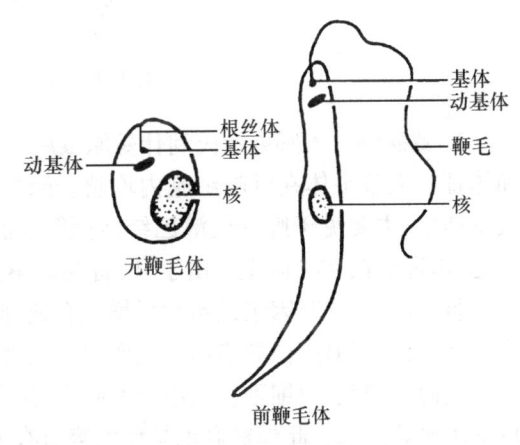

图 2-25 杜氏利什曼原虫

2. 生活史 杜氏利什曼原虫完成生活史需要人(犬、或其他哺乳动物)和白蛉两个宿主。

(1) 在人体内的发育:当感染有前鞭毛体的雌性白蛉叮人吸血时,前鞭毛体随白蛉的唾液注入人体。前鞭毛体侵入人体后,被巨噬细胞吞噬后转入胞内寄生,虫体逐渐变圆,失去前鞭毛而成为无鞭毛体。无鞭毛体在巨噬细胞内分裂繁殖,导致巨噬细胞破裂。游离的无鞭毛体又可侵入其他巨噬细胞,重复上述增殖过程。

(2) 在白蛉体内的发育:当雌性白蛉叮病人时,将血液中的无鞭毛体吸入白蛉胃内,逐渐发育为前鞭毛体(感染阶段),并以二分裂法进行增殖,经体内移行最后聚集在白蛉的喙内。此时白蛉叮咬健康人,前鞭毛体即随白蛉涎液注入人体(图 2-26)。

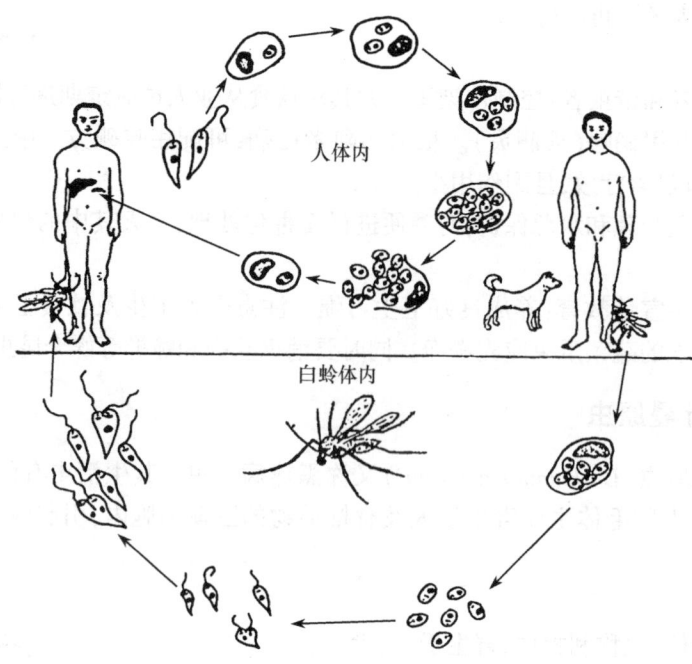

图 2-26　杜氏利什曼原虫生活史

3. 致病性　人感染杜氏利什曼原虫后,经 3~5 个月或更长的潜伏期,便出现全身症状和体征。无鞭毛体在巨噬细胞内增殖,导致巨噬细胞大量破坏和增生,与此同时浆细胞也大量增生,主要见于脾、肝、淋巴结、骨髓等器官,导致脾、肝、淋巴结肿大,尤以脾肿大最为常见,出现率在 95% 以上。由于肝、肾功能减退,肝脏合成的白蛋白明显减少,而由尿排出的白蛋白增加,同时因浆细胞大量增生合成球蛋白显著增加,导致血浆中白蛋白减少,球蛋白增高,而出现血中白球蛋白比例倒置。因脾肿大导致脾功能亢进,血细胞遭到大量破坏,使血液内红细胞、白细胞和血小板都减少,出现长期不规则发热、贫血、鼻出血、齿龈出血和皮下出血等症状。此外贫血也与免疫溶血有关。患者发病期间常出现免疫缺陷,患者的体液免疫和细胞免疫低下,加上白细胞减少,人体抵抗力降低,容易并发其他感染如肺炎等疾病而死亡。杜氏利什曼原虫感染不但伴随有特异性的细胞免疫反应抑制,还可能导致机体对除了利什曼原虫以外的其他抗原产生细胞免疫和体液免疫反应的能力降低,即免疫功能的非特异性抑制。患者经用特效药物治疗后,痊愈率较高,愈后可获得很稳定的免疫力,一般不会再次感染。

4. 实验诊断

（1）病原学检查:骨髓穿刺物涂片查出病原体即可确诊。最常用的骨穿部位是髂前上棘,特点是简便安全,原虫检出率高达 80%~90%。

（2）免疫学诊断:常用于检测血清抗体的方法有酶联免疫吸附试验、间接血凝试验、对流免疫电泳、间接荧光试验、直接凝集试验等,阳性率均较高。

5. 流行　黑热病是人畜共患寄生虫病,可在人与人、人与动物、动物与动物间传播。解放前中国、印度、地中海沿岸是世界上黑热病三大流行区。国内主要流行于长江以北 16 个省、市、自治区,其中山东、江苏、安徽、河南、陕西、甘肃曾为重流行区。解放后由于大力开展防治工作,于1958年全国基本消灭了黑热病。但近年来在四川、甘肃等省,黑热病又有散在发生,应引起重视。

6. 防治原则　虽然我国黑热病已基本消灭,但仍有散在发生,有死灰复燃的危险,因此需加强疫情监测,研究防治策略,以达到控制直至消灭黑热病的目的。

(1) 控制传染源,治疗病人。常用的药物有葡萄糖酸锑钠、芳香双脒剂(戊烷脒、二脒替)等。

(2) 捕杀病犬,减少传染源。

(3) 切断传播途径,消灭白蛉,同时注意个人防护,如睡眠时挂蚊帐以防白蛉叮咬。

(三) 阴道毛滴虫

阴道毛滴虫也称阴道滴虫,寄生于女性阴道、尿道及男性尿道、前列腺内,可致滴虫性阴道炎、尿道炎及前列腺炎,是以性传播为主的一种传染病。

1. 形态　滋养体呈梨形,大小为(7~32)μm×(5~15)μm,无色透明,似水滴样。经铁苏木素或吉氏染液染色后,可见一个椭圆形的细胞核,位于虫体的前1/3处,前端有5颗排列成环状的毛基体,从毛基体发出4根前鞭毛和1根向后鞭毛,后鞭毛向后伸展,连接波动膜外缘,但不游离于波动膜之外,波动膜短,位于虫体前半部的一侧,不超过虫体的一半。阴道毛滴虫借其前端鞭毛与波动膜的摆动做旋转运动,一根轴柱由前向后纵贯虫体中央并伸出体外(图2-27)。

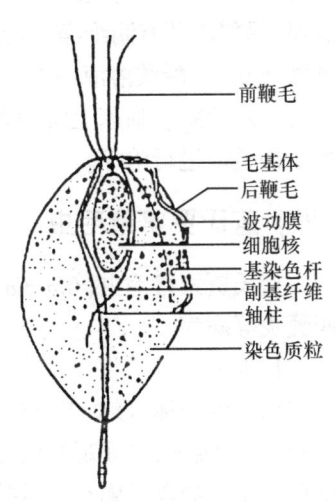

图 2-27　阴道毛滴虫滋养体

2. 生活史　本虫仅有滋养体期,无包囊期,滋养体主要寄生于阴道后穹隆处,以二分裂法繁殖。滋养体为感染阶段,在外界有一定的抵抗力,可通过直接或间接接触的方式进行传播。

3. 致病性　妇女阴道内常有本虫寄生,若无临床症状,称带虫者。滴虫的感染与阴道内环境密切相关,正常情况下,健康女性的阴道内存在有乳酸杆菌,能分解阴道上皮细胞内糖原产生乳酸,使阴道内保持一定酸性环境(pH: 3.8~4.4),可抑制其他细菌的生长繁殖,此称阴道的"自净"作用。滴虫寄生后,可阻碍乳酸杆菌的酵解作用,使阴道内pH值转变为中性或碱性,有利于细菌的繁殖,从而引起阴道炎。

滴虫性阴道炎的常见症状为外阴瘙痒、腰痛、阴道分泌物增多,分泌物多呈黄色泡沫状,伴有特殊气味,尤其妊娠期、产后或月经期症状加重。泌尿道如有感染时,可出现尿急、尿频、尿痛等症状。男性感染可致慢性前列腺炎。

4. 实验诊断

(1) 涂片法:阴道后穹隆及阴道壁部取分泌物,用生理盐水涂片镜检,可查到活的滋养体,冬季检查要注意保温。如有尿道感染,也可取尿液的离心沉淀物涂片查找滋养体。

(2) 染色涂片法:取阴道分泌物做涂片,经瑞氏或吉氏染液染色后镜检。

(3) 培养法：接种阴道分泌物于肝浸汤培养基内，37℃培养 48 h 后做涂片镜检。

(4) 免疫诊断：应用多株虫体糖蛋白抗原进行血凝试验，可获得较高的特异性。

5. 流行　世界性分布，在我国的流行也很广泛。各地的感染率不一，以 16～35 岁年龄组的女性感染率高。传染源为滴虫性阴道炎的病人、带虫者和男性感染者。阴道毛滴虫在外界环境有较强的抵抗力，如在半干燥的环境下可活 14～20 h，在潮湿毛巾、衣裤中可存活 23 h，在 46℃ 左右的浴池水中能活 20～60 min，在普通肥皂水中能活 45～150 min，在井水中可活 5 天。由此可见，在集体生活中如不注意预防，极易造成相互感染而流行。

直接传播方式主要是通过性生活；间接传播主要是通过使用坐式便器、公共浴池、游泳池、公用游泳衣裤等间接接触而传播。

6. 防治原则

(1) 搞好卫生宣传教育：注意个人卫生，尤其是月经期卫生，改善公卫设施，提倡淋浴，采用蹲式便器，不穿公用游泳衣裤及浴具等。

(2) 普查普治：及时治疗患者和带虫者，提倡夫妇双方同时治疗的原则。常用药物有灭滴灵，局部用药有滴维净、卡巴胂等，每晚塞入阴道后穹隆。并可配用 1∶5000 高锰酸钾、1% 乳酸或 0.5% 醋酸溶液冲洗阴道，以保持阴道内的清洁和酸性环境。中药治疗滴虫性阴道炎有一定疗效。临床上常用苦参、蛇床子、黄柏等煎剂冲洗阴道；亦有用蛇床子、苦参栓剂置于阴道内进行治疗。

（四）蓝氏贾第鞭毛虫

蓝氏贾第鞭毛虫（*Giardia lamblia*）简称贾第虫，寄生于人体小肠、胆囊内，可引起腹泻、胆囊炎等病症。

1. 形态

(1) 滋养体：形似半个纵切的梨，大小为 (9～21) μm×(5～15) μm。虫体两侧对称，前端钝圆，后端尖细，侧面观背面隆起，腹面扁平。腹面其前半部向内凹陷形成吸盘。铁苏木素染色后见到吸盘背侧有一对并列的卵圆形细胞核，核仁大而明显。有轴柱 1 对，平行纵贯全虫，其中部可见到两个半月形的中体，其前端有基体复合器，由此发出 4 对鞭毛，按所在部位分为前侧鞭毛、后侧鞭毛、腹鞭毛和尾鞭毛。活的虫体由于鞭毛摆动可做翻滚活动。

(2) 包囊：椭圆形，大小为 (8～12) μm×(7～10) μm，碘液染色后呈黄绿色。囊壁厚，囊壁与虫体之间有明显空隙。内有 2～4 个核，多偏于一端，还可见到轴柱、鞭毛等。4 核包囊为成熟包囊，是贾第虫的感染阶段（图 2-28）。

2. 生活史　人因误食 4 核包囊而感染，包囊在十二指肠脱囊形

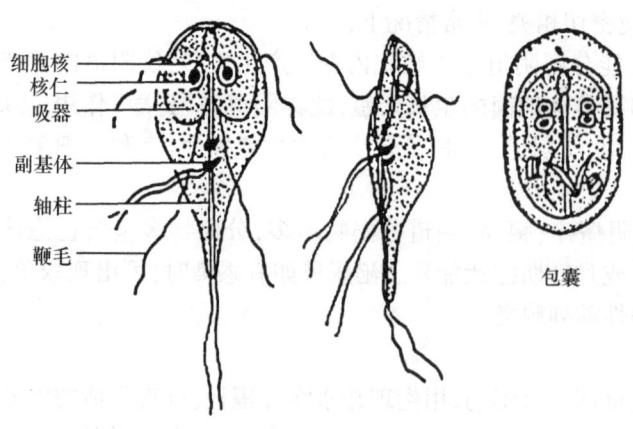

图 2-28　蓝氏贾第毛虫滋养体与包囊

成两个滋养体,虫体以吸盘吸附于肠黏膜上吸取营养并以二分裂法繁殖。滋养体如落入肠腔,可随食物移向结肠,形成包囊,随粪便排出体外。

3. 致病性 由于大量滋养体吸附于肠黏膜上,影响肠的吸收功能,使大部分可溶性脂肪不能被吸收,引起腹泻,粪便稀、无脓血,内含较多脂肪颗粒。典型病人有暴发性水泻,粪便恶臭味,伴腹胀、腹痛、呕吐、发热等症状。儿童久病不愈可致营养不良,甚至引起贫血。

4. 实验诊断 从粪便中查到包囊或滋养体是确诊的依据。

(1) 查滋养体或包囊:腹泻病人查滋养体用生理盐水涂片法。成形粪便用碘液涂片法查包囊。

(2) 免疫学诊断:酶联免疫吸附试验,方法简单易行。

5. 流行 贾第虫病呈世界性分布,据 WHO 估计全世界感染率在 1%~20%。在我国,1988~1991 年感染率在 2%~10%,农村高于城市,儿童感染率较高,并有家庭聚集性。近年来,贾第虫合并 HIV 感染,以及在同性恋者中流行的报告不断增多。一些家畜和野生动物也常为本虫宿主,所以本病也是一种人兽共患病。传染源为患者或带虫者粪便内的包囊,包囊在外界有一定抵抗力,在潮湿粪便中可活 3 周,在水中可活 5 周,在蝇的消化道内能活 24 h,但在 50℃或干燥环境中很快死亡。包囊通过粪便污染食物或饮用水而引起感染。病人每天排出包囊可多达 9 亿个。

6. 防治原则

(1) 开展卫生宣传教育:注意个人卫生和饮食卫生,不饮生水,不吃不洁净的瓜果。

(2) 病人和带虫者:常用药物主要有甲硝唑、痢特灵、甲硝磺酰咪唑和硝基吗啉咪唑等。

(五) 疟原虫

疟原虫(*Malaria parasite*)是疟疾的病原体,寄生于人体的红细胞和肝细胞内,疟疾是我国五大寄生虫病的病原之一,俗称"打摆子"、"瘴气"等。

寄生于人体的疟原虫有间日疟原虫、恶性疟原虫、三日疟原虫和卵形疟原虫等,我国大陆以间日疟原虫为主。

1. 形态 4 种疟原虫在人体红细胞内期有各种不同的形态,分为早期滋养体(环状体)、晚期滋养体(大滋养体)、裂殖体及配子体。经瑞氏染色或姬氏染色后疟原虫的细胞质呈蓝色,细胞核呈红色,疟色素呈棕褐色。现将间日疟原虫和恶性疟原虫在红细胞内的各期形态介绍如下(表 2-3)。

表 2-3 人体间日疟原虫与恶性疟原虫形态鉴别

	间日疟原虫	恶性疟原虫
早期滋养体(环状体)	环较大,约为被寄生红细胞直径的 1/3;核一个,红色;一个红细胞内一般仅有一个疟原虫	环细小,约为被寄生红细胞直径的 1/6~1/5;核一个或两个;在一个红细胞内常有数个疟原虫寄生
晚期滋养体(大滋养体)	虫体渐增大,形状不规则,胞质中有空泡,伸出伪足	外周血中一般不易见到。体小不活动,核 1~2 个,疟色素集中成团,黑褐色

续表

	间日疟原虫	恶性疟原虫
成熟裂殖体	含裂殖子12~24个,平均16个,疟色素聚集成堆,偏于一侧或在中部	外周血中一般不易见到。裂殖子8~36个,通常18~24个,排列不规则;疟色素集中一团
雌配子体	圆形,胞质深蓝,核深红,较致密,常偏于一边;疟色素散在于胞质中	新月形,两端稍尖,胞质深蓝,核致密,深红色,位于中央;疟色素褐色,位于核周围
雄配子体	圆形,胞质色蓝,核淡红色较疏松,位于中央;疟色素分散于胞质中	腊肠形,两端钝圆,胞质淡蓝色,核疏松,淡红色,位于中央;疟色素黄褐色,在核周围
被寄生红细胞的变化	胀大,色淡,有鲜红色的薛氏小点;环状体寄生的红细胞则无	正常或缩小,常见疏松粗大紫褐色的茂氏小点

2. 生活史　4种疟原虫的生活史基本相同,现以间日疟原虫为例加以说明。

(1) 在人体内的发育:疟原虫在人体的肝细胞和红细胞内发育,在肝细胞内裂体增殖称为红细胞外期。在红细胞内的发育包括红细胞内裂体增殖,即红细胞内期和配子形成即有性生殖的开始。

1) 红细胞外期(红外期):即疟原虫在肝细胞内的裂体增殖。当体内含有感染性子孢子的雌性按蚊叮咬人吸血时,子孢子随蚊子的唾液进入人体,约30 min后,部分子孢子经血流侵入肝细胞,在肝细胞内进行裂体增殖,形成红外期裂殖体,每个成熟的裂殖体含许多裂殖子。随着肝细胞破裂裂殖子释放出来,部分裂殖子入血流侵入红细胞,其余则被吞噬细胞吞噬。完成红外期发育的时间,间日疟原虫为7~9天、恶性疟原虫为6~7天,三日疟原虫为11~12天,卵形疟原虫为9天。近年来认为间日疟原虫的子孢子具有遗传学上不同的两种类型,即速发型子孢子与迟发型子孢子。在肝细胞内速发型子孢子先完成红外期裂体增殖;迟发型子孢子因种株不同,经过一段或长或短的休眠期后,才完成红外期的裂体增殖。处于休眠期的疟原虫称之为休眠子,肝细胞内的休眠子与日后疟疾的复发有关。

2) 红细胞内期(红内期):即疟原虫在红细胞内的裂体增殖。肝细胞释放出的裂殖子侵入红细胞,经环状体、大滋养体、未成熟裂殖体发育为成熟裂殖体,裂殖体成熟后胀破红细胞,释放出裂殖子,一部分裂殖子被吞噬细胞消灭,其余再次侵入正常红细胞进行裂体增殖。间日疟原虫完成一代裂体增殖需48 h,恶性疟原虫需36~48 h,三日疟原虫需72 h,卵形疟原虫需48 h。间日疟原虫和卵形疟原虫通常寄生于网织红细胞,三日疟原虫多寄生于较衰老的红细胞,而恶性疟原虫则可寄生于各期红细胞。

3) 配子体形成期:疟原虫经过几次裂体增殖后,部分裂殖子进入红细胞直接发育为雌、雄配子体。当按蚊叮人吸血时雌、雄配子体进入按蚊体内继续发育,如未被按蚊吸入,在血中的配子体经一段时间后变性,被巨噬细胞吞噬消灭。

(2) 在按蚊体内的发育:当按蚊叮咬疟疾患者后,疟原虫被吸入蚊胃,环状体、大滋养体、裂殖体被消化,只要雌、雄配子体继续发育为雌、雄配子。雌、雄配子受精形成圆球形的合子,从而完成配子生殖。合子伸长能活动成为动合子,动合子穿过蚊胃上皮细胞间隙,在胃壁的弹性纤维膜下形成圆形的囊合子(卵囊)。卵囊内的核不断分裂,形成数千乃至上万个子孢子,称孢子增殖。当卵囊成熟后子孢子可逸出,或卵囊破裂子孢子释放出来,经血流进入蚊唾液腺。子孢子是疟原虫的感染阶段,当含有子孢子的按蚊再次叮人吸血时,子孢子即随蚊分泌的唾液进入人体,重新开始在人体内的发育(图2-29)。

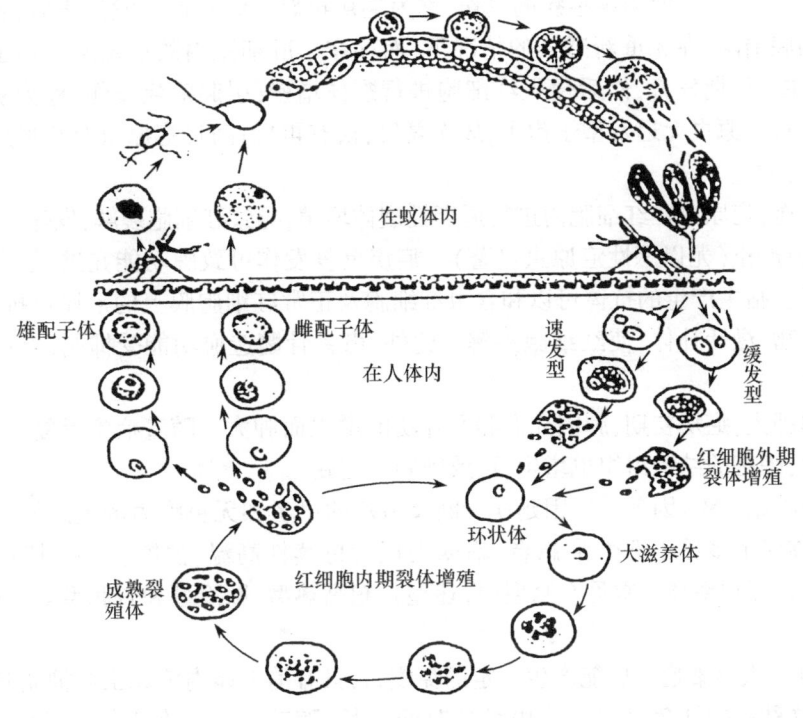

图 2-29　疟原虫生活史

3. 致病性　红细胞内期是疟原虫致病阶段,其致病随虫株、侵入的数量和宿主的免疫状况而异。

(1) 潜伏期:子孢子进入人体至疟疾发作前的间期称为潜伏期,包括疟原虫红外期发育和一定时期的红内期裂体增殖而使疟原虫达到一定数量引起疟疾发作的时间。潜伏期的长短与进入人体的子孢子数量、疟原虫的种株及机体的抵抗力密切相关。恶性疟的潜伏期为7~27天,三日疟为28~37天,间日疟原虫短潜伏期为11~25天,长潜伏期虫株为6~12个月,个别可达2年之久。

(2) 疟疾的发作:当裂殖体成熟并胀破红细胞后,血中虫体密度如达到发热阈值时,由于疟原虫的代谢产物、红细胞碎片及残余血红蛋白进入血液,其中部分被多形核白细胞及单核细胞吞噬,产出内源性热原质,与一部分疟原虫、代谢产物共同作用于下丘脑的体温调节中枢引起发热。

典型的疟疾发作为周期性寒战、发热和出汗退热3个连续阶段。这一周期性发作与疟原虫红内期裂体增殖密切相关。间日疟原虫裂体增殖周期为48 h,故隔日发作一次;三日疟原虫为72 h;恶性疟原虫发育周期为36~48 h,但临床表现常为每日发作。如有混合感染、多批疟原虫感染或疟疾初发原虫增殖不同步时,则疟疾发作可不规则。在间日疟的初发期,由于不同批次的疟原虫先后侵入红细胞发育成熟,出现每日发作。经过几次发作后,机体免疫力增强,淘汰数量少的虫批,而数量占优势的一批虫的裂体增殖,就形成了典型的有规律的周期性发作。

(3) 再燃与复发:疟疾初发后,由于残存的红细胞内期疟原虫在一定条件下大量增殖,在无再感染情况下,再次出现疟疾的发作,称为疟疾再燃。间日疟初发停止后,若血液中疟原虫已被彻底清除,在无重新感染的情况下,而存在于肝细胞内的迟发型子孢子结束休眠状态,开始在红外期发育,然后侵入红细胞进行裂体增殖,引起疟疾发作,称为复发。恶性疟原虫及三日疟原虫无迟发型子孢子,故无复发,仅有再燃;间日疟原虫及卵形疟原虫则既有复发又有再燃。

(4) 贫血:疟原虫在红细胞内进行周期性裂体增殖,导致红细胞裂解,发作次数多,病程长,则贫血愈严重(尤以恶性疟原虫显著)。疟疾反复发作可致脾功能亢进,使大量红细胞被吞噬破坏。宿主产生的抗体可以和含虫红细胞及正常红细胞膜上的疟原虫抗原结合,形成免疫复合物,激活补体,使红细胞溶解。此外,患者骨髓造血功能受抑制,上述原因与疟疾贫血有关。

(5) 脾肿大:疟疾初期,脾因充血和吞噬功能增强而肿大。随着疟疾反复发作,巨噬细胞大量增生,脾脏的结缔组织也增生,可致脾肿大变硬。

(6) 凶险型疟疾:因各种原因延误诊断及治疗的患者和无免疫力的重感染者易引起凶险型疟疾,临床上多见于恶性疟患者,临床表现为持续性高温、抽搐、昏迷,特点是病情凶险、发病急骤、死亡率高。常见有脑型(昏迷型)、超高热型、厥冷型和胃肠型等,其中以脑型疟最常见。

4. 免疫　人感染疟疾后能产生一定的免疫力,具有消灭体内疟原虫或抑制其分裂繁殖的作用,但这种保护性免疫力在体内维持时间不长,随着疟原虫在人体内的消失而消失。这种需要体内存在虫体才具有免疫力的现象,称为带虫免疫。它可使原虫血症维持在较低水平,疟疾发作自动停止,在疟疾感染过程中,体液免疫和细胞免疫相辅相成,机体使血液中游离的裂殖子凝集,不能侵入红细胞,并有促进巨噬细胞吞噬的作用。

5. 实验诊断

(1) 病原学检查:从受检者外周血查见疟原虫为确诊的依据。从患者的耳垂或手指采血涂成薄血膜和厚血膜,用吉氏染液染色后镜检。

(2) 免疫学诊断:多用于疟疾流行病学调查、检测及输血对象筛选。近年来一些分子生物学新技术已试用于疟疾的诊断,如核酸探针、聚合酶链反应等。

6. 流行情况　疟疾在全世界分布广泛,是一种严重危害人体健康的寄生虫病。尤以热带及亚热带地区严重。1994年TDR资料统计,全球疟疾的年发病例效为3亿~5亿,150万~270万人死于疟疾。我国长江流域及平原地区以间日疟为主,恶性疟主要分布于长江以南的山区;三日疟在长江以南呈点状分布;寒冷的西南高原、西北及北部的干燥沙漠地区,东北山区和西北黄土高原可能是无疟区。

疟疾的流行还受自然因素和社会因素的影响与制约。在自然因素中,适宜的温度、雨量、地形等有利于按蚊子的繁殖与吸血活动。最适合疟原虫在蚊体内发育的温度是24~26℃,低于15℃或高于30℃则不利于疟原虫的发育,因此,疟疾多在夏秋季流行。此外,雨量多、积水面积大的地区有利于蚊的孳生繁殖。旧社会疟疾广泛流行,危害极大,解放后政府将疟疾列为重点防治寄生虫病之一,使疟疾发病率大幅度下降,在不少地区疟疾已得到控制。

7. 防治原则 疟疾防治工作必须采取治疗病人、预防服药及灭蚊三者结合的综合措施。

(1) 治疗病人和抗复发治疗:治疗病人及带虫者,对控制疟疾流行极为重要,杀灭红内期裂殖体的药物有氯喹、奎宁、咯萘啶等;杀灭红外期及配子体的药物有伯氨喹啉。乙胺嘧啶可杀灭红外期疟原虫和控制红内期未成熟裂殖体,可用于疟疾的防治;抗复发治疗常用伯氨喹啉与乙胺嘧啶合用。

(2) 中药的抗疟应用:从中药青蒿中提取的青蒿素新近被证明是与抗疟药完全不同的新型化合物,它作用于疟原虫滋养体的膜结构,从而导致虫体裂解,在速效低毒方面优于现有其他抗疟药。青蒿素易通过血-脑屏障,在抢救脑型疟方面达到国际先进水平,尤其对耐氯喹的恶性疟有显著疗效。此外,常山、小柴胡汤等治疗疟疾均有疗效。针刺大锥、陶道、内关、配以曲池、足三里,则能控制和减轻疟疾症状。

(3) 防蚊灭蚊:这是防治疟疾的关键,必须采取人工改变蚊虫孳生地的环境和药物灭蚊等综合措施。

(六) 弓形虫

弓形虫(*Toxoplasma gondii*)又称弓形体或弓浆虫,广泛寄生于人和多种动物有核细胞内,引起弓形虫病。

1. 形态 在弓形虫的发育过程中有 5 种形态,即滋养体、包囊、裂殖体、配子体及囊合子(卵囊)。在终宿主(猫和猫科动物)体内 5 种形态均可存在;在中间宿主(人和各种哺乳动物以及鸟类、鱼类、爬行类)体内仅有滋养体和包囊(图 2-30)。

(1) 滋养体(速殖子):蕉形或新月形,长 4~7 μm,宽 2~4 μm,吉氏染色后,细胞质呈蓝色,细胞核呈红色位于虫体中央。急性期时,滋养体在细胞内增殖,形成假包囊,内含大量速殖子。

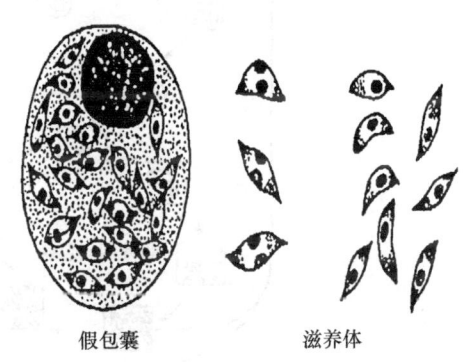

图 2-30 弓形虫

(2) 包囊:圆形或卵圆形,直径多在 30~60 μm,外有一层弹性囊壁,内含数个至数百个虫体,因虫体增殖缓慢,又称缓殖子,形态与滋养体相似,多见于有一定免疫力患者的细胞内。

(3) 囊合子(卵囊):卵圆形,大小 10 μm×12 μm,成熟囊合子内含 2 个孢子囊,每个孢子囊内有 4 个新月形的子孢子,常见于猫粪内。

2. 生活史 弓形虫生活史复杂,完成生活史需一种以上的脊椎动物宿主。

(1) 在猫科动物体内的发育:终宿主为猫科动物。猫食入成熟卵囊或动物肉中包囊及假包囊后,子孢子或滋养体侵入猫小肠绒毛上皮细胞内发育为裂殖体,进行裂体增殖,重复数次裂体增殖后,部分裂殖子发育为雌、雄配子体,雌、雄配子体发育为雌、雄配子,两者结合后成为合子,再发育为卵囊。上皮细胞破裂后,卵囊随粪便排除体外,在适宜的温度和湿度的环境中,经2~4天的发育成具有感染性的卵囊。成熟卵囊在适宜环境中可存活1年以上。

（2）在人及其他动物体内发育：成熟卵囊被中间宿主人及其他动物食入,子孢子在肠内逸出后侵入肠壁血管或淋巴管再扩散到全身,并在脑、心、肝、肺、肌肉及淋巴结内进行无性繁殖,在宿主细胞内含有十余个或更多速殖子,因以宿主细胞膜包裹而称为假包囊。随着宿主细胞破裂,速殖子释放出来进入血液及淋巴再侵入其他组织细胞。由于宿主保护性免疫力形成,原虫繁殖减慢,在其外形成囊壁,成为包囊,囊内含有缓殖子(图2-31)。包囊在脑及骨骼肌中可存活数年甚至终生,是慢性病变的主要形式。

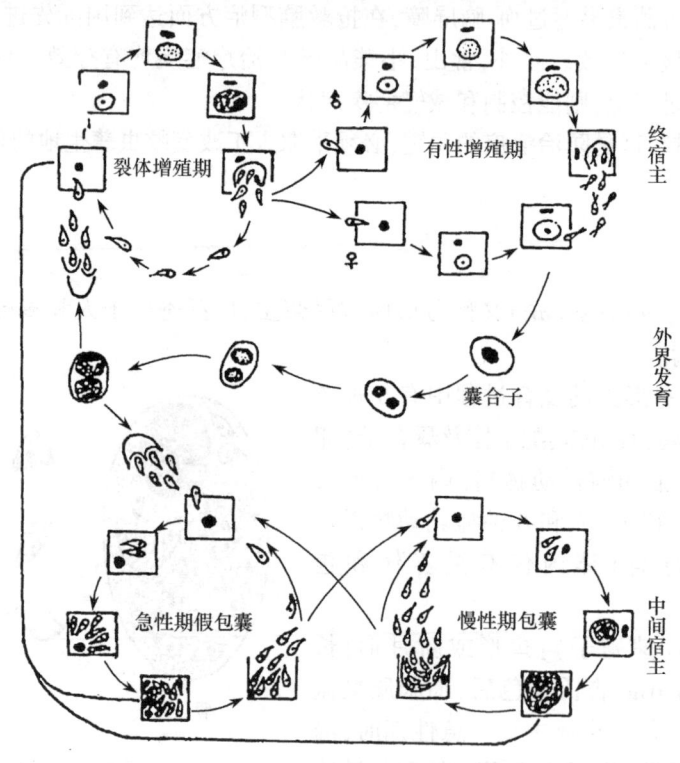

图2-31　弓形虫生活史

3. 致病性　弓形虫的毒力和宿主免疫状态是影响致病与否及其严重程度的重要因素,速殖子是主要致病阶段。弓形虫感染有先天性和后天获得性两种。先天性弓形虫病是妊娠妇女感染弓形虫后经胎盘传给胎儿,多表现为隐性感染,也可造成流产和死胎,或有脑积水、小脑畸形及脉络膜视网膜炎、智力发育障碍等,孕早期感染者畸胎发生率高,是致畸综合征(TORCH综合征,即弓形虫、风疹病毒、巨细胞病毒和单纯疱疹病毒所致胎儿畸形)的病因之一。

获得性弓形虫病多为隐性感染,仅表现为血清特异性抗体增高。少数出现淋巴结炎,伴发热和虚弱乏力,以颈部淋巴结多见,一般无需治疗可自愈。当感染者患有恶性肿瘤、接受器官移植使用免疫抑制剂或致免疫力降低的其他疾病如 AIDS 时,可使包囊内的原虫扩散,出现急性感染,病变好发部位为中枢神经系统、眼、淋巴结、心、肺、肝和肌肉等,临床表现多种多样,常有淋巴结肿大、脑膜脑炎、视网膜脉络膜炎、皮疹、心肌炎、胸膜炎、肺炎及肝炎等症状。

4. 实验诊断

（1）病原检查:可采集羊水、血液、其他体液或活检组织进行动物接种或细胞培养分离病原,若能检获虫体则是弓形虫感染的最直接的证据。直接涂片检出率低。

（2）血清学检查:常用的有弓形虫染色试验、间接荧光抗体试验、间接血凝试验(IHA)、酶联免疫吸附试验(ELISA)等。近年来 PCR 技术检测已试用于该病的诊断,具有敏感性高,特异性强的优点。

5. 流行　弓形虫呈世界性分布,有些地区感染相当普遍,人群血清阳性率可高达 80%;据调查国内人群感染率一般多在 10% 以下,平均约 6%。弓形虫病为人兽共患病,动物感染率甚高。

6. 防治原则　预防弓形虫病的防治措施是开展卫生宣传,普及弓形虫病知识,不养猫、犬等宠物;防止猫粪污染手指、食物及水源,不吃未熟的肉类及乳品。乙胺嘧啶与磺胺类药物联合应用仍为目前治疗弓形虫病的首选方法,常用磺胺嘧啶和复方新诺明;也可选用螺旋霉素、氯林可态素等。

二、医学节肢动物

节肢动物属动物界节肢动物门,与人类健康有关的主要有昆虫纲、蛛形纲、甲壳纲、唇足纲,倍足纲等。凡是直接、间接危害人畜健康的节肢动物称医学节肢动物(medical arthropod)。医学节肢动物学主要研究医学节肢动物的形态、分类、生活史、生态、危害及其防制的科学。由于昆虫纲在节肢动物中占绝大多数,故又称医学昆虫学。凡能传播疾病的节肢动物称为传播媒介、病媒节肢动物或病媒昆虫。

(一) 节肢动物的主要特征及分类

医学节肢动物的主要形态特征是:躯体分节,左右对称;体壁由含有几丁质的外骨骼组成;有成对的分节附肢,如足、触角等。其中危害人体健康的节肢动物主要有 5 个纲:

1. 昆虫纲　虫体分头、胸、腹 3 部分。头部有触角 1 对,胸部有足 3 对,多数种类有翅 1~2 对。与人类疾病有关的种类主要有蚊、蝇、白蛉、蚤、虱等。

2. 蛛形纲　虫体分头胸部及腹部两部分,或头、胸、腹愈合成为颚体和躯体。无翅,无触角。能传播或引起疾病的主要是蜱、螨类,能毒害人体的有蜘蛛、蝎子等。

3. 唇足纲　虫体窄长,由头及若干相似的体节组成,蜇人时排出毒素伤害人体,如蜈蚣。

4. 甲壳纲　虫体分胸部和腹部,有些是蠕虫的中间宿主,如石蟹、蝲蛄、剑水蚤等。

5. 倍足纲　虫体长形、分节、由头及若干形状相似的体节组成。所分泌的物质可致皮肤过敏,如马陆。

研究医学节肢动物的目的在于了解和掌握其形态特征、生态习性及其与人类疾病的关系，并利用其生活史过程中的薄弱环节，有效地控制医学节肢动物及由其而引起的人类疾病。

（二）节肢动物的发育与变态

节肢动物由卵发育至成虫的过程中，其形态结构、生理特征、生活习性等一系列变化的总和称为变态。变态基本上分为2种类型。

1. 全变态　又称完全变态。其生活史过程分为卵、幼虫、蛹、成虫4个发育期，各期的形态、生理及生活习性完全不同，如蚊、蝇等。

2. 半变态　又称不完全变态。其生活史过程分为卵、幼虫、若虫、成虫4个发育期，幼虫、若虫与成虫的形态和生活习性基本相似，如虱等。

（三）医学节肢动物的危害

医学节肢动物对人类的危害可分为直接危害和间接危害。

1. 直接危害

（1）骚扰和吸血：某些节肢动物嗜吸人血，频繁叮刺或飞动骚扰影响人们工作和休息，如蚊、蚤、虱、臭虫等。

（2）寄生：某些节肢动物的幼虫或成虫寄生于人体引起疾病，如人疥螨寄生引起疥疮；部分蝇类幼虫寄生人体可引起蝇蛆病。

（3）毒害：某些节肢动物有毒腺和毒毛，在叮咬或刺螫时释放有毒物质，致人体局部组织损伤，如蝎、蜈蚣刺螫均可致局部红肿疼痛，甚至引起全身症状。

（4）致敏：还有些节肢动物，其虫体及排泄物、分泌物、代谢物可为强烈过敏原，引起严重过敏反应，如尘螨可引起过敏性哮喘等。

2. 间接危害　凡能传播病原体的节肢动物称为病媒节肢动物，由其传播的疾病称为虫媒病。虫媒病的病原体包括病毒、细菌、立克次体、螺旋体、原虫、蠕虫等。节肢动物传播疾病方式可概括为2种类型：①机械性传播：病原体附着在节肢动物体内和体表，不经过发育或繁殖即传染人体。节肢动物对病原体仅起携带和传递作用，如蝇类传播痢疾志贺菌引起细菌性痢疾等；②生物性传播：病原体必须在病媒节肢动物体内，经过发育繁殖而成为感染阶段，方能随节肢动物吸血、摄食、排泄等活动而传播。在生物性传播中，节肢动物是病原体发育繁殖不可缺少的宿主，两者相互适应，有较严格的选择性，如班氏丝虫的主要传播媒介多为库蚊，而马来丝虫则多以按蚊为主要媒介；节肢动物不仅为病原体提供营养和发育繁殖场所，而且起到长期储存病原体的作用，从而增强了病原体的感染强度，扩大了播散范围，在流行病学上具有十分重要的意义。

（四）防治措施

医学节肢动物的防治措施是预防和控制虫媒病感染及流行的一项重要措施。综合性防治是从病媒节肢动物与生态环境和社会条件的整体出发，坚持安全有效、经济和简便的原则，因时因地制宜，对防治的对象采用合理的手段和有效方法（如环境、化学、生物、物理、遗传等防制)组成一套系统的防治措施,把防治对象的种群数量控制到不足以传播疾病的水平。

(五) 常见的医学节肢动物及与疾病的关系(表2-4)

表2-4 医学节肢动物及与疾病的关系

传播媒介	虫媒病
蚊	疟疾、丝虫病、流行性乙型脑炎
蝇	结膜吸吮线虫、消化道、呼吸道、眼部和皮肤传染病
蟑螂	东方毛圆线虫病、美丽筒线虫病、微小膜壳绦虫病、消化道病
蚤	鼠疫、鼠型斑疹伤寒
虱	虱型回归热、流行性斑疹伤寒
蜱	森林脑炎、新疆出血热、
革螨	流行性出血热、森林脑炎
恙螨	恙虫病

链接 社会经济综合征——在人类演化的漫长岁月中,曾经有过一段很长的时期,许许多多的寄生虫病在人兽之间不分彼此地互相传播着。后来,通过劳动,人类创造和积累了财富,生活方式改变了,出现并逐渐扩大了人兽间互传的阻限,特别是发明了火,熟食取代了生吃。人类生活环境和习惯的改变,导致病原在人兽间传递链的断裂。在这人兽互传至逐渐脱钩的过程中,不可避免地出现或遗留下许多以人类为唯一宿主的寄生虫。因此,今天我们见到的人体寄生虫病,有许多是人类独有的,有一些还是人兽共患的或互通的。在经济发达的国家或地区,先进的文化和卫生条件已经成为寄生虫传播的难以逾越的生态障碍。在这种情况下,寄生虫病病原的人传人或兽传人的机会是极小的,其结果则是寄生虫种群在人群中逐渐消失,寄生虫病终止了人群中的流行。可以说,寄生虫病的流行标志着该地区社会经济的落后。从这一意义说,寄生虫病是一种社会经济综合征。

第3章 心理、社会因素与疾病

第1节 概述

人类疾病是有机体在与自然环境和社会环境相互作用中不能应付刺激或不能适应生活环境的结果。随着科学技术的发展和社会进步速度的加快,社会变革加剧,社会的各种竞争激化,不可避免地加重了人们的心理负荷,带来了大量的社会适应问题,导致了人们的社会心理障碍。焦虑、恐惧、抑郁、妄想、幻觉以及睡眠、记忆、智能、行为障碍等干扰了人们正常的学习、生活和工作,甚至引起心身疾病、精神疾病、自杀、意外伤害等社会问题。换句话说,心理社会因素影响着人的健康。"病从口入"是众人皆知的道理,但"病从心生"却未引起所有人的重视。大量研究和临床实践证明,随着社会的发展和变迁心理社会因素与病原体、遗传、免疫等生物因素一样,在疾病的发生、发展、治疗和预防中起着重要作用。

一、医学模式的转变

20世纪70年代,医学界掀起了有关生物医学模式转变的大讨论。一种新的生物—心理—社会医学模式(biopsychsocial model)被提出。

关于医学模式的转变问题,当时的讨论主要涉及以下几方面:

1. 随着生物因素疾病如传染病的被控制,人类死亡谱的结构发生了根本性变化,心脏病、恶性肿瘤、脑血管病、意外死亡等成为人类死亡的主要原因。

2. 这些致死性疾病与吸烟、酗酒、滥用药物、过量饮食与肥胖、运动不足和对社会压力的不良反应等生活方式或行为方式有关。心理社会因素则是上述各种行为问题直接或间接的原因。

3. 现代社会的发展,使生活节奏更快,职业更易老化,社会竞争加剧,这些都对人类的内部适应能力提出了挑战,包括如何保持心理的健全和社会环境、自然环境情绪的平衡等问题。

4. 通过几十年的生物行为学研究,人们已对心理社会因素对健康和疾病的影响有了较深入的了解;许多实验和临床证据也证明,心理活动的操作和调节对维持健康具有不可忽视的作用。

5. 随着人类物质文明的发展,人们对心身舒适的要求不断提高,迫切需要医生在解决其身体疾病造成的直接痛苦的同时,也帮助他们减轻精神上的痛苦。

上述种种,反映出原来的生物医学模式已不足以阐明人类健康和疾病的全部本质;疾病的治疗也不能单凭药物或手术;人们对于健康的要求已不再停留在身体上的无病,而是更追求心身的舒适和协调。因此,心理社会因素在人的健康和疾病的问题上有着综合性的作用。

二、心理社会因素与疾病的关系

(一) 心理社会因素是致病的重要因素

人是向着社会和自然开放的机体系统,来自外界环境的有害刺激可以通过心、身两个方面影响机体,引起机体生理功能障碍或造成器质性损害。无数事实证明,生活中的不幸事件、精神上的沉重负担、内心的矛盾冲突等心理社会因素,都可引起疾病,甚至可以诱使恶性疾病的发生。

(二) 人的心理状态与健康、疾病密切相关

现代医学心理学研究表明,一个人的认识过程、情感活动以及个性心理特征等,均与其健康水平、抗病能力、对某些疾病的易患倾向以及患病后的临床表现、病情发展与转归有着密切关系。

(三) 患病后的心理变化为临床诊断提供了信息

一个人患病之后,不仅蒙受生理功能障碍所引起的肉体痛苦,其心理活动也会发生相应的变化,出现许多平时不曾有过的心理问题,从而使病情更加复杂化。临床医生必须分析这些信息,明确其性质和意义,充分考虑其作用,从而得出全面、准确的临床诊断。

(四) 心理治疗、心理护理是提高医疗质量的重要措施

随着当今社会的发展,与心理因素有关的疾病日趋增多,心理因素对疾病发展、转归的影响逐步为人们所认识。目前国内多数市、县级医院在继续提高原有躯体性治疗、护理水平的同时,也不同程度地开展了心理治疗、心理护理工作,并取得了令人鼓舞的初步成果。心理治疗、心理护理作为提高医疗服务质量的重要措施,必将有着广阔的前景。

(五) 良好的医患人际关系对提高疗效、促进康复起着不可低估的作用

医生对病人的理解、尊重与爱护;病人对医生的信赖与敬仰,是良好医患关系的心理前提。只有在这样的基础上,一切诊疗措施才得以顺利进行并取得预期结果。

> **链接** 人类死亡原因的变化——心理社会因素与疾病有着密切的关系。据美国调查统计,20世纪初,每1000人中,每年因病死亡28人,死亡的主要原因是一些传染病,如结核、白喉、伤寒和痢疾等。此后,随着人民生活条件的改善,营养的增加,医疗卫生防疫措施的加强,上述疾病就大大减少了,因而,每年因病死亡的人数,已从10万人中的580人降至30人。1972年,美国又做了同样的调查,发现每1000人中每年因病死亡的只有9人,而死亡的主要原因是冠心病、中风、高血压、癌症、肺炎、肺气肿、糖尿病、肝硬化和各种意外事故。这些疾病的高发病率与现代社会所产生的紧张刺激以及人们对之产生的心理或行为反应有密切关系。
>
> 1976年美国对死亡原因进行了分析,发现死于不健康行为或生活方式(如吸烟、喝酒、吸毒、多食)的为50%;死于环境因素或生理因素的各为20%;只有10%是因保健工作不当而造成死亡的。
>
> 我国对部分城乡的死亡原因也进行了调查分析,发现死于不健康行为或生活方式的约为44.7%;死于环境因素的为18.2%;死于生理因素的为27.8%;而因保健制度不当死亡的仅9.3%。这个数字与美国对死亡原因的分析基本差不多。

第2节 心身疾病的病因学

一、概 述

心身疾病(psychosomatic disease)是指一组表现为躯体症状,但在其发生、发展、转归和预后等方面与心理、社会因素有密切关系的疾病。统计表明,在综合性医院初诊病人中,至少有1/3的躯体疾病与心理、社会因素有关。心身疾病的范围很广,涉及临床各科,病变主要累及自主神经所支配的系统或器官。各系统的心身疾病可归纳如下(表3-1):

表3-1 各系统常见的心身疾病

机体系统	心身疾病
心血管系统	高血压病、冠心病、心律失常、心脏神经症、雷诺病
呼吸系统	支气管哮喘、过度换气综合征、神经性咳嗽
消化系统	消化性溃疡、溃疡性结肠炎、神经性厌食、神经性呕吐、胃肠神经症
泌尿生殖系统	月经紊乱、经前用紧张症、功能性出血、性功能障碍、尿频、遗尿症
内分泌系统	甲状腺功能亢进、糖尿病、低血糖
其他系统	偏头痛、神经性皮炎、睡眠障碍、癌症

二、心身疾病的病因

(一) 社会因素

社会因素主要表现在环境对人的影响,包括生活和工作环境、人际关系、家庭状况、社会制度、经济条件、风俗习惯、社会地位、宗教信仰、文化教育水平等。随着科学技术的发展,社会改革深入开展,人们生活和工作节奏加快,信息量增多,人际关系和技术竞争的紧张化和复杂化等,都会造成不同程度的心理紧张和精神负担加重。美国精神病学家 Holmes 编制的社会适应等级量表,用生活事件心理应激测查,以生活变化单位进行量化评价,在一年中累计得分在150~300分之间的有50%可能患病;超过300分的,83%可能患病。

从流行病学调查资料看,职业紧张、战争、天灾人祸、噪声、环境污染、交通拥挤、人口密度、生活节律等都是导致心身疾病常见的社会因素。统计显示,心身疾病的发病率:发达国家高于发展中国家,城市高于农村,脑力劳动者高于体力劳动者。

(二) 心理因素

影响心身疾病的心理因素主要有情绪与人格特征(性格)。

1. 情绪对心身疾病的影响　心理因素之所以能影响躯体内脏器官功能,一般认为是通过情绪活动作为媒介而实现的。积极、愉快的情绪对人体的生命活动起良好促进作用,使人保持健康;消极、不愉快的情绪(如愤怒、恐惧、焦虑、悲伤和抑郁等),若强度过大或时间过久,可导致神经活动功能失调,对机体器官产生不利的影响。

2. 性格对心身疾病的影响　性格是指个人对客观现实的态度。大量研究证明,不同人格特征的人对某些心身疾病的易罹性具有明显的差异(表3-2)。例如,Friedman等在对病人的前瞻性和回顾性研究基础上,提出一种A型行为模式的理论,即:个性强、强烈竞争意识、固执、好争辩、急躁和好冲动等性格的人,患冠心病的概率很高。

表 3-2　性格与疾病的关系

疾　病	个人性格特征
冠心病、高血压	个性强、固执、好争辩、急躁、易冲动、强烈竞争意识(A型行为模式)
消化性溃疡	焦虑、抑郁、内向、情绪不稳
支气管哮喘	过分依赖、社会交往少、不合群、内向、不安倾向、情绪不稳、强制倾向
头　痛	固执、认真、自尊心强、竞争性强、易紧张
癌　症	习惯于自我克制、内向、情绪压抑、多愁善感、抑郁

个性特征之所以提高患病易感性,是因为个性形成过程中环境与遗传因素相互作用构成了"弱化"或"敏感"性格成分,这种特殊个性对某些外界刺激过分敏感,易于积累,并通过自主神经功能强化躯体反应,从而产生器官功能紊乱。

(三) 生理因素

在相同的心理、社会刺激条件下,如战争或社会大动荡,其中只有少数人患心身疾病,而且所患疾病有很大不同,有的是高血压,有的是溃疡病或冠心病等。Hinkle提出了器官选择理论,认为在心理、社会因素作用下,首先受损伤的器官是发育较弱的器官,既往有损伤的器官。有的学者提出了生理始基理论。所谓生理始基是指心身疾病病人病前的某些生理特点,不同的生理始基使个体具有不同的相应心身疾病的易罹性。如胃蛋白酶原增高是消化性溃疡的生理始基;高三酰甘油血症是冠心病的生理始基。

> **链接** 中医理论——祖国医学中也有不少记载心理与疾病有密切关系的理论和观点。《内经》指出,"怒伤肝,喜伤心,思伤脾,忧伤肺,恐伤肾"。《吕氏春秋》也讲:"……大喜、大怒、大忧、大恐、大哀,五者挼神,则生害矣"。还有《医学入门》中写道:"内伤七情,暴喜动心,不能主血。暴怒伤肝,不能藏血。积忧伤肺,过思伤脾,失志伤肾,皆能动血。"这说明精神或心理主宰五脏六腑,消极情绪会引起内脏功能失调,引起各种症状或疾病。

第3节 心身疾病的发病学

当心理社会因素(即心理应激源)的信息被察觉、认知与评价后,由新皮层通过边缘系统去唤醒应激系统(包括自主神经系统及神经内分泌系统),影响包括免疫系统在内的各种内脏的活动,导致机体组织、器官功能改变或病变。

一、脑与行为

(一) 感觉皮层——边缘系统

感觉信息通过这种联系将"外部世界"与边缘系统主管的情绪与内驱力的"内部世界"相互沟通。杏仁核被认为是感觉皮层及下丘脑之间的闸门或交换站。

(二) 额叶——皮层系统联系

运动前区与额前区是大脑皮层联合区之一,运动前区参与不同感觉通道传入的信息的整合来决定行为。额前区参与运动活动中的动机性准备。另外,眶内侧及背外侧前额区与下丘脑及脑干有双向联系。因此,额叶不仅能监控而且还能调节脑干的自主神经活动。

(三) 边缘系统——新皮层联系

边缘系统的内侧颞叶有直接(经钩束)及间接(经丘脑背内侧核)两条路径到达前额区,海马及杏仁核有弥散性的投射系统到达新皮层,边缘前区的神经元变性可致 Alzheimer 痴呆。

(四) 下丘脑

由多种核团组成,是高级中枢自主神经功能的最后通路,并对垂体起调节作用,还有许多结构参与内驱力的表达和生理稳态维持,它是心理-内分泌、心理-免疫机制的核心结构。

二、心理-神经-内分泌系统

肽类激素、单胺类递质与肽类在突触前末梢的共存以及他们对复杂行为可产生长期影响等事实,促进了心理-神经-内分泌学说的发展。抑郁可以伴有多种神经-内分泌异常,如:①皮质醇增加并失去正常的昼夜节律变化;②削弱生长激素对胰岛素引起的低血糖的反应;③促使甲状腺素对促甲状腺素释放激素的反应迟钝。

三、心理-神经-免疫系统

中枢神经系统、行为及免疫系统之间密切相关。心理影响免疫系统的径路:①神经系统作用于胸腺、淋巴结、骨髓、脾等免疫器官,通过去甲肾上腺素、5-羟色胺等递质作用于免疫细胞上的受体;②下丘脑通过促皮质激素释放因子使垂体释放促肾上腺皮质激素,并伴随β-内啡肽的分泌。促肾上腺皮质激素、内啡肽均可通过淋巴细胞表面的受体发挥作用,促肾上腺皮质激素还可通过皮质醇影响免疫功能。应激引起的交感-肾上腺系统兴奋可以伴有儿茶酚胺及阿片样物质的释放而作用于淋巴细胞受体。免疫系统在上述体液因素作用下可以释放免疫反应性(ir)激素。如ir促肾上腺皮质激素、ir内啡肽、ir促甲状腺素及其他淋巴因子,通过它们又将免疫细胞的信息反馈到中枢神经系统,构成了神经内分泌系统与免疫系统的调节环路(图3-1)。

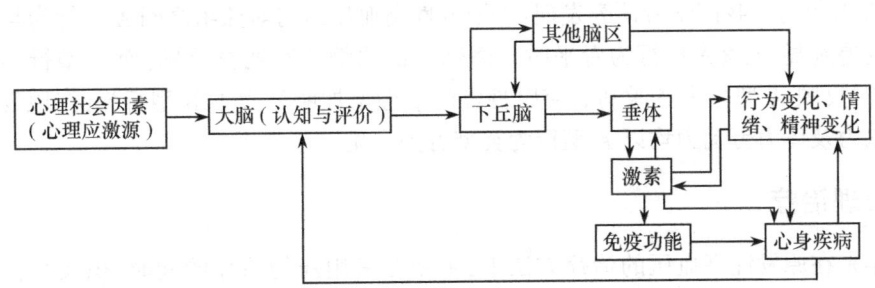

图 3-1 心身疾病发病机制

第 4 节 几种常见的心身疾病

一、原发性高血压

原发性高血压是危害人类健康最严重的心身疾病之一。各国现代化城市中成年人患病率在10%或更高。不同地区、不同生活方式、不同文化背景发病率有所不同。在我国北方地区比南方地区高,东部比西部高,城市比农村高。

(一) 心理社会因素

原发性高血压的病因及发病学说是多源的,除嗜盐、肥胖、家族史外,心理社会因素也是一个重要的原因。与其相关的心理社会因素有:

1. 社会文化因素 早期的跨文化研究表明,原发性高血压多见于应激与冲突明显的社会。流行病学调查证明,在社会经济低下和犯罪率高的地区居住者,血压水平明显升高;而在社会结构稳定、传统意识比较稳固的社会与人群中,血压水平较低;在传统解体或变迁的社会中,居民的血压升高;城市居民的血压高于农村居民;职业性质同样影响血压水平,不同的工作环境和工作性质产生不同程度的心理紧张,那些持续性的心理社会刺激,在原发性高血压的发生上有一定意义。研究表明:注意力高度集中、精神紧张而体力活动较少的职业,以及对视觉、听觉形成慢性刺激的环境,可以是导致血压升高的因素。

2. 心理因素　生活变故及创伤性生活事件与持久性高血压有关,且与疾病的转归相关;应激性情境可增加儿茶酚胺分泌,导致血压短期内升高;交感神经也可促进肾素释放,经血管紧张素而致醛固酮分泌增加与钠潴留;前苏联卫国战争时,列宁格勒被围期间,极度紧张的气氛促使原发性高血压发病率由战前的4%急剧上升到64%。

各种引起心理紧张的情绪因素,特别是愤怒、恐惧、焦虑均可使血压升高。愤怒情绪如果被压抑,造成心理冲突,对原发性高血压的发生有很大影响。科学家用升压敏感的大白鼠做实验,把动物分成5个组,第1组为观察组,其余4组为对照组。观察组的动物在按杠杆时得到食物,但同时受到电击,由此造成心理冲突。实验结果:对照组未表现出血压持续性升高,而观察组升压反应非常明显。

3. A型行为　我国学者研究发现:①原发性高血压组与对照组之间A型行为与非A型行为者的差别显著;②A型行为者平时与激动时的收缩压有明显差别;而B型行为者则无显著差异,反映A型行为者激动后交感神经的活性增加明显大于B型行为;③原发性高血压组中脑力及体力劳动力均以A型行为类型者为多见。

(二) 心理治疗

近年来在原发性高血压的治疗方法上,主张在采用药物治疗的同时,积极配合认知疗法、自律训练、生物反馈疗法、气功、太极拳等心理治疗,在这方面的研究已经取得了经验和成果。

二、冠状动脉粥样硬化性心脏病

冠状动脉粥样硬化性心脏病,简称冠心病,是现代社会中危害人类健康最常见的疾病之一。冠心病是多种因素作用的结果,心理、社会因素无疑是一个非常重要的高危因素。

(一) 心理社会因素

心理应激、环境刺激、行为类型等均与冠心病相关。

1. A型行为　美国心脏病学家弗里德曼等提出了A型行为者易患冠心病的假说,并进行了前瞻性研究。研究资料表明冠心病与A型行为呈正相关,其发病率是B型行为人群的两倍。我国的研究表明,在冠心病患者中:A型行为占75.7%。

2. 生活应激事件　生活应激事件,如亲人死亡、环境变化等引起的急剧的情绪波动或痛苦是冠心病重要的病因之一。某医学中心曾对44名心肌梗死患者进行病因调查,让患者指出自己的原因条目,结果:选择"某种形式的应激"的人占56%,其次是超体重占27%,吸烟占20%,饮食占18%,过度劳累占14%,遗传占14%。我国学者使用"社会生活再适应量表"调查40例心肌梗死患者发现,病前6个月内患者经受的社会生活事件明显高于对照组。

3. 不良行为习惯　不良行为习惯,如吸烟、缺乏运动、过食与肥胖等与冠心病的发生有密切关系。这些因素往往是在特定社会环境和心理环境条件下行为学习的结果,例如一定的经济条件。饮食习惯、文化背景易造成肥胖,工作条件、技术进步常造成运动缺乏等,不良行为习惯直接通过机体的病理生理作用促使冠心病的形成。由此可见,生活应激事件与不良行为习惯对于冠心病是两类既相互联系,又相互独立的致病危险因素。

(二) 心理综合防治

1. 心理咨询　通过咨询帮助,改变患者不良的生活和行为习惯,使其学会调节与控制自己的情绪。

2. 生物反馈治疗　生物反馈治疗可通过松弛训练,降低患者骨骼肌的紧张水平,消除病人的过度紧张和焦虑情绪,降低交感神经的张力,引起外周血管和冠脉扩张,从而达到降低血压、改善心肌缺血和抗心律失常的目的。

3. 运动治疗　适度的运动治疗(如练习气功、书画、听音乐等)可降低血黏度,减少血小板聚集性,增加高密度脂蛋白,并可减轻病人 A 型行为的程度,逐步转变 A 型行为。

三、消化性溃疡

消化性溃疡是一种病因多样的消化道黏膜的慢性溃疡疾病,已较明确的病因是幽门螺杆菌感染、服用非甾体类消化药及胃酸分泌过多,大量事实证明胃肠功能和结构形态的完整与人的情绪状态密切相关。

(一) 心理社会因素

患者的心理冲突和心理应激与其发病、复发、恶化、迁延、难愈均有十分密切的关系。

1. 生活事件刺激　严重生活事件和重大的社会变革,如失意、亲人丧亡、离异、自然灾害、战争和社会动乱等造成的心理应激,可促进消化性溃疡的发生。我国流行病学调查表明:因心理应激而发病者占全部病人的 5.4%~20.5%。

2. 人格特征及行为方式　人格特征及行为方式与消化性溃疡的发生有一定的关系,它既可作为本病的发病基础,又可改变疾病过程,甚至影响疾病的转归。国外用艾森克人格问卷作严格配对研究表明:消化性溃疡的病人更多具有内向(E 分低)及神经质(N 分高)的特点,表现为孤僻、好静、遇事过分思虑、事事渴求井井有条、情绪易波动、愤怒且常受压抑。国内学者肖水源、杨德森的研究也得出相同的结果。

3. 不良情绪反应　消化系统对情绪反应非常敏感。不良的情绪反应,在其他致病因素的综合作用下,可促进溃疡的发生和影响治疗效果。有人用试验方法发现被试者在进行紧张的谈话或在焦虑、痛苦、愤怒、羞辱、罪恶感时,都可增强迷走神经的兴奋性,使胃液分泌量增加、酸度增高、胃部运动变化;用催眠暗示的方法,也证明情绪与胃的功能状态有密切关系。催眠引起的心理体验以及与之有关的情绪状态,均能引起胃分泌的变化。气愤、激动、焦虑使胃分泌量和酸度增高;而抑郁、悲伤、失望则使胃分泌量和酸度下降,并使胃的运动减慢。

(二) 心理治疗

消化性溃疡在使用抑酸剂、抗胃蛋白酶剂、自主神经阻断剂等药物治疗的同时,进行切实有效的心理治疗是至关重要的。心理治疗包括行为方式的调整和不良情绪的消除。情绪不安定的病人给予安定剂,有抑郁倾向者给予抗抑郁剂。同时改变不良的生活方式,坚持劳逸结合,养成良好有规律的饮食习惯。

四、支气管哮喘

支气管哮喘是由过敏原或其他非过敏因素引起的、呼吸道普遍性阻塞性肺部疾病。

(一) 心理社会因素

支气管哮喘的病因和发病机制,一般认为它由外源性的过敏原或感染和心理因素所致。单纯的心理因素发生哮喘是极少见的。诱发的病例比较多见。与支气管哮喘发生有关的心理因素有:

1. 情绪因素 有人将 8 名学龄患儿做试验,让他们观看感到厌恶的电影或逼迫作一些复杂而枯燥无味的数学题,结果表明:他们全部出现呼吸道阻力增加的情况。国内学者对 62 例支气管哮喘患者用文森克人格问卷测查,发现有 46.77% 的人情绪不稳定的神经质分偏高,健康对照组为 18%,两组差异有统计学意义($p<0.01$)。

2. 人格特点 支气管哮喘患者往往有过度依赖性、敏感性,过于被动性,以及一些人有神经质的人格特点。

3. 早期习惯经验 典型的支气管哮喘是条件化的。一个因为过敏或其他因素引起的哮喘症状而受到他人的特别关注(如儿童受到父母的过分照顾)的人,可能会发展成为典型的哮喘发作。

(二) 心理治疗

积极有效的心理治疗,对那些以心理因素发病为主的患者是十分必要的。在治疗中应当特别关注以下几个方面:①提高对疾病心理状态的认识并给予积极的处理;②消除消极情绪,解除呼吸困难与焦虑情绪间的恶性循环;③改变与支气管哮喘有关的不良行为方式和家庭教育模式;④指导和鼓励应用最好的自我照顾,提高安全感。

1. 心理支持疗法 以一系列支持性语言,如解释、鼓励、保证、指导及促进环境改善等构成的心理治疗。

2. 行为治疗 采用放松训练法、系统脱敏法、生物反馈法等。

五、恶性肿瘤

恶性肿瘤是一种严重危害人类健康及生命的常见病、多发病,我国的发病率和病死率均有逐步升高的趋势。目前全国每年恶性肿瘤的发病人口有 160 万,死于恶性肿瘤的人口有130万,病死率高。

(一) 心理社会因素

第12届国际癌症大会十分重视并强调心理、社会因素在恶性肿瘤发生中的作用,许多资料也反复证实,恶性肿瘤的发生及患者的存活时间与心理、社会因素有关。WHO已将恶性肿瘤明确划分为是一种生活方式疾病,不良的生活方式,如饮食、吸烟酗酒、缺乏运动、应激等均可使人易患恶性肿瘤。

1. 心理应激　流行病学研究表明,生活变故事件引起的慢性心理压力和高度的情绪应激,与恶性肿瘤的发病率增高有一定的关系。如家庭不幸、工作和学习紧张过度、人际关系不协调等生活事件,在胃癌和乳腺癌的发生中起重要作用。在我国大庆对胃癌的调查中,发现胃癌患者在被确诊前的8年内有76%的人报告遇到过生活事件;在被确诊前的3年内有62%的人报告遇到过生活事件。在各类生活事件中,以人际关系、意外事件和幼年时期的经历较为突出。

2. 人格特征　研究发现,人格特征与恶性肿瘤有一定的关系。1976年美国一些学者把182名被试者按人格特征分为A、B、C 3类,随访观察16年,研究人格特征与患病率之间的关系。结果发现具有C类人格特征者患病率较高,且患恶性肿瘤者较多(表3-3)。

表3-3　性格特征与患病率的关系

类别	性格特征	患病率(%)
A	在新的环境里谨小慎微	25
B	冷静、主动、敏感、聪明、能说会道	26.7
C	性格乖僻,表面上小心翼翼,但时而冲动,虽多愁善感但才华横溢,有时目标很高,有时又很低	77

肿瘤患者多为沉默寡言,且长期处于孤独、矛盾、失望、压抑的情境下,特别表现为焦虑、抑郁。我国学者的研究证明下列性格特点易患恶性肿瘤:①多疑善感,情绪抑郁;②易躁易怒;③忍耐力差;④沉默寡言,对事物态度冷漠;⑤性格孤僻,脾气古怪。

3. 消极情绪　抑郁等消极情绪可使人易患恶性肿瘤或加速恶性肿瘤的发展。在我国山西省食管癌普查中发现56.5%的患者具有忧虑、急躁、消极等不良情绪,其中半年内有过重大精神刺激者占52%。中医《外科正宗》里就有:乳腺癌是由于"忧思郁结,精想在心,所愿不遂,肝脾进气,以致经络阻塞,结聚成结"的论述,说明前人凭着临床经验总结出抑郁与恶性肿瘤的密切关系。

(二) 心理治疗与预防

恶性肿瘤的心理治疗可以帮助阻止肿瘤细胞的生长和促进机体免疫功能的恢复,促使肿瘤细胞的逆转。

1. 自我心智重建　恶性肿瘤患者在康复过程中,必须强化生存意识,加强信心与期望、消除紧张压力,以保持积极的情绪状态,促进肿瘤康复。应坚持下列信念:①相信肿瘤是一种疾病,是可以攻克的;②相信体内的免疫机制是恶性肿瘤的"克星",能将其杀伤、消灭和清除;③深信抗癌治疗的巨大作用,增强生活的信心。

2. **给予心理支持** 给患者心理上的支持,在恶性肿瘤的康复过程中处于较为重要的地位。①主动接近患者,善于观察患者的衣着、姿势和表情等信息,了解患者的心理;②同患者进行适当的目光接触和真诚的眼神流露,消除患者的自卑心理;③同患者进行积极的交谈,且勿流露消极情绪。通过交谈,了解患者对生与死的看法、世界观、生活信念等,因势利导,树立乐观的生活态度。

3. **自我放松训练** 自我放松训练是通过一定的手段的自行活动,使病人消除对恶性肿瘤的心理紧张压力,消除其情绪影响,调动机体抵抗力,促进肿瘤的逆转和康复。它包括气功、瞑想法、催眠法、生物反馈治疗等。

4. **心理预防** 恶性肿瘤的预防主要从以下3方面入手:①正确处理生活变故事件,避免强大的心理刺激给人们造成的心理压力;②积极协调、正确处理和保持协调的人际关系;③积极参加社会、文娱活动,消除心理疲劳,增强其抗病能力。

六、头 痛

头痛是神经系统最常见的临床症状之一。作为心身疾病的头痛主要指偏头痛和肌紧张性头痛。

偏头痛是一种血管性头痛。目前认为它的病因与情绪、血管、生化3个基本因素有关。其中情绪因素起主要作用。情绪反应先引起颅内动脉收缩,头皮动脉扩张,接着颅内血管也扩张,压迫附近神经,引起一侧或双侧跳动性的头痛。该病有遗传现象,病人约46%~55%有家族史,且具有攻击性、自尊心强、任性、固执的人格倾向。

肌紧张性头痛的发作与心理紧张关系密切,肌紧张头痛是心身紧张的一种局部表现。本病多为紧张型人格,即对人、对事的应激性增高,过分拘谨,容易较长期地处于情绪紧张、恐惧和焦虑之中。

七、更年期综合征

在妇产科常见的心身疾病中,更年期心身障碍具有一定代表性,又称为更年期综合征。更年期综合征是由于妇女在老化过程中,卵巢分泌功能衰退,雌性激素分泌已经减少到不足以维持内环境的平衡状态。然而,更年期综合征症状出现的早晚与程度轻重却因人而异,心理社会应激是其主要影响因素。

症状出现早、程度重的人多在发病前或发病过程中遭到严重的生活事件。如夫妻不和、亲子关系紧张、亲友亡故、离婚/丧偶、夫妻长期分居,工作单位人际关系冲突或工作负荷过重等。此外,人格内向的人比人格外向的人,症状来得早,临床表现重,重新适应的过程长。

第 4 章 免疫学基础

免疫(immunity)最初的意思是指免除瘟疫,由拉丁文(Immunis)演变而来,即通常所指机体抵抗病原生物及其有害代谢产物感染的能力,俗称抵抗力。随着人类与传染病及其他免疫相关疾病长期斗争的进行,人类对免疫的认识逐渐从最早以中国人用人痘防天花为代表的经验免疫学时期,发展到以英国医生 E. Jenner 用牛痘苗防天花为代表的经典免疫学时期,及至进展到以澳大利亚科学家 F. Burnet 提出单克隆选择学说为代表的近代免疫学时期。进入 20 世纪 60 年代,免疫学发展突飞猛进,医学免疫学的研究更加深入,对免疫的认识更加全面与完善。现代的免疫概念是指机体识别和清除抗原性异物,以维持自身生理平衡与稳定的功能。

机体的免疫功能由免疫系统主宰。免疫系统通过免疫应答对抗原性异物产生非特异性免疫(即天然防御功能或先天免疫、固有免疫)及特异性免疫(即获得性免疫或后天免疫、适应性免疫)。机体的免疫功能必须维持在适当水平,若过强或过弱将会导致机体疾病。

第 1 节 概 述

免疫学(immunology)是研究机体免疫系统对抗原性异物的识别与清除而产生免疫应答的过程、免疫病理的发生机制及诊断与防治方法的科学。

我们要通过学习免疫学的基本理论、基础知识、基本技能,认识机体免疫系统的组成及其功能,理解免疫性疾病的致病机制,充分运用现代免疫学知识及有效手段,检测和防治传染病及免疫相关疾病,提高人类健康水平,同时也为预防现代化生物恐怖战争储备相关知识。免疫学发展到今天,已经成为医学与生命科学的前沿科学之一,在未来的进展中必将对人类有更大贡献。

免疫功能主要表现在 3 个方面:①免疫防御功能:指机体防止病原生物入侵、清除已入侵病原生物及其有害代谢产物的功能,即传统的免疫概念的含义,又称抵抗力;②免疫稳定功能：指机体清除体内衰老、凋亡细胞，维护自身生理平衡与稳定的功能；③免疫监视功能：指机体识别清除体内组织细胞在新陈代谢过程中产生的突变细胞的功能。上述免疫功能适中时，对机体起保护作用，但是若其功能过强、低下或缺陷，则可引发免疫病理，导致机体产生免疫相关疾病(表4-1)。

表4-1 免疫的功能与表现

免疫功能	正常表现	异常表现
免疫防御功能	抗病原生物(微生物、寄生虫)感染	反应过强引起超敏反应
		反应过低则引起免疫缺陷病
免疫稳定功能	清除衰老、凋亡细胞	引起自身免疫性疾病
免疫监视功能	清除突变细胞(肿瘤细胞等)	易发肿瘤

第2节 免疫系统

免疫系统(immune system)是机体发生免疫应答与执行免疫功能的物质基础。免疫系统由免疫器官、免疫细胞及免疫分子组成。

免疫系统 {
　免疫器官 { 中枢免疫器官：骨髓、胸腺、腔上囊(法氏囊)
　　　　　　　外周免疫器官：脾脏、淋巴结、其他淋巴组织
　免疫细胞 { 适应性免疫应答细胞：T淋巴细胞、B淋巴细胞
　　　　　　　固有免疫组成细胞：NK细胞、吞噬细胞、树突状细胞等
　免疫分子 { 免疫球蛋白(含抗体)
　　　　　　　补体
　　　　　　　细胞因子等
}

本节着重介绍免疫器官的结构与功能、免疫细胞的种类与功能，免疫分子将在有关章节中介绍。

一、免疫器官

免疫器官(immune organ)因其分布有淋巴组织，具有免疫功能而得名。免疫器官按其功能不同，分为中枢免疫器官和外周免疫器官。

(一) 中枢免疫器官

中枢免疫器官是免疫细胞发生、分化、成熟的场所。人类或哺乳类动物的骨髓和胸腺组成其中枢免疫器官，鸟类则还有腔上囊(法氏囊)，类似于哺乳动物的骨髓(图4-1)。

1. 骨髓　是机体的造血器官，是各种血细胞及免疫细胞的发生地。骨髓多能干细胞先增殖分化为髓样干细胞和淋巴干细胞，前者进入血流发育成熟为粒细胞、单核细胞、红细胞、血小板等，后者一部分继续在骨髓分化成熟为B淋巴细胞，故其全称为骨髓依赖淋巴细胞。鸟类的腔上囊是其B细胞成熟的场所。骨髓功能缺陷，将导致机体造血功能及B细胞

第4章 免疫学基础

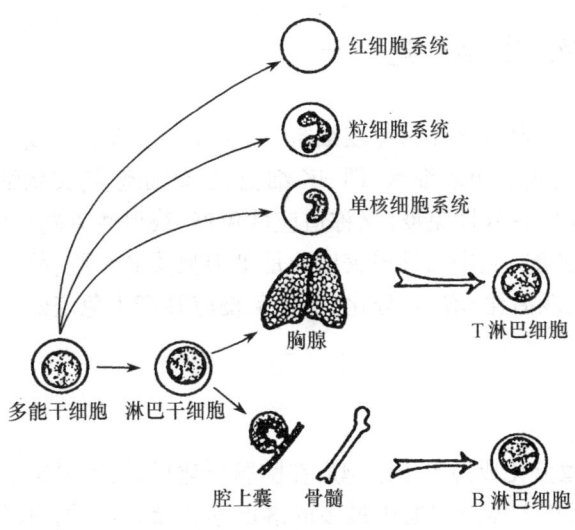

图 4-1 骨髓多能干细胞的分化

参与或介导的机体免疫功能缺陷。

2. **胸腺** 是 T 细胞分化、成熟的场所。骨髓多能干细胞分化成的淋巴干细胞,部分随血流运输到胸腺后,在胸腺素等因子作用下,分化成熟为 T 淋巴细胞,故其全称为胸腺依赖淋巴细胞。胸腺功能缺陷,将导致 T 细胞参与或介导的机体免疫功能缺陷。

(二) 外周免疫器官

外周免疫器官是成熟的 T 细胞、B 细胞与其他免疫细胞定居的场所,也是机体发生免疫应答的基地。外周免疫器官包括淋巴结、脾脏和其他淋巴组织。

1. **淋巴结** 分为被膜与实质,实质可分为皮质区和髓质区两部分,实质的浅皮质区主要是 B 细胞定居区,又称为骨髓依赖区;深皮质区主要是 T 细胞定居区,又称为胸腺依赖区(图 4-2)。淋巴结是免疫应答的重要基地,深皮质区的高内皮小静脉在淋巴细胞再循环中起主要作用,而淋巴结中大量的巨噬细胞则可发挥过滤作用。

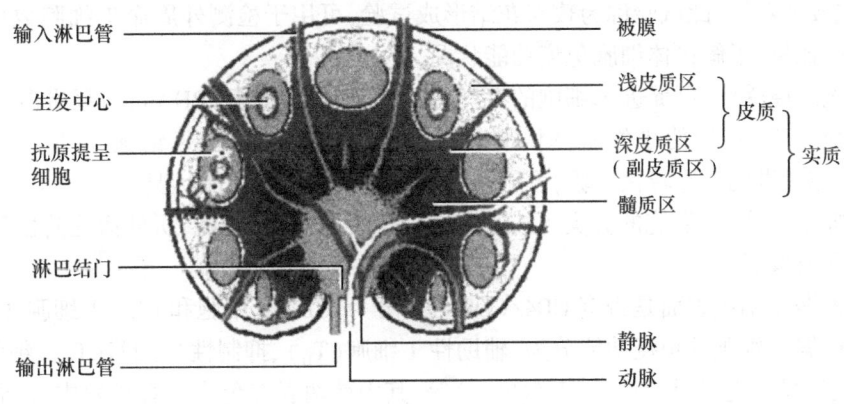

图 4-2 淋巴结的结构组成

2. **脾脏** 是人体最大的免疫器官。脾脏分为被膜和脾实质,后者又可分为白髓和红髓。白髓沿中央动脉周围淋巴鞘是 T 细胞定居区,白髓中的脾小结和红髓中的髓索是 B 细胞定居区。脾脏是免疫应答的重要基地,同时具有贮血过滤作用。

3. **其他淋巴组织** 主要指黏膜相关淋巴组织,又称黏膜免疫系统,包括阑尾、肠集合淋巴结、扁桃体、上呼吸道及气管黏膜下的淋巴滤泡等,它们在肠道黏膜及呼吸道黏膜抗感染中发挥重要免疫作用。

二、免疫细胞

凡参与免疫应答或与免疫应答有关的细胞均统称为免疫细胞,主要包括适应性免疫应答细胞(即 T 淋巴细胞、B 淋巴细胞)及固有免疫组成细胞(即 NK 细胞、吞噬细胞、树突状细胞等)。在免疫应答中,它们分别介导机体的特异性免疫(又称适应性免疫、获得性免疫)及非特异性免疫(又称固有免疫、天然防御功能);其中活性最突出的是 T 细胞及 B 细胞,故又称两者为免疫活性细胞,即受抗原刺激后,能活化、增殖、分化,发生免疫应答产生免疫效应的免疫细胞。

(一) T 细胞

T 细胞来源于骨髓的多能干细胞,增殖分化成淋巴干细胞后在胸腺分化成熟,主要定居于外周免疫器官的 T 细胞区。T 细胞是正常人体外周血中最多的淋巴细胞,约占外周血淋巴细胞的 70%~80%。

1. T 细胞表面标志 T 细胞表面有许多与其他细胞不同的分子结构,成为 T 细胞的表面标志。主要有:

(1) 抗原受体(TCR):是能识别抗原的表面结构,是所有 T 细胞具有的特征标志。

(2) 白细胞分化抗原(CD 分子):如 T 细胞膜上能与绵羊红细胞结合的结构,即为 CD 2 分子,称为绵羊红细胞受体(E 受体)。在体外一定条件下,绵羊红细胞经该受体与 T 细胞结合,形成玫瑰花结,此试验称为玫瑰花结形成试验,可用于检测外周血 T 细胞数量及其占淋巴细胞的比例,了解机体细胞免疫功能状况。

(3) 丝裂原受体:可促进 T 细胞的有丝分裂,如植物血凝素(PHA)、刀豆蛋白 A(ConA)等与 T 细胞结合后,能使 T 细胞体积增大,胞浆丰富转化为淋巴母细胞,出现有丝分裂倾向,此试验称为淋巴细胞转化试验,可用于检测机体细胞免疫功能状况。

2. T 细胞亚群 T 细胞的分类可按其表面分化抗原、免疫功能、所处活化阶段等多种方法分成不同亚群。

(1) 根据 T 细胞表面是否有 CD4/CD8 分子分为:$CD4^+$T 细胞和 $CD8^+$T 细胞 2 个亚群。

(2) 根据 T 细胞的免疫功能分为:辅助性 T 细胞(T_H)、抑制性 T 细胞(T_S)、细胞毒性 T 细胞(T_C)、迟发型超敏反应性 T 细胞(T_{DTH})等,其中前两者在免疫应答过程中起调节作用,故又称为调节性 T 细胞,后两者在免疫应答中起效应作用,故又称为效应性 T 细胞。

(3) 根据 T 细胞所处的活化阶段不同可分为:初始 T 细胞、记忆 T 细胞、效应 T 细胞等。

3. T 细胞功能 T 细胞可通过各类亚群自身直接发挥免疫效应,也可通过产生多种淋巴因子发生免疫效应,由 T 细胞介导的免疫称为细胞免疫(CMI)。当 T 细胞功能缺陷时,可导致机体迟发型超敏反应或自身免疫性疾病。

(二) B 细胞

人类 B 细胞来源于骨髓的多能干细胞,后者分化为淋巴干细胞后继续在骨髓成熟为 B

细胞,主要定居于外周免疫器官的 B 细胞区。B 细胞约占外周血淋巴细胞的 10%~15%。

1. B 细胞表面标志主要有

(1) 抗原受体(BCR)复合物:由 B 细胞膜表面的免疫球蛋白(SmIg)和传递抗原刺激信号的免疫球蛋白组成,能识别特异性抗原化学基团而被激活,增殖、分化,产生相应的抗体,发挥其免疫效应。

(2) 免疫球蛋白 G 的 F_c 段受体($IgGF_c$ 受体):为 B 细胞表面能与 IgG 的 F_c 段结合的受体,结合后可对 B 细胞活性起活化作用。该受体非 B 细胞特征标志,也存在于巨噬细胞等免疫细胞上。

(3) 补体 C3 受体:能与补体 C3 结合,是 B 细胞表面特征标志,可用于检测人外周血中 B 细胞数量。

(4) 丝裂原受体:如与细菌脂多糖(LPS)结合可提高 B 细胞敏感性,促进 B 细胞的活化、增殖与分化。

2. B 细胞亚群　B 细胞亚群分类不统一,依照分化抗原 CD5 的存在与否,分为 B-1 细胞和 B-2 细胞两个亚群。B-1 细胞表面存在 CD5 分子,主要分布于胸腹膜腔、肠道固有层;B-2 细胞表面不表达 CD5 分子,本教材主要介绍此 B 细胞。

3. B 细胞功能

(1) B 细胞通过产生抗体发挥免疫效应。

(2) B 细胞具有对抗原信息的识别、处理、提呈作用。

(3) B 细胞通过分泌合成多种细胞因子,参与免疫调节。由 B 细胞介导的免疫称为体液免疫(HI)。当 B 细胞功能异常时,可导致机体的免疫病理(表 4-2)。

表 4-2　T 细胞与 B 细胞的比较

项目	T 细胞	B 细胞
成熟场所	胸腺	人类在骨髓,鸟类在腔上囊
占外周血淋巴细胞总数	70%~80%	10%~15%
主要表面标志	抗原受体	抗原受体(SmIg)
	E 受体	$IgGF_c$ 受体
	PHA 受体	C3b 受体
	ConA 受体	LPS 受体
功能	介导细胞免疫、免疫调节	介导体液免疫、免疫调节

(三) NK 细胞

NK 细胞(natural killer cells)全称为自然杀伤细胞,来源于骨髓淋巴样干细胞,主要分布于外周血及脾脏。NK 细胞为固有免疫组成细胞,无需抗原刺激即可直接杀伤靶细胞,故其在抗肿瘤、抗病毒感染早期及抗胞内寄生菌感染中发挥重要免疫作用。

NK 细胞也可通过其表面的 F_c 受体与 IgG 抗体特导性结合的靶细胞(如肿瘤细胞或病毒感染细胞)结合,从而识别杀伤靶细胞,这种作用称为抗体依赖细胞介导的细胞毒作用(antibody dependent cell-mediated cytotoxicity,ADCC)。

(四) 吞噬细胞

吞噬细胞(phagocytes)主要有单核吞噬细胞和中性粒细胞两大类,前者又包括血液中的单核细胞及组织器官中的巨噬细胞。

单核吞噬细胞表面可表达多种受体及化学结构,有利于发挥固有免疫作用,并参与适应性免疫应答,其中巨噬细胞的作用尤为突出。

1. 识别、吞噬和杀伤作用　组织器官中的巨噬细胞可通过表面受体识别病原生物、衰老损伤细胞等抗原性异物,并经吞噬或吞饮作用予以杀伤消化和消除。(详见本章第7节非特异性抗感染免疫——吞噬细胞的吞噬过程)

2. 对肿瘤及病毒感染细胞的杀伤作用　巨噬细胞被激活后,可将胞内活性物质释放出来,作用于无法吞噬的肿瘤、病毒感染细胞等靶细胞,导致靶细胞损伤,发挥其抗肿瘤、抗病毒作用。

3. 对抗原信息的处理和递呈作用　机体内的抗原(包括外源性抗原和内源性抗原)物质首先被单核吞噬细胞识别、吞噬处理,并将抗原信息传递给T细胞、B细胞,从而激发机体的适应性免疫应答(特异性免疫应答),因而单核吞噬细胞又被称为抗原提呈细胞(antigen-presenting cell, APC)。

4. 合成、分泌免疫活性物质　巨噬细胞被激活后可合成、分泌几十种生物活性因子,如补体、白细胞介素-Ⅰ、干扰素、水解酶等,参与机体的免疫效应及免疫调节。

(五) 树突状细胞

树突状细胞(dendritic cells, DC)分布于脑以外的机体组织、器官,占人外周血单核细胞约1%,根据其分布与分化程度不同而名称不同。其主要功能是识别、摄取、处理抗原性异物,提呈抗原信息给T细胞、B细胞,激发机体特异性免疫应答,故亦称为APC。树突状细胞也可合成分泌多种生物活性因子,参与免疫效应及免疫调节。

除上述免疫细胞外,嗜酸粒细胞、嗜碱粒细胞、肥大细胞、红细胞等也参与机体的免疫应答。

三、免疫分子

免疫分子广义的概念是指参与机体免疫应答的生物活性物质,主要有免疫球蛋白(包括抗体)、补体、细胞因子等,将分别在有关章节介绍。

第3节　抗　原

抗原(antigen, Ag)是指能刺激机体免疫系统中的免疫活性细胞产生抗体或致敏淋巴细胞,并能与相应的抗体或致敏淋巴细胞特异性结合,发挥免疫效应的物质。抗原是机体免疫应答的起始因素,机体缺乏抗原刺激则无法产生免疫应答。

抗原物质具有两种性能：①免疫原性，即抗原有刺激免疫系统的 B 细胞或 T 细胞产生抗体或致敏淋巴细胞的性能；②免疫反应性，即抗原能与其刺激产生的相应抗体或致敏淋巴细胞特异性结合，发生免疫反应的性能。

既有免疫原性，又有免疫反应性的物质，称为免疫原，又称为完全抗原，简称全抗原；常见的如病原微生物、细菌外毒素等异种蛋白。只有免疫反应性而无免疫原性的物质，称为不完全抗原，又称为半抗原；常见的如类脂、植物的花粉、某些药物（青霉素）等。一般来说，具有免疫原性的物质同时具有免疫反应性，而具有免疫反应性的物质不一定同时具有免疫原性，但是，半抗原物质可经与大分子蛋白质等载体结合而获得免疫原性成为完全抗原。

一、决定抗原免疫原性的因素

决定抗原免疫原性的因素取决于抗原的性质、机体的遗传因素、年龄、性别、生理、免疫功能状况及抗原进入机体的数量、途径及是否使用佐剂等方面，是多种因素综合作用的结果。抗原的免疫原性是抗原的最基本特性，其本质是异物性，同时还与抗原物质的理化性状相关。下面着重分析抗原方面的因素。

（一）异物性

异物通常指非己的物质。异物性是指抗原物质与自身物质之间免疫原性差异的性质。抗原与机体之间种属关系越远，组织结构差异越大，异物性越强，其免疫原性就越强；反之，抗原与机体之间的种属关系越近，组织结构差异越小，异物性越弱，免疫原性也越弱。

异物性可存在于不同种属之间或同种异体之间。一般说来，机体自身组织细胞、化学成分对自身不存在异物性，无免疫原性。但是，当自身物质受理化因素或感染、手术、外伤等因素影响时，可发生抗原结构改变；或者由原来与机体免疫系统相对隔绝状态进入血流接触免疫细胞而被视为"异物"，分别成为"修饰的自身抗原"或"隐蔽的自身抗原"。

（二）一定的理化性状

1. 一般为大分子物质　具有免疫原性的物质，一般其分子量较大，在 10 ku 以上，分子量越大，其表面的抗原表位（即抗原决定基）越多，结构越复杂，免疫原性越强。

2. 具有较复杂的化学组成及结构　抗原物质多为大分子有机物，如蛋白质即为良好的全抗原。化学组成越复杂，化学结构越牢固的物质在机体内不易被酶降解，有利于其对免疫系统产生刺激发生免疫应答，因而免疫原性也越强。

例如，明胶分子量为 100 ku，但由于明胶由直链氨基酸组成，缺乏苯环氨基酸，稳定性差，在体内易降解，其免疫原性很弱。胰岛素分子量仅 5.7 ku，但由于其含芳香族氨基酸，稳定性好，故免疫原性强。

此外，抗原的免疫原性的强弱还与其分子构象、物理状态及其抗原表位与免疫细胞的易接近性等诸因素有关。

二、抗原的特异性

(一) 抗原特异性的概念

抗原的特异性,是指抗原刺激机体免疫系统产生免疫应答,及抗原与相应免疫应答产物发生免疫反应——对应的特性。它既表现在抗原的免疫原性上,也表现在免疫反应性上,即某种抗原进入机体只能刺激机体产生相应的抗体或致敏淋巴细胞,该抗原也只能与其相应的抗体或致敏淋巴细胞发生结合,产生免疫效应。

抗原特异性的物质基础是抗原表位。抗原表位是存在于抗原分子表面的决定抗原特异性的特殊化学基因,又称抗原决定基或抗原决定簇。抗原表位是淋巴细胞识别抗原的表面标志,也是结合相应抗体或致敏淋巴细胞的部位。

抗原的抗原表位种类、数目、位置等决定了抗原表位的特异性,进而决定该抗原的特异性。天然抗原多为大分子,可由多种、多个抗原表位组成。

(二) 共同抗原与交叉反应

天然抗原分子结构复杂,往往具有多种抗原决定基。两种不同的抗原物质上存在的各不相同的抗原表位决定的抗原,称为特异性抗原;而两者相同的抗原表位决定的抗原,称为共同抗原。一种抗原物质上的抗原表位刺激机体产生的抗体,除可与相应抗原特异性结合外,也可与其他抗原物质上的共同抗原发生特异性结合,这种由共同抗原所致的特异性结合反应,称为交叉反应(图4-3)。

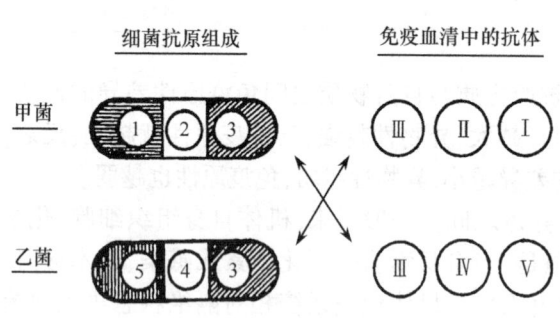

图 4-3 细菌的共同抗原与交叉反应

三、医学上重要的抗原种类

根据 B 细胞接受抗原信息刺激产生抗体时,是否依赖 T_H 细胞的辅助分类,可将抗原分为两大类:①需要 T_H 细胞辅助的称为胸腺依赖抗原(thymus dependent antigen,TD-Ag)。绝大多数蛋白质类物质属于此类抗原,其特点是大分子物质,表面既有 T 细胞抗原决定基,又有 B 细胞抗原决定基。TD-Ag 刺激免疫系统主要生成 IgG 型抗体,也可产生 T 细胞介导的细胞免疫应答,有免疫记忆性。②不需要 T_H 细胞辅助的称为胸腺非依赖抗原(thymus independent antigen,TI-Ag)。细菌的脂多糖,荚膜多糖等属于此类抗原,其特点是分子量较小,表面仅有 B 细胞抗原决定基。TI-Ag 刺激免疫系统主要生成 IgM 型抗体,一般无细胞免疫应答,无回忆应答。

根据抗原与机体的亲缘关系分类如下:

(一) 异种抗原

1. **病原微生物与寄生虫** 细菌、病毒等病原微生物与寄生虫均由丰富的蛋白质、糖类、脂类、核酸等复杂的化学成分组成,是含多种抗原表位的抗原复合体。如乙型肝炎病毒有乙型肝炎病毒表面抗原(HBsAg)、核心抗原(HBcAg)等;伤寒杆菌表面有菌体抗原(OAg)、鞭毛抗原(HAg)等。因此当机体被病原微生物感染或机体被接种了疫苗后,可刺激机体免疫系统产生体液免疫和细胞免疫,且有回忆应答。

2. **细菌外毒素和类毒素** 细菌的代谢产物外毒素,化学成分为蛋白质,其毒性作用强,抗原性也强,可刺激机体产生相应的抗体(抗毒素)。外毒素经 0.3%~0.4% 甲醛处理后,脱毒但保留其原有的抗原性而成为类毒素。因此类毒素也可刺激机体产生相应的抗体(抗毒素)。实践中常用类毒素作为人工自动免疫的生物制品,利用其刺激机体产生的抗毒素来中和外毒素的毒性作用。如常用破伤风类毒素预防破伤风,白喉类毒素预防白喉。

3. **动物免疫血清** 临床上常用的抗毒素血清,是将类毒素等抗原物质注射到动物(以马常用)体内,刺激动物产生相应的抗体(抗毒素等)而获的,由于抗体主要存在于血清,故又称动物免疫血清。此时作为特异性的抗毒素抗体可中和体内的外毒素,用于传染病及相关疾病的预防和治疗;马血清对人体来说是异物,具有免疫原性,也可刺激机体产生与之相应的抗-抗毒素抗体,多次注射可能导致机体超敏反应,因此动物免疫血清(抗毒素)具有双重性。

4. **其他** 某些食物、药物、植物花粉如蛋类、鱼、虾、青霉素、磺胺等,对某些个体来说,可作为完全抗原或半抗原引起机体的超敏反应。

(二) 同种异型抗原

同种异型抗原是存在于同一种属不同个体之间的抗原。人类重要的同种异型抗原存在于红细胞、淋巴细胞、血小板等组织细胞上。

1. **红细胞血型抗原** 人类红细胞膜表面存在多种不同的血型物质,最重要的有 ABO 血型抗原和 Rh 血型抗原两种。

(1) ABO 血型抗原:根据人类红细胞表面所含 A 抗原、B 抗原的不同,可将人类血型分为 A、B、AB 和 O 型四种。因此,实践中输血应同型相输,做交叉配血试验,否则可产生输血反应。

(2) Rh 血型抗原:根据人类红细胞表面是否含有与恒河猴红细胞表面相同的共同抗原(Rh 抗原),将人类红细胞表面有 Rh 抗原者,称 Rh 阳性血型(多数人为此型);无 Rh 抗原者,称 Rh 阴性血型。Rh 阴性妇女在连续怀上 Rh 阳性血型胎儿时,由于第一胎胎儿的 Rh 阳性红细胞可刺激母体产生 Rh 抗体,当该妇女第二次怀孕时,母体内的 Rh 抗体进入胎儿,导致第二胎胎儿流产或新生儿溶血病;Rh 阴性患者若再次输入 Rh 阳性血,可发生输血反应。

2. **人类白细胞抗原(human leucocyte antigen,HLA)** HLA 分布于白细胞、血小板及有核细胞的细胞膜表面,由多个基因决定,称为主要组织相容性复合体(major histocompatibility complex,MHC)。除单卵双生者外,人与人之间的 HLA 均不同,亲缘关系越远,HLA 差别越大。因此,在异体器官移植时,常因 HLA 的存在,使受者对供者的器官产生移植排斥反应。

（三）异嗜性抗原

异嗜性抗原是与种属特异性无关的,存在于不同种属(如人、动物、植物、微生物)之间的共同抗原,最早被学者 Forssman 发现,故又称为 Forssman 抗原。如乙型溶血性链球菌表面的多糖抗原等成分,分别与人肾小球基底膜和心肌组织有共同抗原,当人体感染乙链菌后,其刺激机体产生的抗体可与肾小球基底膜或心肌发生交叉反应,引起肾小球肾炎或心肌炎。

（四）自身抗原

自身组织通常情况下不引起机体的免疫应答,但在某些特殊情况下,体内自身细胞的表面抗原,也可引起机体免疫应答,成为自身抗原。

1. 修饰的自身抗原　正常的自身组织在感染、化学药物、电离辐射等理化、生物因素作用下,其细胞表面结构变异,出现新的抗原决定基,而成为修饰的自身抗原。

2. 隐蔽的自身抗原　某些在正常情况下与血液、免疫系统相对隔绝的自身组织,在感染、手术、外伤等因素作用下,这些成分有机会入血,刺激免疫细胞引起免疫应答,称为隐蔽的自身抗原,可致自身免疫性疾病。

（五）肿瘤抗原

肿瘤抗原是细胞恶变过程中,体内出现含量明显增多的、具有免疫原性的大分子物质的总称,分为肿瘤相关抗原(tumor associated antigen,TAA)和肿瘤特异性抗原(tumor specific antigen,TSA)两大类。如原发性肝癌、畸胎瘤患者血清中甲胎蛋白(AFP),结肠癌患者血清中的癌胚抗原(CEA)均明显增加,因此临床上可通过检测肿瘤患者血清中 AFP 或 CEA 含量,以协助诊断原发性肝癌或结肠癌。

> **链接**　超抗原——超抗原(super antigen,SAg)是一类由细菌外毒素、逆转录病毒蛋白和热休克蛋白等构成的抗原性物质,该类抗原能与多数淋巴细胞结合,且为之激活提供信息,不受主要组织相容性复合体(MHC)限制,极微量抗原即可激活多克隆淋巴细胞,产生很强的刺激效果,故称为超抗原。普通蛋白质抗原可激活机体总 T 细胞库中万分之一至百万分之一的 T 细胞,而超抗原极低浓度即可激活 2%~20% T 细胞克隆。
>
> 超抗原按来源可分为两类:外源性超抗原与内源性超抗原;按作用对象也分为两类:B 细胞超抗原与 T 细胞超抗原。
>
> 超抗原具有重要的生物学意义:一是可诱导 T 细胞耐受,诱导细胞程序性死亡,导致克隆排除。二是超抗原与某些免疫相关疾病的发生有关。

四、佐　剂

佐剂(adjuvant)是指与抗原一起或预先注入机体后,可增强机体对该抗原的免疫应答或改变免疫应答类型的物质,又称免疫佐剂。

佐剂的种类很多,如氢氧化铝、明矾等,目前在动物实验中最常用的是弗氏佐剂。

> **链接** 弗氏佐剂——弗氏佐剂有不完全佐剂和完全佐剂两种。弗氏不完全佐剂是由油剂(石蜡油或花生油)与乳化剂(羊毛脂)混匀而成,将其与水溶性抗原充分混合形成油包水乳剂后,可用来免疫动物。在弗氏不完全佐剂中加入死的分支杆菌,就成为弗氏完全佐剂;其优点是作用较强,缺点是在注射局部易形成肉芽肿和持久性溃疡。

佐剂的生物学作用:①增强抗原的免疫原性,可使原本免疫原性无或弱的物质变为有效的完全抗原;②增强体液免疫应答能力,提高机体初次和再次免疫应答产生的抗体滴度;③可改变抗体产生的类型;④诱导产生或增强迟发型超敏反应。

第4节 免疫球蛋白

抗体(antibody,Ab) 是机体免疫系统中 B 细胞接受抗原刺激后,活化、增殖、分化而成的浆细胞产生的,能与相应抗原特异性结合的球蛋白。抗体主要分布于血液、淋巴液、组织液、外分泌液等体液中,其中以血清中含量最多。抗体能与相应抗原特异性结合的特性称为抗体活性。

免疫球蛋白(immunoglobulin,Ig) 具有抗体活性或无抗体活性但化学结构与抗体相似的球蛋白,统称为免疫球蛋白。由世界卫生组织和国际免疫学会联合会的专门委员会分别于1968年和1972年命名。免疫球蛋白中的分泌型 Ig(secreted Ig,sIg)主要分布于血液等体液中,膜型 Ig(membrane Ig,mIg)存在于 B 细胞膜表面。

抗体的概念侧重于球蛋白的生物学功能,而免疫球蛋白则侧重于球蛋白的化学结构,抗体均为免疫球蛋白,免疫球蛋白则不一定是抗体。

一、免疫球蛋白的结构与功能区

(一) 基本结构

各类免疫球蛋白化学组成与结构不尽相同,但其基本结构相似。免疫球蛋白分子的基本结构是由 1 对相同的重链(heavy chain,H 链)和 1 对相同的轻链(light chain,L 链)共 4 条多肽链经二硫键(—S—S—)连接,形成一"Y"字形结构,构成免疫球蛋白分子的基本结构单位——单体(图 4-4)。

各类免疫球蛋白分子化学基本结构均为单体,下面以 IgG 的分子结构为例介绍免疫球蛋白的基本结构。

1. 4 条多肽链 IgG 由两条相同的轻链

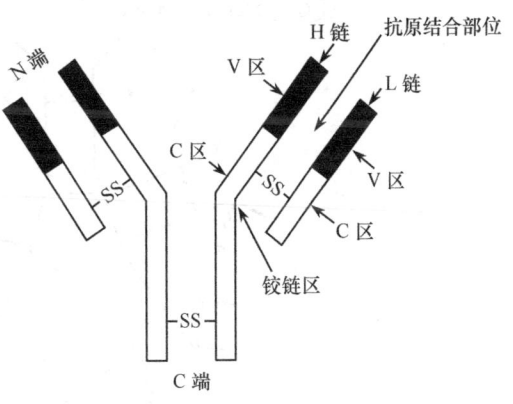

图 4-4 IgG 的基本结构

(L链)及两条相同的重链(H链)经二硫键(—S—S—)连接起来。①L链:分子量约25 ku,由214个氨基酸残基组成,可分为κ型和λ型两型。一个天然Ig分子上两条L链的类型总是相同的,但在同一个体内可同时存在分别带有κ或λ链的Ig分子,两型L链功能相同。②H链:分子量约50~75 ku,由450~550个氨基酸残基组成。根据各类免疫球蛋白H链恒定区氨基酸的组成和排列顺序不同,可将其分为五种,即μ链、δ链、γ链、α链、ε链,其相应Ig称为IgM、IgD、IgG、IgA和IgE共五类。

2. 两端 Ig的4条由氨基酸经肽键连接而成的多肽链,氨基端称为N端,羧基端称为C端。两条L键通过—S—S—键连接在两条H链N端的外侧。

3. 两区 免疫球蛋白的基本结构相似,但不同免疫球蛋白的H链与L链近N端的氨基酸种类和排列顺序变化大,而近C端的则相对恒定,据此可将多肽链分为两区,即可变区(variable region,V区)和稳定区(constant region,C区)。V区由多肽链近N端的1/2L链(VL)和1/4H链(VH)组成;多肽链的其余部分,即近C端的1/2L链(CL)和3/4H链(CH)组成C区。V区决定抗体识别抗原的特异性,是与相应的抗原特异性结合的部位;C区无抗体活性,但与抗体的效应有关,有激活补体、通过胎盘和黏膜屏障、介导调理作用等功能。

4. 铰链区 位于CH_1与CH_2之间,约含30个氨基酸残基的区域,为铰链区(hinge region),其含有丰富的脯氨酸,因而具有弹性,可自如伸曲,有利于抗体与相应抗原特异性结合,同时暴露补体结合部位。此区易被木瓜蛋白酶、胃蛋白酶等酶水解。

5类免疫球蛋白中,有的除上述基本结构外,还含有起连接Ig单体作用的J链(Joining chain),或能介导IgA二聚体由黏膜下通过黏膜上皮细胞运输至黏膜表面等作用的分泌片(secretory piece,SP)也称分泌成分(secretory component,SC)。IgG、IgD、IgE、血清型IgA为单体,不含J链;分泌型IgA(sIgA)含有J链及分泌片,为二聚体;IgM经J链和—S—S—键连接成为五聚体(图4-5)。

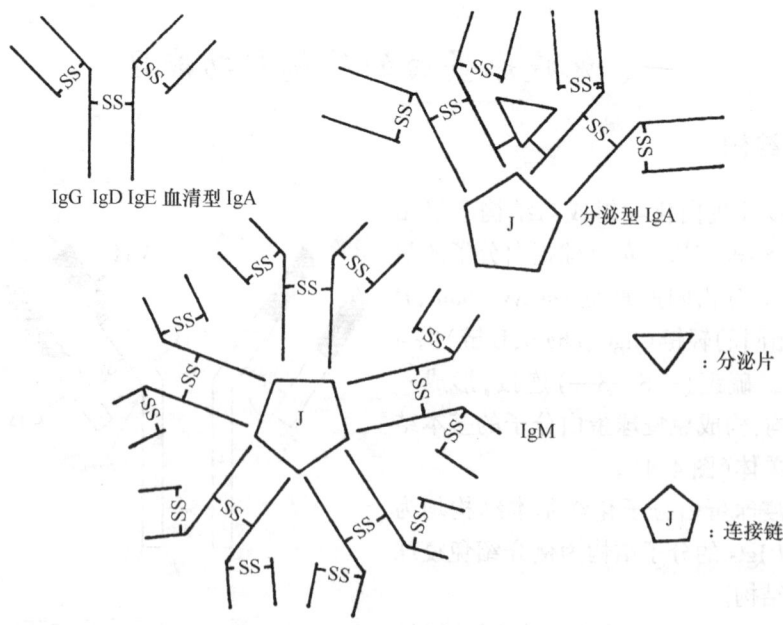

图4-5 五种免疫球蛋白的结构

(二) 免疫球蛋白的水解片段及功能

免疫球蛋白分子易被各种蛋白酶水解,生成降解片段。这里简单介绍两种常用的蛋白酶(图4-6)。

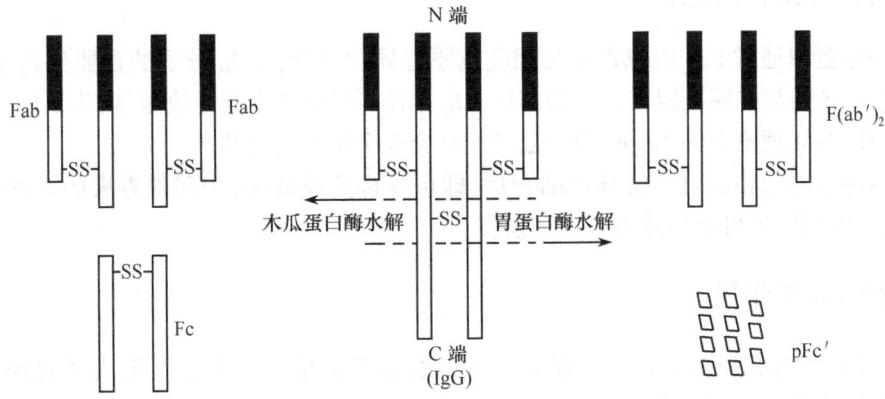

图4-6 免疫球蛋白的水解片段

1. **木瓜蛋白酶水解片段** 木瓜蛋白酶作用于铰链区—S—S键连接的两条H链近N端,将Ig裂解为3个片段:2个相同的Fab段和1个Fc段。Fab段由一条完整的L链和H链的VH及CH_1功能区组成,可与抗原特异性结合,故称为抗原结合片段。Fc段由CH_2及CH_3功能区组成,无抗体活性,但具有激活补体等作用,又称为可结晶片段。

2. **胃蛋白酶水解片段** 胃蛋白酶作用于铰链区—S—S键连接的两条H链近C端,将Ig裂解为$F(ab')_2$大片段和若干PFc'小片段。$F(ab')_2$具有双价抗体活性,与相应的抗原结合可发生凝集或沉淀反应。PFc'最终降解为碎片,失去生物学活性。

了解免疫球蛋白分子的水解片段,在实际工作中具有指导意义。例如,将破伤风抗毒素经胃蛋白酶消化处理后,除去其Fc段精制提纯的生物制品可减缓超敏反应的发生。

(三) 免疫球蛋白的功能区

免疫球蛋白分子的4条多肽链可折叠形成多个球状功能区,每个功能区约由110个氨基酸组成(图4-7)。

免疫球蛋白各功能区的作用有:①VH与VL具有与抗原特异性结合作用;②CH与CL上具有部分同种异型的遗传标志;③IgG的CH_2、IgM的CH_3具有激活补体的作用;④IgG的CH_2还具有穿过胎盘作用;⑤IgG的CH_3、IgE的

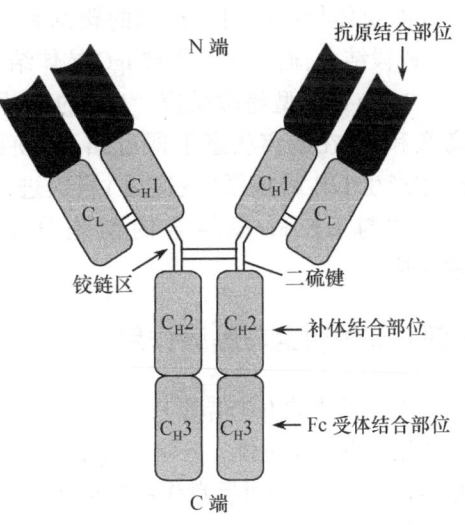

图4-7 免疫球蛋白的功能区

CH_2、CH_3能与 IgG Fc 受体结合,介导免疫效应。

二、免疫球蛋白的生物学功能

(一) 特异性结合抗原作用

免疫球蛋白通过 Fab 段识别并与相应抗原特异性结合,是 Ig 分子的首要生物学功能。Fab 段的 V 区是与抗原决定基结合的部位。Ig 单体可结合 2 个抗原决定基,为双价;分泌型 IgA 为 4 价;IgM 理论上为 10 价,但一般只能结合 5 个抗原决定基。

抗体在体内与相应抗原特异性结合后,即可发挥免疫效应,中和外毒素的毒性作用或消除病原,但同时也可能导致免疫病理损伤。

(二) 激活补体作用

IgM、IgG 可与相应抗原结合形成免疫复合物,易于暴露其补体结合点,并通过经典途径等激活补体系统而发挥免疫效应。

(三) 结合细胞作用

免疫球蛋白通过其 Fc 段与具有 Fc 受体的细胞(如吞噬细胞、K 细胞、肥大细胞、嗜碱粒细胞等)结合,从而介导被结合细胞发挥相应的免疫效应。

1. 调理作用 调理作用(opsonization)是指抗体、补体等生物活性物质促进吞噬细胞对已经与抗体等结合的抗原物质(如细菌等)的吞噬作用。例如,IgG 抗体的 Fc 段与巨噬细胞表面的 Fc 受体结合,可增强其吞噬能力。

2. ADCC 作用 ADCC 作用即抗体依赖细胞介导的细胞毒作用(详见免疫系统)。例如,IgG 抗体与带有相应抗原的靶细胞(细菌等)结合后,NK 细胞、巨噬细胞等可通过与 IgG Fc 段结合,而直接杀伤被 IgG 抗体结合的靶细胞。

3. 介导 I 型超敏反应 IgE 的 Fc 段与肥大细胞或嗜碱粒细胞表面的 Fc 受体具有高亲和力,在游离状态下即可结合,使肥大细胞或嗜碱粒细胞处于致敏状态。当刺激机体产生 IgE 的抗原(变应原)再次进入机体时,往往迅速与体内的 IgE 特异性结合,从而启动与 IgE Fc 段结合的细胞分泌组胺、白三烯等生物活性介质,导致 I 型超敏反应。

(四) 穿过胎盘与黏膜作用

人类母体的 IgG 借其 Fc 段主动穿过胎盘进入胎儿血液循环,使胎儿直接获得具有抗感染作用的 IgG 型抗体。分泌型 IgA 可经黏膜上皮细胞进入呼吸道、消化道黏膜,发挥局部抗感染作用。IgG 通过胎盘作用及母初乳中分泌型 IgA 的哺乳传递,对提高新生儿、婴儿的抗感染能力具有重要意义。

三、5类免疫球蛋白的生物学特性

(一) IgG

IgG 是血清中含量最多的免疫球蛋白,占血清中免疫球蛋白总量的 75%~80%,主要分布在血清、组织细胞外液中。人体出生 3 个月后开始能合成 IgG,3~5 岁接近成人水平。IgG 半衰期为 20~23 天,是体液免疫回忆应答产生的主要抗体,是机体抗病原生物感染的主要成分。IgG 是唯一可以通过胎盘的免疫球蛋白,可由母体获得,这在新生儿抗感染免疫中起重要作用。

(二) IgM

IgM 是人体发育中产生最早的免疫球蛋白,胎儿晚期开始合成,占血清中免疫球蛋白总量的 5%~10%。单体 IgM 以 SmIgM 表达于 B 细胞膜上,是 B 细胞的抗原受体。五聚体 IgM 分子量大,不能通过血管壁或胎盘,主要分布在血清中,具有很强的早期抗感染作用,效能高。天然存在于人体血液中的血型(ABO)抗体即属 IgM,故血型不符输血可致输血反应。若新生儿脐带血中检测出 IgM,常提示胎儿宫内感染;机体血清 IgM 升高,往往表明有近期感染,可用于传染病的早期诊断。

(三) IgA

IgA 是机体血清中含量列第二高的免疫球蛋白,占血清免疫球蛋白总量的 10%~15%。分为两型:血清型 IgA 多以单体形式存在,免疫功能不明显;分泌型 IgA(sIgA)为二聚体,有分泌片,由 J 链连接,主要分布于呼吸道和消化道分泌液、初乳、唾液、泪液等外分泌液中。sIgA 是黏膜局部免疫的重要抗体,在局部抗感染中发挥积极作用。新生儿、婴儿可从母体初乳中获得 sIgA,对其呼吸道、胃肠道黏膜表面有保护作用,为自然被动免疫。因此,我们应提倡母乳喂养。

(四) IgD

IgD 含量较少,血清中占免疫球蛋白总量的 0.2%。在 5 类免疫球蛋白中 IgD 易被水解,半衰期较短。IgD 分为 2 型:血清型 IgD 生物学功能尚不清楚;膜型 IgD(mIgD)是 B 细胞膜上的抗原受体,为 B 细胞分化发育成熟的标志。

(五) IgE

IgE 是正常人体血清中含量最少的免疫球蛋白,当机体出现超敏反应或寄生虫感染时含量明显升高。IgE 与肥大细胞、嗜碱粒细胞具有亲细胞性,可通过其 Fc 段与靶细胞表面的 Fc 段受体结合,使机体处于致敏状态,当变应原再次注入机体时,进而引起靶细胞脱颗粒,导致 I 型超敏反应(表 4-3)。

表 4-3 五类免疫球蛋白主要理化特性与生物学功能

	IgG1	IgG2	IgG3	IgG4	IgM	IgA1	IgA2	IgD	IgE
重链	γ1	γ2	γ3	γ4	μ	α1	α2	δ	ε
分子质量（ku）	140	146	165	146	970	160	160	184	188
主要存在形式	单体	单体	单体	单体	五聚体	单体、双体	单体、双体	单体	单体
开始合成时间	IgG1~IgG4 为出生后 3 个月				胚胎后期	IgA1 与 IgA2 为生后 4~6 个月		任何时间	较晚
成人血清水平（mg/ml）	9	3	1	0.5	1.5	3	0.5	0.03	5×10-5
血清中半衰期（天）	21	20	7	21	10	6	6	3	2
经典途径激活补体	++	+	+++	-	+++	-	-	-	-
旁路途径激活补体	-	-	-	-	-	+	-	-	-
通过胎盘	+++	+	++	±	-	-	-	-	-
结合吞噬细胞	+++	-	+++	-	-	+	+	-	+
结合肥大细胞和嗜碱粒细胞	-	-	-	-	-	-	-	-	+++
与 SPA 结合	+	+	±	+	-	-	-	-	-
中和作用	++	++	++	++	+	++	++	-	-
NK 细胞介导的 ADCC	++	-	++	-	-	-	-	-	-
免疫作用	抗菌、抗病毒、抗毒素抗体,自身抗体				早期抗感染作用、溶菌、溶细胞,天然血型抗体,类风湿因子,mIgM 为 B 细胞抗原受体(BCR)	黏膜局部抗感染作用		mIgD 为 BCR,B 细胞分化成熟标志	抗寄生虫感染、介导 I 型超敏反应

四、人工制备抗体的种类

抗体(Ab)是机体免疫应答的重要效应产物,在人类与传染病及免疫相关疾病的长期斗争中,运用抗体进行免疫学检测和防治有着日益突显的意义。用人工方法制备抗体在如今已成为获得抗体的重要途径。

(一) 多克隆抗体

克隆(clone),是由一个祖先细胞无性繁殖形成的、遗传性状完全相同的细胞群体,即细胞系。用抗原物质接种动物后所获得的含有多种抗体的混合免疫血清,称为多克隆抗体(pdyclonal antibody,pAb),由于天然的抗原物质常含多种不同的抗原决定基,因而刺激机体多个 B 细胞克隆被激活,产生多种与抗原决定基相对应的抗体。多克隆抗体的优点是来源广、作用全、易制备;缺点是特异性不高,纯度低,易发生交叉反应,产量少。

(二) 单克隆抗体

为了克服多克隆抗体的缺点,1975 年 Koller 和 Milstein 建立了体外细胞融合技术,将 B 细胞和骨髓瘤细胞融合形成了杂交细胞系(杂交瘤),使之既能如骨髓瘤细胞大量增殖,又能如 B 细胞合成分泌特异性抗体。由一个克隆 B 细胞产生的,只作用于单一抗原决定基的高度特异性的抗体,称为单克隆抗体(monocl onal antibody,mAb)。其优点是结构均一、特异性强、纯度高、效价高,血清交叉反应少或无,制备成本低,因此已广泛用于各个医学领域。例如,可用于检测特异性抗原,应用抗 HLA 单克隆抗体防止器官移植排斥反应等。缺点是制备来源于鼠,对人类免疫原性强,反复多次使用会降低效应,且可能导致机体的免疫病理损伤。

(三) 基因工程抗体

DNA 重组技术的发展,为人们制备既可保留单克隆抗体优点,同时也可克服其缺点的新型抗体带来了希望,有可能用基因工程手段生产部分或全人源化的基因工程抗体。目前已成功表达的基因工程抗体有人-鼠嵌合抗体、改型抗体、小分子抗体等。

第 5 节 补体系统

补体(complement,C) 是存在于正常人和动物体内的一组经激活后具有酶活性的蛋白质。补体成分最初由 Bordet 发现于 19 世纪末,主要分布于新鲜血清中,是一种不耐热、可辅助特异性抗体溶解细菌的物质,是抗体发挥溶菌功能的必要补充条件,因而称为补体。补体已确定并非单一成分,是由 30 余种可溶性蛋白质和膜结合蛋白质组成,故又称补体系统。补体系统参与机体的免疫防御机能与免疫应答的调节,但同时也可介导损伤性的免疫病理反应,是体内具有重要生物作用的效应系统和效应放大系统。

一、补体系统的组成和理化性质

(一) 补体系统的组成与表达

1. 补体系统的组成 补体系统的 30 余种成分按其发现的顺序分为 3 部分。第一部分为参与经典激活途径的补体成分,由 $C_1(q,r,s)$、C_2、C_3……C_9 组成;第二部分为 20 世纪 70 年代发现的新的血清因子,主要是参与旁路激活途径的补体成分,有 B 因子、D 因子和 P 因子等;第三部分为此后发现的参与调节补体激活的调节因子成分,如 C_1 抑制物、I 因子、H 因子等。

2. 补体系统成分的表达 1968 年世界卫生组织(WHO)补体命名委员会对补体系统各

成分作了统一命名规定。①补体以 C 表示,按发现的先后顺序,补体各成分分别以 C_1、C_2、C_3、……C_9 表示;②C_1 由 3 个亚单位组成,分别以 C_{1q}、C_{1r}、C_{1s} 表示;③补体激活后的降解片段,小片段以 a 表示,大片段以 b 表示,例如 C_3 裂解后的两个片段分别以 C_{3a}、C_{3b} 表示;④多种补体成分裂解后形成的复合物,将各片段列于 C 的右下方表示,例如 C_{4b} 与 C_{2b} 的复合物以 C_{4b2b} 表示;⑤补体被激活后,已具有酶活性的片段或复合物,在 C 右下方符号上加一横线表示,例如 C_{4b2b} 被激活后以 $\overline{C_{4b2b}}$ 表示;⑥对新发现的某些组分、调节因子中的某些成分,以英文大写字母或英文名称的缩写符号表示,例如 B 因子、D 因子等;⑦失活的补体片段,以在其符号前加 i 表示,例如 iC_{3b}。

(二) 补体的产生、存在方式与理化性质

1. **补体的产生** 补体蛋白质的合成主要由肝细胞和巨噬细胞完成。组织损伤的急性期或炎症期,局部单核细胞可大量合成补体,补体属于急性期蛋白质。

2. **补体的存在方式** 补体分布在正常人、动物的血清中,血清中补体蛋白占血清总蛋白约 5%~6%,是以无活性的酶原形式存在的。补体由酶原形式转化成具有酶活性物质的过程,称为补体的激活。

3. **补体的理化性质** 补体成分均为糖蛋白,多数属 β 球蛋白,少数属 α、γ 球蛋白。补体理化性质极不稳定,紫外线照射、机械震荡、56℃温育 30 min、乙醇、盐酸等化学物质均可使补体蛋白质变性而丧失活性,称为补体的灭活。补体在 0~10℃ 时活性仅可保存 3~4 天,因此研究或检测用的补体应保存在 -20℃ 下。

二、补体的激活途径

补体系统中各成分,在某些激活物的刺激下或在某些物质特定的表面上,才能由无活性的酶原状态以连锁反应的方式依次被激活,即每当前一组分被激活,下一组分即进入被裂解状态,从而产生各种生物学效应。

补体激活过程按其起始顺序不同可分为 3 条途径:①由抗原-抗体复合物结合 C_{1q} 启动激活的途径,因其最早被发现,故称经典途径;②由 MBL 结合至细菌启动激活的途径,称为 MBL 途径;③由病原微生物(如细菌细胞壁成分)等提供接触表面,从 C_3 启动激活的途径,称为 C_3 旁路途径。

在机体的抗感染免疫中,以上 3 条途径中最早被激活的是 C_3 旁路途径,其次是 MBL 途径,最后是经典途径。3 条激活途径的末端通路是相同的,即形成膜攻击复合物,并攻击、溶解靶细胞。

(一) 经典途径

经典途径又称为传统途径、第一途径,是抗体介导的体液免疫中的主要效应方式。激活物主要是 IgG 或 IgM 型的抗原-抗体复合物(immune complex,IC),某些多聚分子、蛋白质等也可激活该途径;激活过程可分为识别阶段、活化阶段和攻膜阶段。下面以免疫溶血模式说明经典途径的激活过程(图 4-8)。

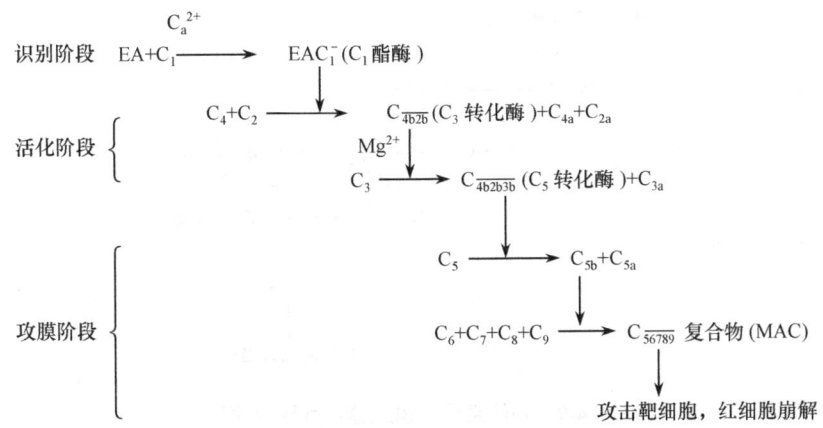

图 4-8　补体系统经典激活途径示意图

1. 识别阶段——C_1 酯酶形成阶段

当红细胞表面的抗原（E）与相应抗体（A）特异性结合时，抗体（IgG 或 IgM 型）构型发生变化，使其 Fc 段的 C_{1q} 结合点充分暴露，在 Ca^{2+} 的参与下，C_{1q} 与之结合并相继激活 C_{1r}、C_{1s}，形成 C_{1r}、C_{1s}，后者具有酯酶活性，即 C_1 酯酶。

2. 活化阶段——C_3 转化酶和 C_5 转化酶形成阶段

C_{1s} 在 Mg^{2+} 参与下，依次裂解 C_4 为 C_{4a} 与 C_{4b} 2 个片段、裂解 C_2 为 C_{2a} 与 C_{2b} 2 个片段。C_{4b} 结合到已和抗体结合的红细胞膜上，C_{2b} 则与 C_{4b} 结合，形成 C_{4b2b}，即 C_3 转化酶。C_{4b2b} 作用于 C_3，使其裂解为 C_{3a} 与 C_{3b}，其中 C_{3b} 固定到红细胞膜上与 C_{4b2b} 结合，形成 C_{4b2b3b}，即 C_5 转化酶。

本阶段中产生的 C_{4a}、C_{2a}、C_{3a} 游离于体液中，发挥其相应的免疫效应（过敏毒素作用、激肽样作用、趋化作用等）。

3. 攻膜阶段——攻膜复合体形成并攻击靶细胞膜阶段

C_{4b2b3b} 裂解 C_5 为 C_{5a} 与 C_{5b} 2 个片段，C_{5b} 先与 C_6、C_7 结合形成 C_{5b67}（简写为 C_{567} 复合物），可结合深入到红细胞膜脂质双层结构中，C_{567} 为 C_8 的受体，C_8 与之结合形成 C_{5678} 复合物，其中 C_8 是 C_9 的结合部位，12~15 个 C_9 与红细胞膜上的 C_{5678} 结合，最后形成 C_{56789} 攻膜复合体（MAC）嵌入红细胞膜，在脂质双层结构中形成穿膜离子通道，导致细胞内成分外溢，红细胞水肿、崩解。

（二）MBL 途径

补体的 MBL 途径，又称凝集素途径。MBL 是一种钙依赖性糖结合蛋白，主要出现在病原微生物感染早期机体血清中，急性期含量明显升高。MBL 与病原微生物表面的甘露糖残基结合后，其构象发生变化，激活与之相连的 MBL 相关的丝氨酸蛋白酶（MASP）。MASP 活性类似于 C_{1s}，可裂解 C_4、C_2 形成 C_{4b2b}（C_3 转化酶），此后反应过程与经典途径相同。MBL 途径在抗感染早期免疫中发挥重要作用（图 4-9）。

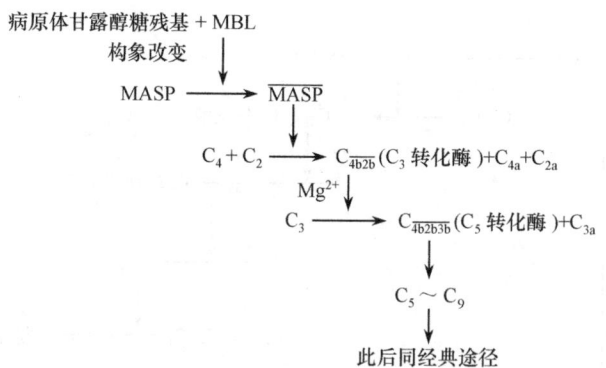

图 4-9 补体系统 MBL 激活途径示意图

(三) 旁路途径

旁路途径又称为第二途径、替代途径,于 1968 年备解素(properdin,P 因子)分离纯化成功后得到公认。该途径越过 C_1、C_4、C_2,直接激活 C_3,在 B 因子、D 因子、P 因子等的参与下,依次激活 $C_5 \sim C_9$,其激活物不是抗原-抗体复合物(IC),而是病原菌细胞壁的脂多糖、酵母多糖等成分,因而在感染早期对机体的防御有重要意义。其激活过程可分为准备阶段、活化阶段及效应扩大阶段(图 4-10)。

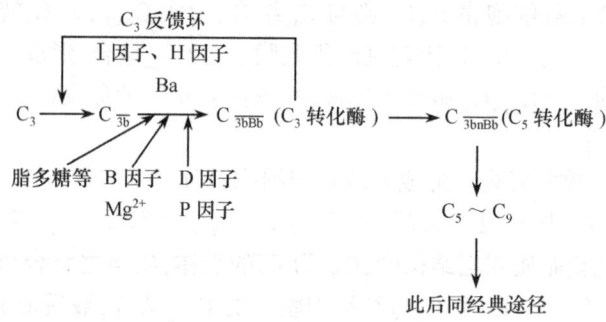

图 4-10 补体系统旁路激活途径示意图

1. 准备阶段——C_{3b} 产生及 C_3 转化酶形成阶段

在正常生理情况下,机体不断产生低水平 C_{3b},在 Mg^{2+} 参与下,与 B 因子结合形成 $C_{3b}B$,其中的 B 因子在血清中 D 因子(B 因子转化酶原)作用下裂解,形成 C_{3bBb} 和 Ba 两个部分。$\overline{C_{3bBb}}$ 即旁路途径的 C_3 转化酶。在生理情况下,由于血清中 I 因子(C_{3b} 灭活因子)、H 因子(C_{3b} 灭活促进因子)等的调控,C_{3b} 与 $\overline{C_{3bBb}}$ 保持很低水平。血清中的备解素(P 因子)能与 $\overline{C_{3bBb}}$ 结合形成不易被灭活的 $\overline{C_{3bBb}P}$。

2. 活化阶段——C_5 转化酶形成至靶细胞崩解阶段 旁路途径激活启动物质(细菌的脂多糖、葡聚糖、酵母多糖、其他动物细胞等)为 C_{3b} 与 $\overline{C_{3bBb}}$ 提供了结合的表面,使之免受 I 因子、H 因子灭活,直接激活 C_3 裂解为 C_{3a} 与 C_{3b} 两个片段,后者与 C_3 转化酶($\overline{C_{3bBb}}$ 或 $\overline{C_{3bBb}P}$)结

第4章 免疫学基础

合形成本途径 C_5 转化酶(C_{3bBb3b} 或 C_{3bnBbP}),此后与经典途径相同,其功能是裂解 C_5,并依次激活 $C_6 \sim C_9$,形成 MAC,攻击靶细胞。

3. 效应扩大阶段——C_{3b} 的正反馈途径

旁路激活途径中 C_{3b} 是 C_3 转化酶(C_{3bBb} 或 C_{3bBbP})裂解 C_3 的产物,同时又是该酶的组成部分,可放大激活作用,构成一个正反馈环。因此,不论经典途径还是旁路途径,C_3 的激活占据重要地位,是补体系统激活的关键。(表4-4)

表4-4 三条激活途径的异同

	经典途径	MBL 途径	C_3 旁路途径
激活物	Ag-Ab 复合物	MBL-病原菌甘露醇糖残基	细菌脂多糖、酵母多糖等
参与的补体成分	$C_1 \sim C_9$	$C_2 \sim C_9$	C_3、B 因子、D 因子、P 因子、$C_5 \sim C_9$
参与的离子	Ca^{2+}	Mg^{2+}	Mg^{2+}
C_3 转化酶	C_{4b2b}	C_{4b2b}	C_{3bBb}
C_5 转化酶	C_{4b2b3b}	C_{4b2b3b}	C_{3bBb3b}
作用	参与特异性体液免疫的效应发挥	在感染早期发挥非特异性免疫效应	
共同末端效应	三者均形成 C_{56789} 攻击膜复合体(MAC),攻击靶细胞		

三、补体的生物学功能

补体系统是抗体非特异性免疫(固有免疫)的重要组成部分,3 条补体激活途径具有共同的末端通路,形成 MAC 攻击靶细胞,介导溶细胞效应;补体激活过程中产生的各种补体片段,通过与相应的细胞受体结合而介导多种免疫效应。既发挥其非特异性免疫效应,也参与机体的特异性免疫;既可产生生理效应,也可能导致免疫病理效应(表4-5)。

表4-5 补体及其裂解片段的生物学功能

补体或裂解片段	生物学功能
$C_1 \sim C_9$ 或 C_3、$C_5 \sim C_9$	溶细胞、溶菌作用
C_{3b}、C_{4b}	调理作用、免疫黏附作用
C_{3a}、C_{4a}、C_{5a}	过敏毒素作用、炎症递质作用
C_{3a}、C_{5a}、C_{567}	趋化作用
C_3、C_4、CR_1	清除免疫复合物、凋亡细胞作用

(一)溶细胞、溶菌和溶病毒作用

补体系统被激活后,于靶细胞表面形成 MAC,介导溶细胞、溶菌、溶病毒感染细胞效应,是机体重要的抗感染功能。当机体血型不符输血后,可将异型血细胞当作靶细胞,从而引发输血反应。

(二) 调理与免疫黏附作用

C_{3b}、C_{4b}与细菌、病毒等颗粒物质结合后,可促进吞噬细胞的吞噬作用,称为补体的调理作用。免疫黏附作用是C_{3b}一端与靶细胞结合,另一端与具有C_{3b}受体的细胞如红细胞等结合,形成较大聚合物,有利于吞噬细胞的吞噬清除。

(三) 炎症递质作用

C_{3a}、C_{4a}、C_{5a}均具有过敏毒素作用,作用于肥大细胞、嗜碱粒细胞,使之脱颗粒,释放组胺等活性递质,导致毛细血管扩张,通透性增强,平滑肌收缩,产生近似Ⅰ型超敏反应的临床症状。C_{3a}、C_{5a}、C_{567}具有吸引吞噬细胞聚积到炎症部位的作用,称为趋化作用。

(四) 清除免疫复合物、凋亡细胞作用

体内中等分子量的循环免疫复合物(IC)沉积于血管壁,激活补体可造成周围组织损伤。IC可经C_{3b}为媒介与机体表达CR_1的红细胞结合,经血流运输到肝脏而清除。机体内衰老的细胞可经由多种补体成分(C_{1q}、C_{3b}等)被识别并与之结合,通过与吞噬细胞表面相应受体发生作用,参与对凋亡细胞的清除。

第6节 免疫应答

一、免疫应答的概念和类型

广义的免疫应答(immune response, Ir)包含固有免疫应答和获得性免疫应答,狭义的免疫应答指后者,又称为特异性免疫应答(specific response),它是指机体接受抗原刺激后,免疫活性细胞(T细胞和B细胞)对抗原的识别,自身活化、增殖分化并产生免疫效应的过程。

机体的免疫应答根据免疫活性细胞的不同,可分为B细胞介导的体液免疫应答和T细胞介导的细胞免疫应答两种;通过免疫应答,分别获得体液免疫与细胞免疫,两者统称为特异性免疫。当特异性免疫应答结局对机体起积极的抗感染免疫作用时,称为正向免疫应答;在一定条件下,机体也可对抗原刺激产生免疫耐受或负向免疫应答。

二、免疫应答的基本过程和特点

免疫应答是免疫活性细胞(T细胞和B细胞)为主导,单核吞噬细胞等其他免疫细胞共同参与的连续的免疫过程,一般人为地将其大致划分为3个阶段。

(一) 免疫应答的基本过程

1. **感应阶段** 又称抗原摄取识别递呈阶段。进入机体的抗原物质,首先被单核-吞噬细胞系统吞噬并进行消化处理或清除,同时该细胞还能将抗原信息传递给免疫活性细胞,发挥其抗原递呈功能。一般情况下,T 细胞和 B 细胞均需在辅助性 T 细胞(T_H)的辅助下,通过其表面的抗原受体对抗原进行识别,少数抗原物质可以直接刺激 B 细胞而被其识别。

2. **反应阶段** 此阶段是免疫活性细胞接受抗原刺激后自身开始活化、增殖、分化的阶段。T 细胞识别抗原后,胞浆丰富、体积增大,形成具有分裂倾向的淋巴母细胞,最终增殖、分化为致敏的 T 淋巴细胞,即细胞毒 T 细胞(T_c)与迟发型超敏反应性 T 细胞(T_{DTH})。B 细胞识别抗原后亦变形生长形成浆母细胞,进而增殖、分化为浆细胞。

3. **效应阶段** 是反应阶段后期形成的浆细胞与致敏 T 细胞发挥免疫效应的阶段。浆细胞具有合成分泌抗体的功能,抗体主要分布在体液中,因此,其发挥的免疫作用称为体液免疫。致敏 T 细胞则通过 T_c 的细胞毒作用直接杀伤带有相应抗原的靶细胞,以及 T_{DTH} 释放多种淋巴因子等免疫效应物质导致炎症反应两方面来发挥细胞免疫作用(图 4-11)。

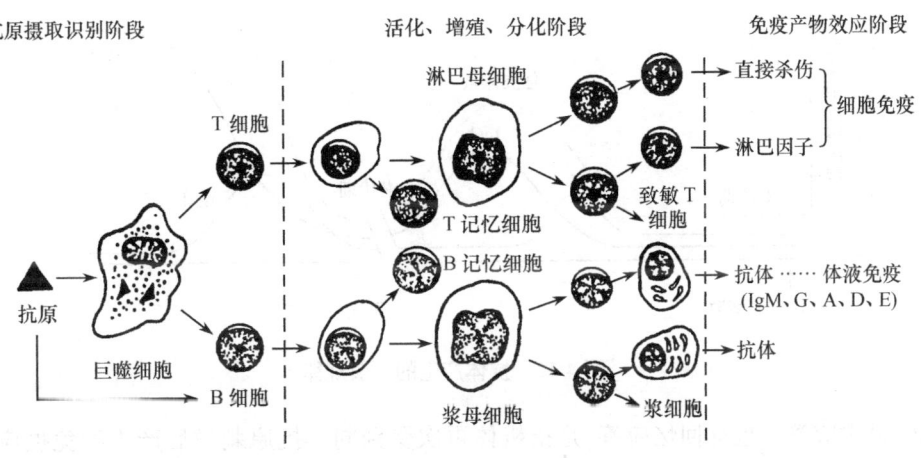

图 4-11 免疫应答的基本过程

(二) 免疫应答的特点

此处免疫应答指特异性免疫应答,其特点有:①特异性,既表现在抗原刺激产生的相应应答产物上,也表现在应答产物只具有相应的免疫效应上;②记忆性,免疫活性细胞受抗原刺激后有一部分成为记忆性 T 细胞(memory T cell,Tm)或记忆性 B 细胞(memory B cell,Bm),当相同的抗原再次进入机体时,机体可借记忆细胞迅速产生强大的免疫应答;③放大性,在应答过程中存在着 T 细胞、B 细胞的活化增殖,从而使其免疫效应也得以扩大。

三、体液免疫应答

体液免疫应答(humoral immnity response,HIR)是指 B 细胞对抗原的摄取识别而自身活化、增殖、分化为浆细胞,通过其合成分泌的抗体发挥免疫效应的过程。由于抗体存在于体液中,故称抗体介导的免疫为体液免疫。

(一) 抗体产生的一般规律

1. **初次应答** 初次应答是指机体首次受某种抗原刺激而产生的免疫应答。其特点是:①诱导期长,即抗原进入机体后,需经较长时间才能在血液中检出相应抗体(从抗原进入机体开始到血液中出现其抗体为止所经时间称为诱导期),一般需 5~10 天,不同的抗原种类、剂量、刺激机体的途径均可影响诱导期的长短;②应答产生抗体慢,浓度低,在体液中维持时间短;③首先产生的抗体类型为 IgM,当 IgM 降低接近消失时,IgG 出现,IgA 最晚出现(图 4-12)。

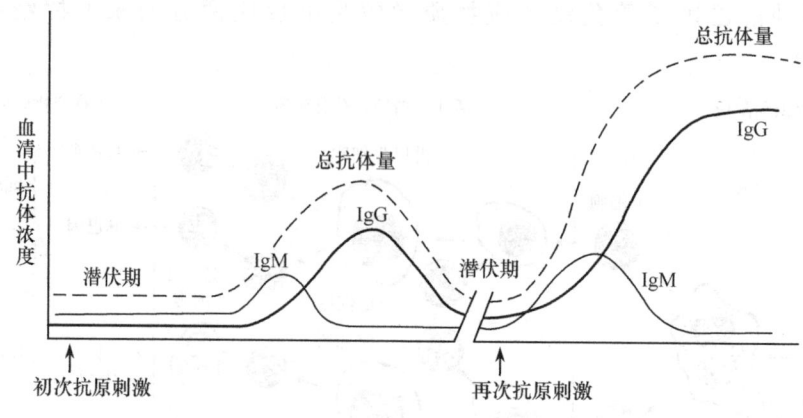

图 4-12 抗体产生的一般规律

2. **再次应答** 也称回忆应答,是指机体再次受到同一抗原刺激后产生的免疫应答,与初次应答比较,它具有以下特点:①诱导期短,由于记忆的 B 细胞已在初次应答中形成,当相同抗原再次刺激时,迅速产生免疫反应,诱导期因而大大缩减,一般仅需 2~3 天;②应答产生抗体快,量大浓度高,在体液中维持时间长,免疫效果好。

学习抗体产生的一般规律具有实践指导意义:①在预防接种时,间隔一定时间多次接种,可强化免疫,提高预防效果;如儿童计划免疫接种乙肝疫苗分别在出生时、出生一个月、出生 6 个月时多次接种,造成再次应答,强化免疫接种效应;②可用于临床协助诊断传染病:血中特异性 IgM 升高,提示传染病感染早期;血清抗体的效价较早期高 4 倍或以上,有诊断价值。

(二) 抗体的生物学功能

抗体在机体的抗感染免疫中具有重要作用,如抗毒素中和外毒素或类毒素作用,IgG、

IgM 型抗体通过激活补体最终攻击靶细胞的溶菌作用及调理作用、ADCC 作用等,抗体还可以参与介导 Ⅰ、Ⅱ、Ⅲ 型超敏反应,导致机体生理功能紊乱或组织细胞损伤(详见本书第 4 节免疫球蛋白)。

四、细胞免疫应答

细胞免疫应答(cell immunity response,CIR)是指 T 细胞对抗原的摄取识别而自身活化、增殖、分化为致敏淋巴细胞,通过 T_C 细胞的细胞毒作用及 T_{DTH} 细胞释放淋巴因子发挥免疫效应的过程。致敏 T 细胞介导的免疫称为细胞免疫。

(一) 细胞免疫的效应机理

致敏 T 细胞的效应细胞为 T_C 与 T_{DTH} 两个亚群,分别发挥各自的杀细胞效应。

1. **致敏 T_C 细胞的细胞毒作用** 致敏 T_C 细胞(CTL)通过其表面的抗原受体(TCR)与靶细胞特异性结合,向 T_C 细胞内传递信息,在 Mg^{2+} 的协同下,自身活化并释放溶细胞物质,在"穿孔素-颗粒酶系统"等的作用下,导致靶细胞内的电解质及大分子物质外流、H_2O 和 Na^+ 大量进入等一系列不可逆转的异变,最终造成靶细胞水肿、崩解。T_C 细胞可连续杀伤靶细胞,杀伤效率高,在机体抗病毒、抗肿瘤方面具有突出作用。

2. **T_{DTH} 细胞释放淋巴因子的作用** 致敏 T_{DTH} 细胞与相应抗原的结合可诱导其释放多种可溶性生物活性物质,统称为淋巴因子(lymphokine,LK)。淋巴因子种类多、作用广,其中以作用于具有强大吞噬功能的巨噬细胞的最为重要(表 4-6)。

表 4-6 主要的淋巴因子及其作用

淋巴因子	作用
巨噬细胞移动抑制因子(MIF)	抑制巨噬细胞随机移动
巨噬细胞活化因子(MAF)	活化巨噬细胞、加强其杀伤靶细胞的能力
巨噬细胞趋化因子(MCF)	吸引巨噬细胞至抗原局部
巨噬细胞聚集因子(MAggF)	使巨噬细胞集中至抗原局部
淋巴细胞生长因子类(IL-2、IL-3、IL-4、IL-5)	诱导淋巴细胞的 DNA 合成、促进其增殖分化
趋化因子(CFs)	分别吸引粒细胞、单核-巨噬细胞、淋巴细胞等至炎症部位
白细胞移动抑制因子(LIF)	抑制中性粒细胞的随机移动
淋巴毒素(LT)	选择性杀伤淋巴细胞外的靶细胞
γ-干扰素(IFN-γ)	干扰病毒复制、激活 NK 细胞、增强巨噬细胞的活性
促有丝分裂因子	非特异性的促进淋巴细胞的有丝分裂
转移因子(TF)	将特异性免疫信息转移给正常淋巴细胞使之致敏而扩大免疫力
皮肤反应因子(SRF)	导致血管扩张,增加血管通透性

(二) 细胞免疫的功能

在机体的免疫应答中,T 细胞介导的细胞免疫主要对胞内寄生病原体、肿瘤细胞起抗感染作用，同时还可参与Ⅳ型超敏反应、器官移植排斥反应。

五、免疫耐受与免疫调节

（一）免疫耐受

1. 概念　免疫耐受是指机体免疫系统在一定条件下出现的对某种抗原刺激的特异性容受状态。由于其通常不表现出传统意义上的免疫应答，又称为负免疫应答，但不是无应答。免疫耐受现象早在1945年应由Owen发现。如人类妊娠过程中，虽然胎儿的基因一半来自母体，一半来自父体，但母体与胎儿相安无事，不发生免疫应答；免疫系统一般不对自身抗原产生免疫应答，即为一种自身免疫耐受。

2. 临床意义　生理条件下机体对自身组织的免疫耐受，对保证机体自身生理平衡与稳定作用重大，学习和研究免疫耐受知识，对了解其临床意义是必不可少的。其意义主要有：①维护自身稳定；②研究自身免疫性疾病的抗病机制；③人工诱导免疫耐受，用于自身免疫性疾病、超敏反应等疾病的防治。

（二）免疫调节

免疫调节是指机体免疫系统内各因素之间，在免疫应答过程中相互刺激与抑制，使之维持在适当水平的现象。

免疫调节是维持机体内环境稳定的关键因素，其功能失调或异常，可导致免疫性疾病的发生。机体的免疫调节是一个十分复杂的功能系统。

第7节　抗感染免疫

在人类与传染病长期的斗争中，人们对免疫的认识最早就是从认识感染开始的，并且长期以来认为免疫力即抗感染能力，因而传统的免疫概念等同于抗感染免疫。随着生命科学及医学免疫学的研究发展，人们对免疫的认识更加全面而深刻，感染与机体的免疫应答之间，存在既可并存又可相互制约的复杂关系。学习机体的抗感染免疫知识，对更好的理解感染与免疫的关系、探索更好的预防控制、治疗和消灭传染病及相关疾病有积极作用。

一、抗感染免疫的概念与类型

（一）抗感染免疫的概念

抗感染免疫是指机体抵抗病原生物（微生物与寄生虫）及其有害代谢产物感染或侵害的防御功能，是机体免疫功能中十分重要的部分。

(二) 抗感染免疫的类型

抗感染免疫按照获得方式不同,分为先天性免疫和后天获得性免疫。

抗感染免疫按照其作用的病原生物体不同,分为抗细菌免疫、抗病毒免疫、抗真菌免疫、抗寄生虫免疫等。各种类型的抗感染免疫在机体内往往不是独立发生的,而是相互关联、协同作用,从而发挥最佳免疫效应。

二、非特异性抗感染免疫

先天性免疫,又称为非特异性免疫(non-specific immunity)、固有免疫、天然免疫或机体天然防御功能。非特异性免疫是指机体在长期种系进化过程中逐渐形成并能遗传给后代的一种防御机能。其特点是:①先天遗传,人人具有;②发生免疫作用迅速,无需经历诱导期;③免疫作用对象广泛,无选择性,即无特异性;④有种系的差异。非特异性免疫由屏障结构、吞噬细胞及体液中抗微生物物质等因素构成。

(一) 屏障结构

体表屏障结构通过物理机械性阻挡、化学性杀伤或微生物拮抗等方式抵抗病原体突破机体防御功能。

1. **体表屏障** 正常人体的皮肤与黏膜是机体的体表屏障,是阻挡病原生物入侵机体的第一道防线。

(1) 物理机械性阻挡:健康完整的皮肤和黏膜凭借其表面致密的上皮细胞对病原生物起到机械性阻挡作用。

(2) 化学性杀伤:皮肤黏膜发挥分泌功能,其分泌物中有杀菌或抑菌成分。例如,皮脂腺分泌的不饱和脂肪酸可杀灭或抑制某些细菌或真菌,汗液、阴道分泌液中的乳酸,胃液中的胃酸,口腔、泪液中的溶菌酶均具有很好的杀菌、抑菌作用。

(3) 微生物拮抗:体表及与外界相通的腔道表面分布有种类不同、数目不等的正常微生物群(正常菌群),其相应部位的微生物类别、数量保持相对平衡稳定,对其他微生物的生长起拮抗作用,从而提高了机体的防御功能。

2. **血-脑屏障** 血-脑屏障由软脑膜、脉络丛、毛细血管壁和包裹在血管壁外由星形胶质细胞形成的胶质膜构成。其致密的结构对进入脑组织或脑脊液的血液起机械性过滤作用,阻止病原生物或大分子物质侵入中枢神经。婴幼儿、青少年血-脑屏障发育仍未完善,因而较易发生脑炎、脑膜炎等中枢神经感染。

3. **胎盘屏障** 胎盘屏障由胎儿的绒毛膜滋养层细胞与母体子宫内膜的基蜕膜构成。此屏障不影响母体与胎儿间的营养物质、小分子物质交换,但可防止病原生物及其有害代谢产物进入胎儿。妊娠早期(一般为3个月以内),胎盘屏障发育不完善,感染母体的某些病原体(如风疹病毒等)易经此屏障入侵胎儿体内引起感染,影响胎儿发育,严重的可致胎儿畸形、流产或死胎。所以怀孕早期的孕妇应尽量避免感染,一旦感染发生则应合理用药。

(二) 吞噬细胞

病原体突破机体屏障结构的防御功能侵入机体后,分布在全身不同部位的吞噬细胞立即执行其吞噬功能,体液中的杀菌物质也同时发挥其抗感染作用。

1. 吞噬细胞的种类 主要有单核-吞噬细胞和中性粒细胞两大类。血液中的单核细胞及分布在组织中巨噬细胞称为大吞噬细胞,主要吞噬清除细胞内寄生物及凋亡、损伤、癌变的细胞。血液中的中性粒细胞、嗜酸粒细胞称为小吞噬细胞,主要吞噬存在于细胞外的细菌等病原体。吞噬细胞表面的 IgG Fc 受体、补体 C3 受体,细胞内的溶菌酶均有利于其表现出强有力的吞噬功能,因此称之为"专职"吞噬细胞。吞噬细胞除具有吞噬功能外,还有其他免疫功能(详见第二节 免疫系统)。

2. 吞噬作用 吞噬细胞对病原体的吞噬杀灭过程,两类吞噬细胞相似,可大致分为三个连续的阶段。

(1) 吞噬细胞与病原体接触:两者的接触既可以是随机偶然相遇,也可经病原体刺激机体产生的趋化因子如 C_{3a}、C_{5a}、C_{567} 等的趋化作用来完成。

(2) 吞入病原体:根据吞噬细胞吞入的方式及被吞病原体的大小分两种,一种由吞噬细胞伸出伪足包围对方并吞入胞内的称为吞噬;另一种由接触到病原体的吞噬细胞膜内陷吞入的,称为吞饮,两者在吞噬细胞内分别形成吞噬小体或吞饮小体。

(3) 杀死、消化处理病原体:吞噬细胞内的溶酶体中含多种具有杀菌作用的物质,吞噬小体或吞饮小体与之融合后,其杀菌物质立即发挥生物学作用,对病原体进行杀死、消化、吸收或排泄,其中具有递呈抗原信息功能的吞噬细胞可将该病原体的抗原信息传递给 T_H,从而可能启动特异性免疫(图4-13)。

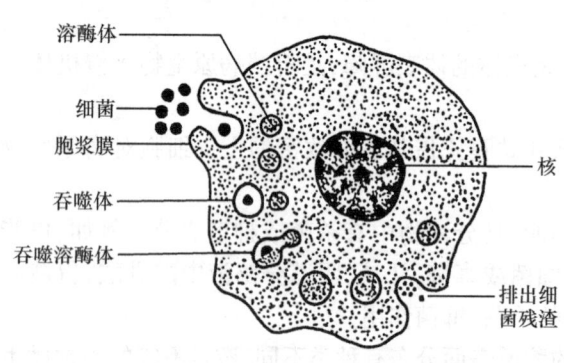

图 4-13 吞噬细胞的吞噬的过程

3. 吞噬作用的结果 其结果由病原微生物与机体免疫系统相互斗争决定,有 3 种可能:①完全吞噬,即入侵机体的病原体被吞噬后彻底被杀死消化清除;②不完全吞噬,即某些被吞入吞噬细胞内的病原体抵抗力强,在胞内寄生,如结核杆菌、麻风杆菌等胞内寄生菌,还可借助吞噬细胞这件伪装的"羊皮"游走扩散,造成广泛的病变,严重时可致吞噬细胞自身死亡;③吞噬细胞溶酶体释放的数量众多的酶可破坏邻近自身组织,造成免疫病理。

参与机体固有免疫的免疫细胞除吞噬细胞外,自然杀伤细胞(NK 细胞)及部分 T 细胞、B 细胞也具有发挥非特异性免疫的功能,在抗感染免疫中起抗肿瘤、抗病毒、抗胞内寄生菌或免疫调节作用。

(三) 体液中抗微生物物质

正常人和动物体液中含有多种杀菌、抑菌物质可发挥重要的天然抗感染免疫作用。重要的抗微生物物质有:补体、溶菌酶、乙型溶素、C反应蛋白及干扰素等。其中最重要的是补体,已在"补体系统"一节中叙述。

1. **溶菌酶** 是存在于人、动物血液、鼻咽分泌物、泪液、唾液、乳汁等体液中的具有杀菌作用的低分子碱性蛋白质,可破坏革兰阳性菌细胞壁肽聚糖的β-1,4糖苷键;而革兰阴性菌细胞壁外层有外膜结构保护,不易破坏,因此,溶菌酶主要破坏溶解革兰阳性菌。

2. **乙型溶素** 是存在于血清中的碱性多肽,凝血时血小板可大量释放,对革兰阳性菌细胞膜起破坏作用。

3. **C反应蛋白** 是存在于血清中的急性反应期蛋白质,机体发生感染时由肝细胞合成而升高,可参与激活补体或吞噬细胞清除病原体。

三、特异性抗感染免疫

后天性免疫,又称特异性免疫(specific immunity)、适应性免疫或获得性免疫。特异性免疫是指个体在生命过程通过受病原体感染、接种疫苗等抗原物质刺激自动产生或输入抗体等免疫效应物质而被动获得的一种免疫力。

其特点是:①后天获得,无遗传性;②免疫作用对象有选择性、针对性即有特异性;③发生免疫作用需要受抗原刺激或直接获得抗体等免疫效应物质。特异性免疫由B细胞介导的体液免疫及T细胞介导的细胞免疫组成。当机体的非特异性免疫抗感染作用被突破时,侵入机体内的抗原(病原体或其有毒代谢产物)即启动特异性免疫应答,通过体液免疫与细胞免疫发挥特异性免疫的抗感染作用。

(一) 体液免疫的抗感染作用

体液免疫的效应物质以抗体为主,因其分子量大,不能进入细胞内,因此主要起抗细胞外寄生病原体作用,而清除胞内寄生病原体依赖于细胞免疫的作用。

1. **抗细菌免疫** 非特异性免疫抗感染未能清除的细菌,其抗原信息经抗原递呈细胞(APC)传递给辅助T细胞(T_H)激活B细胞产生相应抗体(以IgG、IgM型为主)。IgG、IgM与相应的细菌抗原在V区先特异性结合,再通过IgG、IgM的Fc段与吞噬细胞表面的Fc受伤结合,形成"细菌-抗体-吞噬细胞"大复合物,即以抗体为媒介发挥调理作用、促进吞噬细胞的吞噬、溶菌作用。IgG、IgM型抗体还可直接与相应的细菌毒素抗原特异性结合,发挥中和细菌外毒素或阻止病原菌入侵作用;分泌型IgA在阻止病原菌对黏膜上皮的吸附入侵中发挥抗感染作用。

2. **抗病毒免疫** 病毒是必须依赖在细胞内寄生方能复制增殖的非细胞型微生物,按结构分为无胞膜病毒及有胞膜病毒2类。对无胞膜病毒的抗感染主要通过体液免疫。抗病毒抗体IgM、IgG、IgA与相应病毒特异性结合后,可降低或消除病毒的感染力,发挥中和作用,还可通过抗Fc段或补体成分C_{3b}发挥免疫调理作用,促进机体对病毒的消除。

(二) 细胞免疫的抗感染作用

细胞内寄生病原体,如结核杆菌、麻风杆菌,病毒等,可以抵抗吞噬细胞的溶菌作用,宿主对抗细胞内寄生的病原体主要依赖细胞免疫。其特点是：①发生免疫效应呈慢性过程；②在发挥抗感染免疫的同时，常常伴随被寄生宿主细胞的损伤，导致免疫病理或迟发性超敏反应。

1. **抗细菌免疫** 由于体液免疫对胞内寄生菌抗感染作用不大，因此细胞免疫的作用在此得到体现。病原菌刺激机体后，可产生致敏的 T 淋巴细胞，通过细胞毒 T 细胞（CTL）的细胞毒作用及迟发性 T 细胞（T_{DTH}）分泌淋巴因子，激活吞噬细胞提高其杀菌活性等方式溶解或杀伤病原菌。

2. **抗病毒免疫** 侵入宿主细胞的病毒经 APC 对抗原信息的处理与传递，激活机体 T 细胞分化增殖为效应性 T 细胞，通过杀伤宿主达到抗病毒作用。机体对真菌、寄生虫等病原体的抗感染以细胞免疫为主。

在机体的抗感染过程中，对某一特定病原体的抗感染作用，既有天然防御，也可有获得性免疫；既有体液免疫，也可有细胞免疫，其发生与机体的年龄、营养状况、生理状态等有密切关系，是多方面的综合作用过程。

四、抗感染免疫的结局

1. **保护性免疫** 机体的大多数抗感染免疫对机体起积极的保护性，产生免疫效应物质或效应细胞，促进病原体的清除，有利于机体的痊愈，并对相应病原体的再次感染起抵抗作用。

2. **免疫病理损伤** 少数抗感染免疫在抗病原体同时，可引起机体的免疫抑制，降低免疫反应性；还可能诱发自身免疫性疾病，或超敏反应，导致组织损伤或功能紊乱。

因此，在我们预防疾病、治疗疾病的医疗实践中，在实施人工抗感染免疫工作中，要充分注意机体抗感染免疫的特点，尽量发挥其正面的免疫效应，将免疫病理损伤降到最低，提高机体免疫力，促进人类健康。

第 5 章

免疫病理与免疫学应用

第 1 节 超敏反应概述

一、超敏反应概念

超敏反应(hypersensitivity)又称变态反应(allergy),是指机体对某些抗原初次应答后,再次接受相同抗原刺激时发生的一种以生理功能紊乱或组织细胞损伤为主的特异性免疫应答。

二、超敏反应的特点

1. 引起超敏反应的抗原称为变应原或过敏原,它们可以是完全抗原,也可是半抗原。
2. 超敏反应主要表现为组织损伤和(或)生理功能紊乱,免疫反应则主要表现为生理性防御反应。
3. 在人群中只有少数个体接触变应原后会发生超敏反应。容易发生超敏反应的人,临床上称为过敏体质者,且有遗传倾向。

三、超敏反应的类型

根据发生机制和临床特点,将超敏反应分为 4 型即 Ⅰ、Ⅱ、Ⅲ、Ⅳ型。

第 2 节 Ⅰ型超敏反应

一、概 述

Ⅰ型超敏反应又称速发型超敏反应或过敏反应,是临床上最常见的超敏反应。

特点：①发作快，消退也快；②由 IgE 和 IgG4 介导，补体不参与；③以生理功能紊乱为主，通常不发生组织细胞损伤；④发病与否有明显的个体差异和遗传倾向。

表现：以血管周围炎症为主的临床表现。

二、发病机制

（一）致敏阶段

变应原经呼吸道、消化道或皮肤进入体内，刺激某些 B 细胞产生 IgE、IgA 抗体。IgE 通过 Fc 段与肥大细胞和嗜碱粒细胞膜上的 Fc 受体结合，使细胞对该变应原处于致敏状态。机体受变应原刺激两周后即可被致敏，一般这种致敏状态可维持数月或更长时间。如长期不接触相应变应原，致敏状态可逐渐消失。

（二）发敏阶段

当相同变应原再次进入致敏机体时，即迅速与肥大细胞和嗜碱粒细胞表面的 IgE Fab 段特异性结合，通过 Fc 段的构型改变，抑制细胞膜上腺苷环化酶的活性，使细胞内环腺苷酸（cAMP）减少，在 Ca^{2+} 存在下，导致细胞脱颗粒，释放多种生物活性介质，如组织胺、激肽、白三烯、前列腺素、血小板活化因子、细胞因子等。

（三）效应阶段

上述介质作用于局部或全身的效应器官和组织，致使出现生理功能紊乱，基本病理变化为：

1. 平滑肌痉挛　以气管、支气管及胃肠道平滑肌为甚；

2. 小血管扩张　毛细血管通透性增加：使血浆外渗，局部水肿及以嗜酸粒细胞浸润为主的炎症；

3. 黏膜腺体分泌增加　表现出相应的临床症状。早期并无器质性损害，如能及时解除变应原的刺激，临床症状可迅速消退。

Ⅰ型超敏反应除速发反应外，尚可出现迟发相反应，好发于皮肤、支气管黏膜、鼻黏膜和胃肠道黏膜。多在再次接触变应原后 4~8 h 内发生，可持续 1~2d 或更久。一般认为白三烯、PAF 和多种细胞因子是参与迟发相的主要介质。除变应原外，蜂毒、蛇毒、C_{3a}、C_{5a} 等也能促使肥大细胞脱颗粒释放介质。

Ⅰ型超敏反应性疾病种类很多，症状不一，除与释放的介质种类与数量有关外，还与变应原的种类、数量、侵入途径以及个体机能状态的差异等因素密切相关。

Ⅰ超敏反应的发生过程可分为 3 个阶段（图 5-1）。

三、临床常见疾病

（一）过敏性休克

过敏性休克是最严重的一种过敏反应，可见于再次注射变应原后数分钟之内，出现胸

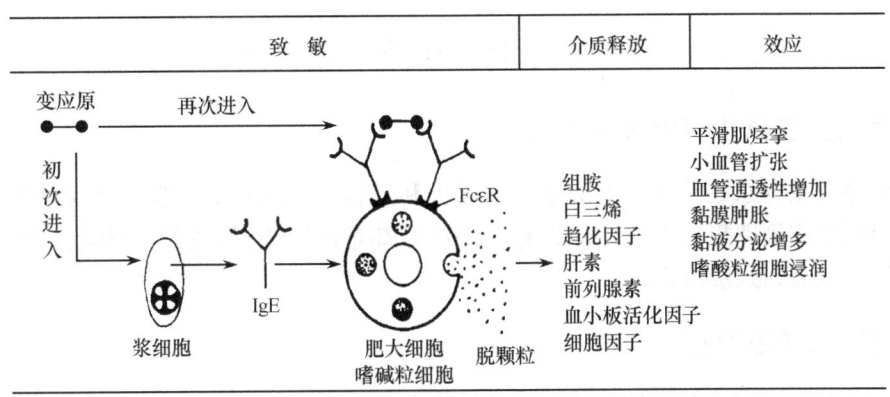

图 5-1　Ⅰ型(IgE型)超敏反应发生机制示意图

闷、气息、呼吸困难,面色苍白,出冷汗,手足发凉,脉搏细速,血压下降,意识障碍或昏迷,严重者抢救不及时可迅速死亡。

1. **药物过敏性休克**　以青霉素过敏性休克最常见。青霉素中含有大分子杂质或发生降解易引起。青霉素降解产物青霉烯酸或青霉噻唑等半抗原与组织蛋白结合后成为变应原,诱发过敏性休克。因此提高青霉素制剂质量、使用新鲜配制的青霉素溶液是预防青霉素过敏性休克的有效措施。其他药物如链霉素、头孢菌素、普鲁卡因、有机碘等也可引起过敏性休克。

> **链接**　初次注射青霉素时也可发生过敏性休克,这部分患者曾经无意中接触过青霉素或青霉素样物质有关,如:①曾经使用过青霉素污染的注射器或其他器材;②从空气中吸入青霉素降解产物或青霉菌孢子,而使机体致敏。当再次接触青霉素时,即可能发生过敏性休克。

2. **血清过敏性休克(血清过敏症)**　紧急预防和治疗外毒素性疾病(如破伤风、白喉),当再次给患者注射破伤风抗毒素、白喉抗毒素等动物免疫血清时可引起过敏性休克。近来由于免疫血清的纯化,血清过敏症的发生率则大大降低。

(二) 呼吸道过敏反应

致敏个体再次吸入植物花粉、尘螨、真菌孢子、动物皮屑等变应原后,可迅速引发支气管哮喘或过敏性鼻炎等过敏反应。临床上见到的过敏性哮喘有速发相与迟发相2种类型。

(三) 消化道过敏反应

少数人进食鱼、虾、蟹、蛋等食物后,可出现恶心、呕吐、腹痛、腹泻等症状,称为过敏性胃肠炎。

(四) 皮肤过敏反应

主要表现为荨麻疹、特应性湿疹和血管性水肿等,可由药物、食物、花粉、寄生虫或冷、热刺激等引起。

四、防治原则

(一) 发现变应原并避免与其接触

临床寻找变应原最常用的方法是询问病史和进行变应原皮肤试验。避免接触变应原是预防超敏反应最理想的方法。但是有些变应原却难以回避,如花粉、尘螨、冷空气等,可进行特异性脱敏和减敏治疗。

(二) 脱敏和减敏治疗

1. 脱敏治疗　对必须使用免疫血清进行治疗而又过敏的病人,可采用小剂量、短间隔、多次注射的方法进行脱敏治疗。其机制可能是小剂量变应原进入体内,与数量有限的致敏靶细胞结合,释放少量生物活性介质,不足以引起明显临床症状,同时能及时被体内某些物质灭活。因此短时间内小剂量多次注射变应原,可使体内致敏细胞分期分批脱敏,以至最终全部解除致敏状态,从而达到暂时脱敏效果。此时再大量注射抗毒素时就不会引起超敏反应。但这种脱敏作用是暂时的,经过一定时间后机体可重新恢复致敏状态。

2. 减敏治疗　对那些能查明而又难以避免接触的变应原(如花粉、尘螨),经确定可采用小剂量、长间隔、逐渐增量、多次反复皮下注射变应原的方式,达到减敏的目的。其机制可能与改变变应原进入机体的途径、诱导机体产生能与 IgE 竞争变应原的特异性 IgG 有关。这种特异性 IgG 抗体又称为封闭性抗体。近年来,应用人工合成变应原肽段进行减敏治疗,取得了明显进展,其原理是:人工合成变应原肽段可诱导 T 细胞无反应性,从而阻止 IgE 产生。

(三) 药物治疗

应用药物阻断或干扰过敏反应发生过程中的某些环节,而达到阻止或减轻超敏反应的发生。常用药物有以下几种:①抑制生物活性介质释放:色甘酸二钠、肾上腺素、氨茶碱等,可通过稳定细胞膜和提高细胞内 cAMP 浓度抑制靶细胞脱颗粒、释放生物活性介质;②拮抗生物活性介质作用:如苯海拉明、马来酸、氯苯那敏、异丙嗪等,通过与组胺竞争结合效应器官细胞膜上组胺受体,阻断组胺的生物学效应;③改善效应器官反应性:如糖皮质激素(解除支气管痉挛、血管收缩血压升高)、钙剂和维生素 C(解痉、降低毛细血管通透性)。若发生休克则及时实施抗休克治疗。

第3节　Ⅱ型超敏反应

一、概　述

Ⅱ型超敏反应　又称细胞毒型或细胞溶解型超敏反应。

特点:①变应原是细胞本身细胞膜抗原或吸附到细胞膜上的抗原;②参与的抗体是

IgG、IgM、IgA；③在补体、吞噬细胞、NK 细胞的参与下，引起靶细胞溶解、破坏。

表现：以血细胞为主的细胞溶解和破坏。

二、发生机制

1. **靶细胞及表面抗原** 正常组织细胞（如输入的异型红细胞）、改变的自身细胞或吸附有外来抗原、半抗原及免疫复合物的自身组织细胞，均可成为 II 型超敏反应中被攻击杀伤的靶细胞。

2. **抗体、补体和效应细胞的作用** 参与 II 型超敏反应的抗体主要是 IgG 和 IgM。这些抗体与靶细胞表面的抗原或吸附的抗原、半抗原结合，或形成免疫复合物黏附于细胞表面，通过 3 条途径破坏靶细胞：①活化补体，溶解靶细胞；②激活吞噬细胞，发挥调理吞噬作用；③激活 NK 细胞，通过 ADCC 作用，杀伤靶细胞（图 5-2）。

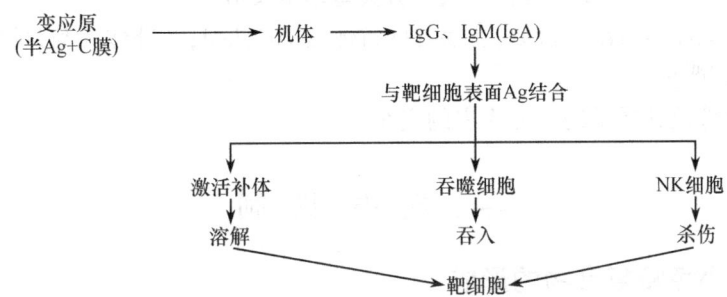

图 5-2 II 型超敏反应发生机制示意图

三、临床常见病

1. **输血反应** 常见于 ABO 血型不符的输血。输入的异型红细胞迅速与受血者体内相应的天然血型抗体（IgM）结合，活化补体，引起溶血反应。

2. **新生儿溶血症** 多发生于母子间 Rh 血型不合。血型 Rh^- 母亲由于输血、流产、胎盘出血或分娩等原因，有少量 Rh^+ 红细胞可进入母体后，刺激母体产生抗 Rh 的 IgG 类抗体。若母亲再次妊娠 Rh^+ 胎儿时，母体抗 Rh 抗体则通过胎盘进入胎儿体内，与 Rh^+ 红细胞结合，激活补体及相关细胞导致红细胞破坏，引起流产、死产或新生儿溶血症。母子 ABO 血型不符较少见，好发生于母亲为 O 型，胎儿为 A 型、B 型或 AB 型，但症状较轻。

3. **药物过敏性血细胞减少症** 是由药物半抗原（如青霉素、磺胺、奎宁等）与血细胞膜表面蛋白质结合，刺激机体产生针对药物的特异性抗体。这种抗体与于血细胞表面的药物结合，通过激活补体等作用，导致血细胞溶解。药物半抗原也可以与血浆中的蛋白质结合后，刺激机体产生相应抗体，以抗原、抗体复合物的形式吸附到血细胞上，通过上述机制损伤血细胞。由于损伤血细胞的种类不同，可出现溶血性贫血、粒细胞减少症或血小板减少性紫癜。

4. **免疫性溶血性贫血** 服用甲基多巴、吲哚美辛等药物或病毒等感染可造成红细胞膜表面成分改变,成为自身抗原,而刺激机体产生抗红细胞抗体,引起自身免疫性溶血性贫血。

5. 甲状腺功能亢进 又称 Graves 病,是一种特殊类型的Ⅱ型超敏反应。病人体内产生一种能与甲状腺细胞表面促甲状腺激素受体结合的自身抗体,这种自身抗体又称长效甲状腺刺激素。此种抗体不损伤甲状腺细胞,而是持续刺激甲状腺细胞分泌甲状腺素,引起甲状腺功能亢进的临床表现,又称抗体刺激型超敏反应。

第4节 Ⅲ型超敏反应

一、概 述

Ⅲ型超敏反应又称免疫复合物型或血管炎型超敏反应。

特点:①变应原是可溶性抗原;②参与的抗体是 IgG、IgM;③补体参与,反应可累及各系统、各器官,危害严重。

表现:以血管及其周围的炎症为主的组织损伤。

二、发病机制

(一) 中等大小免疫复合物的形成

可溶性抗原与抗体特异性结合时,两者的比例不同,形成的免疫复合物分子大小也不相同。比例适宜时形成大分子不溶性复合物,易被吞噬细胞吞噬清除,不引起病变。当抗原量大大超过抗体量时,形成小分子可溶性复合物,可通过肾小球滤过,随尿排出,也不致病。只有在抗原量稍多于抗体量时,形成中等大小可溶性免疫复合物,它既不易被吞噬,又不能被肾小球滤除,从而较长时间在血流中循环。

(二) 免疫复合物的沉积

中等大小的免疫复合物可激活补体产生过敏毒素($C3_a$ 和 $C5_a$)和 $C3_b$,使肥大细胞、嗜碱粒细胞和血小板活化,释放组胺等血管活性物质,使血管通透性增加,有助于免疫复合物向组织内沉积,沉积部位多为血管腔小,迂回曲折,血流缓慢,血压较高的微血管壁,如肾小球、关节滑膜、心肌、皮肤等处的微血管基底膜。

(三) 免疫复合物的致病作用

免疫复合物不是引起组织损伤的直接原因,但它是引起组织损伤的始动因素。沉积在血管壁基底膜的免疫复合物通过激活下列物质引起的组织损伤。

1. 补体的作用 免疫复合物通过经典途径激活补体,产生 $C3_a$ 和 $C5_a$。$C3_a$ 和 $C5_a$ 与肥大细胞或嗜碱粒细胞上受体结合,使其释放组胺等炎性介质,致局部毛细血管通透性增加、渗出增多、出现水肿;$C3_a$ 和 $C5_a$ 同时又可趋化中性粒细胞向免疫复合物沉积部位。

2. **中性粒细胞的作用** 聚集的中性粒细胞在吞噬免疫复合物的同时，还释放许多溶酶体酶，包括蛋白水解酶、胶原酶和弹性纤维酶等，可水解血管及周围组织。

3. **血小板的作用** 肥大细胞或嗜碱粒细胞活化释放的血小板活化因子，可使局部血小板集聚、激活，促进血栓形成，引起局部出血、坏死；血小板活化后还可释放血管活性胺类物质，进一步加重水肿（图 5-3）。

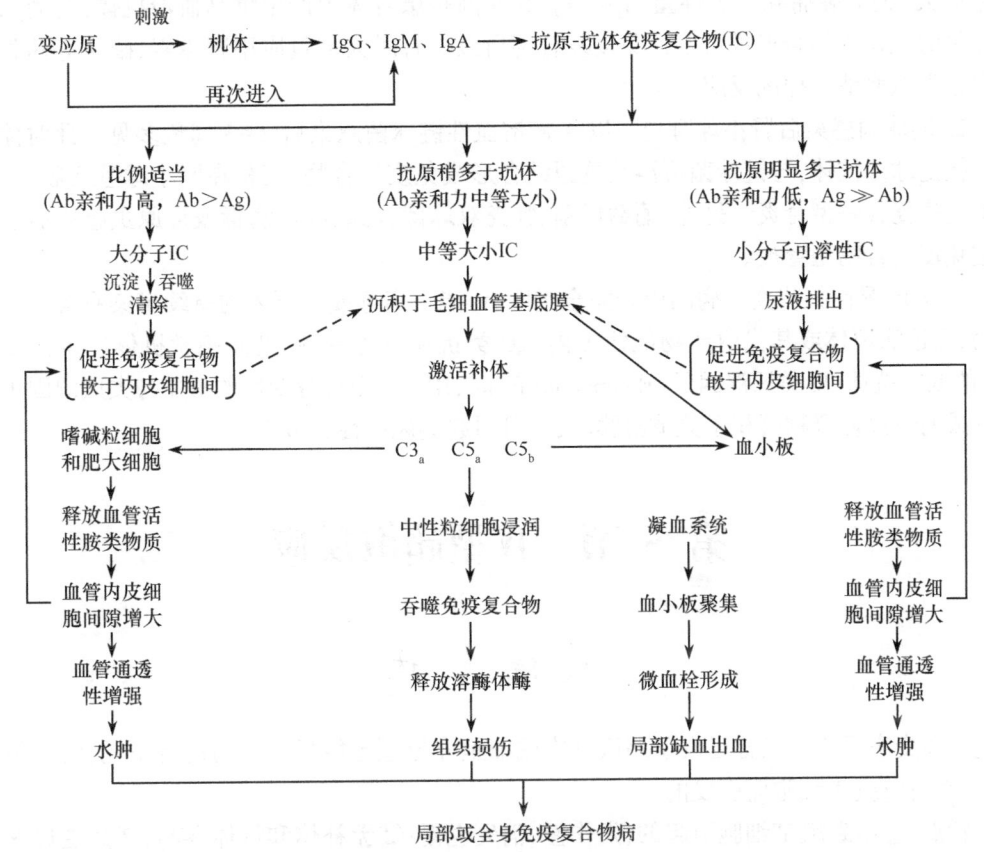

图 5-3 Ⅲ型超敏反应发生机制示意

三、临床常见疾病

(一) 局部免疫复合物病

1. **Arthus 反应** 是一种实验性局部Ⅲ型超敏反应；1903 年 Arthus 发现用马血清经皮下反复免疫家兔数周后，当再次注射马血清时，可在注射局部出现红肿、出血和坏死等剧烈炎症反应，此种现象被称为 Arthus 反应。

2. **人类免疫复合物病** 见于胰岛素依赖型糖尿病患者，局部反复注射胰岛素后，体内可产生抗胰岛素抗体，再次注射胰岛素时，在注射局部出现红肿、出血和坏死等与类似

Arthus 反应的变化。长期大量吸入某些动植物蛋白、真菌孢子，引起变态反应性肺泡炎或间质性肺泡炎，亦属于此类疾病。

(二) 全身性免疫复合物病

1. **血清病** 见于初次大量注射抗毒素(马血清)1~2 周后发生，患者出现发热、皮疹、淋巴结肿大、关节肿痛和一过性蛋白尿等。其原因是患者体内产生抗马血清抗体，与尚未完全排尽的抗毒素结合形成可溶性免疫复合物所致。有时大剂量应用青霉素、磺胺等药物也可引起类似血清病样的反应。

2. **链球菌感染后肾小球肾炎** 以 A 族溶血性链球菌感染后 2~3 周最多见。此时体内产生抗链球菌抗体，与链球菌可溶性抗原结合形成免疫复合物，沉积在肾小球基底膜上，引起的免疫复合物型肾炎。另外，葡萄球菌、肺炎双球菌、乙型肝炎病毒或疟原虫感染后也可引起免疫复合物型肾炎。

3. **类风湿性关节炎** 病因尚未完全查明，可能与病毒或支原体的持续感染有关。目前认为，上述病原体或其代谢产物能使体内 IgG 类抗体发生变性，继而刺激机体产生抗变性 IgG 的 IgM 抗体，即类风湿因子(rheumatoid factor，RF)。当自身变性的 IgG 与类风湿因子结合形成的免疫复合物沉积于关节滑膜时，则可引起类风湿性关节炎。

第5节 Ⅳ型超敏反应

一、概 述

Ⅳ型变态反应 又称迟发型超敏反应或细胞介导型超敏反应。与前者不同，无抗体参与，而是由效应 T 细胞而引发的。

特点：①由致敏 T 细胞引起的，发作慢、消失也慢；②无补体和抗体参与；③病变以淋巴细胞、单核吞噬细胞浸润为主的炎症反应。

表现：红、肿、热、痛、组织坏死。

二、发病机制

1. **致敏阶段** 引起Ⅳ型超敏反应的抗原主要包括细胞内寄生菌、病毒、寄生虫、真菌、细胞抗原(肿瘤细胞、移植细胞)和化学物质等。进入体内的抗原经抗原提呈细胞(APC)加工处理后，以抗原肽-MHC 分子复合物的形式提呈给具有特异抗原受体的 T 细胞识别，经活化、增殖、分化成为效应 T_c 和 TH1，此阶段需 1~2 周左右。

2. **效应 T 细胞引起的炎症反应和细胞毒性作用** 当效应 T 细胞再次与抗原提呈细胞(APC)或靶细胞表面相应抗原接触时，TH1 细胞释放 TNF-β、IFN-γ 和 IL2 等细胞因子，在发挥免疫作用同时，造成局部以单核吞噬细胞和淋巴细胞浸润为特征的炎症反应和组织损伤。效应T细胞通过释放穿孔素和颗粒酶或通过Fas/FasL途径,导致靶细胞的溶解和凋亡(详见细胞免疫)。

Ⅳ型超敏反应与细胞免疫的发生机制相同,当对机体造成明显损伤,产生不利影响时称为Ⅳ型超敏反应;当反应加速病原体清除,使感染局限,对机体产生保护作用时,称为细胞免疫。

三、临床常见疾病

1. **传染性超敏反应** 多见于细胞内寄生物(如胞内寄生菌、病毒、某些寄生虫和真菌等)感染过程中,机体在清除病原体或阻止病原体扩散的同时,可因产生迟发型超敏反应而导致组织炎症损伤。如肺结核患者对结核分枝杆菌产生迟发型超敏反应时,可出现干酪样坏死、肺空洞等。临床上借助结核菌素试验来判断机体是否感染和对结核分枝杆菌的免疫状态。

2. **接触性皮炎** 某些人与油漆、染料、塑料、农药、化妆品或磺胺等接触后,可使机体致敏。当再次接触相同变应原时,于24 h后,接触部位出现红斑、丘疹、水疱等皮炎症状,严重者可出现剥脱性皮炎。

3. **移植排斥反应** 进行同种异体器官或组织移植后,由于供受者双方组织之间的相容性抗原(HLA)不完全相同,会发生排斥反应,最终导致移植物坏死脱落,称为移植排斥反应。为减轻或延缓移植排斥反应,通常在移植术后需大剂量、长期使用免疫抑制剂。

> **连接** 4种类型超敏反应的比较——在临床上,遇到的超敏反应常常是几型超敏反应同时存在,而以某一型为主。如系统性红斑狼疮患者肾、皮肤等部位的血管炎主要由免疫复合物沉积所致(Ⅲ型),而自身抗体引起的贫血、粒细胞减少症,主要由Ⅱ型超敏反应导致。

超敏反应临床表现复杂多样,同一变应原在不同个体可引起不同类型超敏反应。如青霉素注射可引起过敏性休克(Ⅰ型)、溶血性贫血(Ⅱ型)、药物热(Ⅲ型),局部应用可引起接触性皮炎(Ⅳ型)。故应结合临床病例的具体病情进行综合分析判断。4型超敏反应的比较见表(表5-1)。

表5-1 4型超敏反应比较

型别	参加成分		发生机制	临床常见病
	特异性免疫物	非特异性免疫物质		
Ⅰ型 速发型 过敏反应	IgE、 IgG4	肥大细胞 嗜碱粒细胞 嗜酸粒细胞	1. 抗原刺激机体产生IgE,IgE结合于肥大细胞或嗜碱粒细胞表面 2. 抗原再次进入机体与细胞表面IgE结合 3. 靶细胞活化,释放生物介质 4. 介质作用效应器官,导致平滑肌痉挛,小血管扩张,毛细血管通透性↑腺体分泌↑	1. 过敏性休克 2. 支气管哮喘 3. 过敏性鼻炎 4. 过敏性胃肠炎 5. 荨麻疹

续表

型别	参加成分		发生机制	临床常见病
	特异性免疫物	非特异性免疫物质		
Ⅱ型 细胞毒性 细胞溶解型	IgG、 IgM、 IgA	补体 吞噬细胞 NK细胞	1. 抗体与细胞本身或黏附在细胞表面的抗原结合,或抗原-抗体复合物吸附在细胞表面 2. 激活补体,溶解靶细胞 3. 调理巨噬细胞,吞噬靶细胞 4. 激活杀伤细胞,杀伤靶细胞	1. 异型输血反应 2. 新生儿溶血症 3. 免疫性血细胞减少症 4. 甲状腺功能亢进
Ⅲ型 免疫复合物型 血管炎型	IgG IgM、 IgA	补体 中性粒细胞 嗜碱粒细胞 血小板	1. 中等大小可溶性IC沉积于血管基底膜、关节滑膜等处 2. 激活补体 3. 吸引中性粒细胞,释放溶酶体酶 4. 引起血管炎及血管周围炎	1. 血清病 2. 感染后肾小球肾炎 3. 系统性红斑狼疮 4. 类风湿性关节炎 5. 过敏性肺泡炎
Ⅳ型 迟发型 细胞介导型	致敏T 细胞	淋巴因子 巨噬细胞	1. 抗原刺激T细胞致敏 2. 致敏T细胞再次与抗原相遇,产生免疫效应 3. TH1释放淋巴因子,引起炎症反应 4. Tc直接杀伤靶细胞	1. 传染性超敏反应 2. 接触性皮炎 3. 移植排斥反应

第6节 自身免疫病

自身免疫 机体免疫系统对自身抗原发生免疫应答,产生低水平的自身抗体或效应淋巴细胞的现象。自身免疫反应是普遍存在的,在正常情况下不引起自身免疫病,是机体清除衰老细胞及某些自身抗原的必要方式,起着生理性免疫调节作用。

自身免疫病(autoimmune disease,AID) 自身免疫反应达一定强度后,引起机体病理改变并出现临床症状的疾病。大多为原发性,少数为继发性。原发性自身免疫病与遗传密切相关,常为终身性疾病;继发性自身免疫病多与某些药物、外伤、感染有关,预后较好。

一、自身免疫病的基本特征

1. 患者体内可检测到自身抗体和(或)有针对自身抗原的致敏淋巴细胞。
2. 自身抗体或自身致敏淋巴细胞可作用于靶细胞,造成自身相应组织器官的病理损伤和功能障碍。
3. 病情的转归与自身免疫反应的强度密切相关。

第5章 免疫病理与免疫学应用

4. 反复发作、慢性迁延,用免疫抑制剂有一定疗效,具有一定的遗传倾向。

二、自身免疫病的分类

自身免疫病可分为原发性自身免疫病和继发性自身免疫病。

1. **原发性自身免疫病** 常为特发性,原因不明,与遗传密切相关。根据累及的器官不同,又可分为器官特异性自身免疫病和全身性自身免疫病。前者的病变常局限于某一特定器官;后者常累及多种器官和结缔组织,又称系统性 AID 或结缔组织(胶原)病。其主要疾病种类如下(表5-2)。

2. **继发性自身免疫病** 与遗传无关,预后较好,常见疾病有药物引起的可逆性狼疮样反应、外伤性交感性眼炎、Coxsackie 病毒感染后心肌炎等。

表 5-2 原发性自身免疫病种类

类别	病名	靶抗原	相关的 HLA 位点
器官特异性 AID	甲状腺功能亢进症	甲状腺细胞 TSH 受体甲状腺细胞微粒体	DR3、B8
	桥本甲状腺炎	粒体	DR3、DR5、B8
	重症肌无力	乙酰胆碱受体	DR3、B5、A1
	胰岛素依赖性糖尿病	胰岛细胞	DR3、DR4
	特发性 Addison 病	肾上腺细胞	DR3
	Goodpasture 肺肾综合征	肺泡、肾小球基底膜	DR2、B7
全身性 AID	系统性红斑狼疮	细胞核、组蛋白、DNA、RNA	DR3、DR2、B8
	类风湿性关节炎	变性 IgG	DR1、DR4
	干燥综合征	线粒体、细胞核、核小体	DR5、B8
	硬皮病	DNA、异构酶、核小体	B8
	自身免疫溶血性贫血	红细胞	B8
	特发性血小板减少性紫癜	血小板	DR2、B8

三、自身免疫病的发病机制

人体的免疫系统具有高度识别"自己"和"非己"的能力,如这种识别能力紊乱,免疫系统则对自身抗原发生免疫应答,通过超敏反应而引起自身免疫病。与其发生的相关因素有:

1. **隐蔽抗原的释放** 隐蔽抗原是指体内某些组织(如精子、眼晶体、甲状腺细胞、胰岛 β 细胞等),在生理状态下与免疫系统隔绝,机体对这些抗原未形成免疫耐受。在外伤或感染情况下,这些抗原释放进入血流,与免疫细胞接触,从而导致免疫应答,产生自身抗体或效应淋巴细胞,引起 AID。如:因眼外伤释放的眼内容物可刺激机体产生自身抗体,此抗体能攻击健侧眼的内容物,引发自身免疫性交感性眼炎;输精管结扎术后产生的抗精子抗体引起男性不育等。

2. 改变与修饰的自身抗原 在物理、化学、感染等因素作用下，自身组织细胞的抗原决定簇发生改变或与外来半抗原结合成复合抗原，诱导机体发生免疫应答，导致 AID 发生。例如，应用某些药物(非那西丁等)后，导致红细胞膜结构改变，成为自身抗原引起的溶血性贫血；乙型肝炎病毒感染后体内产生的多种自身抗体等。

3. 交叉抗原 因外来抗原与机体组织细胞结构相似，可出现交叉反应引起相应的疾病。如乙型溶血性链球菌某些菌株与人心肌有共同抗原，故乙型溶血性链球菌感染后可发生心肌病，同样 Coxsackie 病毒感染后也可出现 T 细胞介导的心肌炎。

此外，遗传因素、免疫调节机制紊乱等也可引起自身免疫病。

第7节 免疫缺陷病

免疫缺陷病(immunodeficiency disease, IDD)是由免疫系统中任何一个组分的缺失或功能不全而导致的疾病。

免疫缺陷病根据其发病原因可分为：原发性(先天性)免疫缺陷病和继发性(获得性)免疫缺陷病2大类；根据主要累及的免疫成分不同，可分为体液免疫缺陷、细胞免疫缺陷、联合免疫缺陷、吞噬细胞缺陷和补体缺陷等。

一、免疫缺陷病的共同特点

1. 易感染 患者对各种病原生物的易感性明显增加，常反复感染并难以治愈，是致死的主要原因。感染的病原体种类主要取决于免疫缺陷的类型。如体液免疫、吞噬细胞和补体缺陷时，易发生化脓性细菌感染；而细胞免疫缺陷者易导致病毒、真菌、胞内寄生菌和原虫感染。

2. 易发恶性肿瘤 尤以细胞免疫缺陷为甚，根据统计资料表明细胞免疫缺陷者患恶性肿瘤的发病率比正常人高 100~300 倍，并以白血病和淋巴系统肿瘤为多。

3. 易发自身免疫病 细胞免疫缺陷者有高度伴发自身免疫病的倾向，正常人群中自身免疫病的发病率为 0.001%~0.019%，而免疫缺陷人群中的发病率可高达 14% 以上，以类风湿性关节炎、系统性红斑狼疮、恶性贫血等多见。

4. 有遗传倾向 原发性免疫缺陷病有明显遗传倾向，约 1/3 为常染色体遗传，1/5 性连锁隐性遗传，临床表现复杂多样。

二、原发性免疫缺陷病

原发性免疫缺陷病是由免疫系统遗传基因异常或先天性发育缺陷而导致的免疫功能低下，所引起的疾病。根据所累及的免疫细胞或免疫分子，分为特异性免疫缺陷(如 T 细胞缺陷、B细胞缺陷、两者联合缺陷等）和非特异性免疫缺陷（如补体缺陷、吞噬细胞缺陷等）。该病较罕见,其主要疾病种类见表5-3。

表5-3 原发性免疫缺陷病种类

分类	占PIDD比例%	代表性疾病
B细胞免疫缺陷病	50~70	X性连锁无丙球血症、选择性IgA缺乏综合征、X性连锁高IgM综合征
T细胞免疫缺陷病	5~10	先天性胸腺发育不全、T细胞信号转导缺陷
联合免疫缺陷病	10~25	重症联合免疫缺陷病、腺苷酸脱氢酶缺陷、Wiskott-Aldrioh综合征
吞噬细胞功能缺陷病	1~2	慢性肉芽肿病、白细胞黏附缺陷症、髓过氧化物酶缺陷病
补体缺陷	≤1	阵发性夜间血红蛋白尿、遗传性血管神经性水肿

三、继发性免疫缺陷病

继发性免疫缺陷病 是后天因素造成的,除人类免疫缺陷病毒（human immunodeficiency vrus,HIV）外,也可继发于营养不良、某些疾病或使用药物等。

获得性免疫缺陷综合征（acquired immune deficiency syndrome,AIDS）是由HIV侵入机体,引起的严重的免疫缺陷综合征,导致以机体机会感染、恶性肿瘤和神经系统多病变为特征的综合征,即艾滋病。1981年发现首例艾滋病以来,已成为人类第4大死亡原因。目前全球流行最严重的地区为非洲撒哈拉南部地区,其次为亚洲。我国1985年发现第1例病人,截至2003年底HIV感染者已超过84万人。

另外,继发性疾病的免疫缺陷病也可见于营养不良、恶性肿瘤和病毒感染。免疫抑制剂的使用、放疗、化疗、手术、创伤等均有明显的抑制和破坏免疫功能作用,导致免疫力低下。

四、免疫缺陷病的治疗

免疫缺陷病治疗原则为:尽可能减少感染并及时控制感染;通过过继免疫细胞或移植免疫器官以代替受损或缺陷的免疫系统组分。

目前临床上治疗各类免疫缺陷病的主要方法是:①抗感染;②同种异体骨髓移植;③基因疗法;④输入免疫制剂。

第8节 免疫学应用

现代免疫学理论的建立,免疫学技术的迅速发展,使得免疫学日益广泛地应用在临床医学实践中。如今,免疫学不仅用于各种传染病的防治和诊断,也用于一些超敏反应性疾病、自身免疫性疾病以及肿瘤、器官移植、血液病的诊断和防治。此外,还可用于一些微量蛋白质、激素、酶和治疗后体内所含药物的检测。

一、免疫学防治

机体获得特异性免疫可经两种方式,一是通过患病、隐性感染或母体输入得到;二是采用人工输给机体疫苗、类毒素、免疫血清等而获得。归纳如下(表5-4)。

表5-4 特异性免疫获得方式

类别	获得方式
自然主动免疫	患传染病、隐性感染
自然被动免疫	通过胎盘或初乳由母体输入
人工主动免疫	接种疫苗、类毒素
人工被动免疫	注射抗毒素、丙种球蛋白等

机体在患传染病或隐性感染后而获得免疫力称自然主动免疫,若母体的抗体经胎盘或初乳进入子代而获得免疫力则称自然被动免疫。如果用人工的方法使机体得到免疫力称人工免疫;其中,给机体接种疫苗、类毒素等抗原物质而得到免疫力称人工主动免疫,给机体注入抗毒素血清、胎盘球蛋白等免疫效应物质得到免疫力称人工被动免疫。

人工免疫所用的生物制品,包括免疫诊断用的诊断血清、诊断菌液和免疫防治用的疫苗、类毒素、免疫血清等,因都来源于生物体(人、动物、微生物),故统称为生物制品。

(一)人工主动免疫

人工主动免疫指给机体接种疫苗、类毒素等含抗原的生物制品,使机体对该抗原产生特异性免疫力。由于抗原刺激机体的免疫细胞,通过免疫应答产生效应,所以免疫力产生慢,常需1~4周诱导期,但维持时间可长达半年或数年,故用于传染病的特异性预防。其用于预防接种的生物制品类型有:

1. 疫苗 一般把细菌、病毒及其他微生物制成的供预防接种用的制剂统称疫苗。其中细菌制成的制剂也可称菌苗。

(1)死疫苗:又称灭活疫苗,是选用免疫原性强的病原体,经人工大量培养后,用理化方法灭活制成。死疫苗失去致病力,但保留微生物的抗原性,接种后仍能引起免疫应答。缺点是接种次数多,注射局部和全身反应有时较重,但较易于保存。常用的死疫苗有伤寒、霍乱、流脑死菌苗及乙脑、狂犬病、钩端螺旋体死疫苗。

(2)活疫苗:是用减毒或无毒力的活的病原微生物制成,也称减毒活疫苗。接种活疫苗,近似于自然感染,微生物无致病力,但在体内尚有一定繁殖力,可持续刺激免疫系统引起免疫应答,免疫效果较死疫苗好。其接种次数少,且用量小,负作用小,维持免疫效果可长达3~5年,但不易保存。常用者如牛型结核杆菌在人工培养基上多次传代后制成的卡介苗,及脊髓灰质炎、麻疹减毒活疫苗等。

(3)亚单位疫苗:是用化学方法提取病原微生物中有效抗原成分制成的纯化疫苗。接种亚单位疫苗,能减少无效成分引起的不良反应,提高免疫效果。这类疫苗有流感病毒血凝素和神经氨酶亚单位疫苗、霍乱弧菌毒素 B 亚单位疫苗等。

(4) 基因工程疫苗：利用 DNA 重组技术制备的含保护性抗原的纯化疫苗。目前获准使用的重组乙型肝炎疫苗（乙型肝炎病毒表面抗原）即此类疫苗。

2. 类毒素　将细菌外毒素经 0.3%～0.4% 的甲醛处理，使其失去毒性而保留免疫原性，制成类毒素。如白喉、破伤风吸附精制类毒素，即在类毒素中加入适量氢氧化铝吸附剂制成，该类毒素在体内吸收慢，能较长时间刺激机体产生大量抗毒素，以增强免疫效果。

3. 联合疫苗　将不同种类死疫苗、类毒素组合制成。如伤寒杆菌和甲型、乙型副伤寒杆菌的混合疫苗，百日咳杆菌和白喉、破伤风类毒素组合的百、白、破三联制剂等。

（二）人工被动免疫

人工被动免疫指给机体直接输入抗体或淋巴因子，使之获得特异性免疫力。其特点是免疫力出现快，抗体进入机体立即生效，但维持时间短。此法适用于传染病的紧急预防和治疗。常用的生物制品类型有：

1. 抗毒素　是用类毒素多次免疫马（将类毒素注入马体内），待其产生大量抗体（抗毒素）后，取其血清并提纯而制成的特异性抗体制剂。如精制破伤风抗毒素，白喉抗毒素等，抗毒素主要用于细菌外毒素所致疾病的特异性治疗和紧急预防。应用抗毒素血清应注意早期、足量并避免发生超敏反应。

2. 抗病毒血清　用病毒免疫动物后，取动物免疫血清精制而成。目前对尚缺乏有效治疗药物的病毒性感染，可考虑使用特殊抗病毒血清进行防治。

3. 正常人丙种球蛋白和胎盘丙种球蛋白　前者是从正常人血浆中提取，含 IgG 和 IgM；后者是从健康产妇胎盘血中提取，含 IgG。因多数成年人曾隐性或显性感染过多种病原微生物（如麻疹病毒、脊髓灰质炎病毒、甲型肝炎病毒等），故人血浆和胎盘血中含有相应的抗体，所以此类制剂可用于上述相应病毒感染的紧急预防或丙种球蛋白缺乏症的治疗。

4. 细胞免疫制剂

(1) 转移因子：是将正常人外周血或脾脏中的淋巴细胞反复冻融后，提取的多核苷酸和多肽的混合物。分子量小于 5ku，无抗原性，反复使用不引起超敏反应，能促使受者体内 T 细胞转化为致敏 T 细胞，增强其细胞免疫功能。主要用于细胞免疫缺陷病、肿瘤及某些病毒、真菌、胞内寄生菌感染的治疗。

(2) 胸腺素：从小牛或猪胸腺中提取的一组多肽混合物，能促进 T 细胞发育成熟，选择性地表达免疫功能。由于胸腺素无种属特异性，故可用于细胞免疫功能低下或胸腺发育不全免疫缺陷病（如肿瘤、自身免疫病、艾滋病等）患者的治疗。

(3) 免疫核糖核酸：是将肿瘤细胞或病原微生物的抗原免疫动物，然后从免疫动物的淋巴细胞中提取的核糖核酸制成。能将供者对某抗原的特异性免疫信息传递给受者的 T 细胞，使正常淋巴细胞转化为具有特异性的致敏 T 细胞，以增强受者的细胞免疫及体液免疫功能，多用于治疗肿瘤及乙型肝炎。

(4) 干扰素（详见本书相关章节）。

人工主动免疫与人工被动免疫比较见表 5-5。

表 5-5　人工主动免疫与人工被动免疫比较

	人工主动免疫	人工被动免疫
输入物质	抗原	抗体等
免疫生效时间	慢,1~4 周后	快,立即生效
免疫维持时间	长,数月至数年	短,2~3 周
用途	预防	治疗或紧急预防

(三) 计划免疫及疫苗的应用

计划免疫是根据某些特定传染病的疫情监测和人群免疫状况分析,按照规定的免疫程序,有计划地进行人群预防接钟,以提高人群免疫水平,控制以至最终消灭相应传染病的措施。我国的计划免疫从实际出发,制定了合理的免疫程序,严格按照程序实施接种,以充分发挥各类疫苗的效果,从而有效地控制相应传染病的流行。

1. 计划免疫程序　计划免疫程序有:儿童基础免疫程序(表 5-6)、从事特殊职业、特殊地区人群的免疫程序等。儿童基础免疫程序包括每一个儿童需要接种的疫苗、初次免疫接种时间及各次免疫接种间隔时间、接种次数等。成人免疫程序尚在制定中。

表 5-6　我国推荐的儿童计划免疫程序

年龄	疫苗
出生时	卡介苗 、乙肝疫苗①
出生 1 个月	乙肝疫苗②
出生 2 个月	三价脊髓灰质炎疫苗①
出生 3 个月	三价脊髓灰质炎疫苗②百白破三联制剂①
出生 4 个月	三价脊髓灰质炎疫苗③百白破三联制剂②
出生 5 个月	百白破三联制剂③
出生 6 个月	乙肝疫苗③
出生 8 个月	麻疹疫苗①
1 岁半~2 岁	百白破三联制剂④
4 岁	三价脊髓灰质炎疫苗④
7 岁	麻疹疫苗②白破二联制剂

注:疫苗后的数字代表接种次数。百白破三联制剂、脊髓灰质炎疫苗免疫接种的最短间隔时间为 28 天;卡介苗接种一次、三价脊髓灰质炎疫苗 3 次,百白破疫苗 3 次和麻疹疫苗 1 次为基础免疫,以后为加强免疫,上述 4 种疫苗可在不同部位同时接种。

2. 预防接种注意事项　预防接种时应严格按照制品的使用说明进行,注意制品是否过期、变质或保存不当失效。接种后有时会发生不同程度的局部或全身反应,一般症状较轻,1~2 天后即恢复正常,个别反应剧烈,甚至出现过敏性休克、接种后脑炎等,应特别注意。

为避免意外,有下列情况者不宜作免疫接种:①免疫功能缺陷、特别是细胞免疫功能低下者;②高热、严重心血管疾病、肝肾病、活动性结核、活动性风湿热、急性传染病、甲亢、严重高血压、糖尿病及正在应用免疫抑制剂者;③妊娠期及月经期;④湿疹及其他严重皮肤病患者不宜做皮肤划痕性接种。

二、免疫学诊断

免疫学技术是当今生命科学实验研究的重要手段之一。在早期,它主要检测病原微生物的抗原或抗体以辅助诊断传染病,现在临床上免疫学检测技术已经被广泛用于与免疫相关的各类疾病的诊断、发病机制的研究、免疫状态监测及疗效评估。免疫学技术从最初的三大经典血清学试验发展到各种免疫标记技术,检测水平从 mg(毫克)提高到 pg(皮克),检测范围也从病原微生物到多种物质。本节主要介绍免疫学检测技术的基本原理与应用。检查方法可分为体内法(如速发型、迟发型超敏反应皮肤试验等)和体外法,这里只介绍部分体外法的类型。

(一) 抗原-抗体的检测

抗原和相应的抗体可发生特异性结合反应,这种反应在体外一定条件下可呈现凝聚、沉淀等肉眼可见反应结果,称抗原-抗体反应。由于抗体主要存在于血清中,试验时一般都采用血清做试验材料,故抗原-抗体反应又称血清学反应。抗原-抗体反应的应用原则:既可用已知抗体检测未知抗原,也可以用已知抗原检测未知抗体,两者都有助于诊断疾病。

1. 抗原抗体反应的特点

(1) 特异性:一种抗原一般只能与由它刺激所产生的相应抗体结合,此即抗原抗体反应的特异性。它是由抗原决定基和抗体分子超变区空间结构的互补决定的。但当两种不同的抗原物质具有相同的抗原决定基时,则抗原与抗体可发生交叉反应。

(2) 可逆性:抗原与抗体的结合为非共价的可逆结合,在一定条件下可发生逆转解离。

(3) 可见性:当抗原抗体的数量比例恰当时,在适宜的条件下,两者结合形成肉眼可见的沉淀或凝聚等现象。如出现抗原或抗体过剩,两者虽能结合成小分子复合物,但不能形成肉眼可见现象。

2. 抗原抗体反应的类型

(1) 凝集反应:颗粒性抗原(细菌、红细胞等)与相应抗体结合,在一定条件下形成肉眼可见的凝集现象,称凝集反应。凝集反应中的抗原称为凝集原,抗体称为凝集素。

① 直接凝集反应:颗粒性抗原与相应抗体直接结合出现的凝集现象,主要有玻片法和试管法。

玻片法:常用于定性检测抗原。如 ABO 血型鉴定、细菌鉴定等,即将已知含有抗体的诊断血清与待测的抗原(细菌或红细胞等)在载玻片上混匀,数分钟后,如出现凝集现象为阳性反应,反之则为阴性。

试管法:可用于定量检测抗体。如诊断伤寒病的肥达反应,即在试管中倍比稀释待检血清,加入已知颗粒性抗原(伤寒菌液),发生凝集反应时,以抗原-抗体结合出现明显可见反应(++)的血清最高稀释度为凝聚效价,又称滴度。

② 间接凝集反应:可溶性抗原(蛋白质、酶等)与相应抗体直接反应不出现可见凝集现象,但如果将可溶性抗原(或抗体)吸附在与免疫无关的载体颗粒上,再与相应抗体(或抗原)作用,在一定条件下出现可见凝集现象,称间接凝集反应。常用的载体颗粒有人 O 型红

细胞、绵羊红细胞、乳胶颗粒等。如载体颗粒是红细胞,称间接血凝试验;若为乳胶颗粒,则称为乳胶凝集试验。

正向间接凝集反应:将已知可溶性抗原吸附于某种与免疫无关的载体颗粒表面,再与相应抗体在一定条件下结合呈现凝集现象,称正向间接凝集反应,简称间接凝集反应。此法可用于检测待检血清中的抗核抗体、类风湿因子等(图5-4)。

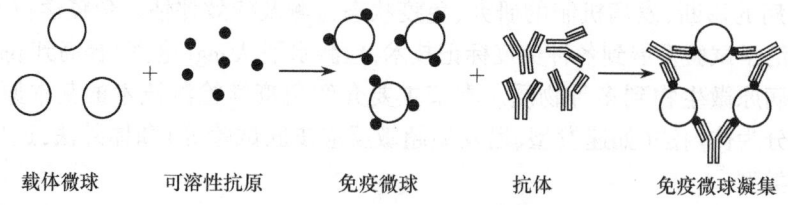

图 5-4　间接凝集反应示意图

反向间接凝集反应:将已知特异性抗体吸附于载体颗粒表面,再与相应可溶性抗原结合呈现凝集现象,称反向间接凝集反应。

间接凝集抑制反应:即将已知抗体先与被测的可溶性抗原结合,然后加入已知抗原致敏的载体颗粒,如已知抗体与被测的抗原结合,则不出现颗粒凝集现象,为本试验阳性;若标本中无待测抗原存在,则已知抗体与后加入的已知抗原致敏的载体颗粒结合,出现凝集现象,为本试验阴性。妊娠诊断的乳胶试验属此类反应(图5-5)。

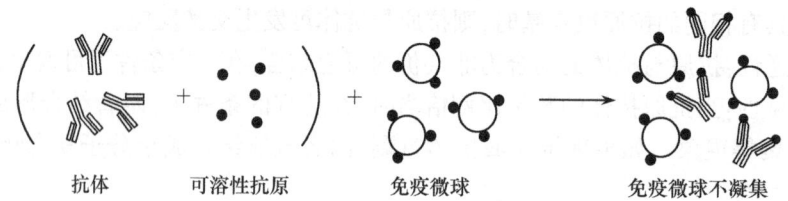

图 5-5　间接凝集抑制反应示意图

(2) 沉淀反应:可溶性抗原(如血清蛋白、组织浸出液等)与相应抗体结合,在一定条件下形成肉眼可见的沉淀物的现象,称沉淀反应。沉淀反应中的抗原称为沉淀原,抗体称为沉淀素。

1) 环状沉淀反应:是一种在液体界面上进行的抗原-抗体反应。方法为在内径2~3 mm的小试管底部先加入已知抗血清,然后将已稀释的待测抗原沿管壁徐徐加入抗血清表面,两液面交界处出现白色沉淀环者为阳性反应;反之为阴性。可用于法医学中血迹鉴定,炭疽诊断等。

2) 琼脂扩散试验:即用琼脂制成固体的凝胶,使抗原与抗体在电解凝胶中扩散,在比例适当处相应的抗原抗体形成肉眼可见的乳白色沉淀线(或环),为阳性反应;反之为阴性。

单向琼脂扩散:预先将适当浓度的抗体在电解质凝胶中混匀并倾注于玻片上,制成反应板,凝固后打孔,孔中加入待测抗原,若抗原与抗体对应,经一定时间扩散,在孔周形成白色沉淀环,测沉淀环直径大小可测出抗原的含量。此法可测定各类免疫球蛋白或补体各成分含量。

双向琼脂扩散：将抗原与抗体分别加入琼脂凝胶对应的小孔中，待自由扩散后，相应的抗原-抗体在比例合适处形成沉淀线。

3) 免疫电泳技术：是琼脂扩散与电泳技术的结合，可用于抗原或抗体的定性或定量分析。常用的试验方法有对流免疫电泳、火箭免疫电泳、免疫电泳等。

（3）免疫标记技术：是将酶或荧光素、同位素、胶体金等标记物标记抗原或抗体的试验技术。该技术的特点是通过检测易显示的标记物来反映抗原抗体反应的情况，从而间接地测出被检抗原或抗体的存在与否或量的多少，其特异性强，且大大提高了检测的敏感性，具有快速定性或定量、定位的优越性。

1) 免疫酶技术：是用酶标记抗原或抗体，再加入相应的酶底物，借助颜色反应来判断标本中有无相应抗体或抗原及其含量。该技术最常用的方法是酶联免疫吸附试验（ELISA）。

ELISA 的试验过程大致分三步骤：①包被：将已知抗原或抗体通过物理作用吸附到固相载体表面，这步通常由试剂生产厂家完成；②抗原抗体反应：先后加入被检标本和酶标记物，使之与固相抗原或抗体发生免疫反应而被结合固定，经洗涤除去游离的酶标记物；③酶促反应：在反应体系中加入酶的相应底物，使之发生酶促反应而显色。

以下介绍两种常用的 ELISA 法，即双抗体夹心法和间接法原理（图 5-6、图 5-7）。

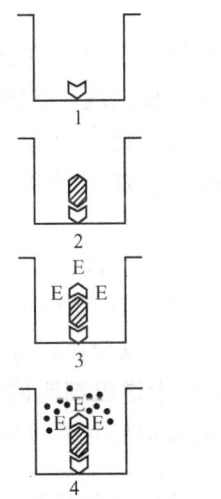

图 5-6　ELISA 双抗体夹心法示意图
1. 抗体吸附于载体表面　2. 待检抗原血清，洗涤
3. 加酶标记抗体，洗涤　4. 加酶作用底物，显色

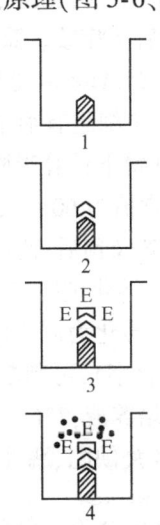

图 5-7　ELISA 间接法示意图
1. 抗原吸附于载体表面　2. 加待检抗体血清，洗涤
3. 加酶标记抗本，洗涤　4. 加酶作用底物，显色

2) 荧光免疫技术：是用荧光素标记抗原或抗体，再与待检标本中的抗体或抗原反应，置荧光显微镜下观察是否出现荧光，借此对标本中的抗原或抗体进行测定或定位。此法的标记物有异硫氰酸荧光素、四乙基罗丹明等。传统的方法称荧光抗体技术，又分直接法和间接法两种。

直接法：将荧光素直接标记抗体，该法的优点是特异性强，但每检查一种抗原必须制备相应的荧光抗体。

间接法:抗体与标本中的抗原结合,再用荧光素标记的抗抗体结合,此法敏感性比直接法高,且制备一种荧光素标记的抗抗体可用于多种抗原的检测,但易发生非特异性荧光干扰。

3) 放射免疫测定法:是用放射性同位素标记抗原或抗体进行的免疫学检测技术。本法常用于微量物质如激素、药物以及病毒、肿瘤抗原的检测。

4) 金标免疫技术:是以胶体金作为标记物,用于抗原抗体检测的技术。常用方法有斑点金免疫渗滤试验、斑点金免疫层析试验。此类试验可快速地对抗原或抗体作定性检测,目前临床已用于HCG、抗HCV、抗HIV等的测定。

5) 免疫印迹法:是一种将高分辨力凝胶电泳和免疫化学技术相结合的杂交技术。此法具有分析容量大、敏感度高、特异性强等优点,是检测蛋白质特性、表达与分布的一种常用方法,如用于普查发现的抗HIV阳性者的确证。

(4) 中和反应:包括病毒中和反应与毒素中和反应,利用中和抗体与病毒结合、抗毒素与外毒素结合后,引起病毒感染性或外毒素毒性丧失,统称中和反应。如抗"O"试验,常用于测定血清中抗链球菌溶血毒素"O"抗体的含量,作为风湿热的辅助诊断。

(二) 免疫细胞的检测

此类试验常用以检测淋巴细胞的数量和功能,从而了解机体的免疫状况,辅助诊断某些疾病,观察预后及疗效。简单介绍两例。

1. E玫瑰花结试验 从受试者外周血分离淋巴细胞,与绵羊红细胞在营养液混合,4℃ 2 h作用后,由于T细胞有绵羊红细胞受体,与绵羊红细胞结合成玫瑰花状细胞团(E花结)。涂片、染色后,在镜下计算吸附3个以上绵羊红细胞的E花结细胞,其占淋巴细胞百分数即E花形成率,正常值为60%~80%。本试验可反映体内T细胞总数,用于细胞免疫缺陷的诊断,观察肿瘤疗效及预后,监测移植排斥反应等。

2. 淋巴细胞转化试验 T细胞在体外培养时,若受到非特异性有丝分裂原如PHA(植物血凝素)刺激,可转化为体积较大的淋巴母细胞,计算淋巴细胞转化为淋巴母细胞的百分率(即淋巴细胞转化率),可判断机体细胞免疫功能状况。本试验取全血或分离的淋巴细胞,加入含PHA的培养液,37℃、72 h,涂片、染色、镜下计数200个淋巴细胞的转化率,正常值为70%。细胞免疫缺陷、恶性肿瘤、结核、麻风或重症真菌感染时转化率可低于正常值。

> **链接** 免疫分子生物学技术——分子生物学技术在免疫学领域的应用促进了免疫学的发展,丰富了免疫学检测的内容,使免疫学研究与相关疾病的诊断建立在基因水平上,提高了检测的敏感性和可靠性。目前临床常用的免疫分子生物学技术有以下几种:①多聚酶链反应(polymerase chain reaction,PCR),其本质是在体外对某一特定的DNA片段进行扩增。免疫PCR(immuno-polymerase chain reaction)是一种将抗原或抗体反应与PCR技术相结合的方法,可以检测微量抗原。②分子杂交(hybridization),是以核酸变性和复性为理论基础的检测技术。③转基因技术,是通过显微注射或逆转录病毒,将外源性基因导入哺乳动物的受精卵或早期胚胎中,经分子杂交分析胚胎或其后代组织中是否有外源性基因存在及其在体内的表达情况。

第6章 组织、细胞的适应、损伤和修复

正常组织和细胞对机体内外环境变化的持续性刺激可以作出反应性调整和适应。若这些刺激超过一定的限度,随组织、细胞的分化程度、易感性、血液供应、营养等不同,其形态、功能和代谢会出现不同程度的损伤。当病因消除后,轻度损伤是可以恢复的,但严重者可发生死亡。在组织、细胞损伤的同时,机体发挥相应的修复功能,促进其形态、功能和代谢的恢复。

第1节 适 应

组织、细胞对内外环境中各种有害刺激作用作出的非损伤性反应,称为适应(adaptation)。组织或器官的萎缩可伴发细胞数量的减少。适应是正常细胞和损伤细胞之间的一种状态,包括萎缩、肥大、增生和化生等几种表现。

一、萎 缩

发育正常的实质细胞、组织或器官的体积缩小称为萎缩(atrophy)。萎缩与组织器官的发育不全或未发育不同,后者是指在胚胎时期组织、器官发育障碍,属于先天性病变。

(一) 原因和分类

萎缩分为生理性萎缩和病理性萎缩两类。生理性萎缩是指随着年龄的增长而发生的萎缩,如青春期胸腺的萎缩,女性绝经期后卵巢、子宫的萎缩,男性更年期后睾丸的萎缩等。病理性萎缩根据其发生原因不同可分为:

1. 营养不良性萎缩 见于各种原因引起的蛋白质摄入不足、消耗过多或血液供应不足。如恶性肿瘤、结核病等慢性消耗性疾病引起的全身性萎缩,脑动脉缺血引起的脑萎缩。
2. 废用性萎缩 见于器官、组织因长期不活动导致的功能、代谢低下引起。如骨折后

患肢固定时不活动可致肌肉萎缩和骨质疏松。

3. 压迫性萎缩　组织和器官长期受压引起的萎缩。如肾盂积水所致的肾萎缩。

4. 神经性萎缩　运动神经元或轴突受损后引起相应组织的萎缩。如脊髓和脑神经损伤后引起的肌肉萎缩。

5. 内分泌性萎缩　内分泌功能减弱引起的靶器官细胞萎缩。如垂体功能下降后肾上腺激素释放减少引起的肾上腺萎缩等。

(二) 病理变化

萎缩的组织器官体积缩小，重量减轻，颜色变深。镜下观察：可见细胞体积缩小，胞质染色较深，数量减少。

(三) 后果

萎缩的细胞、组织和器官功能下降，并通过缩小细胞体积与减少血供，使其能适应激素、生长因子、营养及神经递质的调节。病因消除后，轻度萎缩的组织细胞可以恢复正常，但持续性萎缩可导致细胞死亡。

二、肥　大

组织、细胞或器官体积增大称为肥大（hypertrophy）。

(一) 类型

肥大可分为生理性肥大和病理性肥大两种类型。前者如妊娠期的子宫、女性青春期发育的乳腺等是在生理活动情况下发生的体积增大；后者有以下几种类型。

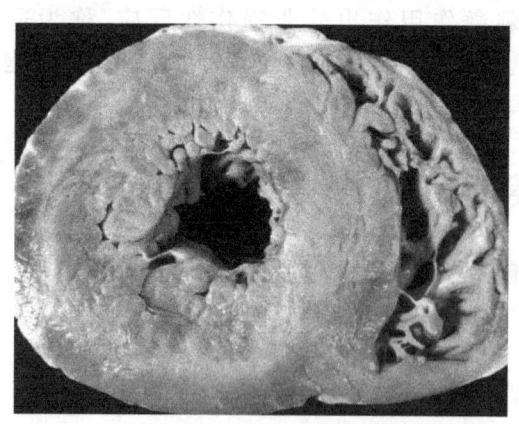

图 6-1　心肌肥大
左心室心肌明显肥大，室壁增厚

1. 代偿性肥大　因器官、组织的工作负荷过重而引起的肥大。如高血压时，由于外周阻力增高，左心室负荷增加引起的左心室心肌肥大（图 6-1）。肾、肺、肾上腺、睾丸等成对的器官，当一侧器官受损伤或被切除后，对侧器官发生肥大。

2. 内分泌性肥大　因内分泌激素作用于效应器而引起的肥大。如妊娠期子宫平滑肌肥大。

(二) 后果

肥大的细胞内蛋白质合成增加，细胞器数量增多，细胞功能增强。但肥大的器官功能代偿也是有限度的，超过限度将导致器官功能失代偿。

三、增　生

组织、器官内细胞数目增多称为增生(hyperplasia)。

(一) 类型

增生可分为生理性增生和病理性增生两种。

1. 生理性增生　包括代偿性增生和激素性增生等。
（1）代偿性增生：如肝脏被部分切除后残存肝细胞的增生。
（2）激素性增生：如女性青春期乳腺的增生。
2. 病理性增生　如雌激素过多时乳腺或子宫内膜的增生，甲状腺功能亢进患者的甲状腺滤泡增生。

(二) 后果

增生多因适应组织功能代谢需要或受到增殖基因、凋亡基因、激素和各种肽类生长因子的调控所致。增生的组织器官常呈弥漫性或局限性增大，原因去除后增生停止，若增生过度可演变为肿瘤性增生。临床随访子宫颈或食管上皮非典型增生病例，某些患者可发展为癌。某些长期不愈的慢性炎症，其上皮增生可演变为不典型增生。

四、化　生

一种分化成熟的组织被另一种分化成熟的组织所取代的过程，称为化生(metaplasia)。化生常发生在同种细胞之间，即上皮细胞之间或间叶细胞之间，如柱状上皮化生为鳞状上皮，纤维组织化生为骨组织。

(一) 常见类型

1. 鳞状上皮化生　是最常见的上皮组织的化生，如慢性支气管炎患者支气管假复层纤毛柱状上皮转变为鳞状上皮。
2. 肠上皮化生　指胃黏膜上皮细胞转变为肠型上皮细胞。
3. 结缔组织化生　由幼稚的成纤维细胞转变为成骨细胞或成软骨细胞，称为骨或软骨化生。

(二) 后果

化生是机体对局部慢性刺激的一种适应性反应，利弊兼有，既具有一定的保护作用，但又丧失了原来组织的功能。病因去除后化生可以恢复，但如果引起化生的因素持续存在，可能引起恶变。如支气管鳞状上皮化生和胃黏膜肠上皮化生，可分别演变为肺鳞状上皮细胞癌及胃腺癌。

第2节 组织、细胞的损伤

一、变 性

变性(degeneration)是细胞或细胞间质受损伤后,由于代谢障碍所引起的一类形态变化,表现为细胞内或细胞间质内出现异常物质或原有正常物质的数量过多。发生变性的细胞或组织功能降低,当病因消除,多数可以恢复原有的正常形态和功能,严重者可发展为坏死。

1. **细胞水肿** 细胞水肿是细胞损伤中最早出现的改变,主要表现为细胞内含水量增多,常见于心、肝和肾等器官的实质细胞。在缺氧、感染、中毒等病因作用下,细胞内线粒体受损ATP生成减少,细胞膜钠泵功能障碍,造成细胞内水和钠离子过多积聚。肉眼观察:可见病变器官体积增大,包膜紧张,颜色变淡,色泽浑浊。镜下观察:见细胞体积增大,胞质内出现很多原来没有的红染的细小颗粒。电镜下观察:可见这种细小颗粒是肿胀的线粒体和内质网。

2. **脂肪变性** 非脂肪细胞的细胞质内出现中性脂肪(即三酰甘油),称脂肪变性。脂肪变性的发生是由于感染、中毒、缺氧等多种因素导致脂肪在细胞内转化、利用和运输过程中发生障碍所致。脂肪变性最常见于肝、心、肾、骨骼肌细胞等。肉眼观察:可见病变器官体积增大、包膜紧张、边缘圆钝、淡黄色、有油腻的感觉。镜下观察:HE染色的切片早期脂变表现为细胞内出现小的脂肪空泡,以后逐渐增大,严重时融合成一个大空泡,将细胞核推挤到包膜下,状似脂肪细胞(图6-2)。

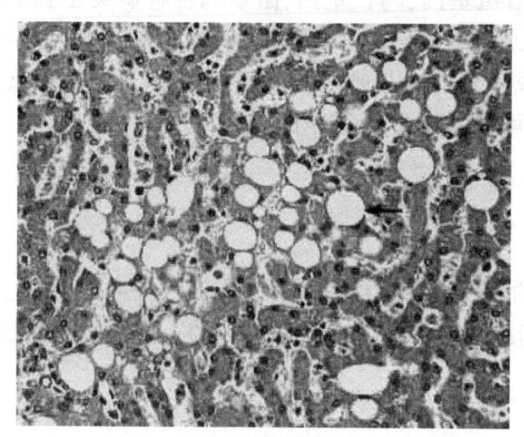

图6-2 脂肪变性
肝细胞内出现大小不等的脂肪空泡

3. **玻璃样变** 细胞或间质内出现红染均匀、半透明状的蛋白质,称为玻璃样变或透明变。常见的玻璃样变有以下几种类型:

(1) 细动脉壁玻璃样变:多见于高血压患者的肾、脑、脾及视网膜等处的细动脉。这是由于血管持续痉挛,血管壁通透性增高,血浆蛋白渗入管壁并凝固成均匀的半透明物质所造成。细动脉壁的这种改变使管壁增厚变硬、管腔狭窄甚至闭塞(图6-3)。

(2) 结缔组织玻璃样变:常见于瘢痕组织和动脉粥样硬化的纤维斑块等。肉眼观察:可见病变处呈灰白色、半透明状,质坚韧而致密;镜下观察:可见结缔组织中纤维细胞和血管明显减少,胶原纤维肿胀并融合成小片状均匀无结构的物质。

(3) 细胞内玻璃样变:凡整个细胞或细胞质内出现大小不等均质无结构,嗜酸性染色的物质,都可称为细胞内玻璃样变。如肾病综合征伴有严重蛋白尿时,由于肾近曲小管上皮细胞吞饮蛋白,在胞质内出现玻璃样小滴;病毒性肝炎时,整个肝细胞呈均一红染的圆型小体,又称为嗜酸性小体。

4. 纤维蛋白样变性　纤维蛋白样变性是发生在结缔组织或血管壁的一种病变,病变处为均质状或颗粒状无结构的物质,呈强嗜酸性红染,状如纤维蛋白,染色反应与纤维蛋白相同,故称纤维蛋白样变性。病灶本质为结缔组织或血管壁的坏死,故又称纤维蛋白样坏死。常见于急性风湿病、新月体性肾小球肾炎等变态反应性疾病、恶性高血压、胃溃疡底部的血管壁等。

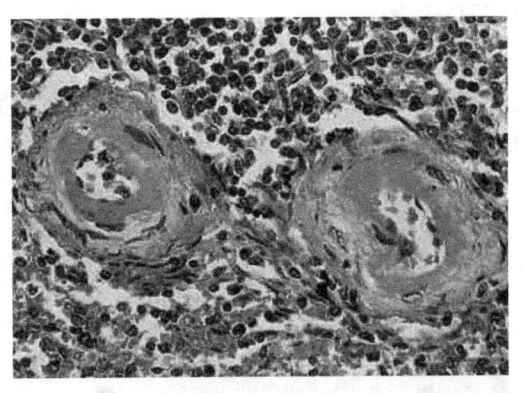

图 6-3　细动脉壁玻璃样变

二、细胞死亡

细胞死亡分为坏死和凋亡两大类型。细胞坏死是受比较强烈的有害刺激而导致细胞急速的病理性死亡;细胞凋亡是受到基因调控的细胞自我消亡过程,它可出现在许多生理和病理过程中。

(一) 坏死

活体内局部组织、细胞死亡,称为坏死(necrosis)。坏死可由变性逐渐发展而来,如果致病因子极为强烈,坏死也可迅速发生。坏死的组织或细胞代谢停止,功能丧失,形态结构也发生一系列变化,属不可逆性损伤。

1. 病理变化　细胞坏死数小时以后,由于溶酶体破裂,水解酶被释放,细胞发生自身溶解或坏死组织中白细胞溶酶体释放的水解酶消化溶解,而出现一系列形态学变化。

(1) 细胞核:表现为:①核固缩:染色质浓染,嗜碱性增强,体积缩小;②核碎裂:染色质崩解为小片,核膜破裂,染色质碎片进入胞质内;③核溶解:染色质的 DNA 被分解,核染色变淡,结构模糊,只能见到核的轮廓,甚至核轮廓也消失。

(2) 细胞质:胞质内亚细胞结构肿胀、崩解,出现蛋白质颗粒和脂滴,嗜酸性染色增强,呈红染的细颗粒或均质状,有时胞质成分可完全溶解消失。

(3) 间质:间质纤维发生肿胀,继而崩解,与基质共同被液化。组织坏死后,原有组织结构消失,显示为一片无结构、嗜酸性的物质。肉眼观察:可见坏死组织失去光泽、混浊、缺乏弹性,捏起或切断后组织回缩不良,血流中断,失去正常的感觉和功能。

2. 类型　根据坏死的原因、病变过程及形态学特点,坏死表现为以下几种类型:

(1) 凝固性坏死:组织坏死后,蛋白质发生凝固,色灰白或淡黄,质实而干燥。常发生于蛋白质含量较多的器官,如心、脾、肾等脏器的贫血性梗死。镜下观察:坏死组织细胞结构消失,组织结构的轮廓依然隐约可见。

干酪样坏死是一种特殊类型的凝固性坏死,主要见于结核杆菌引起的坏死,其坏死组织崩解彻底、质地松软、略带黄色,似干酪而得名。镜下观察:不见组织轮廓,呈现一片嗜酸性颗粒状物质。

（2）液化性坏死：组织坏死后分解液化，并可形成坏死腔。常发生在含蛋白质少、脂质多的器官，如脑、脊髓组织的坏死；或为酶性消化占优势的坏死病灶，如化脓性炎症时，中性粒细胞释出大量水解酶，将坏死组织迅速溶解液化形成脓液（图6-4）。

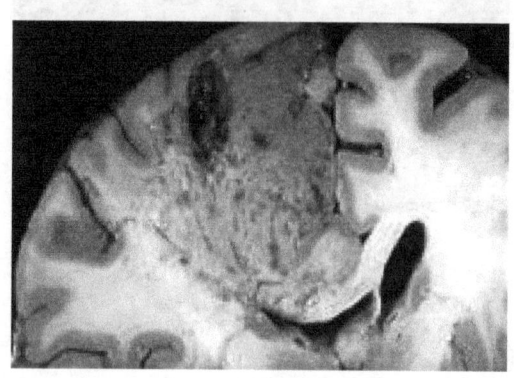

图6-4　液化性坏死

（3）坏疽：较大范围组织坏死后，因发生不同程度的腐败菌感染，而致坏死组织呈黑褐色。坏死组织发黑可能是因为合并腐败菌感染，使坏死组织中的蛋白质分解生成硫化氢，后者与红细胞破坏后释放的血红蛋白中的铁结合生成硫化亚铁的缘故。根据坏疽发生的部位、原因和形态特征不同，可分为3种类型：①干性坏疽：多发生于四肢末梢，下肢多见（图6-5）。原因为动脉阻塞而静脉回流通畅，局部组织含水量少，坏死局部干燥、皱缩，呈黑色，与周围组织分界清楚。由于坏死处组织干燥，不利于腐败菌生长，病变发展慢，全身中毒症状较轻；②湿性坏疽：常发生于与体外相连的内脏，如肠、阑尾等，也可发生于四肢。形成原因为静脉淤血和动脉阻塞同时存在，坏死组织含水量多，适合腐败菌生长。局部明显肿胀，暗绿色或污黑色。病变进展快，与周围组织分界不清，全身中毒症状重；③气性坏疽：是湿性坏疽的特殊类型。发生于严重的深达肌肉的开放性创伤，合并产气荚膜杆菌、腐败弧菌等厌氧菌感染。病变发展迅速，坏死组织呈蜂窝状，有捻发感，毒素大量被吸收，患者中毒症状严重。

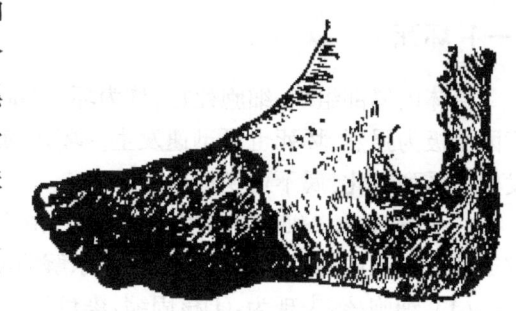

图6-5　干性坏疽

3. 坏死的结局　组织坏死后在体内成为异物，机体可通过以下方式将其清除，并进行再生修复。

（1）溶解吸收：较小的坏死组织，可通过溶酶体释放的蛋白水解酶的作用，将其分解液化，并被局部淋巴管、小静脉所吸收，组织碎屑由巨噬细胞吞噬消化。

（2）分离排出：坏死组织崩解或液化后脱离原来的组织，被排出体外。

（3）机化：坏死组织不能被完全溶解或排出时，可由新生的肉芽组织所取代，称为机化。

（4）包裹、钙化：较大坏死组织不能完全机化时，被周围增生的结缔组织所包绕，称为包裹；坏死组织中有钙盐沉着，称钙化。

（二）凋亡

细胞凋亡是由基因控制的自主性的有序死亡。它出现在许多生理和病理过程中。是机体内无用的、老化的或某些受病理损伤细胞死亡的一种形式。

第3节 组织、细胞的修复

组织、细胞损伤后，缺损由周围健康组织、细胞再生进行修补恢复的过程，称为修复。修复的基础是组织、细胞再生。

一、再生

损伤或死亡的组织由周围健康组织细胞分裂增生以完成修复的过程，称为再生。再生分生理性再生和病理性再生。在生理情况下，有些组织、细胞不断老化与更新，称生理性再生；在病理情况下进行的再生称病理性再生，有完全性再生与不完全性再生之分。

(一) 组织再生能力

组织的再生能力是动物在长期进化过程中形成的。一般来说，低等动物比高等动物再生能力强，分化程度低或容易受损伤、生理情况下经常更新的组织，再生能力也强。

(二) 组织再生过程

1. **上皮组织再生**　被覆上皮受损后，其邻近上皮的基底层细胞分裂增生，将缺损处修复。腺上皮损伤后，如果基底膜未被破坏，可由残存的上皮细胞分裂补充，以至完全再生修复；如果腺体完全破坏，则不易再生。

2. **血管再生**　血管再生从血管内皮细胞分裂、增生开始，先以出芽的方式形成实心的细胞条索，在血流冲击下出现管腔形成新生的毛细血管，并进一步互相吻合成网状，为适应需要，这些毛细血管可不断改变。

3. **结缔组织再生**　组织损伤后，局部幼稚细胞分裂、增生，幼稚的成纤维细胞来自局部静止状态的未分化的间叶细胞。

4. **神经组织再生**　脑及脊髓内的神经细胞死亡后不能再生，可由周围的胶质细胞进行修补，形成胶质瘢痕。外周神经受损时，如果与其相连的神经细胞仍然活着，则可完全再生。

二、肉芽组织和创伤愈合

(一) 肉芽组织

肉芽组织是富有新生毛细血管和成纤维细胞并伴有炎细胞浸润的新生幼稚结缔组织。肉芽组织老化后演变为瘢痕组织。

1. **肉芽组织的结构**　肉眼观察：创面呈颗粒状、鲜红湿润、质地柔嫩，形似鲜嫩的肉芽。镜下观察：大量新生的毛细血管与创面垂直，伴有大量的成纤维细胞和炎症细胞(图6-6)。

2. **肉芽组织的功能**　肉芽组织在创伤愈合过程中十分重要，其作用有：①填补创伤的缺损；②抗感染和保护创面；③机化血凝块、坏死组织及其他异物。

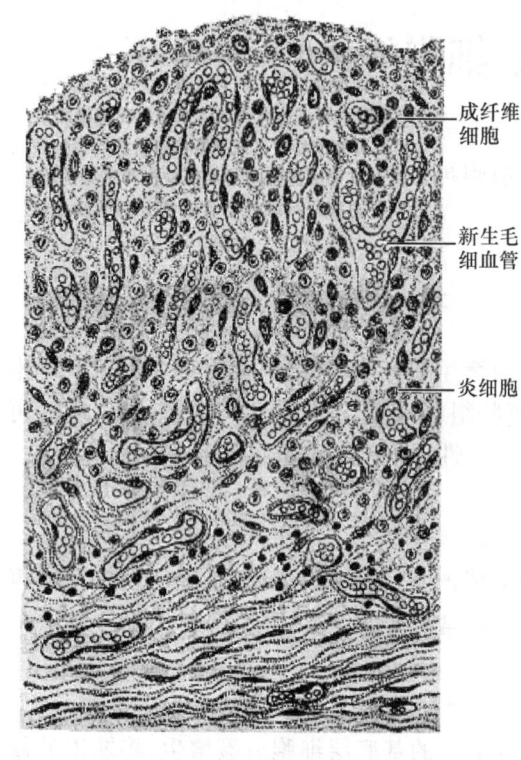

图 6-6 肉芽组织

（二）创伤愈合

创伤愈合是组织创伤后修复的过程：①创伤早期的炎症反应；②组织、细胞的增生；③新生组织的改建、肉芽组织的成熟和瘢痕形成。

1. 一期愈合　主要见于无菌性外科手术缝合伤口，这种伤口组织缺损少、创面整齐、无感染、接合紧密。愈合时间短，疤痕小。

2. 二期愈合　见于组织缺损较大、创缘不齐、无法对合或伴有感染的伤口。愈合时间长，瘢痕大。

三、影响创伤愈合的因素

创伤愈合过程，除与损伤程度及组织再生能力有关外，还与机体全身和局部因素有关。

（一）全身因素

1. 年龄　儿童和青少年组织再生能力强，创伤愈合快，如儿童骨折后第 9 天即可见到骨痂形成，在成年人则一般要 2~4 周后才出现。老年人组织再生能力差，创伤愈合慢。

2. 营养状况　严重蛋白质缺乏，尤其是蛋氨酸、胱氨酸缺乏，可影响基质中蛋白多糖合成，不利于肉芽组织形成。维生素 C 缺乏，可致脯氨酸和赖氨酸的羟化发生障碍，影响胶原稳定结构的形成，延缓组织修复。

3. 激素和药物　糖皮质激素能抑制炎症的渗出反应，影响胶原形成，所以激素可抑制创面愈合，降低创面愈合强度，减慢创面上皮和血管再生。某些药物，如多柔比星能抑制细胞的分裂增生，从而影响愈合。

（二）局部因素

1. 局部血液循环　创伤局部血供不足或静脉回流不畅，能导致局部组织营养不良，延缓创伤愈合，如下肢动脉粥样硬化或静脉曲张患者，一旦下肢损伤，不仅修复缓慢，还容易形成慢性溃疡。

2. 感染和异物　伤口局部继发感染或有异物，由于细菌感染或异物存在，将加重局部组织损伤，使伤口经久不愈。所以，临床上必须先行清创术，清除坏死组织和异物，控制感染，以促进创面修复。

3. 神经支配　若局部神经受损，其支配区域的组织再生能力降低或丧失，可影响局部血管舒缩功能，使组织再生延缓。

第7章 局部血液循环障碍

正常的血液循环是维持机体物质代谢的基本保证。一旦血液循环发生障碍,势必引起器官的形态和功能发生变化,甚至危及生命。脑梗死、脑出血、心肌梗死、肺栓塞等都属于血液循环障碍引起的疾病,是常见的致死原因。因此本章所述的内容在人类疾病谱中占有重要地位。

局部血液循环障碍主要包括:①局部组织血管内血液含量改变,如充血和缺血;②血管内成分外逸;③血液性质和内容改变,如血栓形成、栓塞等。

第1节 充 血

局部组织或器官血管内血量增多称为充血(hyperemia)。根据引起的原因不同分为动脉性充血和静脉性充血。

一、动脉性充血

局部组织或器官由于动脉输入的血量过多而发生的充血,称动脉性充血(arterial hyperemia),简称充血。充血是由于动脉壁的血管舒张神经兴奋性增高或血管收缩神经兴奋性减弱所致。

(一)常见的类型

1. 生理性充血　在生理状态下为满足组织器官代谢增强的需求而发生的充血,如运动时骨骼肌充血,进食后的胃肠道黏膜充血及妊娠子宫的充血等。

2. 病理性充血　炎症早期由于神经反射和炎症介质的作用,局部组织细动脉扩张,输送更多的血液。减压后充血是指长期受压组织压力突然解除后,血管反射性扩张而发生的充血,如大量腹水或手术后腹带压迫腹腔器官血管时,当一次抽取大量腹水或突然解开腹带引起腹腔脏器充血，而使大脑出现缺血导致晕厥。

(二) 病变及后果

充血组织颜色鲜红，轻度肿胀，位于体表的充血组织温度升高。镜下观察：见细动脉及毛细血管扩张充血。

动脉性充血多属生理现象，一般不引起严重后果。但在动脉已存在病变（如动脉粥样硬化）的基础上，由于情绪激动等原因发生充血，可引起脑血管破裂，发生脑出血。

二、静脉性充血

静脉性充血(venous hyperemia)又称淤血(congestion)，是由于局部器官或组织静脉血液回流受阻而发生的充血，具有重要的临床意义。

(一) 原因

1. **静脉受压** 如妊娠子宫压迫髂静脉引起下肢淤血；肿瘤压迫局部静脉引起相应器官淤血；肠套叠、肠扭转或嵌顿性肠疝肠系膜静脉受压引起肠管淤血；肝硬化时肝内静脉及肝窦受压，门静脉压力升高引起胃肠道及脾脏淤血等。

2. **静脉阻塞** 血栓形成是造成静脉阻塞最常见的原因。由于静脉分支多，只有当静脉阻塞后又不能通过侧支回流时才引起淤血。

3. **心力衰竭** 高血压、二尖瓣瓣膜病等引起左心衰竭时，发生肺淤血；肺原性心脏病导致右心衰竭时，引起体循环淤血。

(二) 病理变化

1. **早期病变** 淤血组织肿胀，体表组织淤血时局部温度下降，皮肤呈紫蓝色。这是由于血液循环速度减慢，内脏传导的热量减少，以及还原血红蛋白增加所致。镜下观察：见小静脉及毛细血管扩张，组织间隙出现水肿液。

2. **慢性淤血** 指长时间的淤血，可引起：①淤血性水肿、出血，体腔器官的淤血则形成体腔积液，可见红细胞漏出；②淤血组织实质细胞发生萎缩、变性，甚至坏死；③间质纤维组织增生，导致器官硬化。

(三) 重要器官淤血

1. **慢性肺淤血** 由于左心衰竭，肺静脉回流受阻，导致肺淤血。肉眼观察：肺体积增大，色暗红，挤压切面有粉红色液体溢出。晚期，肺组织变硬，呈棕褐色，称为肺褐色硬化。镜下观察：肺泡壁增宽，血管扩张，肺泡腔内充满粉染的水肿液，其中可见漏出的红细胞，肺泡腔内的巨噬细胞吞噬红细胞，血红蛋白被分解，析出含铁血黄素，将这种含有含铁血黄素的巨噬细胞称为心衰细胞（图7-1）。后期，肺泡间隔纤维组织增生。临床上可出现呼吸困难和发绀等缺氧症状，肺听诊可闻及湿性啰音，咳出白色或粉红色泡沫样痰。

2. **慢性肝淤血** 右心衰竭时，肝静脉回流受阻，引起肝淤血。镜下观察：肝小叶中央静脉及肝窦扩张淤血,小叶中央肝细胞萎缩、坏死,周边肝细胞脂肪变性(图7-2)。这是因为中央静脉周围肝细胞受压及缺血较重,而小叶周围肝细胞靠近汇管区,可获得较多来自小叶间动脉的血液所致。后期,可见纤维组织增多,肝小叶受到不同程度的破坏,发展成淤血性肝硬化。肉眼观察:肝切面红(小叶中央区)黄(小叶周边区)相间,似槟榔切面外观,因此称为槟榔肝。临床上患者可因肝肿大,包膜紧张刺激感觉神经末梢而引起肝区疼痛或触痛,肝细胞损害较重时可出现肝功能障碍的表现。

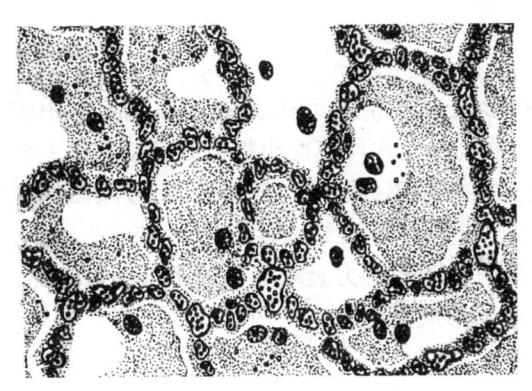

图7-1　心衰细胞

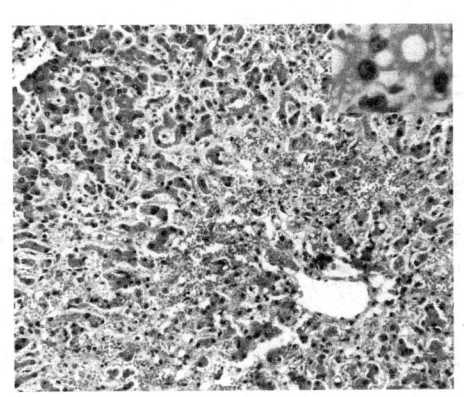

图7-2　慢性肝淤血

右上方为高倍镜下观察:小叶周边肝细胞脂肪变性

第2节　血栓形成

在活体的心血管腔内,血液中某些成分凝集或血液发生凝固,形成固体质块的过程,称为血栓形成(thrombosis)。所形成的固体质块,称为血栓(thrombus)。

血液中存在凝血系统和纤维蛋白溶解系统,正常情况下两者处于动态平衡状态,以维持血液的流动性。尽管凝血因子时有激活,血管出现微量的纤维蛋白沉着,但也不断地被激活的纤维蛋白溶解酶所溶解。当凝血机制增强时,则使血栓形成。

一、血栓形成的条件和机制

血栓形成包括血小板析出、聚集及血液凝固两个基本过程。凡有利于这两个过程发生的因素均可导致血栓形成。

(一) 心血管内皮细胞的损伤

正常的心血管内膜光滑,血小板不易黏附、聚集;内皮细胞能产生抗凝血的物质如抗凝血酶及抗血小板聚集的物质如前列腺环素等。因此完整的血管内皮是防止血栓形成的重要因素。

心血管内膜损伤,是血栓形成最重要的因素。内皮损伤,暴露出内皮下胶原,可发挥强烈的促凝作用。首先它能激活第XII因子,启动内源性凝血系统;其次能促使血小板易于黏集在损伤的内膜表面,促发血小板释放 ADP,使更多的血小板黏集;胶原还可刺激血小板合成更多的血栓素 A2,后者又进一步加强血小板的互相黏集过程。此外,损伤内膜能释放组织因子,激活外源性凝血系统,从而引起局部血液凝固,导致血栓形成。

引起血管内膜损伤的原因很多,缺氧、感染、中毒可造成广泛的内皮损伤;各种原因所致心血管内膜炎、动脉粥样硬化、心肌梗死、高血压等均可引起局部内膜损伤,诱发血栓形成。

(二) 血流状态的改变

血流缓慢、停滞和形成漩涡,均有利于血栓形成。正常血流中,血细胞在血流的中轴(轴流),其外是血小板,最外是血浆(边流)。这种流动方式可使血小板与血管壁隔离。血流缓慢、涡流,使血小板进入边流,得以与内膜接触并黏集;此外,血流缓慢时,被激活的凝血因子不易被冲走或稀释,聚集在局部的凝血因子浓度增高,促进血栓形成。

血栓形成多见于血流缓慢的静脉,特别是久病卧床或心力衰竭患者的下肢静脉多见。这是因为静脉血流缓慢,静脉腔内有静脉瓣,此处易形成涡流。

(三) 血液凝固性增高

血小板增多或黏性加大,凝血因子合成增多或灭活减弱均可导致血液呈高凝状态。临床上可见于严重创伤、烧伤、大手术或产后等大量失血患者,此时血中补充了大量幼稚的血小板,黏性较大,易于凝集。血小板增多或黏性增高还可见于妊娠、高脂血症、吸烟者。

血栓形成常是上述几个因素共同作用的结果,其中可能以某一因素为主。例如,大面积烧伤患者,血管壁出现广泛的损伤,因形成水泡而至大量血浆丢失,血液浓缩,血流速度减慢,凝血因子浓度升高,同时大量幼稚的血小板释放入血,增加了血液的凝固性。因此,烧伤患者最严重的并发症之一就是血栓形成。

二、血栓形成的过程和血栓的类型

血栓形成的过程是以血小板黏附于内皮下胶原开始的。内膜损伤时,血小板在裸露的内皮下胶原处黏附,释放 ADP、血栓素 A2、血小板第IV因子等物质,促使更多的血小板凝集,形成血小板堆。同时凝血系统被启动,在凝血酶的作用下纤维蛋白原转变为纤维蛋白。纤维蛋白使血小板堆更牢固地黏附在受损的内膜上。随着此过程的不断进行,黏集的血小板堆不断增长,逐渐形成珊瑚状的血小板小梁,其表面黏附一些中性粒细胞,血小板小梁之间有纤维蛋白网形成,其网眼内含红细胞。待血管腔完全被堵塞后,其后的血液发生凝固,直至下一个血管分支处(图 7-3)。依此过程形成的血栓称为延续性血栓。

血栓的类型包括 4 种:

1. **白色血栓** 相当于延续性血栓的头部或见于流速较快的心血管内形成的血栓。肉眼观察呈灰白色,故名白色血栓,它主要由血小板和少量纤维蛋白构成。

2. **红色血栓** 主要见于静脉内的血栓,相当于延续性血栓的尾部,为凝固的血液。肉

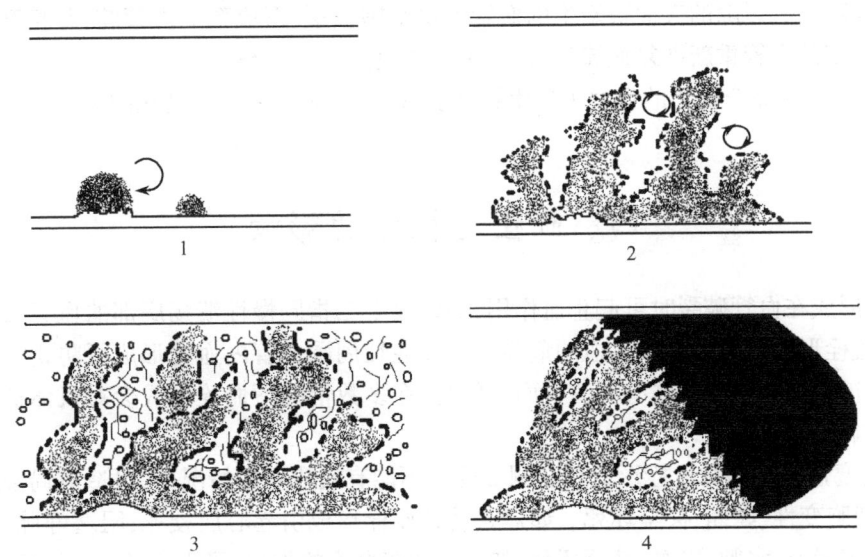

图 7-3 血栓形成过程示意图

1. 内膜损伤,血小板堆积 2. 血小板小梁 3. 小梁间纤维蛋白网及红细胞 4. 血管阻塞后血液凝固

眼观察呈暗红色,与死后的血凝块相似;镜下观察:主要由纤维蛋白和红细胞构成。

3. **混合血栓** 相当于延续性血栓的中间部分(体部),由血小板小梁及黏附其上的白细胞、纤维素网和网罗的红细胞组成,灰白色与暗红色相间。镜下观察:见由血小板和纤维蛋白构成梁状结构,其间为纤维蛋白和红细胞组成的凝固血液。

4. **透明血栓** 发生于微循环的毛细血管、微静脉内,因其只能在显微镜下观察到,故又称微血栓。主要由均匀红染的纤维蛋白构成,也称为纤维素性血栓。最常见于弥散性血管内凝血。

血栓形成发生部位和条件不同,其形态也有所不同。白色血栓常见于心腔及动脉内膜。因心腔和动脉内的血流较快,凝血因子易被血流冲走,故不易发生血液凝固。如风湿性心内膜炎的心瓣膜上出现的疣状赘生物,主要由白色血栓构成。混合血栓及红色血栓多见于血流缓慢的静脉内。心房颤动时可形成球形的混合血栓。动脉瘤内或心肌梗死区内膜处常形成不堵塞管腔的血栓,称附壁血栓。

三、血栓的结局

1. **血栓的软化、溶解** 血栓内的纤维蛋白溶酶的激活及白细胞崩解释放的蛋白水解酶使血栓溶解、软化。小血栓可被完全溶解吸收。大的血栓常部分软化,被血流冲击形成碎片或整体脱落后,造成其他部位血管栓塞。

2. **血栓机化与再通** 血栓形成后,内皮细胞和纤维母细胞从血管壁长入血栓,形成肉芽组织,由肉芽组织取代血栓的过程,称为血栓机化。此时,血栓和血管壁紧密粘连而不易脱落。血栓机化过程中,由于血栓干燥收缩和部分溶解,致使血栓内部或血栓与血管壁之间出现裂隙,这些裂隙的表面被新生的血管内皮细胞被覆,形成新的血管腔,并相互吻合沟通,使被阻塞的血管重新恢复血流的过程,称为再通。

3. 钙化　未完全机化的血栓可发生钙盐沉着,称为血栓钙化。钙化的血栓在静脉内被称为静脉石。

四、血栓对机体的影响

血栓形成在血管破裂时可起止血作用,如胃或十二指肠慢性溃疡底部的血管被病变侵蚀破裂,血栓形成可能避免大出血的危险。在炎症灶周围血管内血栓形成可防止病原体或毒素蔓延扩散。这是对机体有利的一面。但是,在多数情况下血栓形成会对机体造成不同程度的影响。

1. 堵塞血管　动脉血栓形成后在侧支循环不能有效建立的情况下,可造成局部组织缺血,引起细胞变性、萎缩,甚至坏死。如冠状动脉血栓形成引起心肌梗死;阻塞静脉,则可造成局部组织淤血、水肿、出血,甚至坏死,如肠系膜静脉血栓形成,可引起肠出血性梗死。

2. 栓塞　血栓被部分溶解可脱落成为栓子,随血流到达口径相似的血管发生堵塞。

3. 心瓣膜变形　心瓣膜病时心瓣膜上形成的血栓发生机化,可引起心瓣膜粘连、硬化、变形,使瓣膜口狭窄或关闭不全。

4. 广泛出血　微循环内广泛微血栓形成,即弥散性血管内凝血(DIC)可引起全身性广泛出血。这是因为凝血过程中消耗了大量凝血因子所致。

第3节　栓　　塞

在循环血液中出现不溶于血液的异常物质随血流运行,阻塞于血管腔的现象,称为栓塞(embolism)。阻塞血管腔的异常物质称为栓子(embolus)。最常见的为血栓栓子,偶尔可由脂滴、空气、羊水、肿瘤细胞团或细菌团等引起栓塞。

一、栓子运行的途径

了解栓子的运行规律对栓塞性疾病的诊断与预防有重要意义。栓子的运行方向一般与血流的方向一致(图7-4)。

1. 来自体静脉及右心的栓子　随血流运行常栓塞于肺动脉或其分支内。但某些体积小又可被压缩的栓子(如脂肪滴、气泡)可通过肺毛细血管,经肺静脉入左心,栓塞于体循环动脉小分支内。

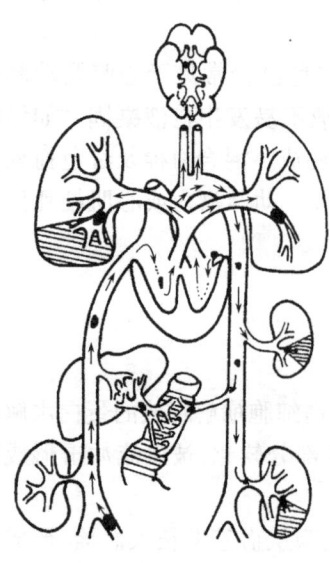

图 7-4　栓子运行途径模式图
血管内黑色物为栓子,箭头示栓子运行方向

2. 来自左心及动脉系统的栓子 随血流运行,阻塞于各器官的小动脉内。常引起心、脑、肾、脾、下肢等处的动脉分支栓塞。

3. 来自门静脉系统的栓子 常来自肠系膜静脉,随血流进入肝内,造成肝内门静脉分支栓塞。

少数情况下,栓子运行可与正常血流不一致:如房间隔缺损或室间隔缺损患者,在右心压力增高时,右心的栓子可进入左心,引起体循环动脉分支栓塞,称为交叉性栓塞;罕见的情况下,胸、腹腔压力突然升高(如剧烈咳嗽)时,下腔静脉内的栓子可因血液一过性逆流而到达肝、肾等静脉分支,形成逆行性栓塞。

二、栓塞的类型及其对机体的影响

(一) 血栓栓塞

由脱落的血栓引起的栓塞称为血栓栓塞,是各种栓塞中最为常见的一种。血栓栓子栓塞的部位、大小、数量不同,对机体的影响也不同。

1. 肺动脉栓塞 据统计引起肺动脉栓塞的血栓栓子约95%来自下肢深部静脉。当栓子较小且数量较少时,多栓塞在肺下叶小动脉分支,一般不会引起严重的后果,这是因为肺有双重血液循环,即肺动脉与支气管动脉;但在肺已有严重淤血时,支气管动脉难以克服肺循环的阻力而不能充分发挥代偿作用,则可引起肺组织坏死(梗死)。若栓子数目较多,广泛地栓塞于肺动脉分支,或栓子体积较大,栓塞于肺动脉主干或大分支时,常引起猝死。肺循环并未被完全阻断,为什么可引起猝死?其机制尚未完全明了,一般认为肺栓塞时刺激迷走神经,引起反射性肺动脉、冠状动脉、支气管动脉及支气管平滑肌痉挛,导致急性右心衰竭和窒息死亡。此外,新鲜血栓释放的 5-羟色胺(5-HT)及血栓素 A_2 可加重肺血管的痉挛。

2. 体循环动脉栓塞 栓子主要来源于感染性心内膜炎心瓣膜上的血栓、左心腔的附壁血栓、或动脉粥样硬化溃疡处的血栓等。左心及动脉系统的血栓脱落后,常栓塞于动脉口径较小的动脉分支内,以脑、肾、脾、下肢等处多见。若无有效的侧支循环代偿,则引起组织缺血性坏死(梗死)。上肢动脉有丰富的吻合支,肝脏有门静脉和肝动脉双重血供,可以起到很好的代偿作用,因此很少发生梗死。

(二) 脂肪栓塞

循环血液中出现脂肪滴阻塞于小血管内,称为脂肪栓塞。脂滴可来源于:①含有脂肪的长骨骨折;②大面积皮下脂肪组织挫伤;③脂肪肝挤压伤;④伴有血脂过高的某些疾病如糖尿病等。游离脂肪经破裂的血管入血而引起栓塞。脂肪栓塞的后果,取决于栓塞部位及脂滴的多少。

(三) 气体栓塞

大量空气迅速进入血液或溶解于血液内的气体迅速游离形成气泡阻塞心血管腔,称为气体栓塞,分为空气栓塞和氮气栓塞(减压病)。

1. 空气栓塞　在静脉破裂而血管壁不塌陷,同时血管内又呈负压状态下发生。例如,头颈部手术、胸壁和肺创伤时损伤了锁骨下静脉和颈静脉,空气被吸入静脉。还可能在加压输血输液、输卵管通气、人工气腹或人工气胸等静脉意外受损失时发生。罕见于分娩或流产时空气进入胎盘附着于子宫静脉窦。

空气栓塞的后果取决于空气进入血循环的速度和量。少量气体缓慢进入血循环可被溶解,不引起栓塞;多量气体迅速进入静脉到达右心,形成无数气泡。进入人体血液的气体达到 100 ml 左右,即可导致死亡。

2. 减压病　氮气在血液中溶解的量很少,但随着压力的增高其溶解度升高,当从高压环境急速转到低压环境时,溶解在血中的气体迅速游离,氧气和二氧化碳可迅速被溶解,而氮气难以在短时间内吸收,于是形成无数气泡造成广泛栓塞。减压病可发生于飞行员因飞机快速升高而机舱又未密闭时;也可因深海潜水员过快浮上水面时而发生,因此也称为潜水员病。

(四) 羊水栓塞

分娩过程中羊水进入母体血液循环引起羊水栓塞。是产科罕见的并发症,但死亡率达 80% 以上。引起羊水栓塞的诱因有胎膜早破、宫缩过强、子宫颈裂伤等,也可见于手术产。羊水可经子宫内膜静脉入血,也可经胎盘附着处的血窦入血。

羊水经血液循环进入肺内血管引起羊水栓塞。患者常突然发生呼吸困难、发绀、休克等症状,常导致死亡。发生机制是:羊水的成分作为抗原引起过敏性休克;羊水含有凝血活酶样物质激活凝血过程,造成母体发生弥散性血管内凝血;肺小动脉广泛栓塞及羊水成分引起血管反射性痉挛等。少量羊水亦可通过肺毛细血管到左心,引起全身各器官栓塞。

羊水中含有胎儿脱落的角化上皮、毳毛、胎粪等物质,可在母体的肺毛细血管或小动脉内检见,是尸检病理诊断羊水栓塞的重要依据。

(五) 其他类型栓塞

恶性肿瘤细胞栓塞,可造成肿瘤转移;细菌菌落、寄生虫及其虫卵栓塞可引起疾病的播散蔓延。

第 4 节　梗　死

器官或局部组织由于动脉血流阻断导致缺血缺氧而引起的坏死,称为梗死(infarction)。当组织血流被阻断后是否会发生梗死,与供血血管类型和组织对缺氧的耐受性有关。有双重血供或侧支循环丰富的组织可不发生梗死,如肝、肺、肠等。脑组织对缺氧的耐受性最差,其次是心肌,因此这些组织易发生梗死。

(一) 梗死的原因

凡能引起动脉血管腔阻塞,导致局部组织缺血的原因均可引起梗死。

1. **血管阻塞** 多数梗死是由于动脉阻塞所致。引起血管阻塞常见的原因有:①血栓形成:如冠状动脉粥样硬化合并血栓形成引起心肌梗死;②血栓栓塞:如来自左心的栓子常导致肾、脾、肺和脑梗死;③血管受压闭塞:如动脉受肿瘤压迫或肠扭转、肠套叠、嵌顿性肠疝时肠系膜静脉和动脉先后受压闭塞,局部血流停止引起梗死。卵巢囊肿蒂扭转,因蒂内血管受压闭塞亦可引起囊肿坏死。

2. **动脉持续性痉挛** 单纯的动脉痉挛不致引起梗死,多数是在动脉粥样硬化已有血管腔狭窄的情况下,再发生血管持续痉挛,导致血管完全闭塞,血流中断引起梗死。所以在尸检中有的心肌梗死或脑梗死者并无血管完全阻塞。

(二) 梗死的类型及病理变化

根据梗死区内含血量的多少将梗死分为贫血性梗死和出血性梗死;此外,如梗死合并细菌感染称为败血性梗死。

1. **贫血性梗死** 贫血性梗死多发生于组织结构致密、侧支循环不丰富的实质器官,如肾、脾、心,也可发生于脑。由于梗死区组织致密,容纳血液少,梗死灶呈灰白色(故也称白色梗死)。梗死灶边缘血管壁通透性升高,红细胞漏出,加上坏死引起的炎症反应,在梗死灶与正常组织交界处常见一暗红色的充血出血带,初为暗红色,随着红细胞被溶解而变为黄褐色。梗死灶的形状,取决于该器官的血管分布:肾、脾等有"门"的脏器动脉呈锥形分布,故梗死灶也呈锥形,尖端指向器官的门部(血管阻塞部位),锥底抵达器官表面且略隆起(图7-5);心冠状动脉供血区域不规则,故心肌梗死灶形状也不规则,呈地图状。肾、脾、心肌的梗死灶为凝固性坏死;脑梗死常为液化性坏死(脑软化)。梗死灶于数周后被机化形成瘢痕。

2. **出血性梗死** 梗死区出血量多,呈暗红色(故也称红色梗死)。常发生在组织疏松可容纳多量血液的器官,如肺、肠。因肺有双重血供、肠系膜动脉在肠壁有丰富的吻合支,故除动脉阻塞外,梗死前还需有严重淤血作为先决条件。

(1) 肺出血性梗死:肺组织结构疏松,肺泡腔可容纳大量血液。肺有肺动脉及支气管动脉双重血供,当肺动脉阻塞,同时左心衰竭引起肺淤血时,较细的支气管动脉难以维持足够的供血,因此发生梗死(图7-6)。肺组织坏死后其中的血管破裂,来自支气管动脉的血液流入肺泡腔,发生出血性梗死。

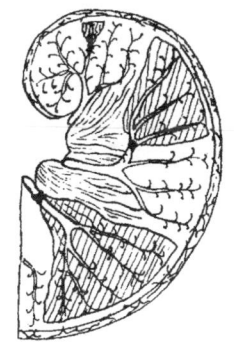

图7-5 肾梗死示意图　　　　　图7-6 肺出血性梗死机制示意图

梗死灶常位于肺下叶，呈锥形，尖朝肺门、底部紧靠胸膜面。梗死区因弥漫性出血而肿胀隆起，呈暗紫红色。陈旧梗死灶因机化，瘢痕收缩而局部下陷。镜下观察：梗死灶仅见红染的肺泡壁残影，肺泡腔内充满红细胞，而非梗死区常见心衰细胞等肺淤血的改变。

(2) 肠出血性梗死：多在肠扭转、肠套叠、嵌顿性肠疝、肿瘤压迫等情况下发生。由于肠系膜静脉管壁薄压力低，故先被阻断而发生淤血，继而肠系膜动脉受压闭塞而造成出血性梗死。肠壁组织疏松，坏死后小血管破裂，侧支血管阻力减小，血液流入肠壁组织间隙。

因一条肠系膜动脉分支供应一段肠管血液，故肠梗死灶呈节段形。梗死区肠壁因出血而增厚呈暗红色，肠腔内充满暗红色血性内容物。

3. 败血性梗死　由于含细菌的栓子阻塞血管，使梗死区感染，形成败血性梗死。常见于与感染性心内膜炎血栓脱落引起的梗死。

(三) 梗死的后果

梗死对机体的影响取决于梗死灶的大小、部位及有无细菌感染细等因素。心、脑等重要器官梗死，轻者出现功能障碍，重者可危及生命。脾梗死累及包膜引起局部疼痛，肾梗死出现腰痛和血尿，肺梗死引起胸痛和咯血，肠梗死出现剧烈腹痛及血便等。

第8章 炎 症

炎症(inflammation)是具有血管系统的机体对各种损伤所发生的防御反应。损伤导致局部组织变性和坏死,机体通过血管和血流的变化使白细胞等物质渗出,对抗损伤因子,而后出现细胞增生完成局部修复。这是炎症的基本病理过程。

炎症过程中最重要的环节是血管反应,由此引起的炎症局部液体及细胞成分的渗出是机体防御机制的关键。不具有血管系统的生物(如单细胞生物)对损伤因子的防御反应相对简单,主要靠吞噬作用,还不能称其为炎症。

炎症是临床上最常见的病理过程,如阑尾炎、支气管炎、肺炎、肾炎、各种传染病、外伤感染,甚至烧伤、冻伤等均属于炎症。

炎症的局部病理变化是变质、渗出、增生。局部临床表现有红、肿、热、痛、功能障碍。全身反应有发热、白细胞变化、单核-巨噬细胞增生等。

第1节 炎症的原因

凡是能造成组织损伤的因素,统称为致炎因子。致炎因子的种类很多,可归纳为以下几类:

1. **生物性因子** 是最常见的致炎因子,包括细菌、病毒、立克次体、支原体、螺旋体、真菌和寄生虫等。由生物性因子引起的炎症,称为感染(infection)。这些病原体的致病机制各不相同,已于前述章节介绍。

2. **物理性因子** 如高温、低温、放射线、电击、切割、挤压等造成组织损伤后均可引起炎症反应。

3. **化学性因子** 外源性化学物质如强酸、强碱等,内源性化学毒物如组织坏死后分解的产物和体内代谢所产生的尿酸、尿素等均可引起炎症。

4. **变态反应** 异常免疫反应所造成的组织损伤,可引起各种变态反应性炎症。例如肾小球肾炎、系统性红斑狼疮、过敏性炎症等。

第2节 炎症局部的基本病理变化

所有炎症性疾病都有着共同的病理变化,即变质、渗出和增生。不同的炎症或炎症的不同阶段,三者的变化程度不同。有的炎症以变质性改变为主,有的以渗出性改变为主,有的则以增生性改变为主。炎症早期以变质和渗出为主,而后期以增生改变为主。

一、变　　质

炎症局部组织发生的变性和坏死,统称为变质(alteration)。实质细胞常发生细胞水肿、脂肪变性以及凝固性坏死、液化性坏死等;间质细胞可发生黏液样变性和纤维素样坏死等。变质主要是由于致炎因子的直接作用和炎症过程中出现的局部血液循环障碍等因素造成的。变质可引起局部代谢和功能发生不同程度的障碍。

二、渗　　出

炎症局部组织血管内的液体和炎症细胞成分通过血管壁到达组织间隙、体腔、体表或黏膜表面的过程,称为渗出(exudation)。渗出是炎症的重要标志,发挥重要的防御作用,是消除病原因子和有害物质的主要因素。渗出主要包括血管反应、液体渗出和细胞渗出三部分。

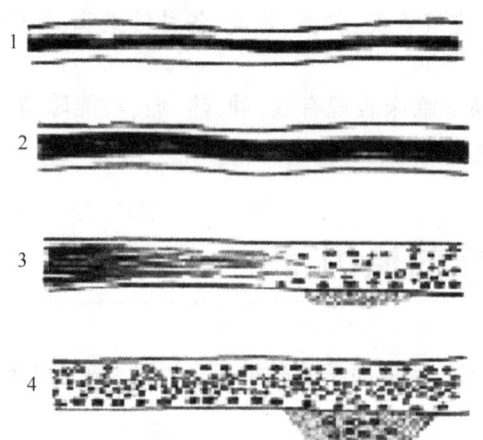

图 8-1　血管反应及渗出
1. 正常血流　2. 血管扩张血流加快　3. 血管进一步扩张,液体渗出血流变慢　4. 血流变慢甚至停滞,白细胞渗出

(一) 血管反应

血流动力学改变　血流动力学改变主要表现为炎性充血,依次发生以下变化(图8-1):

(1) 细动脉短暂收缩:当组织受到致炎因子刺激时,通过神经反射和化学介质的作用迅速出现细动脉短暂收缩,一般仅持续数秒钟。

(2) 动脉性充血:细动脉和毛细血管由收缩转为扩张,血流加快,可持续数分钟至数小时不等。血管扩张可通过神经轴突反射(冲动沿传入神经的分支,不传入脊髓而直接传导到传出神经,作用于与效应器)引起,但作用较短暂,而持久的充血与炎症局部产生的化学介质有关。

(3) 静脉性充血(淤血):随着炎症的继续发展,血流由快变慢,甚至发生血流停滞。这是由于化学介质使血管壁的通透性升高,血液中的液体成分渗出,血液浓缩,黏稠度增加所致。

以上血流改变持续时间与致炎因子的种类和强度有关,过轻或过重的刺激充血持续时间较短,而轻度刺激充血持续时间较长。炎性充血为血液成分的渗出创造了必要的条件。

(二) 血管壁通透性升高

毛细血管和细静脉的内皮细胞是一种半透膜,正常情况下,水分和小分子的物质可以自由通过血管壁,而血浆蛋白等大分子物质则不易通过。炎症时血管壁的通透性升高,使大分子物质及血细胞得以通过。血管壁通透性升高的机制主要有:①内皮细胞收缩;②内皮细胞的穿胞作用增强;③内皮细胞的损伤;④新生毛细血管的高通透性等(图8-2)。这些改变多与致炎因子和化学介质作用有关。

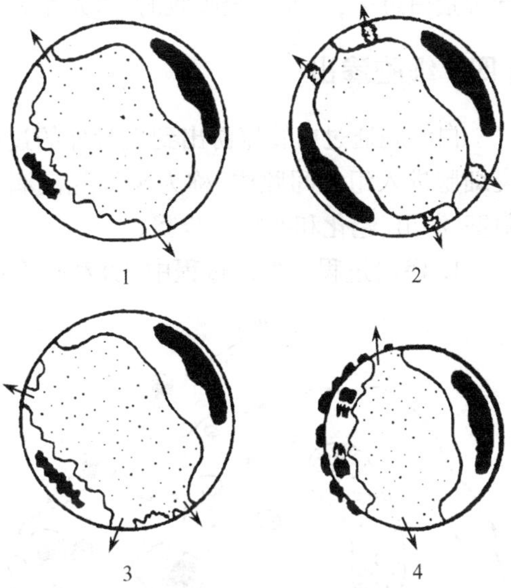

血管壁通透性升高反应可分为3个类型:①速发短暂反应:损伤后立即发生,持续时间短,如荨麻疹;②速发持续反应:损伤后立即发生,持续时间久,一至几天,见于严重损伤如烧伤;③迟发持续反应:经过一段时间才发生,但持续时间较长,如紫外线损伤和迟发性变态反应等。

(三) 液体渗出

图 8-2 血管壁通透性升高的机制示意图
1. 内皮细胞收缩 2. 穿胞作用增强 3. 内皮细胞受损 4. 新生毛细血管

由于血管壁通透性升高,血管内的液体成分通过细静脉和毛细血管壁渗出到血管外的过程,称为液体渗出。渗出的液体称为渗出液。液体渗出到组织间隙引起炎性水肿;渗出到体腔造成积液。

引起液体渗出的机制包括:①由于充血使血液流体静压升高;②由于局部分解代谢增强,使组织的渗透压升高;③血管壁通透性升高,大分子的蛋白得以渗出。单纯由血管内压力升高引起的液体漏出称为漏出液,如肝硬化门脉高压形成的腹水即为漏出液。由于发生机制不同,渗出液与漏出液成分也不同(表8-1)。

表 8-1 渗出液与漏出液的区别

	渗出液	漏出液
原因	炎症	非炎症
外观	混浊	澄清
蛋白含量	25g/L 以上	25g/L 以下
比重	>1.018	<1.018
细胞数	>500×10^6/L	<100×10^6/L
Rivalta 试验	阳性	阴性
凝固	常自凝	不能自凝

渗出液具有重要的防御作用:①稀释炎症灶内的毒素和有害物质,减轻毒素对组织的损伤;②带来营养物质,带走毒性产物;③渗出液中含有抗体、补体等物质,有利于杀灭病原

体;④渗出的纤维蛋白原转化为网状纤维蛋白,阻止病菌的扩散,并有利于吞噬细胞发挥吞噬作用;⑤渗出液中的病原微生物及毒素随淋巴液被带到局部淋巴结,刺激机体产生免疫反应。但是,如果渗出液过多,可压迫周围组织,如咽喉部位的炎性水肿,可导致窒息;体腔积液过多,可影响器官的功能,如大量心包腔积液可压迫、限制心脏舒缩运动;渗出液中含纤维蛋白过多,不能完全吸收时,可发生机化、粘连。

(四) 细胞渗出

白细胞通过血管壁游出到血管外的过程称为白细胞渗出。渗出的白细胞称为炎细胞,炎细胞进入组织间隙内,称为炎细胞浸润。白细胞的渗出是主动过程,包括白细胞靠边与附壁、游出、趋化和吞噬等步骤。

1. **渗出过程** 炎症过程中,随着血管扩张,血流变慢,使轴流变宽,白细胞由轴流进入边流,即白细胞靠边。靠边的白细胞沿着血管壁缓慢地滚动,然后在黏附分子的作用下黏附在血管内皮上,即白细胞附壁。附壁的白细胞胞质突起形成伪足,以阿米巴样运动的方式通过内皮细胞间隙游出到血管外。

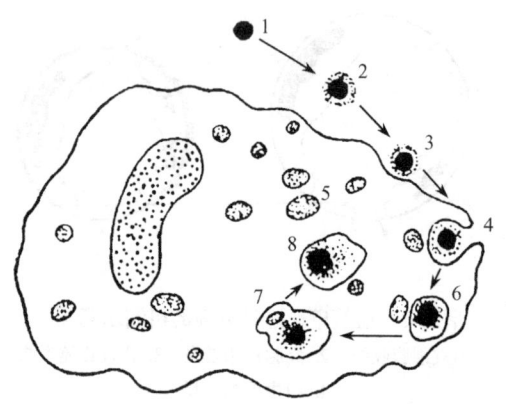

图 8-3 吞噬过程示意图

1.5.异物体 2.6.被调理颗粒 3.7.吞噬溶酶体 4.8.杀伤、降解

2. **趋化作用** 白细胞沿浓度梯度向着化学刺激物做定向移动的现象称为趋化作用,这些化学物质称为趋化因子。白细胞受到趋化作用向炎症中心游走。

不同的趋化因子可以吸引不同的白细胞,因此不同病原感染浸润的白细胞也不同。大部分细菌感染以中性粒细胞浸润为主;病毒感染时以淋巴细胞浸润为主;过敏性炎症以大量嗜酸粒细胞浸润。此外,各种白细胞游走速度不同,中性粒细胞游走速度最快,因此多出现在炎症的早期;单核细胞游走速度较慢,故48 h后才大量出现在炎症灶内。

> **链接** 趋化因子(chemokine)是一类一级结构相似,主要对白细胞具有化学趋化作用等多种生物学效应的小分子蛋白,在机体的防御和炎症反应等方面起着重要的调节作用。由于其广泛的细胞来源和生物学效应,趋化因子及其受体可能在多种疾病的发生和发展中起重要的作用。在包括系统性红斑狼疮(SLE)在内的自身免疫性疾病、HIV 感染、心血管疾病、过敏性疾病、神经系统炎性疾病、肿瘤等方面的作用越来越引起关注。

3. **吞噬作用** 白细胞在炎症灶内吞噬和消化病原体及组织崩解碎片等的过程,称为吞噬作用。这是炎症防御作用的重要组成部分。吞噬细胞主要有中性粒细胞和单核巨噬细胞2种。吞噬过程包括对吞噬物的识别和附着、包围吞入和杀灭降解3个阶段。吞噬细借其表面的 Fc 和 $C3_b$ 受体,识别并结合被调理素(抗体或补体)包被的异物(如细菌);吞噬细胞膜内陷或伸出伪足将其包围,并摄入胞质内形成吞噬体;吞噬体与胞质内的溶酶体融合形成吞噬溶酶体,病原体或异物在溶酶体酶的作用下被杀伤、降解(图 8-3)。

炎细胞还可通过免疫作用杀伤病原微生物,见相关章节。

4. 炎细胞的种类和功能　炎细胞多数由血管渗出而来,如中性粒细胞、单核细胞、淋巴细胞和嗜酸粒细胞等;也可来自组织内增生的细胞,如巨噬细胞、浆细胞以及由巨噬细胞转化而来的上皮样细胞、多核巨细胞等。各种炎细胞的形态见图 8-4,其功能见表 8-2。

表 8-2　常见白细胞种类及功能

炎细胞种类	主要作用
中性粒细胞	有活跃的运动能力和较强的吞噬能力。崩解后释放溶酶体酶,溶解坏死组织及纤维蛋白等。多出现在急性炎症早期及化脓性炎症
单核巨噬细胞	具有很强的吞噬能力,能吞噬较大的病原体、异物、坏死组织碎片甚至整个细胞。常见于急性炎症后期、慢性炎症和某些非化脓性炎症
嗜酸粒细胞	具有一定的吞噬能力,能吞噬抗原抗体复合物,杀伤寄生虫。多见于各种慢性炎症,尤其是寄生虫感染或变态反应性炎症
淋巴细胞和浆细胞	T 淋巴细胞发挥细胞免疫作用,B 淋巴细胞转化为浆细胞,浆细胞能产生抗体,引起体液免疫反应。主要见于慢性炎症
嗜碱粒细胞	当受到炎症刺激时,细胞脱颗粒而释放组胺和 5-羟色胺等炎症介质,引起炎症反应。多见于变态反应性炎症

图 8-4　各种炎细胞
左起分别为:中性粒细胞、嗜酸粒细胞、淋巴细胞、浆细胞、单核巨噬细胞

(五) 炎症介质

炎症介质是指参与或引起炎症反应的化学活性物质,也称化学介质。炎症介质是在致炎因子作用下,由局部组织细胞或血浆产生和释放的(内源性),也可以来自致炎因子本身(外源性),如细菌及其产物。炎症介质的主要作用是使血管扩张、血管壁通透性升高和对炎细胞的趋化作用,导致炎性充血和渗出等变化。此外,某些炎症介质还可以引起发热、疼痛和组织损伤等。主要炎症介质及其作用见表 8-3。

表 8-3　主要炎症介质及其作用

种类	来源	血管扩张	通透性升高	趋化作用	其他
组胺、5-羟色胺	肥大细胞、嗜碱粒细胞、血小板	+	+		
缓激肽	血浆蛋白	+	+		疼痛
补体 $C3_a$、$C5_a$	补体系统		+	+	调理素
前列腺素	细胞质膜磷脂	+		±	疼痛、发热
白细胞三烯	白细胞、肥大细胞		+		血管收缩
溶酶体成分	白细胞		+	+	组织损伤
纤维蛋白多肽	凝血系统		+	+	
纤维蛋白降解产物	纤溶系统		+	+	

三、增　生

在致炎因子和组织崩解产物的刺激下,炎症局部细胞增殖、细胞数目增多,称为增生(proliferation)。增生的细胞主要是巨噬细胞、血管内皮细胞和纤维母细胞。某些情况下,炎灶周围的上皮细胞或实质细胞也发生增生。一般在炎症后期或慢性炎症时,增生改变较明显。但少数炎症早期即有明显的增生现象,如伤寒时大量巨噬细胞增生。

增生的巨噬细胞具有吞噬病原体和清除组织崩解产物的作用,增强防御反应;增生的纤维母细胞和血管内皮细胞形成肉芽组织及瘢痕组织,用于修复。但过度的增生,尤其是纤维组织过度增生引起瘢痕,可破坏器官结构和功能。

综上所述,任何炎症的局部都有变质、渗出和增生 3 种改变,这 3 者互相联系、互相影响,构成一个复杂的炎症过程。在此过程中,变质是对机体的损伤,而渗出和增生是以防御为主的病理过程。

第 3 节　炎症的局部表现和全身反应

一、炎症的局部表现

炎症局部的临床表现为红、肿、热、痛和功能障碍,尤以急性炎症最为明显。

1. 红　由于炎性充血而使局部组织呈红色。最初由于动脉性充血,局部氧合血红蛋白增多,故呈鲜红色;随着血流变慢、甚至停滞,氧合血红蛋白减少,还原血红蛋白增多,局部组织变为暗红色。

2. 肿　急性炎症时,主要由于局部充血和渗出物增多引起局部组织水肿。慢性炎症时局部肿胀,主要由于局部组织增生所致。

3. 热　由于炎症局部分解代谢增强,产热增多,因此局部温度升高。体表炎症局部温度升高还与局部动脉性充血、血流加快带来更多内脏热量有关。

4. 痛　炎症局部疼痛与以下因素有关：①钾离子、氢离子积聚，刺激神经末梢引起疼痛；②组织肿胀，张力升高，压迫或牵拉神经末梢引起疼痛（如牙髓炎）；③有致痛作用的炎症介质如前列腺素、缓激肽等刺激神经末梢引起疼痛。

5. 功能障碍　炎症部位实质细胞变性、坏死、代谢障碍，渗出物的压迫、阻塞以及疼痛等均可引起组织器官的功能障碍。如病毒性肝炎时，肝细胞变性、坏死，引起肝功能障碍；心包腔积液时，压迫心脏，导致心功能不全；关节炎症，可因疼痛而使活动受限。

二、全身反应

1. 发热　多见于病原微生物引起的炎症。引起发热的物质称为致热原。细菌、病毒、立克次体和疟原虫等病原体的毒素或代谢产物以及前列腺素等炎症介质均可作为致热原引起发热。一定程度的体温升高，能使机体代谢增强，促进抗体的形成，增强吞噬细胞的吞噬功能和肝的解毒功能，从而可提高机体的防御能力。但体温过高或长期发热，可引起中枢神经系统的损害等不利影响。如果炎症病变严重，体温反而不升高，说明机体反应性差，抵抗力低下，是预后不良的征兆。

2. 血中白细胞变化　外周血白细胞计数增多是炎症的常见表现。增多的白细胞类型常因病原体的不同而不同。急性化脓性炎症时，以中性粒细胞增多为主；慢性炎症或病毒感染时，常以淋巴细胞增多为主；过敏性炎症和寄生虫感染时，则以嗜酸粒细胞增多为主。这与炎症局部渗出的炎细胞类型一致。但并不是所有炎症外周血白细胞均升高，如伤寒杆菌、流感病毒等感染时，血中的白细胞数常减少。

3. 单核巨噬细胞系统增生　有些炎症（如伤寒），可刺激单核巨噬细胞系统增生，导致肝、脾、淋巴结肿大。

4. 实质器官病变　严重炎症，由于病原微生物及其毒素入血，导致心、脑、肾等器官的实质细胞发生变性、坏死，引起相应临床表现。如白喉引起心肌细胞变质等。

第4节　炎症类型

炎症的分类方式有多种。按病程长短及起病急缓分为超急性、急性、亚急性和慢性炎症；按病因不同分为细菌性炎症、病毒性炎症、真菌性炎症等；病理形态学则是根据炎症局部基本病变分为以变质为主的炎症、以渗出为主的炎症和以增生为主的炎症。不同分类方法的炎症类型之间有着内在联系。下面主要从病理形态学角度介绍急性炎症和慢性炎症的病变特点。

一、急性炎症

急性炎症起病急，病程短（一般数天至一个月），症状明显，局部病变多以渗出改变为主。

（一）渗出性炎

渗出性炎症以炎症病灶内有大量渗出物形成为特征，伴有不同程度的变质和轻微的增生。根据渗出物的主要成分及病变特点，可将渗出性炎分为以下几种。

1. **浆液性炎** 浆液性炎是以浆液渗出为主的炎症。渗出物主要是血浆，含多量白蛋白，混有少量纤维蛋白和白细胞等成分。

浆液性炎好发于黏膜、浆膜和疏松结缔组织等处。黏膜的浆液性炎如感冒初期，鼻黏膜排出大量浆液性分泌物；浆膜的浆液性炎如结核性渗出性胸膜炎，可引起胸膜腔积液；皮肤二度烫伤时，渗出的浆液形成表皮下水疱。浆液性炎通常是渗出性炎中较轻的一种类型，当病因消除后，渗出的浆液易于吸收。由于组织损伤轻微，通过再生修复，一般不留痕迹。但浆液性炎亦可见于少数烈性传染病如霍乱，可危及生命。

2. **纤维素性炎** 纤维素性炎是渗出物中含有大量纤维素为特征的渗出性炎症。当血管损伤较重时，通透性明显升高，大量纤维蛋白原渗出，在组织内转化为纤维蛋白（纤维素）。

纤维素性炎常发生于黏膜（咽、喉、气管、肠）、浆膜（胸膜、腹膜、心包膜）和肺。

发生于黏膜者（如白喉、细菌性痢疾），渗出的纤维素、白细胞和坏死的黏膜组织及病原菌等，在黏膜表面可形成一层灰白色的膜状物，称为假膜，因此发生于黏膜的纤维素性炎又称为假膜性炎。白喉的假膜如发生在咽喉部位，因其黏膜与深部组织结合牢固，故假膜不易脱落；气管白喉的假膜，因黏膜与其下组织结合疏松，所形成的假膜易于脱落，可阻塞支气管而引起窒息。

发生于浆膜者，如纤维素性心包炎，由于心脏不停的跳动，心包的脏、壁两层互相摩擦，致使渗出的纤维素形成绒毛状分布在心脏表面，称为"绒毛心"。

发生于肺者，如大叶性肺炎的红色和灰色肝样变期，肺泡腔内均有大量纤维素渗出，使肺变实。

渗出的纤维素，可被渗出物内中性粒细胞释出的蛋白水解酶溶解，而后被排出或吸收。若中性粒细胞渗出较少，释出的蛋白水解酶相对不足，不能将纤维素完全溶解吸收时，可通过肉芽组织的长入而发生机化。如"绒毛心"可引起心包脏层和壁层发生粘连。

3. **化脓性炎** 化脓性炎是以大量中性粒细胞渗出并伴有不同程度组织坏死和脓液形成为特征的炎症。常由葡萄球菌、链球菌、脑膜炎球菌、淋球菌、大肠杆菌、绿脓杆菌等化脓菌引起。

炎区内坏死组织被中性粒细胞崩解后释放的溶酶体酶溶解液化的过程称为化脓，所形成的液体称为脓液。脓液中变性、坏死的中性粒细胞称为脓细胞。脓液呈灰黄色或黄绿色，主要由渗出的大量中性粒细胞、溶解的坏死组织、少量浆液及化脓菌组成。脓液一般不凝固。

化脓性炎由于发生原因和部位的不同，而具有不同的特征。常见的有以下类型：

（1）脓肿：器官或组织内局限的化脓性炎，坏死组织溶解液化形成充满脓液的腔，称为脓肿。主要由金黄色葡萄球菌引起，好发于皮肤和内脏。金黄色葡萄球菌可产生血浆凝固酶，使渗出的纤维蛋白原转变为纤维素，后者可阻止细菌的蔓延，故病变较局限。

小脓肿可被完全吸收,较大的脓肿可被机化或纤维包裹。含大量脓液的脓肿,常需切开排脓促进愈合。脓肿自行向外扩展时,常可形成溃疡、窦道、瘘管等并发症。皮肤、黏膜表面形成较深的缺损,称为溃疡;深部组织的脓肿,向体表或向自然管道穿破,形成一端开口的排脓通道,称为窦道;如深部脓肿向不同的空间(体表、体腔、自然管道)穿破,形成有两个或两个以上开口的通道称为瘘管。如肛旁窦道或肛瘘。

(2) 蜂窝织炎:发生于疏松结缔组织内的弥漫性化脓性炎,称为蜂窝织炎。病灶内大量中性粒细胞弥漫浸润,与周围正常组织分界不清,一般无明显坏死和溶解(图8-5)。常由溶血性链球菌引起。链球菌能分泌透明质酸酶和链激酶,分别溶解结缔组织基质中的透明质酸和渗出的纤维素,故细菌易于向周围蔓延扩散。

单纯蜂窝织炎痊愈后多不留痕迹。严重者,病变进展快,迅速扩散,局部淋巴结肿大,全身中毒症状明显。当有较多脓液形成时需局部切开引流治疗,防止出现并发症。

(3) 表面化脓和积脓:发生于黏膜或浆膜的化脓性炎,其表面有大量中性粒细胞渗出并形成脓液,而深部的组织没有明显病变,因此称为表面化脓。如化脓性尿道炎、化脓性支气管炎等。当表面化脓发生在浆膜腔或胆囊、输卵管等黏膜时,脓液蓄积在腔内,称为积脓。

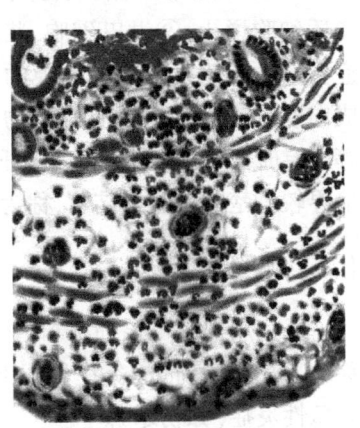

图8-5 急性化脓性阑尾炎

4. 出血性炎 由于炎症过程中血管壁损伤严重,渗出物中含有大量红细胞,称为出血性炎。它常与其他类型炎症伴随出现,如浆液性出血性炎、纤维素性出血性炎、化脓性出血性炎等。出血性炎常见于某些传染病,如炭疽、鼠疫、流行性出血热及钩端螺旋体病等。

上述各种渗出性炎的分类并不是绝对的,当渗出物的性质发生改变时,炎症性质也发生改变,如浆液性炎可转化为纤维素性炎;渗出物中也可有两种成分并存,即两种不同类型的渗出性炎混合存在,如浆液纤维素性炎等。

(二) 变质性炎

变质性炎以组织细胞的变性、坏死改变为主,同时伴有不同程度的渗出,而增生反应较轻微。常见于肝、肾、心、脑等实质性器官的重症感染、中毒及变态反应等。变质性炎多呈急性经过,预后较差。如急性重型病毒性肝炎,肝细胞广泛坏死,出现严重的肝功能障碍;由白喉外毒素引起的中毒性心肌炎,心肌细胞变性、坏死,引起严重的心功能障碍;流行性乙型脑炎,神经细胞变性、坏死及脑软化灶形成,引起严重的中枢神经功能障碍等。

(三) 增生性炎

增生性炎以细胞增生改变为主,而变质和渗出改变相对较轻。增生性炎多呈慢性经过,少数为急性炎症,如急性增生性肾小球肾炎,病变以肾小球的血管内皮细胞和系膜细胞增生为主;伤寒病变以单核巨噬细胞增生为主。

二、慢性炎症

慢性炎症的病程较长,数月至数年以上,可由急性炎症迁延而来,也可一开始即呈慢性经过。慢性炎症多属增生性炎。根据病变特点,慢性炎症可分为一般慢性炎症和肉芽肿性炎症两大类。

(一) 一般慢性炎症

一般慢性炎症的病变特点为:①局部纤维母细胞、血管内皮细胞、被覆上皮、腺上皮和实质细胞增生;②淋巴细胞、浆细胞和巨噬细胞等慢性炎细胞浸润。这两点为多数慢性炎症共有的表现。发生在黏膜的慢性炎症,由于局部黏膜上皮过度增生及肉芽组织增生,形成向黏膜表面突出的有蒂肿物,称为炎性息肉。常见的有鼻息肉、子宫颈息肉和结肠息肉等。有时由于局部上皮组织、纤维结缔组织及血管大量增生,加之炎细胞浸润,可形成一个境界较清楚的肿瘤样结节,称为炎性假瘤。好发于肺及眼眶。

(二) 肉芽肿性炎

炎症局部以单核细胞和增生的巨噬细胞为主形成境界清楚的结节状病灶,称为炎性肉芽肿,以此为特征的炎症称为肉芽肿性炎,它属于特殊的增生性炎,多呈慢性经过,少数可为急性炎症(如伤寒)。

肉芽肿性炎常由特殊病原体感染或异物等引起,因此分为感染性肉芽肿和异物肉芽肿。

1. 感染性肉芽肿 由结核杆菌、伤寒杆菌、麻风杆菌、梅毒螺旋体、真菌和寄生虫等感染引起。如结核性肉芽肿(结核结节),病灶主要由巨噬细胞转化而来的上皮样细胞和郎罕(langhans)巨细胞组成(详见结核病)。

2. 异物性肉芽肿 由外科缝线、粉尘、滑石粉、木刺等异物引起。病变以异物为中心,围以多少不等的巨噬细胞、异物巨细胞、纤维母细胞和淋巴细胞等,形成结节状病灶。异物巨细胞由巨噬细胞融合而来,胞体大,核数个至数十个,杂乱分布于胞浆中(Langhans 巨细胞核分布于胞浆周围,呈花环状或马蹄形)。

第5节 炎症的结局

损伤与抗损伤贯穿于炎症始终。如抗损伤反应占优势,则炎症逐渐趋向痊愈;反之,损伤占优势,则炎症病变加重,甚至扩散。

一、痊　愈

病因被清除后,炎区坏死组织及渗出物被溶解吸收,通过周围健康细胞的再生修复,最后完全恢复其正常的结构和功能,称为完全痊愈。如果炎区坏死范围较大,或渗出的纤维素较多,不易完全溶解吸收,则由增生的肉芽组织长入,形成瘢痕愈合。因不能完全恢复其正常的结构和功能,故称为不完全痊愈。

二、迁延为慢性炎症

如果机体抵抗力低下或治疗不彻底,致炎因子持续在体内存在,造成损伤,则急性炎症转化为慢性炎症。慢性炎症病变时轻时重,当有大量嗜中性粒细胞浸润时,称为慢性炎症急性发作。

三、蔓延扩散

少数情况下,由于病原数量大、毒力强或机体抵抗力低下,感染难以控制,以致病原体向周围组织蔓延扩散或经淋巴道、血道播散到其他部位。

1. 局部蔓延　炎症灶内的病原微生物可经组织间隙或器官的自然管道向周围组织蔓延扩散。如肾结核患者,结核杆菌可沿输尿管至膀胱,引起膀胱结核。

2. 淋巴道扩散　病原微生物经组织间隙侵入淋巴管,随淋巴液引流到局部淋巴结,引起淋巴结炎。如肺结核引起肺门淋巴结结核。

3. 血道扩散　炎症灶内的病原微生物或其毒素直接或通过淋巴循环入血,可引起菌血症、毒血症、败血症或脓毒败血症。

(1) 菌血症:细菌进入血流,血液中可查到细菌,但无全身中毒症状,称为菌血症。一般发生在炎症早期或潜伏期。

(2) 毒血症:细菌的毒素或毒性代谢产物被吸收入血,引起全身中毒症状,称为毒血症。临床上有高热、寒战等中毒症状,常伴有心、肝、肾等实质细胞的变性和坏死,血培养找不到细菌。

(3) 败血症:细菌进入血液大量繁殖并产生毒素,引起全身中毒症状,称为败血症。患者有高热、寒战、皮肤黏膜出血斑点、脾及全身淋巴结肿大等症状,血培养可找到细菌。

(4) 脓毒败血症:由化脓性细菌引起的败血症称为脓毒败血症。患者除有一般败血症的症状外,还在肺、肾、肝、脑等器官发生细菌栓塞,引起多发性脓肿。

第9章 肿瘤

肿瘤(tumor,neoplasm)是一类常见病、多发病。其中,恶性肿瘤是危害人类健康最严重的疾病之一,是目前国内外医学、生物学领域研究的重要课题。人类发现肿瘤已有3000年以上历史。不仅人类患肿瘤,动、植物也有肿瘤。据世界卫生组织(World Health Organization, WHO)估计,全世界每年死于肿瘤者约700万人,相当于每5~6秒钟死亡1人。中国每年发病例数为160万至200万,死亡例数达130万,并以3%的速度递增,且呈年轻化趋势。

第1节 肿瘤的概念

肿瘤是机体在各种致瘤因子作用下,局部组织细胞异常增生而形成的新生物,这种新生物常表现为局部肿块。

肿瘤的异常增生主要表现为:

1. 分化不成熟　正常细胞转变为肿瘤细胞后,不同程度地失去了分化成熟的能力,甚至接近幼稚的胚胎组织。在形态上,瘤细胞大小、形态不一,核染色质增多、深染,核浆比例增大,核分裂象增多。

2. 相对自主性生长　肿瘤细胞生长迅速,呈相对无限制性,丧失了正常细胞对生长抑制的反应,与生理性增生和病理性增生均有着本质的不同。且肿瘤细胞一旦形成,即使致瘤因素去除,仍然继续生长,不受机体控制。

第2节 肿瘤的形态结构和异型性

一、肿瘤的大体形态

肿瘤的形态多种多样,与肿瘤的发生部位、组织来源有关,并在一定程度上反映肿瘤的良恶性。

(一)肿瘤的形状

肿瘤的形状取决于肿瘤生长部位、生长方式和肿瘤的性质。生长在皮肤、黏膜的肿瘤可呈息肉状、乳头状;瘤组织坏死后可形成溃疡状。发生在深部和实质器官的良性肿瘤常呈结节状、分叶状或囊状等;恶性肿瘤多呈不规则结节状,或蟹足样长入周围组织(图9-1)。

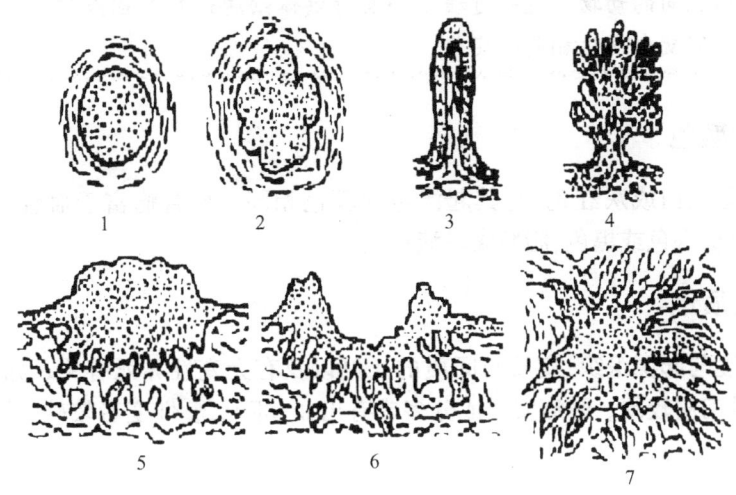

图9-1 肿瘤的外形
1. 结节状 2. 分叶状 3. 息肉状 4. 乳头状 5. 浸润性肿块 7. 溃疡状 8. 蟹足状

(二)肿瘤的大小

肿瘤的大小相差悬殊,与其性质、生长时间、生长部位都有一定的关系。肿瘤早期往往体积较小,仅在显微镜下观察才能发现,如原位癌。大者重达数千克甚至数十千克,如卵巢囊腺瘤。恶性肿瘤生长迅速,较早危及患者生命,因此体积一般不会太大。生长在非要害部位的良性肿瘤可长得很大。

(三)肿瘤的数目

肿瘤多为单克隆起源,形成单个肿块,少数可多克隆起源,在一个器官内形成多个组织起源相同的肿瘤,如子宫平滑肌瘤、家族性结肠息肉病等。有时同一个体不同部位同时或先后出现两种或两种以上原发性恶性肿瘤,称为多发癌。

链接 克隆是英文clone的音译,简单讲就是一种人工诱导的无性繁殖方式。但克隆与无性繁殖不同。无性繁殖是指不经过雌雄两性生殖细胞的结合、只由一个生物体产生后代的生殖方式,常见的有孢子生殖、出芽生殖和分裂生殖。由植物的根、茎、叶等经过压条或嫁接等方式产生新个体也叫无性繁殖。绵羊、猴子和牛等动物没有人工操作是不能进行无性繁殖的。科学家把人工遗传操作动物繁殖的过程叫克

> 隆,这门生物技术叫克隆技术。
> 　　克隆的基本过程是先将含有遗传物质的供体细胞的核移植到去除了细胞核的卵细胞中,利用微电流刺激等方法使两者融合为一体,然后促使这一新细胞分裂繁殖发育成胚胎,当胚胎发育到一定程度后,再被植入动物子宫中使动物怀孕,便可产下与提供细胞者基因相同的动物。这一过程中如果对供体细胞进行基因改造,那么无性繁殖的动物后代基因就会发生相同的变化。

(四) 肿瘤的颜色

肿瘤多数呈灰白或灰红色,与其起源组织颜色相同。血管瘤富于血管呈灰红或暗红色,黑色素瘤呈棕褐色或黑色,脂肪瘤呈淡黄色。

(五) 肿瘤的质地

肿瘤的硬度与起源组织、实质与间质的比例以及有无变性坏死有关。如脂肪瘤较软,纤维瘤较韧,骨肉瘤较硬。肿瘤实质成分多或有出血、坏死、囊性变者较软。肿瘤中钙盐较多,则质硬。

二、肿瘤的组织结构

肿瘤一般由实质和间质组成,两者有密切的关系。

1. 肿瘤的实质　即肿瘤细胞,是肿瘤的主要成分,决定肿瘤的起源和性质。多数肿瘤只有一种实质,少数肿瘤可含两种或两种以上实质成分,如乳腺纤维腺瘤、畸胎瘤等。肿瘤的实质决定肿瘤的命名、分类和良恶性。

2. 肿瘤的间质　由纤维组织和血管组成,在不同肿瘤中基本相同,不具有肿瘤的特性,对肿瘤细胞起着营养和支持作用。间质中可有淋巴细胞、巨噬细胞和浆细胞浸润,这些细胞的存在体现了机体对肿瘤组织的免疫反应,临床预后相对较好。少数肿瘤无间质,如原位癌、白血病等。

三、肿瘤的异型性

肿瘤组织在细胞形态和组织结构上,与其起源组织有不同程度的差异,这种差异称为异型性。异型性的大小可以用肿瘤组织的分化成熟程度表示。分化是一个胚胎学术语,指组织细胞从幼稚发育到成熟的过程。病理学引用此术语,指肿瘤细胞与其起源组织的相似程度。肿瘤细胞异型性小,表示它和起源组织相似,分化程度高,恶性程度低。反之,肿瘤细胞异型性大,表示它和起源组织相似程度低,分化程度低、恶性程度高。因此,异型性是判断肿瘤良、恶性的重要组织学依据。

> **链接** 由未分化细胞构成的恶性肿瘤称为间变性肿瘤。间变原意指"退行发育",即去分化,指已分化成熟的细胞和组织倒退分化,返回原始幼稚状态。绝大部分未分化的恶性肿瘤起源于组织中的干细胞,丧失了分化能力,而并非是已经分化的特异细胞去分化所致。在病理学中,间变指恶性肿瘤细胞缺乏分化。间变的肿瘤细胞具有明显的多形性,即肿瘤细胞的大小形状变异很大,往往不能确定其组织来源。间变性肿瘤多为高度恶性的肿瘤。

(一) 肿瘤组织结构的异型性

肿瘤组织结构的异型性是指肿瘤的实质和间质之间关系紊乱,失去正常组织的层次结构。良性肿瘤的组织结构异型性小,如纤维瘤由成熟的纤维细胞和成束状排列的胶原纤维组成。恶性肿瘤的组织结构异型性明显,细胞排列紊乱,失去正常的层次和结构。如纤维肉瘤由大小不一的梭形或短梭形细胞构成,瘤细胞呈编织状或漩涡状排列。

(二) 肿瘤细胞的异型性

良性肿瘤细胞异型性小,与其起源的正常组织细胞相似,恶性肿瘤细胞具有明显的异型性,表现为:

1. **瘤细胞的多形性** 肿瘤细胞常较正常细胞大,且大小不一,形态不规则,还可出现瘤巨细胞(图9-2)。少数分化差的肿瘤细胞较正常细胞小,且大小较一致,无多形性,如燕麦细胞癌。

2. **核的多形性** 肿瘤细胞核明显增大,大小不一,形态不规则,甚至出现多核、巨核瘤细胞。核浆比例增大(正常1:4~1:6,恶性肿瘤细胞接近1:1),核深染,呈粗大颗粒状,分布不均,常靠近核膜,使核膜增厚。核仁大,数目增多。核分裂象多见,并可出现病理性核分裂,即多极性和不对称性核分裂等(图9-3)。

3. **胞浆的改变** 胞浆多呈嗜碱性染色。有些肿瘤细胞内出现糖原、黏液、脂质、色素等,可用特殊染色显示,可作为肿瘤鉴别诊断的依据。

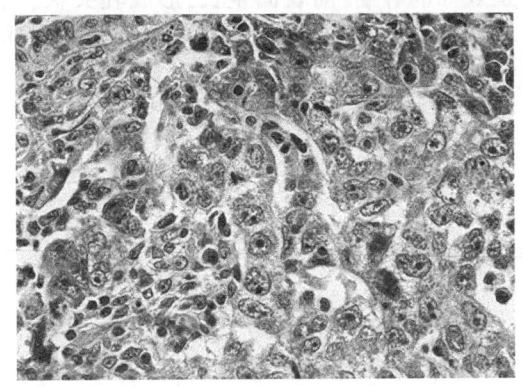

图 9-2 肿瘤细胞的多形性
肿瘤细胞大小不一,形态不规则,出现瘤巨细胞

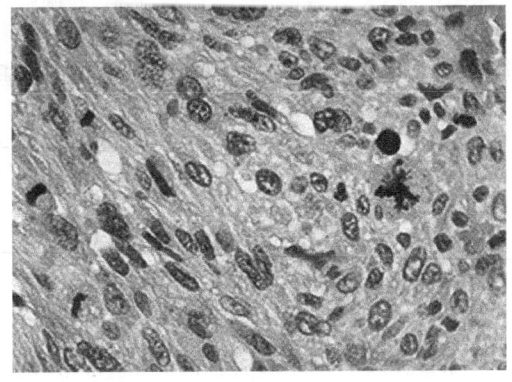

图 9-3 肿瘤的病理性核分裂象
肿瘤细胞核明显增大,大小不一,形态不规则,核浆比例增大,核膜增厚,核仁大,并出现多极性和不对称性核分裂

第3节 肿瘤的生长与扩散

一、肿瘤的生长

(一) 肿瘤的生长速度

肿瘤细胞区别于正常细胞的重要表现之一是它们能持续生长,肿瘤组织中瘤细胞生成常常超过丢失。一般来说,恶性肿瘤分化程度越低,生长速度越快。良性肿瘤分化程度高,生长速度慢。生长速度缓慢的良性肿瘤若短期内体积迅速增大,有恶变可能,或出现了继发性出血、坏死及囊性变。

(二) 肿瘤的生长方式

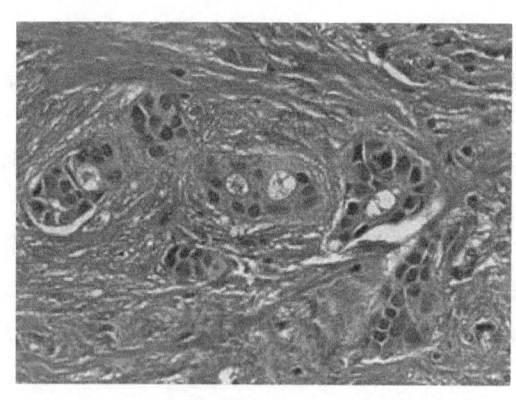

图 9-4 肿瘤浸润性生长(乳腺癌)
腺癌细胞呈浸润性生长,无包膜,与周围组织分界不清

1. 膨胀性生长 为多数良性肿瘤的生长方式。良性肿瘤生长缓慢,随瘤体增大挤压周围正常组织,呈结节状生长,常有完整包膜,与周围组织有明显分界,活动度好,易于手术摘除,术后不易复发。

2. 浸润性生长 为多数恶性肿瘤的生长方式。恶性肿瘤生长迅速,侵入周围组织(图9-4),如树根长入泥土一样,无完整包膜,与周围组织无明显界限,活动度差,手术不易摘除,术后易复发。

3. 外生性生长 在体表、体腔及自然管道表面的肿瘤,向表面生长,形成乳头状、息肉状或蕈伞状新生物。良性肿瘤呈单纯外生性生长,恶性肿瘤在外生性生长的同时有基底部浸润性生长。

二、肿瘤的扩散

肿瘤的扩散是恶性肿瘤的重要特征之一,有直接蔓延和转移两种方式。

(一) 直接蔓延

随着肿瘤的不断增大,肿瘤细胞常常连续不断地沿着组织间隙、血管、淋巴管或神经束衣侵入并破坏周围组织器官,继续生长,称为直接蔓延。如晚期鼻咽癌向上可穿透颅底;向前侵及鼻腔或眼眶;向后可侵及颈椎;向侧面可侵及咽鼓管。

(二) 转移

恶性肿瘤细胞从原发部位侵入血管、淋巴管或体腔,被带到其他地方并继续生长,形成与原发瘤相同类型的肿瘤,这个过程称为转移。所形成的肿瘤称转移瘤。转移是肿瘤手术后复发、放疗和化疗失败的主要原因。主要转移途径有:

1. **淋巴道转移** 肿瘤细胞侵入淋巴管后,随淋巴液转移到淋巴结,在淋巴结内生长形成转移瘤,这是癌常见的转移方式。如外上象限的乳腺癌常转移到同侧腋窝淋巴结(图9-5)。转移至淋巴结的癌细胞首先到达被膜下边缘窦,以后累及整个淋巴结,使淋巴结肿大、变硬,切面成灰白色。瘤细胞还可随淋巴引流转移到下一站淋巴结,最后经胸导管进入血流,继发血道转移。

2. **血道转移** 肿瘤细胞侵入血管后,随血流转移到远处器官并继续生长形成转移瘤,这是肉瘤转移的重要途径。侵入体静脉系统的瘤细胞,转移到肺;侵入肺静脉的瘤

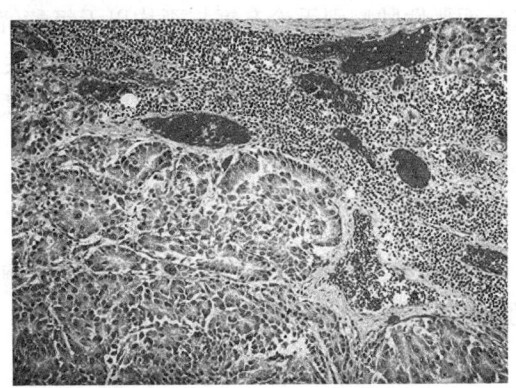

图9-5 腺癌淋巴结转移
淋巴结内见转移的腺癌细胞

细胞,经心脏扩散到全身各脏器;消化道的恶性肿瘤常侵入门静脉系统转移到肝脏。

3. **种植性转移** 是指体腔内器官的肿瘤累及浆膜时,瘤细胞可脱落入浆膜腔,种植于体腔内各脏器表面继续生长形成转移瘤,并可引起血性积液及粘连。如胃癌穿破浆膜,种植到大网膜、腹膜、腹腔脏器及卵巢等处,形成转移瘤,在卵巢上形成克鲁根勃瘤。

第4节 肿瘤细胞的代谢特点

一、核酸代谢

肿瘤细胞,尤其是恶性肿瘤细胞合成DNA和RNA的能力增强,而分解过程明显降低,核酸的增多导致肿瘤细胞迅速生长。

二、蛋白质代谢

肿瘤细胞的蛋白质合成与分解均增强,且合成明显超过分解,并可夺取正常组织细胞的营养,以合成肿瘤本身所需的蛋白质,这是造成机体恶病质的重要原因。肿瘤组织还可合成肿瘤蛋白,作为肿瘤特异抗原或肿瘤相关抗原,引起机体免疫应答。如甲胎蛋白(AFP)和癌胚抗原(CEA)常分别在肝细胞癌和结肠癌患者血清中检出,可作为肝细胞癌和

结肠癌的辅助诊断。

三、糖代谢

正常组织在有氧时多通过糖的有氧分解获取能量,只有在缺氧时才通过酵解产生能量;而恶性肿瘤则无论有氧与否均以无氧酵解的方式产生能量。其机制可能与瘤细胞线粒体功能障碍或糖酵解的关键酶活性增强有关。糖酵解的许多中间代谢产物可被肿瘤细胞用于合成蛋白质、核酸等肿瘤生长所需的物质。

四、酶系统

肿瘤组织酶活性多无改变。少数肿瘤酶活性增加,如骨肉瘤及肝癌时碱性磷酸酶增加,前列腺癌时酸性磷酸酶增加。

第5节 肿瘤对机体的影响

一、良性肿瘤对机体的影响

良性肿瘤分化成熟,生长缓慢,总的来说对机体影响较小,主要是对周围器官产生压迫和阻塞作用。但生长在颅内的良性脑肿瘤可压迫脑组织,因此影响较大。内分泌腺来源的良性肿瘤可出现相应激素过多的临床表现,如肾上腺的嗜铬细胞瘤,可引起阵发性高血压;垂体前叶的嗜酸性腺瘤可引起巨人症或肢端肥大症。此外,良性肿瘤若产生并发症,后果也很严重,如卵巢囊腺瘤发生蒂扭转,使瘤体出血坏死,必须手术处理。少数良性肿瘤易恶变,如肠多发性息肉可恶变为腺癌。

二、恶性肿瘤对机体的影响

恶性肿瘤对机体影响较大,除了局部压迫和阻塞外,还有以下影响:

1. 破坏周围组织器官　恶性肿瘤分化不成熟,生长迅速,常常呈浸润性生长,破坏周围组织器官。

2. 并发症　恶性肿瘤生长迅速,常因缺血而发生坏死、出血;坏死后常继发感染;如肿瘤侵及血管易引起大出血;肿瘤代谢产物、坏死组织毒性产物或合并感染均可导致发热;晚期肿瘤压迫或侵犯神经,可引起顽固性疼痛。

3. 恶病质　指机体由于恶性肿瘤或其他慢性消耗性疾病导致贫血、消瘦、虚弱和全身衰竭的状态。多见于晚期恶性肿瘤患者。恶病质的发生机制包括肿瘤生长消耗大量营养物质,肿瘤代谢产物引起机体代谢紊乱、食欲下降、失眠、并发症等。

4. 副肿瘤综合征　一些非内分泌腺的肿瘤也可产生激素或激素样物质,称异位激素,可引起相应的症状和体征,称异位内分泌综合征。如肺燕麦细胞癌可产生抗利尿激素;前列腺癌等可产生促甲状腺素等。产生异位激素的肿瘤,称为异位内分泌肿瘤。除上述异位内分泌综合征外,肿瘤患者还可出现一些原因不明的临床症状,包括皮肤、肌肉、神经、骨关节、造血及肾损伤等,这些异常表现统称副肿瘤综合征。

第6节　良性肿瘤与恶性肿瘤的区别

根据肿瘤的分化程度、生物学行为及对机体的影响可将肿瘤分为良性和恶性两种。区别良、恶性肿瘤,对于正确诊断和治疗具有非常重要的意义。良、恶性肿瘤的主要区别点见表9-1。

表9-1　良性肿瘤与恶性肿瘤的区别

	良性肿瘤	恶性肿瘤
分化程度	分化程度高,异型性小	分化程度低,异型性大
核分裂	少见,无病理性核分裂象	多见,可见病理性核分裂象
生长速度	缓慢	较快
生长方式	膨胀性和外生性生长,前者常有包膜,与周围组织分界清楚,可推动	浸润性和外生性生长;前者无包膜,与周围组织分界不清,不易推动;后者同时伴有浸润性生长
转移	不转移	常有转移
复发	很少复发	较易复发
对机体影响	较小,主要为局部压迫、阻塞	较大,除压迫、阻塞外,还可破坏周围组织器官,引起坏死、出血、感染、发热、疼痛、恶病质和副肿瘤综合征

判断良、恶性肿瘤的依据是多方面的,但并非绝对,往往需要结合具体情况综合分析,才能得出正确结论。如血管瘤为良性肿瘤,但无包膜;腮腺混合瘤常可破坏周围组织,术后易复发。可见肿瘤的形态学表现和生物学行为有时并不一致。此外,良性肿瘤也可发生恶变,如多发性结肠息肉可恶变为肠腺癌。

良性肿瘤与恶性肿瘤之间并无绝对界限。某些肿瘤,其生物学行为介于良、恶性之间,有恶变倾向,称为交界性肿瘤,如卵巢交界性浆液性囊腺瘤。

第7节　癌前病变、原位癌和早期浸润癌

一、癌前病变

癌前病变(precancerous lesion)指具有癌变潜在可能的良性病变。一般认为,正常

细胞从增生发展到恶性肿瘤是个逐渐演变的过程,常经过:一般增生→不典型增生→癌变。

临床上常见的癌前病变有:黏膜白斑、慢性宫颈炎伴宫颈糜烂、纤维囊性乳腺病、结肠多发性息肉、皮肤慢性溃疡、慢性萎缩性胃炎、慢性胃溃疡、肝硬化、色素痣等。当这些病变中出现不典型增生时,称为癌前病变。

二、不典型增生及原位癌

不典型增生(atypical hyperplasia)又称异常增生(dysplasia),指细胞增生活跃、并有一定程度异型性的病变。表现为增生的细胞大小不一,形态多样;核大深染,核浆比例增大,核分裂增多,但多属正常核分裂;细胞排列紊乱,极性消失(图9-6)。根据其异型程度和累及范围可分为轻、中、重三级。轻度和中度不典型增生,病因去除后多可恢复正常;重度不典型增生常转变为癌。

原位癌(carcinoma in situ)指局限于上皮层内尚未突破基底膜的恶性肿瘤(图9-7)。临床上可见到子宫颈、食管及皮肤的原位癌,乳腺小叶原位癌等。原位癌可长期保持不变,少数患者可自行消退而恢复正常,也可突破基底膜发展成为浸润癌。因为原位癌内没有血管和淋巴管,癌细胞靠血液弥散获得营养,所以原位癌不发生转移。及时发现并给予治疗,可以完全治愈。

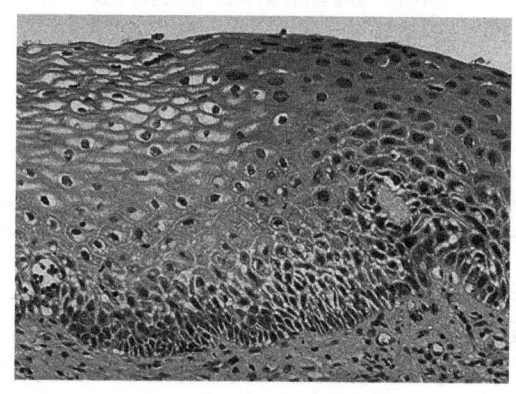

图9-6 子宫颈上皮非典型增生(右)
左侧为正常的宫颈上皮;右侧为增生的宫颈上皮,细胞大小不一,形态多样;核大深染,核浆比例增大,细胞排列紊乱,极性消失

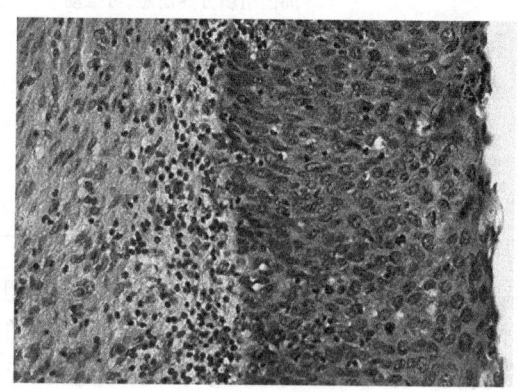

图9-7 原位癌
食管鳞状上皮细胞癌局限于上皮层内,尚未突破基底膜

三、早期浸润癌

原位癌突破基底膜向深部浸润,浸润深度不超过基底膜下3~5mm或仅限于黏膜下层,极少发生淋巴结转移,称早期浸润癌。术后5年生存率接近100%。

第 8 节 肿瘤的命名原则与分类

一、肿瘤的命名原则

人体除了毛发和指甲外,几乎任何器官和组织都会发生肿瘤。因此,肿瘤种类繁多,命名也较复杂。

(一) 肿瘤的一般命名原则

1. **良性肿瘤的命名** 任何组织/细胞的良性肿瘤,统称为瘤。其命名方式为:"肿瘤生长部位+组织/细胞+瘤",如子宫平滑肌的良性肿瘤称子宫平滑肌瘤。有时还结合肿瘤的形态特点来命名,如卵巢囊腺瘤。

2. **恶性肿瘤的命名** 恶性肿瘤主要包括癌和肉瘤两类,癌症(cancer)是泛指所有的恶性肿瘤。

(1) 癌(carcinoma):指上皮组织的恶性肿瘤。其命名原则为:"肿瘤生长部位+上皮组织+癌",如皮肤鳞状上皮的恶性肿瘤称皮肤鳞状上皮癌。有时还加上肉眼或显微镜下形态描述,如膀胱乳头状癌、胃印戒细胞癌等。

(2) 肉瘤(sarcoma):指间叶组织的恶性肿瘤。间叶组织包括纤维、脂肪、横纹肌、平滑肌、脉管、骨、软骨组织等。其命名原则为:"肿瘤生长部位+间叶组织+肉瘤"。如子宫平滑肌肉瘤、股骨骨肉瘤等。

肿瘤中既有癌的成分,又有肉瘤成分,称为癌肉瘤(carcinosarcoma)。较少见。

(3) 癌与肉瘤的区别:癌与肉瘤的区别见表 9-2。

表 9-2 癌与肉瘤的区别

	癌	肉瘤
组织细胞	上皮组织	间叶组织
发病率	较常见,约为肉瘤的 9 倍,多见于 40 岁以上成人	较少见,多见于青少年
肉眼观察	质较硬、色灰白、较干燥	质软、色灰红、湿润、鱼肉状
镜下观察	癌细胞多形成癌巢,实质与间质分界清楚	肉瘤细胞多弥漫分布,实质与间质分界不清,间质内血管丰富
网状纤维	见于癌巢周围,癌细胞间多无网状纤维	肉瘤细胞间多有网状纤维
转移	淋巴道转移为主	血道转移为主

(二) 特殊命名

有少数肿瘤的命名与上述命名原则不符合,这类肿瘤主要有:

1. 以"母细胞"命名的肿瘤　肿瘤细胞处于幼稚的分化状态,类似于胚胎时期的母细胞。其中大多数为恶性肿瘤,如视网膜母细胞瘤、肾母细胞瘤、髓母细胞瘤、神经母细胞瘤;少数为良性肿瘤,如肌母细胞瘤、软骨母细胞瘤。

2. 按习惯来命名的肿瘤　如白血病、葡萄胎等。

3. 以"瘤"命名的恶性肿瘤　如精原细胞瘤、无性细胞瘤、黑色素瘤等。

4. 在良性肿瘤前加"恶性"命名的恶性肿瘤　如恶性淋巴瘤、恶性畸胎瘤等。

5. 以人名命名的恶性肿瘤　如尤文瘤、霍奇金淋巴瘤等。

6. 以肿瘤细胞形态命名的肿瘤　如印戒细胞癌、骨巨细胞瘤、燕麦细胞癌等。

二、肿瘤的分类

肿瘤的分类是以其组织发生为依据,每一类别又分为良性与恶性两大类。详见表 9-3。

表 9-3　肿瘤分类表

组织细胞	良性肿瘤	恶性肿瘤	好发部位
一、上皮组织			
鳞状上皮	乳头状瘤	鳞状细胞癌	乳头状瘤多见于皮肤、鼻、鼻窦、喉等处。鳞状细胞癌见于皮肤、食管、鼻咽、喉、肺、子宫颈、阴茎等处
基底细胞		基底细胞癌	头面部皮肤
移行上皮	乳头状瘤	移行细胞癌	膀胱、肾盂
腺上皮	腺瘤	腺癌	乳腺、甲状腺、胃、肠等
	囊腺瘤	囊腺癌	卵巢
	多形性腺瘤	恶性多形性腺瘤	涎腺
二、间叶组织			
纤维组织	纤维瘤	纤维肉瘤	四肢、皮下、筋膜、肌腱
纤维组织细胞	纤维组织细胞瘤	恶性纤维组织细胞瘤	四肢、皮下
脂肪组织	脂肪瘤	脂肪肉瘤	皮下、腹膜后
平滑肌组织	平滑肌瘤	平滑肌肉瘤	子宫、胃、肠
横纹肌组织	横纹肌瘤	横纹肌肉瘤	四肢、头颈
血管组织	血管瘤	血管肉瘤	皮肤、皮下、唇、舌等处
淋巴管组织	淋巴管瘤	淋巴管肉瘤	皮肤、皮下、唇、舌等处
骨组织	骨瘤	骨肉瘤	颅骨、长骨
	巨细胞瘤	恶性巨细胞瘤	长骨
软骨组织	软骨瘤	软骨肉瘤	手足短骨、盆骨、肋骨等
滑膜组织	滑膜瘤	滑膜肉瘤	膝、踝、腕、肩、肘等关节附近
间皮	间皮瘤	恶性间皮瘤	胸膜、腹膜

续表

组织细胞	良性肿瘤	恶性肿瘤	好发部位
三、淋巴造血组织			
淋巴组织		恶性淋巴瘤	颈部、纵隔、肠系膜和腹膜后淋巴结
造血组织		各种白血病	淋巴造血组织
		多发性骨髓瘤	椎骨、胸骨、肋骨、颅骨和长骨
四、神经组织			
神经衣组织	神经纤维瘤	神经纤维肉瘤	皮肤神经、腹膜后、后纵隔神经
神经鞘细胞	神经鞘瘤	恶性神经鞘瘤	头、颈、四肢皮神经
胶质细胞	胶质细胞瘤	恶性胶质细胞瘤	大脑
原始神经细胞		髓母细胞瘤	小脑
脑膜组织	脑膜瘤	恶性脑膜瘤	脑膜
交感神经节	节细胞神经瘤	神经母细胞瘤	良性见于纵隔和腹膜后;恶性见于肾上腺髓质
五、其他肿瘤			
黑色素细胞	黑色素痣	黑色素瘤	皮肤
胎盘绒毛	葡萄胎	恶性葡萄胎	子宫
		绒毛膜癌	
生殖细胞		精原细胞瘤	睾丸
		无性细胞瘤	卵巢
		胚胎性癌	睾丸及卵巢
性索	支持细胞瘤	恶性支持细胞瘤	卵巢、睾丸
	间质细胞瘤	恶性间质细胞瘤	卵巢、睾丸
三胚层组织	畸胎瘤	恶性畸胎瘤	卵巢、睾丸、纵隔、骶尾部

三、肿瘤的分级和分期

(一) 肿瘤的分级

肿瘤的分级是根据肿瘤细胞异型性的大小及核分裂象的多少来确定恶性程度的级别。目前一般用三级法进行分级,即高分化(Ⅰ级)、中分化(Ⅱ级)、低分化(Ⅲ级)。

(二) 肿瘤的分期

肿瘤的分期是根据肿瘤的大小、范围、浸润深度和转移程度来确定肿瘤病程发展的早晚。目前常用的有国际抗癌组织(UICC)的 TNM 系统,即根据肿瘤的范围(T_{1-4})、淋巴结有否转移及转移情况(N_{0-3})、有无远处转移(M_{0-1})给予分期。

第9节 常见肿瘤举例

一、上皮组织肿瘤

(一) 良性上皮性肿瘤

1. **乳头状瘤** 由被覆上皮发生,向表面呈乳头状生长,中央为血管和纤维结缔组织组成的轴心。乳头表面被覆上皮可为鳞状上皮、柱状上皮或移行上皮。常见于皮肤、口腔黏膜、鼻、鼻窦、喉头、外耳道、膀胱等处。发生在喉部、外耳道、膀胱及阴茎的乳头状瘤易恶变。

2. **腺瘤** 由腺上皮发生,常见于甲状腺、涎腺、乳腺、卵巢和胃肠道等。腺瘤的腺体在结构上与其来源腺体相似,但腺体大小、形态不规则,排列紧密,有时腺管扩张成囊状。常见类型有:

(1) 囊腺瘤:发生于成年女性卵巢,多为单侧,肿瘤呈结节状,切面可见大小不等的囊腔。可分为:①浆液性囊腺瘤:腺上皮分泌浆液,部分呈乳头状生长者容易发生恶变。②黏液性囊腺瘤:腺上皮分泌黏液,常呈多房性,囊壁光滑,很少有乳头状生长。

(2) 纤维腺瘤:常见于年轻女性乳腺,多为单个,结节状,有包膜,境界清楚,灰白色。镜下观察:肿瘤的实质由增生的腺管及纤维结缔组织共同组成。

(3) 息肉状腺瘤:多见于结肠。由肠黏膜腺上皮增生,呈息肉状,有蒂同肠黏膜相连。多发性者,又称结肠多发性息肉病,是一种具有家族倾向的遗传性疾病,可造成肠梗阻,有的早期就可发生癌变。

(4) 多形性腺瘤:多发生于唾液腺的闰管和肌上皮。肿瘤由腺体、鳞状上皮、肌上皮、黏液样及软骨样成分构成,形态多样,习惯又称混合瘤。中年人好发,肿瘤呈结节状或分叶状,表面有纤维包膜,该肿瘤较易侵犯包膜,切除后易复发或恶变。

(二) 恶性上皮性肿瘤

由上皮组织起源的恶性肿瘤称为癌。好发于中、老年人,是人类最常见的一类恶性肿瘤。癌生长速度快,呈浸润性生长,与周围组织界限不清,发生在皮肤、黏膜的癌常呈菜花状或息肉状,表面常有坏死、出血和溃疡形成;发生在器官内的癌常呈浸润性生长。癌组织质地较硬,切面灰白色、干燥。镜下观察:癌细胞紧密排列呈条索状或腺腔样,称为癌巢。癌在早期多经淋巴道转移,一般到晚期才发生血道转移。

较常见的几种癌如下:

1. **鳞状细胞癌** 又称鳞癌,常发生于皮肤、唇、咽、喉、食管、宫颈、外阴、阴茎等处,支气管、胆囊、肾盂等处通过鳞状上皮化生、增生和不典型增生也可发展为鳞癌。镜下观察:癌细胞形成团块状或条索状的癌细胞巢,并向深部浸润。高分化者,细胞间可见细胞间桥,在癌巢中央出现同心圆状的角化物,称为角化珠或癌珠(图9-8)。分化差者无角化珠形成,细胞间桥消失,细胞异型性明显,核分裂多见,间质少。

2. 基底细胞癌 多见于老年人面部,如颊部、眼睑、鼻翼等处,癌组织常形成边缘不规则的溃疡,又称鼠咬状溃疡。镜下观察:癌巢主要由基底细胞样的癌细胞组成。此癌生长缓慢,很少发生转移,属低度恶性,对放疗敏感,预后较好。

3. 移行细胞癌 发生在膀胱或肾盂等处,以膀胱多见。肿瘤呈乳头状,带蒂,单发或多发。镜下观察:癌细胞似移行上皮呈多层排列,有不同程度异型性。

4. 腺癌 多见于胃肠道、呼吸道、子宫、乳腺、甲状腺、胰腺等处。根据形态结构和分化程度可分为分化较好的腺癌、低分化腺癌及黏液腺癌。腺癌多见于胃肠、子宫、胆囊等。肉眼观察:肿瘤常呈息肉状、菜花状或结节状。镜下观察:癌细胞呈单层或多层,排列成形态多样、大小不一的腺样结构(图9-9)。

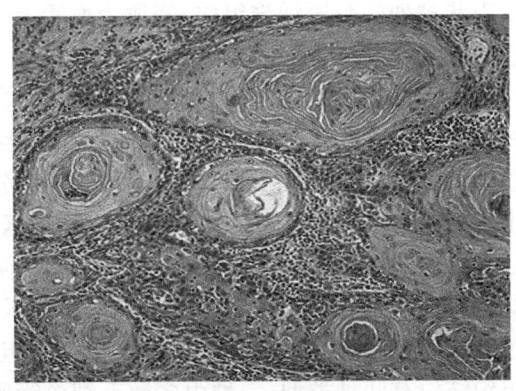

图9-8 鳞癌
癌细胞形成团块状或条索状的癌细胞巢,癌巢中央出现同心圆状的角化珠

管状腺癌主要形成腺管状结构;囊腺癌的腺腔高度扩张呈囊状。实性癌是由腺上皮起源的低分化腺癌,又称单纯癌,恶性程度较高。癌细胞主要形成实体性癌巢,癌细胞异型性大。根据其实质和间质比例的不同又可分为髓样癌和硬癌两种:前者癌细胞多而间质甚少,质软如脑髓;后者癌细胞数量少,间质成分多质地较硬。黏液癌多见于胃肠道,镜下观察:如黏液积聚在癌细胞内,将核挤向一侧,称为印戒细胞癌;如癌细胞产生大量细胞外黏液,形成大小不一的"黏液湖",癌细胞则成堆或散在漂浮在"黏液湖"中,称为黏液腺癌。黏液癌大体上呈灰白色,湿润,半透明胶冻状,又称胶样癌。

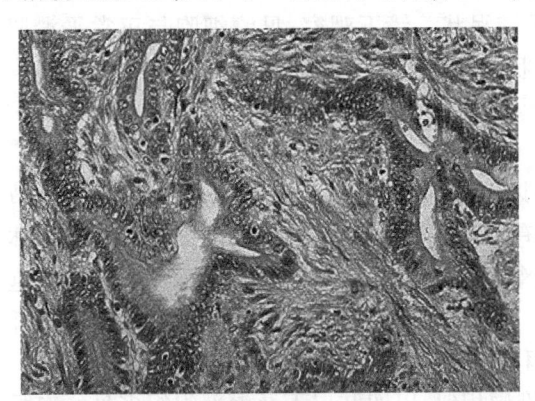

图9-9 腺癌
腺癌细胞呈单层或多层,排列成形态多样、大小不一的腺样结构

二、间叶组织肿瘤

间叶组织肿瘤来源广泛,间叶组织可相互转化的特点造成肿瘤成分复杂、形态多样,如纤维瘤中可出现骨成分。肿瘤的特点不但同组织发生有关,而且亦和生长部位有关。

(一) 良性间叶组织肿瘤

1. 纤维瘤 由纤维组织发生的良性肿瘤。多见于皮下、肌腱、筋膜等处。常为单发,呈圆形、椭圆形或分叶状,可有或无包膜,边界清楚,质地坚韧。瘤组织由成熟的纤维细胞及成束状排列的胶原纤维组成,间质为血管及少量疏松的结缔组织。纤维瘤生长缓慢,切除后多不复发。

2. **脂肪瘤** 是最常见的一种良性肿瘤,多发生于人体躯干和四肢的皮下组织,以颈部和肩背部最常见。脂肪瘤大多为单发,也可多发。肿瘤生长较慢。肉眼观察:多呈分叶状,质软,有薄的纤维结缔组织包膜与周围组织分界,切面呈黄色、油腻感。镜下观察:瘤组织由成熟的脂肪细胞组成,与正常脂肪组织的区别为有完整包膜。脂肪瘤手术易切除。

3. **脉管瘤** 由血管及淋巴管发生,分别称为血管瘤及淋巴管瘤,其中以血管瘤较多见。脉管瘤多为先天发生,故两者均常见于婴儿及儿童。血管瘤多见于面部、颈部、唇、舌、口腔及肝、脾等内脏器官,常呈紫色或红色,可平坦或隆起于表面,无包膜,与周围界限不清。其组织结构有两种类型:一种由多数毛细血管密集而成,管腔明显或不明显,称毛细血管瘤;另一种由内皮细胞增生形成大小、形状不一的血窦,似海绵状结构而称海绵状血管瘤。两种类型的瘤组织也可混合存在。血管瘤可随身体的发育而长大,成年后即停止发展,甚至可自然消退。

淋巴管瘤常见于唇、舌、颈部及腋下等处。肿瘤呈灰白色,半透明,无包膜,与周围组织境界不清。切面可见多个囊腔,内含淋巴液。

4. **平滑肌瘤** 最多见于子宫,其次为胃肠道。肉眼观察:肿瘤多为结节状,境界清楚,质地坚实,可有或无包膜。切面常呈编织状或漩涡状。镜下观察:见瘤细胞与正常平滑肌细胞相似,由形态较一致的梭形细胞构成编织状排列。

(二) 恶性间叶组织肿瘤

恶性间叶组织肿瘤统称肉瘤。肉瘤较癌少见,好发于青少年。肉眼观察:肿瘤呈结节状或分叶状,可挤压周围组织形成假包膜,或有清楚的边界。由于生长较快,因此,肉瘤体积常较大、质软,切面呈灰红色,均质状,细腻、湿润似鱼肉,故称肉瘤。镜下观察:肉瘤细胞弥散排列不形成巢状,实质与间质界限不清。网状纤维染色可见肉瘤细胞间存在网状纤维。肿瘤间质富于血管,故肉瘤多先由血道转移。

1. **纤维肉瘤** 纤维肉瘤的发生部位与纤维瘤相似,以四肢皮下及深部组织多见。肉眼观察:肿瘤呈巨块型或结节状,与周围组织分界清楚,可形成假包膜,切面粉红或灰白均质。镜下观察:肿瘤组织由大小不一的梭形或短梭形细胞构成,肉瘤细胞产生胶原纤维,呈编织状或漩涡状排列。纤维肉瘤的恶性程度不等,既与分化有关,也与生长部位有关,部位表浅者恶性度较低。

2. **脂肪肉瘤** 多发生于40岁以上的成人,是软组织肉瘤中较常见者。多发生于大腿、腘窝、腹膜后,也见于肾周和深部的软组织内。肉眼观察:脂肪肉瘤的大体形态差异很大,可似一般的脂肪瘤,也可呈鱼肉状外观,大多呈分叶或结节状,表面有假包膜。镜下观察:脂肪肉瘤的组织形态多种多样,可见脂肪母细胞。

3. **平滑肌肉瘤** 好发于胃肠道和子宫,以中老年多见。肉眼观察:呈实体性圆形或结节状肿块,边界清楚,部分有假包膜,切面灰红或灰棕色,鱼肉状或编织状,较大者可有出血、坏死、囊性变。镜下观察:分化好的平滑肌肉瘤同平滑肌瘤较难区分,分化差者肉瘤细胞具有明显的异型性,核分裂相多见。

4. 骨肉瘤 是骨组织中最常见、恶性度最高的一种肿瘤,以青年人多见。好发于股骨两端、胫骨上端及肱骨上端。肿瘤起自干骺端,向髓腔及骨膜下生长,并穿破骨膜,侵入周围软组织,形成放射状新骨,与骨干纵轴垂直或斜行,X线片上形成日光放射状条纹。被肉瘤组织掀起的骨膜,因有较多骨组织增生,X线片上形成 Codman 三角。日射线和 Codman 三角是骨肉瘤的特点。肉眼观察:若肿瘤性骨质形成较少,则呈灰红色鱼肉状;若肿瘤性骨质形成较多,则较硬。镜下观察:瘤细胞高度异型,大小不一,形态不规则,有瘤巨细胞,核分裂相多见。本病恶性度极高,发展迅速,早期就可发生血道转移,危及生命。

第10节 肿瘤病因学和发病学

肿瘤的病因学研究肿瘤发生的始动因素,肿瘤的发病学研究肿瘤的发生机制和发生条件。

一、肿瘤发生的原因

肿瘤的病因极其复杂,是内因和外因共同作用的结果。

(一) 外环境致瘤因素

1. 化学性致瘤因素 是最主要的致瘤因素。目前已发现1000多种化学物质有致瘤作用,且随着工业的发展,将产生更多的化学致瘤物,使肿瘤发病率不断上升。常见的化学致瘤物质有:

(1) 多环芳香烃类:以3,4-苯并芘、1,2,5,6-双苯蒽致癌作用最强。存在于石油、煤焦油、内燃机废气、烟草烟雾中。这些致癌物在体内代谢活化即可致癌。近年来肺癌的发生率日益上升,与吸烟和大气以及室内空气污染有密切关系。胃癌的发病率高与食用烟熏和烧烤的鱼、肉等食品有关。

(2) 芳香胺类及氨基偶氮染料:如奶油黄、猩红等可引起实验大鼠肝癌。如乙萘胺、联苯胺等,与印染厂、橡胶厂工人膀胱癌发生率较高有关。

(3) 亚硝胺类:间接作用的化学致癌物,在体内经羟化作用活化后具有致癌作用。其前身亚硝酸盐及二级胺可在胃内酸性环境下形成亚硝胺,致癌谱很广,可引起胃肠道及其他部位肿瘤。肉类食品的保存剂和着色剂含有亚硝酸盐。

(4) 真菌毒素:某些真菌毒素有强烈的致癌作用,如黄曲霉毒素。黄曲霉毒素主要存在于霉变的花生、玉米及谷类中,其中以黄曲霉毒素 B1 致癌性最强,可诱发肝细胞癌。

(5) 微量元素:砷、铬、镍与肺癌的发生有关,镉可引起前列腺癌,钼或硒的缺乏与肿瘤的发生有一定的关系。

(6) 其他:在塑料工业中广泛应用的氯乙烯,可诱发大鼠肺、骨及皮肤等处的肿瘤,也可引起人的肝血管肉瘤。

2. 物理性致瘤因素 包括电离辐射(X 线、γ 射线、放射性同位素)、紫外线、热辐射、异物(片状异物、石棉纤维)等。与白血病、皮肤癌发生有关。物理性致瘤因素多与损伤染色体有关。

3. 生物性致瘤因素

(1) 病毒:已知的致瘤病毒有 600 多种,其中 1/3 为 DNA 病毒,2/3 为 RNA 病毒。前者如人类乳头状瘤病毒(HPV)中 HPV-6 和 HPV-11 与生殖道和喉部的乳头状瘤有关; Epstein-Barr 病毒(EBV)与伯基特淋巴瘤和鼻咽癌有关;乙肝病毒(HBV)与肝细胞癌的发生有密切的关系。后者如人类 T 细胞白血病/淋巴瘤病毒 I(HTLV-I)与发生在日本和加勒比海地区的成人 T 细胞白血病/淋巴瘤(ATL)有关。

(2) 寄生虫:有些寄生虫与肿瘤发生有关,如结肠血吸虫病与结肠癌、华之睾吸虫与胆管癌、埃及血吸虫病与膀胱癌的发生有关。

(二) 影响肿瘤发生、发展的内因

1. 遗传因素 遗传因素在一些肿瘤的发生中起重要作用,如家族性视网膜母细胞瘤呈常染色体显性遗传。一些癌前病变,如家族性结肠多发性息肉、神经纤维瘤病等也呈常染色体显性遗传。一些常见肿瘤呈常染色体隐性遗传或多基因遗传,前者如着色性干皮病患者易患皮肤癌,后者如乳腺癌、胃肠癌等。

2. 年龄因素 某些肿瘤的发生具有年龄分布特点,如儿童易患急性白血病、肾母细胞瘤等;青年人骨肉瘤、横纹肌肉瘤多见;中老年人癌的发病率高。

3. 性别与内分泌因素 肿瘤的发生在性别上有很大的差异,如生殖器官、乳腺、胆囊、甲状腺及膀胱等器官的肿瘤女性明显多于男性,而肺癌、食管癌、肝癌、胃癌、鼻咽癌和结肠癌等则以男性为多见。这种性别上的差异,除与激素有关外,与遗传、职业、环境及免疫状态都有一定关系。

4. 免疫因素 肿瘤的发生、发展、疗效和预后与机体的免疫状态都有关系。动物实验中,裸鼠的诱癌率明显高于普通小鼠;免疫缺陷患者,恶性肿瘤的发生率明显增高。

5. 精神因素 现代医学研究表明,精神因素与癌症之间的关系有 3 个方面:个性特征、早年的生活经历、重大的生活事件。其中,前者是产生消极情绪的内在条件,后两者是产生消极情绪的外在诱因,它们共同组成机体的"土壤"。当"土壤"的防御能力下降时,外界致癌物会乘机侵入机体而发生肿瘤。

二、肿瘤的发病机制

肿瘤的形成是一个非常复杂的过程,是细胞生长与增殖的调控发生异常、分化失控的结果。目前有关癌变的学说有:

(一) 基因突变学说

该学说认为癌变是体细胞基因突变的结果。致癌物质引起体内遗传物质碱基顺序的改变或病毒癌基因插入细胞基因组中,使正常细胞获得新的遗传特征,转变为癌细胞。

(二) 基因表达失调学说

该学说认为癌变的原因是由于致癌物质的作用,导致基因表达失常(DNA 的转录和 RNA 的翻译过程出错),以致细胞分裂和分化失控,引起细胞癌变。

(三) 癌基因学说

1. **癌基因** 是正常细胞或病毒中存在的一类基因,参与胚胎发育、细胞增生和分化调控等。正常时,该基因不表达或表达水平较低,没有致癌性,称原癌基因。如 sis、erb-B2、ras、myc 等,其产物大多是对细胞生长增殖起促进作用的蛋白质,如生长因子、生长因子受体、信号传导蛋白和转录因子等。当原癌基因发生异常时,使细胞发生恶性转化,此时的基因称细胞癌基因。原癌基因转变为细胞癌基因的过程称原癌基因的激活。激活方式有点突变、染色体易位和基因扩增等。

2. **肿瘤抑制基因** 是正常细胞中存在的一类对细胞增生起负调节作用的基因,其基因产物直接或间接地抑制细胞增生和肿瘤性转化,故又称为抑癌基因。抑癌基因的失活或突变均可引起细胞癌变、浸润或转移等。目前已发现的抑癌基因有:p53、p16、Rb、APC、NF-1等。

第11节 肿瘤的病理学检查方法

肿瘤的病理学检查是诊断肿瘤的重要方法之一,能明确肿瘤性质、类型和病变范围,为临床治疗、预后估计提供可靠依据。常用的病理学检查方法如下:

一、脱落细胞学检查

与外界相通的器官和体腔的肿瘤,其分泌物和体液内可能含有脱落的瘤细胞,取之进行涂片检查,可获阳性结果。如痰涂片检查肺癌,阴道分泌物涂片检查宫颈癌,胸、腹水和尿液离心后涂片检查胸腔、腹腔和泌尿道的肿瘤。优点是操作简便、损伤小、痛苦轻,尤其适合于大规模普查,缺点是阳性率低。

二、活体组织检查

钳取、切除或穿刺的组织,做肉眼观察和常规石蜡切片显微镜观察,是诊断肿瘤最常用、最可靠的方法。近年来,纤维胃、肠镜、阴道镜、支气管镜等内镜的应用,提高了早期诊断的阳性率。

将新鲜切取的标本做成冰冻切片或快速石蜡切片,在半小时内完成病理诊断,适用于手术中急需确定病变性质,并立即决定手术范围者。

三、组织化学方法

用化学反应的方法来检测形态相似的肿瘤组织或细胞内的化学成分,以确定组织来源。

四、免疫组织化学

根据特异性抗体和组织中相应的抗原相结合的原理,经显色处理,在光镜下观察与HE切片对照,可做抗原的组织学定位,判断肿瘤的来源和分化程度,并可指导临床治疗,估计预后。

五、电子显微镜检查

良性肿瘤与恶性肿瘤并没有特异性的超微结构改变。电子显微镜主要被用于确定肿瘤的类型和组织来源。

六、流式细胞检测术

主要用于瘤细胞DNA含量的检测。研究资料表明,良性病变都是二倍体,实体恶性肿瘤多为非整倍体或多倍体,此检查可作为诊断恶性肿瘤的辅助手段。

七、分子生物学技术

近十几年,重组DNA技术、多聚酶链反应(PCR)、核酸分子杂交技术、DNA测序等迅速发展的新技术,已开始应用在肿瘤的基因分析和基因诊断上。

第12节 肿瘤的防治原则

一、肿瘤的预防

世界卫生组织癌症顾问委员会曾在1981年就指出:"如能采取正确的措施,利用足够的资源,并持续开展有目的性的研究工作,在现有的各种癌症中,1/3是可以预防的。"

预防癌症的发生,首先要爱护自己、爱护环境。20世纪后半段世界肿瘤发病率上升的主要原因,是人类自身的错误引起,人们应当注意保护和治理环境。

其次,改变不良的生活方式。高脂肪、高蛋白质和低纤维素的饮食与直肠癌有密切的关系。霉变和腌、熏、烤食品与胃癌和肝癌有一定关系。吸烟不仅和肺癌、口腔癌有关系,和胃癌、心脑血管病也有关。洁身自爱,不要吸毒、性紊乱及酗酒。

第三,每年进行有规律的健康检查。重视对身体的定期检查,"没病找病",从亚健康状态中及时发现问题。做到早期发现、早期诊断、早期治疗。

第四,锻炼身体,保持身心健康。

二、肿瘤的治疗原则

在今后相当长的时期内,恶性肿瘤将仍然是威胁人类健康和导致死亡的主要原因之一。由于恶性肿瘤的治疗效果较差,许多恶性肿瘤目前还缺乏根治性的治疗方法。肿瘤的早期诊断是提高疗效的有效方法,包括两方面的重要因素,其一是患者对肿瘤的防治知识应得到普及,对任何可疑的肿瘤症状应及时进一步检查;其二是医务人员应对肿瘤的早期征象提高警惕,避免漏诊、误诊。对高发肿瘤区或有高危险因素的人群应定期或有可疑征象时,进行防癌或排除癌肿的有关检查。

治疗肿瘤的传统方法包括手术、化疗、放疗。大部分肿瘤如能早期确诊,外科手术当属首选疗法,如发现较晚,则必须同时进行放疗和化疗。对于晚期肿瘤患者,如不能耐受手术和放、化疗,可采用姑息治疗。

虽然传统方法取得了不可估量的成效,但是距离彻底根治肿瘤还很遥远。近年来有一些新的治疗方法正在兴起,而且逐渐加入到肿瘤综合性治疗的行列中来,其中包括免疫治疗、中药治疗、基因治疗和物理疗法。

> **链接** 生存质量概念:生存质量是一个复杂的研究课题。它既含有患者的生理、心理、功能等方面问题,也包括家庭、社会等外界因素。生存质量就是一个人实际的生活状况与理想的生活标准之间存在的差距。良好的生存质量包括两个方面:①有完成每天正常活动的能力,这反映出患者生理、心理状态及社会交往能力良好;②患者对自身功能及控制疾病和/或有关症状结果满意。换言之,通常讲的患者生存质量良好,不仅包括功能良好,它还涉及更多方面,如社会关系融洽、家庭幸福、情绪饱满及身心健康等。

第10章 水、电解质代谢紊乱

第1节 水、钠代谢紊乱

一、水、钠的正常代谢

(一) 基本概念

体液:水及其溶解于水中的物质(无机物和有机物)所构成的液体。

电解质:以离子状态溶解于体液的无机盐、有机物的统称。细胞外液中的主要阳离子是 Na^+,其他重要阳离子如 Ca^{2+}、Mg^{2+} 等含量较少。细胞内液中的主要阳离子是 K^+,主要阴离子是 Cl^-、HCO_3^- 等。蛋白质是有机电解质。

(二) 体液的容量和分布

正常成人体液总量占体重的 60%,其中 40% 为细胞内液,20% 为细胞外液。细胞外液,包括血浆(5%)、组织液(15%)及脑脊液、房水等。而消化液、尿液、汗液等由相关上皮细胞分泌,称分泌液或第三间隙液。

正常人的体液的含量和分布存在个体差异,与年龄、性别、脂肪含量密切相关。年龄越小,体液所占体重的比例越高;女性体液量占体重的 55%;脂肪丰富者其体液量低于肌肉发达者。

(三) 体液的渗透压

渗透压是吸引水分的力量。溶液的渗透压取决于溶质分子和离子的数目,而与其种类及分子量大小无关。体液中渗透压主要是由电解质形成的。其中以无机盐电解质形成的晶体渗透压对维持细胞内、外水分的平衡发挥主要作用,而有机电解质(蛋白质)形成的胶体渗透压则是血管内外液体移动的决定性因素。

正常情况下,细胞内、外的渗透压是平衡的。细胞内液以 K^+ 为维持细胞内容量和渗透压的主要阳离子,而细胞外液以 Na⁺对容量和渗透压的维持起决定作用。

正常血浆渗透压为 280~310 mmol/L,低于 280 mmol/L 为低渗,高于 310 mmol/L 为高渗,在正常范围内为等渗。

(四) 水、钠的平衡

1. 水平衡　水的排出包括皮肤、肺的不感蒸发;消化道排出粪便;肾脏泌尿等。其中肾脏泌尿最为重要,每天最低排水量约为 1500 ml。

2. 钠的平衡　钠的排出包括皮肤汗液、消化道粪便、肾脏泌尿等。以肾脏泌尿排出为主。钠的排出特点是:多吃多排,少吃少排。

(五) 水、钠和渗透压的主要调节机制

水、钠的量和渗透压的稳定,是通过神经-内分泌共同调节完成的。而神经内分泌的调节作用主要通过肾脏来实现。

1. 渗透压调节　主要通过抗利尿激素(ADH)来实现。ADH 是由下丘脑视上核神经细胞合成,它的主要作用是增加肾小管远曲小管和集合管对水分的通透性,从而使管腔中的水分被重吸收回来,而保留住水分,减少尿量(抗利尿)。

促使 ADH 释放的有效刺激主要是血浆晶体渗透压升高和循环血量减少。

(1) 血浆晶体渗透压改变:当机体失去水分或摄水不足时,血浆晶体渗透压就升高,从而刺激下丘脑视上核或其周围区的渗透压感受器,使 ADH 释放增多,水分重吸收增多使渗透压回降;反之,如果大量饮水,渗透压下降,则 ADH 释放减少,肾脏排水量增多即渗透性利尿,使血浆渗透压回升。

(2) 循环血量的改变:当血量增多时,心房和大静脉上的容量感受器受到刺激,ADH 分泌减少,从而利尿;反之,如果血容量不足,ADH 的合成分泌增多,远曲小管和集合管重吸收水分增多,使血容量恢复正常。

2. 容量调节　主要是通过醛固酮来实现的。醛固酮是由肾上腺球状带分泌的一种激素。其作用部位主要是远曲小管和集合管,其主要作用是通过 Na⁺-K⁺泵对钠进行主动重吸收。

醛固酮的分泌主要受肾素-血管紧张素-醛固酮系统以及血 Na⁺、血 K⁺浓度等调节。

(1) 肾素-血管紧张素-醛固酮系统　当失血等原因,使血压下降或循环血量减少时,进入肾入球小动脉的血流量减少,肾素释放增加;同时,肾小球滤过率下降 Na⁺流量下降,流经致密斑的 Na⁺减少也可使肾素释放增加。肾素可以作用于血浆中的血管紧张素原,使之依次变成血管紧张素Ⅰ、Ⅱ、Ⅲ,其中血管紧张素Ⅱ刺激醛固酮合成与分泌的作用是主要的。

(2) 血 K⁺和血 Na⁺浓度　当血 K⁺浓度升高或血 Na⁺浓度降低时,都可直接刺激醛固酮的分泌,实现保钠排钾;反之,当血 K⁺浓度降低或血 Na⁺浓度升高时,都可减少醛固酮的分泌,减少 Na⁺的保留,同时减少 K⁺的排出,从而使血 K⁺、血 Na⁺浓度恢复到正常。

二、脱 水

机体体液量明显减少,并出现一系列功能代谢变化的病理过程,称为脱水。依据脱水时细胞外液的渗透压,分为高渗性脱水、低渗性脱水和等渗性脱水三种。

(一) 高渗性脱水

特征:失水>失钠,细胞外液呈高渗状态,血浆渗透压>310 mmol/L,血清钠浓度>150 mmol/L,又称为高钠血症。

1. 原因

(1) 进水量不足:水源断绝或不能饮水等。

(2) 水分丢失过多:大量出汗、多尿、呕吐、腹泻等。

2. 机体变化

(1) 机体代偿:①细胞内外水分移动:由于细胞外液高渗,可吸引大量水分从细胞内到达细胞外,以补充细胞外液的不足。因此,高渗性脱水以细胞内脱水为主(图10-1);②机体保水增强:血浆渗透压增高使ADH分泌增多,使肾脏对水的重吸收增多,使水的排出量减少,因此,高渗性脱水患者表现为尿量减少;③口渴中枢兴奋:使患者产生口渴感而饮水行为。

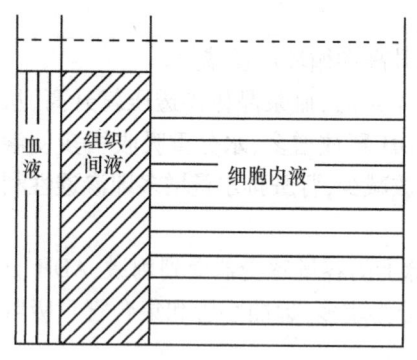

图10-1 高渗性脱水

(2) 临床表现:①口渴感:渗透压增高使口渴中枢兴奋所致;②尿量减少:渗透压升高使ADH分泌增多,肾脏对水的重吸收增多所致;③中枢神经系统功能障碍:细胞外液高渗透压,使脑内神经细胞内脱水所致;④脱水热:皮肤血流量不足,使皮肤散热障碍所致。

3. 防治原则

(1) 病因治疗:防治原发病。

(2) 补液:①补低渗氯化钠溶液:根据渗透压增高的严重程度补充:3/4张低渗钠液、1/2张低渗钠液、1/3张低渗钠液或1/4张低渗钠液等;②补液速度:要先快后慢。

> 链接: 溶液配制中,生理盐水为等渗有1个张力,5%葡萄糖液为无张力,生理盐水的份数与5%葡萄糖溶液的份数之和为总份额,生理盐水占溶液总份额的几分之几,即为该溶液的张力数。如由1份5%葡萄糖液和1份生理盐水构成的溶液为1/2张低渗钠液;由2份5%葡萄糖液和1份生理盐水构成的1/3张低渗钠液。类推。

(3) 病情观察:注意观察患者的精神状态、神志、尿量、体温及血压脉搏,并询问患者有无口渴等情况。

(二) 低渗性脱水

特征:失钠>失水;细胞外液呈低渗状态,血浆渗透压<280 mmol/L,血清钠浓度<130

mmol/L,又称低钠血症。

1. 原因　任何原因的体液大量丢失,如果只补充水而未及时补充钠盐,均可引起低渗性脱水。

(1) 胃肠道失液过多:临床上最为常见,如呕吐、腹泻、胃肠引流等。

(2) 经皮肤丢失:如大量出汗、皮肤烧伤时的大面积渗出等。

(3) 不恰当的排放胸腔或腹腔积液:如一次排放量过大或放液过度频繁等。

(4) 肾性失钠:如利尿剂使用过多、时间过长,肾脏对水重吸收功能下降,肾上腺皮质功能减退,醛固酮分泌减少等。

2. 机体变化

(1) 机体代偿:①细胞外液呈低渗透压而细胞内相对高渗,水分进入细胞,使细胞外液明显减少的同时细胞内水肿。因此,低渗性脱水时以细胞外液减少为主;②由于渗透压低,ADH 分泌减少,因此,早期尿量不减少,无口渴感;当血容量下降明显时,ADH 分泌增多,出现尿量减少等。

(2) 临床表现:①外周循环衰竭:由于低渗性脱水是以细胞外液减少为主,有效循环血量下降在早期就非常明显所致(图 10-2);②失水体征:皮肤弹性下降、眼窝凹陷、无眼泪、小儿囟门凹陷等;③中枢神经系统功能障碍:由于细胞外液呈低渗状态,导致脑内神经细胞水肿所致;④脱水热:皮肤散热障碍所致。

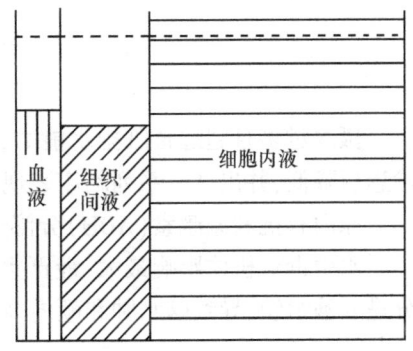

图 10-2　低渗性脱水

3. 防治原则

(1) 病因治疗:防治原发病。

(2) 补液:①补充生理盐水或高渗钠液:根据渗透压下降的严重程度,选择生理盐水或高渗氯化钠溶液如 3% 或 5% 氯化钠溶液;②补液速度:要先快后慢。

如果发生周围循环衰竭则按休克抢救原则进行救治。

(3) 病情观察:注意观察患者的精神状态、神志、尿量、体温及血压、脉搏,并询问患者有无口渴等情况。

(三) 等渗性脱水

特征:失钠=失水;细胞外液呈等渗状态,血浆渗透压 280~310 mmol/L;血清钠浓度 130~150 mmol/L。

1. 原因　任何原因在短时间内大量丢失体液皆可引起等渗性脱水。

(1) 胃肠道液过多丢失:剧烈呕吐、腹泻及小肠瘘和小肠梗阻等。

(2) 大量胸水、腹水形成或不当放液,以及严重创伤或大面积烧伤等情况下,出现血浆大量渗出等。

2. 机体变化

(1) 机体代偿:由于血容量下降,ADH 和醛固酮分泌增加,肾小管对钠、水重吸收增强,使血容量有一定程度补充,尿量减少。但由于时间短、体液丢失速度快,代偿作用不显著,

(2) 临床表现：①早期就可发生周围循环衰竭，具有低渗性脱水的特点；②尿量减少、口渴感明显，又具有高渗性脱水的特点。并且由于不感蒸发而继续丧失水分，可较快转变为高渗性脱水。但如果只补充水而未补充钠盐也有可能转变为低渗性脱水；③中枢神经系统功能障碍，是由于血容量迅速下降，脑组织血流供应不足，导致脑功能障碍等（图10-3）。

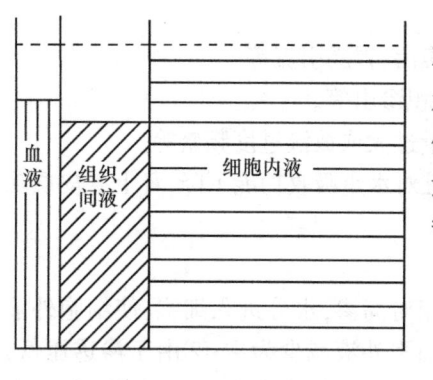

图 10-3 等渗性脱水

3. 防治原则

（1）病因治疗：防治原发病。

（2）补液：①及时大量补充等渗（生理盐水）或略低渗氯化钠溶液，如 3/4 张氯化钠溶液或 2/3 张氯化钠溶液；②补液速度：要先快后慢。

三、水 中 毒

摄水过多且超过肾脏排水能力，以致水在体内大量潴留，引起细胞内外液容量增多和渗透压降低，并出现一系列临床表现者称为水中毒。

原因有抗利尿激素（ADH）分泌过多和肾泌尿功能障碍。

水中毒对机体影响最大、最严重的是脑组织。由于血钠浓度和渗透压都明显降低，水分进入脑组织，导致脑水肿和颅内高压症，引起相应的精神神经症状。

第 2 节 钾代谢紊乱

正常成人体内钾离子98%在细胞内，仅有2%在细胞外液中，浓度为 3.5~5.5 mmol/L。钾主要来源于食物如肉类、水果和蔬菜等。钾的排出，90%是通过肾脏排出的，排出特点是：多吃多排，少吃少排，不吃也排。

钾的生理作用是维持心脏功能和神经肌肉应激性、参与新陈代谢和调节酸碱平衡。

一、低钾血症

血清钾低于 3.5 mmol/L 时，称为低钾血症。

（一）原因

1. 钾的摄入不足 见于不能进食或禁食者。

2. 钾的丢失过多　经消化道丢失主要见于腹泻、呕吐、胃肠引流等；大量出汗；经肾脏丢失主要见于利尿剂使用不当等。

3. 钾的分布异常　如输入大量葡萄糖、使用大剂量胰岛素时，K^+ 与葡萄糖进入细胞合成糖原，引起低血钾；也可以见于碱中毒和家族性周期性麻痹症发作时，K^+ 进入细胞，引起低血钾。

(二) 机体变化

低钾血症对机体影响的严重程度，取决于血钾降低的程度、速度和持续的时间。

1. 心律失常　如房性或室性早搏、心动过速等，严重时出现心室颤动，这是对机体最严重、最危险的影响。心电图上可见 S-T 段下降、T 波低平和出现 U 波。

2. 肌肉无力或麻痹　当血清钾低于 3 mmol/L 时，可以出现四肢无力；低于 2.5 mmol/L 时可出现软瘫，甚至麻痹性肠梗阻；不过，因为呼吸肌麻痹而发生呼吸衰竭的情况少见。

3. 酸碱平衡紊乱　低血钾时，细胞内 K^+ 移到细胞外，H^+ 进入细胞，从而引起细胞外液的碱中毒。细胞内 H^+ 增多，在肾小管，肾小管上皮细胞与小管腔进行 H^+-Na^+ 交换增强，而 K^+-Na^+ 交换减弱，尿液为酸性，与血液酸碱性质相反，故称为反常性酸性尿。

(三) 防治原则

1. 病因防治　防治原发病。
2. 补钾　严重低血钾者（低于 2.5~3.0 mmol/L）或临床表现明显时，应该及时补钾。尽量口服补钾，如果必须静脉点滴补钾时，要严格执行见尿补钾、浓度低、速度慢等原则。

二、高钾血症

血钾浓度高于 5.5 mmol/L 称为高钾血症。血钾越高对机体的危害越大。

(一) 原因

1. 钾摄入过多　尤其是尿量减少时，见于口服或静脉点滴钾制剂过多过快，包括输入过多库存的血液等情况。

2. 肾脏排钾减少　见于急、慢性肾功能衰竭时的少尿期，肾排钾减少或不能排钾，是临床上引起高血钾的主要原因。也可见于保钾利尿剂使用过久或肾上腺皮质功能减退，醛固酮分泌减少等情况。

3. 细胞内钾释放过多　缺氧、酸中毒、溶血和严重创伤时，都可以使大量钾由细胞内释出。若伴有肾功能障碍，则更易发生高钾血症。此外，高钾性周期性麻痹症发作时，也有细胞内钾向细胞外液大量转移，而引起高血钾。

(二) 机体变化

1. 心律失常　高钾血症使心肌兴奋性下降、传导障碍甚至使心脏停搏。这是高钾血症对机体的主要毒性，是高钾血症的主要危险。心电图对高钾血症的早期诊断有重要意义，表现为 T 波高耸、Q—T 间期缩短、P—R 间期延长、QRS 波增宽。

2. 肌肉无力　高钾血症可引起患者出现肌肉无力,但一般不会引起严重的肌肉麻痹。

3. 酸碱平衡紊乱　高钾血症时,细胞外液中的 K^+ 向细胞内移动,细胞内 H^+ 进入细胞外液,发生酸中毒。出现反常性碱性尿。

(三) 防治原则

1. 病因治疗　防治原发病,立即停止摄钾,禁止含钾高的食物的摄入。
2. 紧急降钾　当重度高钾血症(>7 mmol/L)时,须迅速采取措施降低血钾,保护心脏。

第 11 章 休 克

休克是英语"shock"的音译。其原意为"打击"或"震荡"。最初对休克的认识,只是描述机体在遭受强烈刺激后所发生的一种危急状态;进一步认识到休克的发生是由于急性循环系统功能障碍,尤其是动脉血压下降是其主要表现;目前认为休克发生的关键是由于急性微循环灌流障碍所致。休克是指机体遭受各种强烈刺激时所引起的有效循环血量急剧减少,使微循环灌流量严重不足,从而导致组织细胞代谢紊乱和结构损害使主要器官严重功能障碍的全身性病理过程。典型临床表现为:面色苍白、四肢湿冷、脉搏细速、血压下降、尿量减少、神志淡漠。病情迅速恶化,如不及时抢救,患者可因全身组织器官发生不可逆性损害而死亡。

第 1 节 休克的原因和分类

引起休克的原因很多,分类也不统一,比较常用的分类方法有以下两种。

一、按休克发生的原因分类

(一) 失血、失液性休克

大量失血常见于外伤、消化性溃疡出血、食管静脉曲张破裂、宫外孕及产后大出血等。若快速失血超过总血量的 20%,即可发生失血性休克;若超过总量的 50%,则可导致迅速死亡。严重烧伤伴大量血浆渗出,剧烈呕吐或腹泻等导致大量体液丢失,引起血浆容量减少,可发生失液性休克。

(二) 创伤性休克

严重创伤时常引起休克,主要与疼痛引起强烈的神经刺激和组织损伤引起出血使血容量减少等因素有关。

（三）感染性休克

严重感染特别是革兰阴性细菌感染常引起休克。在引起休克的过程中，革兰阴性细菌产生的内毒素起着重要作用，并常伴有败血症。故亦称内毒素性休克、中毒性休克或败血症性休克。

（四）心源性休克

大面积心肌梗死、急性心肌炎、严重的心律失常和急性心脏压塞等，引起心输出量急剧减少，而发生心源性休克。

（五）过敏性休克

过敏体质的人在注射某些药物（青霉素等）、血清制剂（破伤风抗毒素等）或疫苗时可引起过敏性休克。它属于Ⅰ型变态反应，是由于肥大细胞激活后释放组织胺和缓激肽等使血管扩张所致。

（六）神经源性休克

剧烈疼痛、高位脊髓麻醉或损伤、强烈的神经刺激等可导致血管运动中枢抑制，血管扩张，外周阻力降低，回心血量减少，血压下降，引起神经源性休克。

二、按休克发生的始动环节分类

尽管引起休克的原因很多，往往是多种因素同时或先后作用而发生，但休克发生的始动环节为：①血容量减少；②心排血量急剧减少；③外周血管容量扩大 3 个方面。据此可将休克分为以下 3 类：

（一）低血容量性休克

主要见于失血、失液性休克、创伤性休克。

（二）心源性休克

主要见于心源性休克。

（三）血管源性休克

主要见于过敏性休克、神经源性休克及部分感染性休克等。

第 2 节　休克的发展过程、发生机制及病理临床联系

目前认为各类休克发生的共同基础是微循环灌流障碍。重要生命器官因缺氧而发生功能和代谢障碍。

微循环是指微动脉与微静脉之间的血液循环,是血液与组织进行物质交换和代谢的最小功能单位。典型的微循环是由微动脉、后微动脉、毛细血管前括约肌、真毛细血管、直捷通路、动-静脉短路和微静脉7部分组成,构成3条通路。其主要生理特点是:①直捷通路经常处于开放状态,使血液得以快速通过,与组织细胞进行物质交换的作用小;②动-静脉短路:一般不开放,几乎完全不能进行物质交换;③迂回通路:即真毛细血管网。由于真毛细血管壁薄,血流缓慢,故成为物质交换的主要场所。生理情况下,真毛细血管20%交替开放。微循环血液的灌流量受神经和体液因素调节。交感神经兴奋和儿茶酚胺等使微血管收缩;局部产生的血管活性物质(组织胺、激肽、酸性代谢产物等)则使微血管扩张。但微静脉对局部酸性代谢产物的扩血管作用敏感性较差。

根据血流动力学和微循环变化的规律,以典型的失血性休克为例,大致可将休克分为以下3期。

一、微循环缺血缺氧期(代偿期)

亦称休克早期。

(一) 微循环变化特点

以血管痉挛收缩为主。微循环变化特点为少灌少流、灌少于流。血液从微动脉经直捷通路和开放的动-静脉短路直接回流入微静脉,组织细胞呈缺血、缺氧状态。

(二) 发生机制

机体受到各种强烈刺激后通过多种途径引起交感神经-肾上腺髓质系统强烈兴奋,大量儿茶酚胺释放,使全身微血管痉挛收缩,特别是毛细血管前阻力血管(微动脉、后微动脉及毛细血管前括约肌)对儿茶酚胺尤为敏感,所以其收缩比微静脉更强烈,结果使微循环灌流量急剧减少,处于少灌少流、灌少于流的状态而导致严重的缺血缺氧。

(三) 代偿意义

1. 外周血管总阻力增加,有利于维持动脉血压。
2. 保证了心、脑的血液供应。机体不同脏器对儿茶酚胺的反应不一,皮肤黏膜、腹腔内脏器官的血管儿茶酚胺受体密度高而强烈收缩;而脑动脉和冠状动脉儿茶酚胺受体密度低而收缩不明显,血流量基本正常。
3. 微静脉、小静脉收缩(静脉系统容纳总血容量的60%~70%)增加了回心血量,称为"自我输血"作用。
4. 微动脉、后微动脉和毛细血管前括约肌比微静脉对儿茶酚胺更敏感,导致毛细血管前阻力大于后阻力,使微循环内流体静压下降,促使组织液回流进入血管,从而补充了血容量,称为"自体输液"作用。

(四) 临床病理联系

由于交感神经-肾上腺髓质系统兴奋,皮肤血管收缩,汗腺分泌增多,出冷汗,故患者皮肤苍白,四肢湿冷。肾脏血管收缩血流量减少,故患者尿量减少。因外周阻力增加,收缩压没有明显降低,而舒张压有所升高,故早期血压下降不明显,但脉压差缩小。由于心、脑血液灌流正常,患者神志一般是清楚的。而交感神经兴奋,可致脉搏细速、烦躁不安等。

二、微循环淤血缺氧期(失代偿期)

亦称休克中期。

(一) 微循环变化特点

以淤血为主。微循环变化特点为灌多于流或灌而不流的状态。微动脉、后微动脉和毛细血管前括约肌扩张,而微静脉仍呈收缩状态,大量血液进入真毛细血管网并发生淤滞,组织细胞呈严重的淤血性缺氧状态。

(二) 发生机制

由于早期未能得到及时和正确的治疗,微循环持续痉挛收缩,微循环障碍进一步严重,使组织细胞严重缺氧而代谢紊乱,酸性代谢产物及其他舒血管物质产生增多,导致微循环扩张,此时主要是毛细血管前阻力血管在酸性环境中对儿茶酚胺的反应性降低而开始扩张,而微静脉和小静脉对酸性环境的耐受性较强,因而仍处于收缩状态,使真毛细血管大量开放,血流缓慢,甚至"泥化"淤滞而导致微循环处于灌多于流或灌而不流的严重淤血缺氧状态;而血流缓慢、淤滞又可使毛细血管内压升高,血管壁通透性增强,血浆外渗,血液浓缩,循环血量减少。由于严重的淤血性缺氧,使全身器官代谢紊乱,处于失代偿状态。

(三) 临床病理联系

由于严重的淤血缺氧,患者由皮肤苍白而逐渐发绀,并可出现花斑。因静脉回流量和心排血量更加减少,患者静脉塌陷,使穿刺困难,动脉血压进行性下降。由于失代偿,使心、脑的血液供应不足,而表现为心搏无力、神志淡漠甚至昏迷。肾血流量长时间严重不足,出现少尿甚至无尿。

三、微循环衰竭期(休克难治期)

亦称休克晚期,DIC 期。

(一) 微循环变化特点

发生弥散性血管内凝血(DIC)。微循环内特别是毛细血管静脉端,微静脉、小静脉有广泛微血栓形成。微循环淤滞更加严重,微血管平滑肌麻痹,对血管活性物质失去反应,微血管进一步扩张,微循环处于不灌不流状态,组织细胞因严重缺氧而发生变性坏死。

(二) 发生机制

由于缺氧和酸中毒更加严重，使微血管高度麻痹、扩张，并且对血管活性物质失去反应。由于缺氧使血管内皮细胞受损，通透性增加，血液浓缩更加显著，凝固性升高，血流更加缓慢，甚至停滞，导致微循环内广泛微血栓形成，使微循环和各器官严重功能障碍。休克病情进一步恶化，甚至发生多器官功能衰竭。其发生机制是：①微血栓阻塞微血管，使回心血量锐减，同时由于缺血造成组织器官发生栓塞、梗死；②微血栓形成势必造成凝血因子的消耗使血液凝固性降低而发生出血，继发性纤溶亢进，纤维蛋白降解产物（FDP）形成，FDP 能封闭单核巨噬细胞系统，抑制其吞噬功能。目前认为，休克难治除与发生 DIC 有关外，还与肠道严重缺血、缺氧、屏障功能降低，内毒素及肠道细菌入血，引起"全身炎症反应综合征"有关。

(三) 临床病理联系

由于微血管反应性降低，血压进行性下降，给升压药难以恢复。由于微循环淤血不断加重，特别是合并 DIC 后，患者休克中期的各种症状持续加重，临床常出现多部位严重出血，细胞受损乃至死亡。重要生命器官出现多器官功能衰竭，给治疗带来极大困难。

应当指出，并非所有休克患者都一定发生 DIC，DIC 并非休克的必经时期。

休克发展过程中微循环的三期改变，并不是截然分开一成不变的，它们既有区别又有联系。可概括为：早：缩、缺→中：扩、淤→晚：凝、衰。

第3节 休克时细胞的损伤与代谢障碍

休克时细胞的损伤与代谢障碍，既是组织的低灌流、微循环血流动力学改变和/或各种毒性物质作用的结果，又是引起各重要器官功能衰竭的原因。

一、休克时细胞的损伤

(一) 细胞膜的损伤

细胞膜是休克时最早发生损伤的部位。缺氧、ATP 减少、高血钾、酸中毒及溶酶体酶的释放，都会造成细胞膜的损伤，导致细胞膜功能障碍，水、钠、钙内流，细胞水肿。

(二) 线粒体的损伤

线粒体是细胞内能量产生的主要部位。休克时线粒体肿胀，最后崩解破坏。线粒体损伤后，导致呼吸链与氧化-磷酸化障碍，产能减少乃至终止，导致细胞损害和死亡。

(三) 溶酶体破裂

溶酶体含有多种水解酶。休克时，由于组织的缺血、缺氧、酸中毒及内毒素等损害作用,肝、脾、肠等细胞出现溶酶体的肿大,甚至破裂,水解酶释放,引起细胞、组织的自溶。

总之,休克时生物膜(细胞膜、线粒体膜、溶酶体膜等)的损伤是细胞发生损伤的开始。

二、休克时细胞的代谢变化

(一) 能量代谢障碍

休克时由于微循环障碍严重,组织低灌流和细胞缺氧时,细胞的有氧氧化过程受阻,能量生成明显减少,细胞膜上的钠泵运转失灵,使细胞内钠、水增多,而细胞外钾增多,导致细胞水肿和高钾血症。

(二) 代谢性酸中毒

休克时所发生的酸碱平衡紊乱,最重要的是代谢性酸中毒。其机制是:①缺氧使糖的无氧酵解增强,乳酸生成增多;②由于肝功能障碍,摄取和处理乳酸能力降低;③肾血流减少,肾功能障碍,酸性代谢产物排出减少。

第4节 休克时重要脏器的病理变化

一、急性肾功能衰竭

休克时,肾脏是最易受损的器官,在休克早期即可发生。休克早期主要是由于肾血流急剧减少所致,但不伴有肾小管坏死,属于功能性急性肾功能衰竭。若休克持续发展,严重而持续的缺血可引起急性肾小管坏死,而发生器质性急性肾功能衰竭。其主要临床表现为少尿或无尿。将导致严重的内环境紊乱,如高钾血症、氮质血症和代谢性酸中毒,使休克进一步恶化和难治。

二、急性呼吸衰竭

随着休克的发展,患者晚期常可发生急性呼吸衰竭。其病理变化中可见:肺淤血、肺水肿、肺出血、肺不张、微血栓形成及透明膜(肺泡上皮细胞碎片和渗出的血浆蛋白形成膜状物)形成并附着于肺泡的腔面等。这些病变称为休克肺。约有1/3的休克患者死于休克肺。

三、心功能的变化

除心源性休克伴有原发性心功能障碍外,其他类型的休克也都可继发性引起心功能的变化。休克早期因代偿心功能可无明显变化。随着休克的发展,动脉血压进行性下降,使冠状动脉血流量减少,心肌缺血缺氧,加上高钾血症、酸中毒、细菌感染时的内毒素、心肌内 DIC 形成等,心功能发生障碍,甚至可导致急性心力衰竭。

四、脑功能的变化

休克早期由于代偿一般没有明显的脑功能变化。休克进一步发展,心排血量减少和血压降低,脑组织供血不足,发生缺氧。严重的缺氧、酸中毒及 DIC 等,可导致脑出血、水肿、灶状坏死,使颅内压升高,甚至可形成脑疝。

五、多器官功能衰竭

多器官功能衰竭(MOF)是指心、脑、肺、肾、肝等器官在 24 h 内有两个或两个以上的器官相继或同时发生功能衰竭。这是休克患者晚期死亡的主要原因,尤其是感染性休克时发生率最高。

第12章 呼吸系统疾病

呼吸系统包括鼻、咽、喉、气管、支气管和肺。

呼吸系统有较强的防御功能,黏液-纤毛排送系统、肺泡巨噬细胞、呼吸道分泌物中的干扰素、溶菌酶、补体和分泌型 IgA 等都是呼吸道的有效防御屏障。当机体抵抗力低下,呼吸道防御作用减弱时,将导致呼吸系统疾病的发生。

第1节 慢性支气管炎

慢性支气管炎(chronic bronchitis,简称慢支)是指气管、支气管黏膜及其周围组织的慢性非特异性炎症。临床特征为咳嗽、咳痰或伴有喘息症状,每年持续发病至少3个月,连续2年以上并排除其他心肺疾病。病情进展缓慢,常并发阻塞性肺气肿、肺动脉高压、肺源性心脏病。它是一种发生于老年人的常见病,北方发病率高于南方,冬、春季节易发。

一、病因和发病机制

(一) 外因

1. **吸烟** 国内外研究证实吸烟与慢支的发生有密切关系。吸烟者患病率较不吸烟者高2~10倍,吸烟时间愈长,烟量愈大,患病率愈高。

2. **感染因素** 感染是慢支发生和加重的最重要诱因,主要为病毒和细菌感染。其中病毒以鼻病毒、黏液病毒、腺病毒和呼吸道合胞病毒多见。细菌以肺炎球菌、流感嗜血杆菌、甲型链球菌及奈瑟球菌多见。

3. **理化因素** 大气污染是本病重要的因素,如空气污染(二氧化硫、二氧化氮、氯气、臭氧等)、刺激性烟雾、粉尘的慢性刺激。

4. **气候** 寒冷常是慢支发作的重要原因和诱因。慢支发病和急性发作常见于寒冷季节,尤其是气候突然变化时,寒冷空气刺激呼吸道,使黏液分泌增加,并反射性引起支气管平滑肌收缩,使黏液排出困难,易发生继发感染,加重病情。

5. 过敏因素　喘息型支气管炎患者往往有过敏史。尘埃、尘螨、细菌、真菌、寄生虫、花粉以及化学气体等,都可以成为过敏因素而致病。

(二) 内因

1. 局部防御及免疫功能减低　呼吸道具有完善的防御功能。全身或局部的防御及免疫功能减弱是慢支发病的内在条件。老年人因呼吸道的免疫功能减退,导致患病率增高。

2. 自主神经功能失调　当呼吸道副交感神经功能亢进时,微弱刺激即可引起支气管痉挛、分泌物增多,而产生咳嗽、咳痰、气喘等症状。

二、病理变化

表现为各级支气管的慢性非特异性炎症。早期主要累及气管和大、中支气管,晚期引起细支气管炎及其周围炎。主要病变如下。

(一) 黏膜上皮损伤

黏膜上皮纤毛粘连、倒伏、脱失,上皮细胞变性、坏死、脱落、鳞状上皮化生,导致纤毛-黏液排送系统受损。

(二) 腺体变化

黏膜上皮杯状细胞增多,黏膜下层黏液腺肥大、增生,浆液腺黏液化,使黏液分泌亢进。晚期,腺细胞衰竭,腺体萎缩、消失。

(三) 管壁病变

由于炎症反复发作,病变向管壁及周围组织蔓延,破坏管壁平滑肌、弹力纤维和软骨,同时纤维组织增生,导致管腔狭窄变形,管壁僵硬、塌陷。喘息型患者管壁平滑肌增生、肥大,管腔狭窄。

三、病理临床联系

慢性支气管炎临床多缓慢起病,病程较长,主要症状为咳嗽、咳痰、喘息。开始症状轻,痰一般为白色泡沫状,伴细菌感染时,咳嗽加剧,咳黄脓痰。由于支气管痉挛、狭窄或分泌物阻塞引起喘息。两肺闻及干、湿性啰音、哮鸣音,呼吸急促,不能平卧。

四、结局和并发症

慢性支气管炎如无并发症,预后良好。如病因持续存在,迁延不愈,或反复发作,可引起阻塞性肺气肿、肺源性心脏病、支气管扩张症、支气管肺炎、肺癌等并发症。

第 2 节 慢性肺源性心脏病

慢性肺源性心脏病(chronic cor pulmonale)简称肺心病,是由于肺、胸廓及肺血管的慢性疾病引起的以肺循环阻力增加,肺动脉高压而导致以右心室肥厚、扩张为特征的心脏病。

一、病因和发病机制

(一) 肺部疾病

是引起肺心病最常见的原因,其中以慢性支气管炎并发阻塞性肺气肿最常见,约占80%~90%;其次为支气管哮喘、支气管扩张症、肺结核、尘肺等。肺泡壁肺毛细血管床减少,肺广泛纤维化,导致肺循环阻力增加,肺动脉压升高。慢性缺氧导致红细胞增多、血液黏稠度增加,血流阻力增高。缺氧还引起肾动脉收缩,水、钠潴留,使肺动脉压升高。

(二) 胸廓运动障碍性疾病

较少见。严重的脊椎后凸、侧凸、脊椎结核、类风湿性关节炎、胸膜广泛粘连及胸廓形成术后造成的严重胸廓或脊椎畸形,使胸廓运动受限,影响呼吸运动并可压迫、扭曲肺血管导致肺动脉压升高。

(三) 肺血管疾病

较少见。原因不明的原发性肺动脉高压、广泛或反复发生的肺小动脉栓塞、累及肺动脉的过敏性肉芽肿病等,直接引起肺动脉高压。

上述 3 类疾病,引起肺心病的关键环节是肺动脉高压,最终导致右心室肥大、扩张,甚至右心衰竭。

二、病理变化

(一) 肺部病变

除肺部原发病变外,主要的病变是肺血管的病变,表现为:肺泡壁毛细血管床数量显著减少;肺内细、小动脉中膜平滑肌增生,肥厚,内膜下胶原纤维增生,使肺血管壁增厚、变硬,管腔狭窄,肺循环阻力增加;肺小动脉炎引起血管管壁增厚、管腔狭窄或纤维化。

(二) 心脏病变

以右心室病变为主,右室壁显著肥厚,后期心腔扩张。心尖钝圆,肺动脉圆锥隆起,以肺动脉瓣下 2 cm 处右心室肌壁厚度超过 0.5 cm 作为病理诊断肺心病的形态标准。心脏体积明显增大,重量增加,最重者可达 850 g(正常成人约 250 g)。镜下观察:右心室心肌细胞肥大,核大、深染;也可见心肌细胞溶解、变性、坏死,间质水肿和纤维增生。

三、病理临床联系

肺心病进展缓慢,开始时主要表现为肺部疾病的症状和体征,随后逐渐出现呼吸功能不全(气急、发绀、呼吸困难等)和右心衰竭(心慌、下肢浮肿、颈静脉怒张、肝颈反流征阳性、肝肿大等)的症状和体征。重症肺心病,由于呼吸功能衰竭所致缺氧、二氧化碳潴留而引起肺性脑病,表现为一系列精神障碍、神经系统症状,是肺心病患者死亡的首要原因。

第3节 肺 炎

肺炎(pneumonia)是肺组织的炎症性疾病,是呼吸系统的常见病、多发病。老年或机体免疫力低下者(使用免疫抑制剂、器官移植、肿瘤、糖尿病、尿毒症、嗜酒、药瘾、艾滋病或久病体衰者)伴发肺炎时,病死率尤高。

一、肺炎的分类

肺炎种类繁多,按病因、病变性质、病变范围分为不同类型的肺炎。

(一) 病因分类

1. 细菌性肺炎　约占肺炎的80%。如肺炎链球菌、金黄色葡萄球菌、溶血性链球菌、克雷白杆菌、流感嗜血杆菌等引起的肺炎。
2. 病毒性肺炎　如腺病毒、呼吸道合胞病毒、流感病毒等引起的肺炎。
3. 支原体肺炎　由肺炎支原体引起的肺炎。
4. 真菌性肺炎　如白色念珠菌、曲菌、放线菌等引起的肺炎。
5. 其他病原体所致肺炎　如立克次体、衣原体、弓形虫、原虫等引起的肺炎等。
6. 理化和过敏因素引起的肺炎　如放射性肺炎、吸入性肺炎、过敏性肺炎等。

(二) 病变性质分类

按病变性质分为浆液性、纤维素性、化脓性、出血性和肉芽肿性肺炎。

(三) 病变范围分类

按病变范围分为大叶性肺炎、小叶性肺炎和间质性肺炎。
本节按病变范围分类进行介绍。

(四) 按感染场所分类

按感染场所分为社区获得性肺炎、院内获得性肺炎。

二、大叶性肺炎

大叶性肺炎(lobar pneumonia)是由肺炎链球菌引起的肺大叶范围的急性纤维素性炎症。患者多为青壮年,起病急,好发于冬、春季节。临床主要症状为寒战、高热、胸痛、咳嗽、咳铁锈色痰、呼吸困难,并有中性粒细胞升高和肺实变体征。自然病程7~10天,近年来由于抗菌素的广泛应用,临床上轻症或不典型病例较为多见。

(一) 病因和发病机制

大叶性肺炎90%以上由肺炎链球菌引起,少数可由肺炎杆菌、金黄色葡萄球菌、链球菌、流感嗜血杆菌引起。本病主要经呼吸道感染,健康带菌者是主要的传染源。当疲劳、受寒、醉酒、麻醉等造成机体抵抗力下降、呼吸道防御功能减弱时,细菌进入肺内生长、繁殖,迅速波及肺段或整个大叶。

(二) 病理变化与临床联系

大叶性肺炎为纤维素性炎,多发生于单侧肺,以左右肺下叶多见,也可同时累及多个肺叶。其自然病程可分为4期:

1. **充血水肿期** 发病后1~2天。病变肺叶肿大,暗红色。镜下观察:肺泡壁毛细血管充血,肺泡腔内大量浆液渗出。

临床上出现肺炎链球菌所致的毒血症症状,寒战、高热、白细胞增多等。由于肺泡腔内含有渗出物,听诊可闻及湿性啰音。X线检查病变处出现大片状模糊阴影。渗出物中可检出肺炎链球菌。

2. **红色肝样变期** 发病后3~4天。肺叶肿大,暗红色,质实如肝,故称为红色肝样变期。镜下观察:肺泡壁毛细血管充血更加明显,肺泡腔内渗出物增多,出现大量红细胞及纤维素,纤维素连接成网状,有利于中性粒细胞和巨噬细胞发挥吞噬作用,防止细菌扩散。

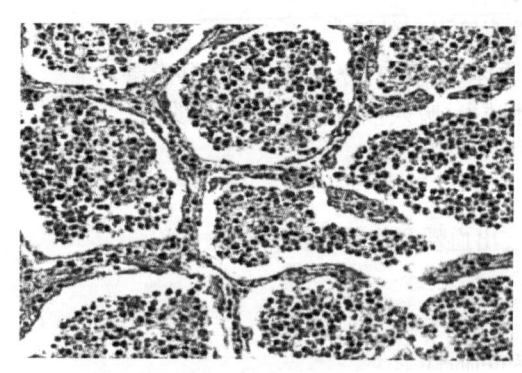

图12-1 大叶性肺炎灰色肝样变期
肺泡腔内充满大量纤维素及中性粒细胞,肺泡壁毛细血管受压而处于闭塞状态

临床上,患者高热不退,出现咳嗽、咳铁锈色痰、胸痛、呼吸困难、发绀等症状。特征性的铁锈色痰是由于红细胞破坏与崩解,被巨噬细胞吞噬,形成含铁血黄素所致。肺部叩诊呈浊音,听诊可闻及管状呼吸音和胸膜摩擦音。X线检查见大片致密阴影。渗出物中仍可检出肺炎球菌。

3. **灰色肝样变期** 发病后5~6天。肺叶肿胀,质实如肝,灰白色,故称灰色肝样变期。镜下观察:肺泡腔内充满大量纤维素及中性粒细胞,肺泡壁毛细血管因受肺泡腔内渗出物的压迫而处于闭塞状态(图12-1)。

临床上,此期症状和体征与红色肝样变期表现基本相同,但铁锈色痰不明显;咳脓痰,因肺泡壁毛细血管受压,流经病变区的血流量减少,肺静脉分流减少,故缺氧状况减轻。由于特异性抗体的产生,肺炎链球菌多被消灭,故不易检出。

4. 溶解消散期　发病7~10天后。肺泡腔内渗出物开始溶解消散,肺叶质地变软,色转灰红。镜下观察:中性粒细胞变性坏死,释放的蛋白溶解酶逐渐将纤维素溶解,部分咳出,部分经淋巴管吸收。病变肺泡逐渐恢复充气,肺泡壁血管恢复正常血流。

临床上患者体温下降,症状逐渐消退,由于渗出物液化排出,肺部可闻及湿性啰音。X线检查病变处阴影密度减低,透亮度逐渐增加。1~3周后肺实变体征完全消失。

大叶性肺炎病变是一个连续过程,上述分期不是绝对的,同一时期不同肺叶可出现不同病变。

(三) 结局和并发症

绝大多数大叶性肺炎经过治疗,可以痊愈。少数病例可出现以下并发症:

1. 肺肉质变　由于肺泡腔内渗出的中性粒细胞过少,释放的蛋白溶解酶未能将纤维素完全溶解,而由肉芽组织机化的结果。病变肺组织呈红褐色肉样,故称肺肉质变。此时,常伴有胸膜粘连。

2. 感染性休克　是一种严重的并发症,病死率较高。患者出现严重的毒血症症状和休克症状,称中毒型或休克型肺炎。循环系统症状明显而呼吸道症状不明显。

3. 败血症　严重感染时,细菌侵入血液并大量繁殖,产生毒素,形成败血症,可引起心内膜炎、脑膜炎及关节炎等。

4. 肺脓肿、脓胸　合并其他化脓性细菌感染时,易发生此并发症。由于抗菌药物的早期应用,现已少见。

三、小叶性肺炎

小叶性肺炎(lobular pneumonia)是以细支气管为中心、肺小叶范围的急性化脓性炎症,又称支气管肺炎(bronchopneumonia)。本病多见于婴幼儿、老人或久病卧床者,冬、春季节多见。

(一) 病因和发病机制

小叶性肺炎常由致病力较弱的肺炎球菌,其次为葡萄球菌、链球菌等引起。这些细菌通常是上呼吸道的常驻菌,当机体抵抗力下降,呼吸系统防御功能减弱时,细菌可进入细支气管内生长繁殖,引起炎症。因此,临床上小叶性肺炎常为其他疾病的并发症,如麻疹后肺炎、吸入性肺炎、坠积性肺炎等。

(二) 病理变化

小叶性肺炎的特征性病变是以细支气管为中心的肺组织化脓性炎。

1. 肉眼观察　两肺散在分布灰黄色实性病灶,以背侧和下叶较重。大小形状不一,直

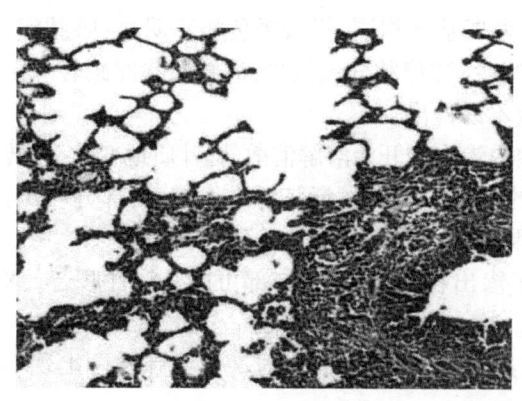

图 12-2 小叶性肺炎
在细支气管及其周围肺组织内出现大量中性粒细胞，
病灶周边部分肺泡代偿性气肿

径多在 0.5~1.0 cm 左右（相当于小叶范围）。病变较重时，病灶常融合成片，甚至累及整个大叶，又称融合性小叶性肺炎。

2. 镜下观察 病变呈多发性，在细支气管及其周围肺组织内出现大量中性粒细胞（图 12-2）；病灶周边的肺组织充血、水肿；部分肺泡代偿性气肿；未累及的肺组织正常。

（三）临床病理联系

小叶性肺炎多并发于其他疾病，临床症状常被原发病掩盖。临床上由于支气管炎症及腔内炎性渗出物刺激管壁，常引起咳嗽、咳痰，痰呈黏液脓性。因病灶较小且散在分布，肺实变体征不明显。由于肺泡内有炎性渗出物，听诊可闻及湿性啰音。X 线可见小片状阴影。

（四）结局和并发症

若治疗及时，多数小叶性肺炎可以痊愈。年老体弱、婴幼儿或作为其他疾病的并发症者，则预后较差，有时成为患者直接的死亡原因，因此又称临终性肺炎。常见的并发症有肺脓肿、脓胸、呼吸衰竭及心力衰竭等。

四、间质性肺炎

间质性肺炎（interstitial pneumonia）指发生于肺间质的炎症，以淋巴细胞、巨噬细胞浸润为特征。肺间质包括肺泡壁、肺小叶间隔及细支气管周围组织。间质性肺炎的病变及临床症状与大叶性肺炎、小叶性肺炎均不相同，故临床上称之为原发性非典型性肺炎（primary atypical pneumonia），主要由肺炎支原体和病毒引起。

（一）支原体肺炎

支原体肺炎是由肺炎支原体引起的一种间质性肺炎。发病率约占各种类型肺炎的 10%，常于秋、冬季发病。多见于儿童和青年人，支原体经口、鼻的分泌物在空气中传播，引起散发或者小范围流行。

1. 病理变化 病变从上呼吸道开始，向支气管和肺蔓延，引起气管炎、支气管炎和肺炎。肉眼观察：病变多累及一个肺叶，偶有累及两肺者，以肺下叶较多见。病灶多呈灶性，暗红色。镜下观察：肺泡壁增厚、充血、水肿，常有多量淋巴细胞、巨噬细胞浸润，肺泡腔内渗出物少。

2. 病理临床联系 本病一般起病较急，典型症状为剧烈的咳嗽，痰少，常为干咳，伴有发热、乏力、咽痛、纳差、肌痛等。X 线显示肺部多种形态的浸润阴影，呈节段性分布，以肺下叶多见。自然病程约2周左右，早期使用抗生素可以减轻症状，缩短病程。儿童并发鼓膜炎、中耳炎、胸膜炎等并发症时，则病程延长。

(二) 病毒性肺炎

病毒性肺炎由上呼吸道病毒感染向下蔓延而致，病毒主要为流感病毒（成人）、呼吸道合胞病毒（儿童）、腺病毒、麻疹病毒、巨细胞病毒等。主要经呼吸道传播，多为散发性，偶可引起流行。

1. 病理变化　肉眼观察：病变不明显，病变肺组织轻度肿大。镜下观察：肺泡间隔增宽，血管扩张、充血、间质水肿及淋巴细胞、单核细胞浸润，肺泡腔内很少有渗液。病变严重时，肺泡腔内有较多的浆液渗出，可引起肺组织坏死。在流感病毒、麻疹病毒及腺病毒引起的肺炎，渗出物浓缩成红染的膜状物附着于肺泡表面，称为透明膜。支气管和肺泡壁上皮细胞增生，并形成多核细胞，在增生的上皮和巨噬细胞内可见红染的、球形的病毒包涵体，有诊断意义。若为混合感染或继发细菌感染，则病变严重而复杂。

2. 临床病理联系　可引起发热和剧烈咳嗽。若肺泡腔内渗出物少，肺部啰音及实变体征不明显。严重病例出现肺实变、全身中毒和缺氧症状，预后较差。

> **链接**　严重急性呼吸综合征（severe acute respiratory syndrome，SARS），也有"非典"之称。
>
> SARS病毒属于冠状病毒科，主要经过紧密接触传播，以飞沫传播为主，也可通过手接触呼吸道分泌物，经口鼻眼传播，另有粪-口传播的可能。主要症状：持续高热（高于38℃），头痛和全身酸痛、乏力、干咳、少痰，部分病人有气促等呼吸困难症状，少数进展为呼吸窘迫综合征，肺部影像学显示肺炎改变。感冒症状可在数日后转好，一般没有肺炎迹象，外周血白细胞计数无明显变化，淋巴细胞计数减少。抗菌药物无效。SARS病毒能侵犯多种脏器，引起免疫系统对脏器的过度攻击，导致严重的脏器损伤，死亡率较高。
>
> 2003年1月，"非典"的传播，引起了国家卫生部和世界卫生组织的关注。3月23日，中国香港地区和美国几乎同时报告，一种冠状病毒有可能是真正的元凶。4月8日，我国政府把"非典"列为法定传染病。

第4节　尘　肺

长期吸入有害粉尘所引起的以粉尘结节和肺广泛纤维化为主要病变的疾病，称为尘肺（pneumoconiosis），是常见的职业性疾病。常见的无机尘肺有矽肺、煤工尘肺、石棉肺；有机尘肺有农民肺、饲禽者肺、蘑菇肺等。

矽肺（silicosis）又称肺硅沉着症（简称硅肺），是长期吸入游离的二氧化硅（SiO_2）粉尘引起的一种职业病。患者在接触矽尘10～15年后发病，进展缓慢，脱离硅尘后病变仍持续发展。

一、病因及发病机制

矽肺的致病因子是游离的二氧化硅。SiO_2在地壳岩石中分布极广,开矿、采石及石英粉厂、玻璃厂的工人,在生产过程中长期吸入SiO_2,可引起矽肺的发生。矽肺的发生、发展主要取决于矽尘微粒的大小、浓度、生产防护和接触时间。其中微粒大小是关键,直径大于5 μm的矽尘微粒可附着于上呼吸道黏膜表面,通过纤毛-黏液排送系统清除;小于5 μm的矽尘,特别是直径1~2 μm的微粒被吸入肺泡,易引起病变。

引起矽肺病变的发病机制至今尚未完全阐明,目前认为矽尘进入肺泡后,可以被肺泡巨噬细胞吞噬,或穿过肺泡上皮进入肺间质,随淋巴液引流到肺门淋巴结。当吸入的矽尘过多,超过肺组织的清除力或肺内淋巴引流障碍时,矽尘可在肺组织中沉积引起病理改变。SiO_2被巨噬细胞吞噬后,与水聚合产生具有强烈细胞毒性作用的硅酸,破坏巨噬细胞溶酶体膜,释放出多种溶酶体酶,导致含矽尘的巨噬细胞死亡,矽尘微粒游离出,再被吞噬。在巨噬细胞损伤和死亡的过程中,释放出多种细胞因子,刺激纤维母细胞的增生,导致肺纤维化。矽尘被吞噬和细胞崩解的过程不断循环,使肺部病变加重。即使患者脱离矽尘环境,其肺内病变仍可继续发展。矽结节内含较多的免疫球蛋白,血中出现IgG、IgM等证据证明免疫因素在矽肺形成过程中有一定作用,但未见特异性抗体。

二、病理变化

矽肺的基本病理变化为矽结节形成及弥漫性肺间质纤维化。

(一) 矽结节形成

单个矽结节的直径约3~5 mm,圆形或椭圆形,灰白色,触之有砂粒感。早期矽结节由吞噬了SiO_2的巨噬细胞组成,称细胞性结节。随病变进展纤维细胞增生,结节发展成纤维性结节(图 12-3)。晚期矽结节可发生玻璃样变性。矽结节中可见到管壁增厚、甚至管腔闭塞的小血管。矽结节可以出现在肺组织中或肺门淋巴结内,多个结节可以融合成团块,团块的中央因坏死而形成空洞,矽结节可发生钙化。

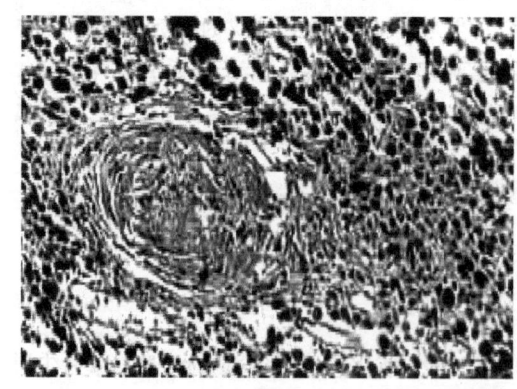

图 12-3　矽结节
纤维性矽结节,主要由同心圆状的胶原纤维构成

(二) 弥漫性肺间质纤维化

在小血管、小支气管周围及胸膜下肺小叶间质发生广泛纤维化。轻者纤维组织呈片状,重者融合为大片,晚期可达全肺的2/3以上。胸膜和肺门淋巴结均可发生不同程度的纤维化、玻璃样变。

三、临床病理分期

根据肺部病变的程度,将矽肺分为3期。

Ⅰ期矽肺:肺门淋巴结肿大,内有矽结节形成,肺内矽结节和纤维化较少。矽结节直径1~3 mm。X线检查肺门阴影增大、增密,两肺可见少数圆形阴影。

Ⅱ期矽肺:矽结节数量增多,直径小于1 cm,呈弥漫分布,伴有弥漫性肺间质纤维化。病变累及范围不超过全肺的1/3。肺的重量和硬度均有增加,胸膜可以增厚。X线检查两肺可见广泛分布的圆形阴影。

Ⅲ期矽肺:肺内出现融合的矽结节团块,伴重度弥漫性肺间质纤维化,团块中央可出现空洞。肺重量及硬度明显增加,新鲜肺标本直立不倒,切开时阻力甚大,有沙粒感,全肺入水下沉。病灶周围肺组织常有肺气肿或肺不张。X线检查可见直径大于2 cm的团块状阴影。

四、并　发　症

(一) 矽肺结核病

矽肺合并肺结核病时称为矽肺结核病。其发生与肺组织防御能力降低,易于发生结核杆菌感染有关。愈是晚期矽肺,合并肺结核的频率愈高,Ⅲ期矽肺并发率达70%。

(二) 慢性肺源性心脏病

60%~70%重症矽肺患者并发慢性肺源性心脏病,由于弥漫性肺间质纤维化使肺内血管床减少,缺氧导致肺小动脉痉挛等均导致肺循环阻力增大,肺动脉高压,最终导致肺源性心脏病。

(三) 肺部感染

由于呼吸道防御功能减弱,抵抗力降低,易并发肺部感染。

第5节　肺　癌

肺癌(carcinoma of the lung)又称支气管肺癌,是最常见的恶性肿瘤之一。肺癌多发生在40岁以上人群,男性是女性的2倍。

一、病因和发病机制

(一) 吸烟

世界公认,吸烟是肺癌发生的最危险因素之一。大量临床及实验资料证实,吸烟者肺癌的发病率比不吸烟者高25倍,与吸烟量及吸烟持续时间成正相关。香烟中含有上千种化学物质,其中3、4苯并蒽、尼古丁、焦油、砷、镍等均有致癌作用。

(二) 空气污染

大城市和工业区肺癌的发病率和死亡率较高,与空气的污染有关。工业废气、汽车尾气、家庭油烟等,均可污染空气。污染空气中含有3、4苯并蒽、煤焦油和砷等,均为较强致癌物质。

(三) 职业因素

在工作中长期接触某些致癌物质,如铀、镍、砷、石棉等,肺癌的发生率明显增高,发病年龄也较年轻。

各种致癌因素主要是使基因发生改变而导致癌变。

二、病 理 变 化

(一) 肉眼分型

根据肺癌的发生部位分为3型:

1. 中央型(肺门型)　肿块位于主支气管或段支气管,在肺门形成不规则的肿块,约占肺癌的60%~70%。早期肿块局限于支气管腔内,向管腔突出,呈息肉状或乳头状,晚期肿瘤破坏管壁向周围浸润,在支气管周围形成巨大肿块。癌细胞经淋巴道转移至支气管肺门淋巴结。

2. 周围型　起源于肺段以下的支气管,在靠近胸膜的部位形成肿块,结节状无包膜,与周围肺组织界限清楚,约占肺癌的30%~40%。淋巴结转移较晚。

3. 弥漫型　起源于末梢肺组织,癌细胞弥漫性生长,呈粟粒大小分布于肺大叶,也可形成大小不等的结节散布于多个肺叶内,约占肺癌的2%~5%。

> **链接**　早期肺癌:临床和X线检查有阳性发现,但无淋巴结和其他脏器的转移。病理上可分为:管内型,管壁浸润型,肿瘤主要在支气管壁内浸润性生长,但未超出支气管壁范围;管壁周围型,癌组织位于支气管周围肺组织,肿块直径不超过2 cm。
>
> 隐性肺癌:临床和X线检查阴性,而痰或支气管分泌物中找到癌细胞,手术切除标本经病理检查证实为原位癌或早期浸润癌,无淋巴结转移。

(二) 镜下分型

1. 鳞状细胞癌　大多数是中央型肺癌。高分化者癌巢中有角化珠,可见到细胞间桥;中分化者无角化珠,但有细胞角化,有细胞间桥;低分化者细胞异型性大,无细胞角化及角化珠。

鳞癌约占肺癌的40%~50%,好发于老年男性,多有吸烟史,生长缓慢,转移晚,手术机会相对多,5年生存率较高,但对放疗、化疗不如小细胞癌敏感。

2. 腺癌　多数为周围型肺癌。典型的腺癌细胞沿肺泡壁生长,呈腺样或乳头状结构,细胞大小一致,圆形或椭圆形,胞浆丰富,常含有黏液。分化中等者有腺管或乳头形成,见黏液分泌。低分化者无腺样结构，呈实心条索，分泌现象少见，细胞异型性大。有时偶见腺癌和鳞癌混合存在称腺鳞癌。

腺癌约占原发性肺癌的25%，好发于女性，与吸烟关系不大。腺癌血管丰富，局部浸润和血行转移较鳞癌早，疗效和预后均不如鳞癌。

3. 小细胞癌　肉眼观察：大多呈中央型。镜下观察：癌细胞小，圆形或椭圆形，似淋巴细胞；或呈梭形，成簇生长，胞浆少，似裸核，形如麦粒，又称燕麦细胞癌。电镜下观察：肿瘤细胞内见神经内分泌颗粒，可以产生多种激素，引起异位激素综合征。本型对放疗和化疗比较敏感。

小细胞癌约占肺癌的10%~20%，与吸烟的关系密切，是恶性程度最高的一型，生长迅速，转移早。

4. 大细胞癌　癌细胞大，胞浆丰富，异型性明显，核分裂相多见。电镜证实其为低分化腺癌或鳞癌。约占肺癌15%~20%，生长迅速，易发生转移。

三、临床病理联系

肺癌的临床症状与肿瘤部位、大小及扩散有关。早期症状不明显，当出现咳嗽、胸痛、咯血等症状时，多已进入中晚期。肿瘤压迫或阻塞支气管时，可引起肺组织局限性肺萎陷或肺气肿；癌组织侵及胸膜，可出现血性胸水；肺尖部肿块压迫颈交感神经丛时，可出现交感神经麻痹症状，又称Horner综合征，如同侧眼睑下垂、瞳孔缩小、眼球凹陷、胸壁皮肤无汗等；少数肺癌患者还会出现异位激素综合征，表现为哮喘样支气管痉挛、心动过速、水样腹泻、皮肤潮红等。

肺癌预后较差，因此早期发现、早期诊断、早期治疗非常重要。临床常采用痰细胞学检查和纤维支气管镜检查的方法，以期尽早确诊。

四、扩散和转移

（一）直接蔓延

中央型肺癌常沿支气管蔓延，或侵犯心包、大血管和纵隔。周围型可侵犯胸膜及胸壁。

（二）转移

肺癌早期即可经淋巴道转移至支气管旁、肺门、纵隔、锁骨上、腋窝及颈部淋巴结。经血道常转移至脑、肾上腺和骨等器官。

第6节　呼吸衰竭

呼吸衰竭(respiratory failure)是指由于外呼吸严重功能障碍，导致在海平面静息状态下,动脉血氧分压(PaO_2)低于 8 kPa(60 mmHg),伴或不伴有动脉血二氧化碳分压($PaCO_2$)高于 6.67 kPa(50 mmHg),并出现一系列临床表现的病理生理过程。

呼吸衰竭有多种分类方法:(1) 根据血气变化特点将呼吸衰竭分为低氧血症型(Ⅰ型)和低氧伴高碳酸血症型(Ⅱ型);(2) 根据病程分为急性呼吸衰竭和慢性呼吸衰竭;(3) 根据原发病不同分为中枢性和周围性呼吸衰竭。

一、病因和发病机制

(一) 通气功能障碍

肺通气是指肺泡气与空气进行交换的过程。生理状态下,肺通气量包括肺泡有效通气量和死腔通气量。

1. 限制性通气障碍　由于肺泡扩张受限而引起的肺泡通气不足称为限制性通气障碍。其原因包括:

(1) 呼吸中枢损伤:中枢神经器质性病变(脑外伤、脑血管意外、脑肿瘤、脑炎等)和呼吸中枢抑制(镇静药、安眠药、麻醉药过量)可导致中枢性呼吸功能障碍,肺泡通气不足。

(2) 呼吸肌活动障碍:重症肌无力、低钾血症、有机磷中毒等引起呼吸肌功能障碍,影响肺通气。

(3) 胸廓顺应性降低:严重的胸廓畸形、胸膜增厚、胸腔积液等可限制胸廓扩张,影响肺通气。

(4) 肺顺应性降低:严重的肺纤维化、肺泡表面活性物质减少或肺不张、肺切除等均可降低肺的顺应性,导致限制性通气不足。

2. 阻塞性通气障碍　因呼吸道狭窄或阻塞,使气道阻力增加,引起的肺通气不足,称阻塞性通气障碍。常见于急性喉水肿、声带麻痹、气管异物、支气管哮喘、慢性支气管炎和肺气肿等。

限制性和阻塞性通气功能障碍均可引起肺泡通气量减少,氧吸入和二氧化碳排出均发生障碍,所以肺泡氧分压(P_AO_2)下降、二氧化碳分压(P_ACO_2)升高,使流经肺泡的血液不能充分地进行气体交换,使 PaO_2 下降、$PaCO_2$ 上升,引起Ⅱ型呼吸衰竭。

(二) 弥散障碍

氧和二氧化碳在肺泡膜进行交换的过程是一个物理弥散的过程。此过程受膜两侧气体分压差、气体弥散能力、肺泡膜面积、肺泡膜厚度以及血液与肺泡膜接触的时间等因素的影响。弥散障碍常见的原因是:

1. 弥散面积减少　正常人肺泡约 3 亿个,总面积约 80 m^2,静息时只需 40 m^2 左右参与气体交换就能满足机体需要。只有当肺泡膜面积减少达 50% 以上,才会引起换气障碍。肺泡膜面积减少见于肺不张、肺水肿、肺实变等。

2. 弥散距离增加　气体弥散通过的肺泡膜由毛细血管内皮细胞、基底膜、间质、肺泡上皮细胞、肺泡表面的液体和表面活性物质等多层结构组成,总厚度不到 1 μm,正常气体交换非常快。当肺水肿、肺纤维化、肺泡表面透明膜形成等原因使肺泡膜厚度增加时,导致弥散距离增加而影响气体交换。

由于 CO_2 的弥散速度是 O_2 的 20 倍,单纯弥散障碍只会引起 PaO_2 降低而没有 $PaCO_2$ 升高,属 I 型呼吸衰竭。

(三) 肺泡通气血流比例失调

有效的气体交换不仅需要肺泡有足够的通气量和血流量,而且需要二者有适当的比例。正常人静息状态下肺泡通气量为 4 L/min,血流量为 5 L/min,通气血流比值为 0.8。当肺泡通气和血流发生改变时,则通气血流比例失调,导致气体交换障碍,引起呼吸衰竭。引起肺泡通气血流比例失调的原因有:

1. 静脉血掺杂增加 部分肺泡通气不足而血流未相应减少时,未经充分氧合的静脉血回流入动脉血,相当于静脉血掺杂,又称功能性分流。正常人由于生理性通气血流不均,约有 3% 功能性分流存在。在严重阻塞性肺疾病时,功能性分流可增加到相当于肺血流量的 30%~50%,严重影响换气功能。

静脉血掺杂的另外一种情况是解剖分流,生理情况下约 2%~3% 的血液经支气管静脉流入肺静脉,其血液完全未经氧合便掺入动脉血,称解剖分流或真性分流。在严重休克、创伤等过程中,肺内动静脉短路大量开放,可使解剖分流增加。

2. 死腔样通气增加 部分肺泡血流不足而肺泡通气仍然正常时,使通气血流比值增加,相当于死腔通气。正常人生理死腔约占潮气量的 30%,当 DIC、肺动脉栓塞、肺血管收缩等情况下,死腔通气增加,影响肺的有效通气量。

二、机体主要的功能代谢变化

呼吸衰竭时机体各系统功能代谢变化都是由低氧血症和高碳酸血症引起。

(一) 酸碱平衡及电解质紊乱

II 型呼吸衰竭患者由于大量 CO_2 潴留,引起呼吸性酸中毒,由于严重缺氧又可引起代谢性酸中毒。急性期主要由细胞内外离子交换来代偿,细胞外 H^+ 内移而细胞内 K^+ 外移;慢性期可通过肾脏代偿,肾小管上皮细胞排 H^+ 增加排 K^+ 减少,两者均可出现高 K^+ 血症。

I 型呼吸衰竭患者单纯缺氧首先引起代谢性酸中毒,若有肺过度通气,可发生呼吸性碱中毒,继发低钾血症。

呼吸衰竭患者若治疗不当可出现代谢性碱中毒。如呼吸机使用不当,过度排出 CO_2,使机体代偿增加的 HCO_3^- 不能迅速排出;纠酸时补碱过多;或排钾利尿剂应用等都可引起代谢性碱中毒,或低钾性碱中毒。

(二) 呼吸系统功能变化

引起呼吸衰竭的原发病可引起呼吸系统的变化。如限制性通气功能不足时呼吸浅而快;阻塞性通气不足时呼吸深而慢,且有吸气性(上呼吸道阻塞)和呼气性呼吸困难(下呼吸道阻塞)之分;呼吸中枢受抑制出现呼吸浅慢且节律不齐,表现为周期性呼吸(如间停性呼吸、潮式呼吸等),严重时呼吸停止。

低氧血症和高碳酸血症可影响呼吸功能,当 PaO_2 低于 8 kPa(60 mmHg)时可兴奋外周化学感受器(颈动脉体和主动脉体)引起呼吸兴奋;CO_2 浓度升高可兴奋中枢化学感受器,使呼吸加深加快。但当 PaO_2 低于 4 kPa(30 mmHg)和 $PaCO_2$ 高于 12 kPa(90 mmHg)时可直接抑制呼吸中枢,导致呼吸暂停。

(三) 循环系统功能变化

轻度缺氧和二氧化碳潴留对心血管中枢有兴奋作用,使心率加快、心肌收缩力增强、心输出量增加、外周血管收缩、血压升高;严重缺氧和二氧化碳潴留可抑制心血管中枢,抑制心脏活动、扩张外周血管,导致心率失常、心肌收缩力减弱、血压下降等。

慢性肺部疾病所致的呼吸衰竭常累及右心,引起右心肥大与衰竭,即肺源性心脏病。

(四) 中枢神经系统功能变化

由于呼吸衰竭而引起的中枢神经系统功能障碍,称肺性脑病。中枢神经系统对缺氧尤其敏感。当 PaO_2 低于 8 kPa(60 mmHg)时,可出现智力和视力减退;低于 5.3~6.7 kPa(40~50 mmHg)时,可出现神经精神症状(头痛、烦躁、精神错乱、嗜睡、昏迷等);低于 2.7 kPa(20 mmHg)时,神经细胞可在几分钟内发生不可逆性变化。

二氧化碳潴留也可引起中枢神经系统功能障碍。当 $PaCO_2$ 高于 10.7 kPa(80 mmHg)时,可出现头痛、烦躁、言语不清、精神错乱、嗜睡、甚至昏迷等症状,称为"二氧化碳麻醉"。

(五) 肾功能变化

呼吸衰竭时肾功能亦可受损,轻者出现蛋白尿、血尿、管型尿,重者出现少尿、氮质血症和代谢性酸中毒。此时肾结构并无明显改变,只要呼吸功能改善,肾功能可很快恢复。

(六) 消化系统功能变化

严重呼吸衰竭时可出现胃肠黏膜糜烂、坏死、出血和溃疡形成等。

第13章

心血管系统疾病

心血管系统疾病是威胁人类健康和生命最大的一组疾病,在我国,高血压、脑卒中和心血管病的死亡率呈逐年上升趋势。据全国卫生事业发展情况2001年统计资料显示,城市心脏病和脑血管病的死亡率分别为95.77/10万和111.01/10万,分别占疾病死亡率的第三位和第二位;农村这两类疾病的死亡率分别为77.72/10万和112.60/10万,分别占疾病死亡率的第四位和第二位,仅次于恶性肿瘤。

第1节 风湿病

风湿病(rheumatism)是一种与A组乙型溶血性链球菌感染有关的变态反应性疾病。病变主要侵犯全身结缔组织,最常侵犯关节、心脏、血管等部位,尤以心脏病变最为严重。急性期常出现发热、关节疼痛、白细胞增多、血沉加快、抗链球菌溶血素抗体O升高等表现,常反复发作,引起病变器官不同程度的器质性损害。

风湿病多见于5~15岁儿童,以6~9岁为发病高峰,无明显性别差异。

一、病因及发病机制

本病的发生与咽喉部A组乙型溶血性链球菌感染有关。其依据是:①多发生于链球菌易感染的冬、春季节和寒冷潮湿地区;②多数风湿病患者在发病前2~3周常有咽峡炎、扁桃体炎等链球菌感染史;③预防和治疗链球菌感染可减少本病的发生。

但本病又不是A组乙型溶血性链球菌直接引起的,其依据是:①多在链球菌感染后2~3周发病;②风湿病局部病变是结缔组织的变态反应性炎症,而不是由链球菌引起的化脓性炎症。

风湿病的发病机制目前仍不十分清楚。多数学者倾向于抗原抗体交叉反应学说,即链球菌细胞壁上的C抗原(糖蛋白)和M抗原(蛋白)可与结缔组织(如心瓣膜、关节等)的糖蛋白发生交叉反应,导致组织损伤。另有学者研究认为,链球菌感染可能激发患者对自身抗原的自身免疫反应,引起病变。

二、基本病理变化

风湿病的病变过程大致可分3期。

(一) 变质渗出期

这是风湿病的早期病变,在心脏、浆膜、关节、皮肤等处的结缔组织基质发生黏液样变性和胶原纤维的纤维素样坏死,并有浆液纤维素渗出及少量淋巴细胞、浆细胞、单核细胞浸润。此期约持续1个月。

(二) 肉芽肿期或增生期

在纤维素样坏死基础上,巨噬细胞增生、聚集,吞噬纤维素样坏死物,形成风湿细胞或阿少夫细胞(Aschoff' cell);风湿细胞体积较大、圆形或多边形、胞浆丰富,核圆形或卵圆形,核膜清晰、染色质集中于中央并丝状向核膜放散,因而核纵切时呈毛虫状,横切时呈鸟眼状;风湿病灶多在心肌间质小血管周围,除纤维素样坏死、风湿细胞外,还可有少量淋巴细胞、浆细胞浸润,共同构成风湿性肉芽肿,又称风湿小体。此期持续2~3个月。

(三) 纤维化期

风湿性肉芽肿中的纤维素样坏死物被溶解吸收,风湿细胞逐渐变为长梭形的成纤维细胞,并产生胶原纤维,风湿小体逐渐纤维化或玻璃样变性,成为梭形小瘢痕。此期约持续2~3个月。

风湿病典型病变病程为4~6个月。因反复发作,故受累器官中常新旧病变并存;若病变持续反复进展,可致较严重的纤维化和瘢痕形成。

三、风湿病的各器官病变

(一) 风湿性心脏病

风湿性心脏病包括急性期的风湿性心脏炎和静止期的慢性风湿性心脏瓣膜病。风湿性心脏炎又根据病变累及部位分风湿性心内膜炎、风湿性心肌炎和风湿性心外膜炎。

1. 风湿性心内膜炎 病变主要侵犯心瓣膜以及瓣膜周围的心内膜和腱索;瓣膜病变以二尖瓣最为多见,其次为二尖瓣和主动脉瓣联合受累,肺动脉瓣则极少累及。病变瓣膜肿胀,间质黏液样变性和纤维素样坏死,瓣膜闭锁缘的内皮细胞变性、坏死脱落,随之血小板在该处沉积、凝集,形成粟粒大小、灰白色、半透明的疣状赘生物;赘生物常呈串珠状,单行排列,与瓣膜粘连紧密,称疣状心内膜炎。病变后期赘生物机化,瓣膜本身发生纤维化及瘢痕形成,如瓣膜病变反复发生,可引起瓣膜增厚、变硬、卷曲、短缩,瓣叶间相互粘连,腱索增粗、短缩,最终导致心瓣膜病。

急性期临床上可因发热、贫血及相对性二尖瓣关闭不全,在心尖区出现轻度收缩期杂音,或因瓣膜肿胀致相对性二尖瓣狭窄,出现心尖区柔和的舒张期杂音。

2. **风湿性心肌炎** 成人病变常以心肌间质内小血管附近出现风湿小体为特征(图13-1),并见间质水肿和淋巴细胞浸润。儿童病变则多表现为弥漫性间质性心肌炎,心肌间质明显水肿,较多淋巴细胞、嗜酸粒细胞甚至中性粒细胞浸润,心肌细胞水肿及脂肪变性,并有心肌条束状纤维素样坏死。

风湿性心肌炎影响心肌收缩力,可发生急性充血性心力衰竭;累及传导系统时可出现传导阻滞。

3. **风湿性心外膜炎** 多为风湿性全心炎的一部分,病变心包脏层浆液及纤维素渗出。以浆液渗出为主时,形成心包腔炎性积液,导致心界扩大;以纤维素渗出为主时,渗

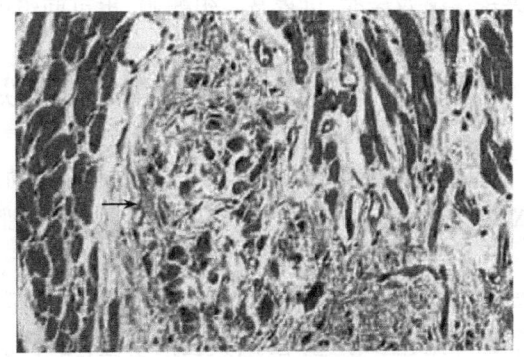

图13-1 风湿小体

出的纤维素形成绒毛状,称为绒毛心,听诊可闻及心包摩擦音。活动期后,渗出的纤维素如未被完全溶解则发生机化粘连,严重者可致缩窄性心包炎。

(二) 其他器官病变

除心脏外,风湿病变还可累及关节、皮肤、动脉血管及神经系统。

1. **风湿性关节炎** 约75%的风湿热患者在初次发作时出现风湿性关节炎。常侵犯膝、踝、肩、腕、肘等大关节,反复发作,呈游走性,一般不留后遗症。

2. **皮肤病变** 急性风湿病时,皮肤出现环形红斑(渗出)和皮下小结(增生),具有诊断意义。

3. **风湿性动脉炎** 大小动脉均可受累,以小动脉受累较为常见。急性期血管壁发生黏液样变性、纤维素样坏死和淋巴细胞浸润,伴有Aschoff小体形成。病变后期血管壁因纤维化而增厚,管腔狭窄,易并发血栓形成。

4. **风湿性脑病** 多见于5~12岁儿童,女孩多见。主要病变为脑的风湿性动脉炎和皮质下脑炎。当锥体外系受累时,患儿出现肢体的不自主运动,称为小舞蹈症。

第2节 心瓣膜病

心瓣膜病(valaular vitium of the heart)是指心瓣膜因先天发育异常或后天性疾病造成的器质性病变,表现为瓣膜口狭窄和(或)关闭不全。瓣膜口狭窄是指瓣膜开放时不能充分张开,瓣膜口缩小,血流通过障碍;瓣膜关闭不全是指心瓣膜关闭时瓣膜不能完全闭合,使一部分血液反流。

引起心瓣膜病的原因,绝大多数为风湿性心内膜炎和感染性心内膜炎。病变主要表现为瓣膜机化、纤维化、玻璃样变性及钙化,使瓣膜增厚、变硬、卷曲、短缩,相邻的瓣膜粘连;可出现瓣膜破损、穿孔、腱索融合缩短等。瓣膜狭窄和关闭不全可单独存在,也可并存,后者称瓣膜双病变;可累及一组瓣膜,也可两组以上瓣膜同时或先后受累,后者称联合瓣膜病。

一、二尖瓣狭窄

二尖瓣狭窄(mitral stenosis)可引起血流动力学和心脏形态变化,并出现相应的临床表现。X线检查显示左心房扩大,晚期则出现右心室肥大、左心室略缩小,因而呈倒置的"梨形心"。

正常成人二尖瓣开放时面积为 $4\sim6$ cm^2,狭窄时可缩小至 $1\sim2$ cm^2,甚至只能通过探针。依瓣膜病变可分为:①隔膜型,瓣膜轻至中度增厚,瓣叶间粘连,主瓣仍可轻度活动;②漏斗型,主瓣严重增厚,失去活动性,瓣叶间严重粘连,瓣膜口缩小呈鱼口状。

二、二尖瓣关闭不全

二尖瓣关闭不全(mitral insufficiency)常与二尖瓣狭窄合并存在;二尖瓣关闭不全,可引起血流动力学和以及形态变化,并出现相应的临床表现。X线检查,早期左房、左室大,晚期心脏四腔均肥大扩张,称为"球形心"。

三、主动脉瓣狭窄

主动脉瓣狭窄(aortic valve stenosis)时,左心室排血受阻,左心室因压力负荷升高而发生代偿性肥大,这种肥大不伴有心腔的扩张,呈向心性肥大。血液在加压情况下快速通过狭窄的主动脉瓣口,引起主动脉瓣区喷射杂音;久之左心室失代偿,可相继涉及左心房、右心室,依次出现左心衰竭、肺淤血、肺动脉高压及右心衰竭的临床表现。X线检查,左室影突出呈靴形。

四、主动脉瓣关闭不全

主动脉瓣关闭不全(aortic valve insufficiency)时,在心室舒张期,主动脉部分血液经未完全闭合的主动脉瓣口反流入左心室,并引起主动脉瓣区舒张期杂音;左心室容量负荷增加而发生代偿性肥大;久之出现左心衰竭、肺淤血、肺动脉高压、右心衰竭,可出现脉压增大及周围血管体征等临床表现。

第3节 高血压

高血压(hypertension)是以体循环动脉血压持续高于正常水平为主要表现的疾病。

我国高血压的诊断标准为:收缩压≥140 mmHg(18.4 kPa)和(或)舒张压≥90 mmHg(12.0 kPa)。

高血压分原发性和继发性两大类。继发性高血压是继发于其他疾病的一种症状,故又称症状性高血压,约占高血压病例的5%~10%。

原发性高血压又称高血压病,是最常见的心血管疾病,约占全部高血压病例的90%~95%;多见于30~40岁以后的中老年人,晚期常引起心、脑、肾病变而致死。本节仅叙述原发性高血压。

一、病因及发病机制

高血压病的病因和发病机制复杂,目前尚未完全阐明。

(一) 发病因素

1. 遗传因素　高血压病常有明显的家庭聚集倾向。近年发现高血压患者、有高血压家族史而血压正常和高血压倾向者,常有一种以上的与血压调节相关的基因或相关遗传标记物异常(如肾素-血管紧张素系统编码基因的变化)。表明遗传因素在高血压发病中起重要作用。

2. 环境因素　与高血压发生密切相关的有:①高钠摄入:流行病学调查显示,日均摄盐量高的人群比日均摄盐量低的人群高血压患病率明显升高;减少每日盐摄入量或使用利尿药物可降低高血压的患病率,增加钾、钙离子的摄入可使有些患者血压降低;②社会心理应激因素:精神长期或反复处于紧张状态的职业比其他职业的高血压患病率高。过度惊恐、忧伤等应激性生活事件,可使神经精神受到刺激,导致高血压的发生和发展;③肥胖、吸烟、年龄增长、缺乏活动等可促使血压升高。

(二) 发病机制

动脉血压取决于血容量、心排血量和外周阻力。心排出量受心率、心肌收缩力、血容量的影响;外周阻力则受神经体液及局部自动调节因素的调节。目前认为,原发性高血压的发病与摄盐量过多或醛固酮分泌增多导致钠水潴留,精神过度紧张引起功能性血管收缩,细小动脉结构性血管肥厚等因素有关。

二、类型与病理变化

原发性高血压分缓进型高血压和急进性高血压2类。

(一) 缓进型高血压

缓进型高血压又称良性高血压,占原发性高血压病的95%,多见于中老年人,病程长,进展慢。按病变发展过程可分为3期。

1. 功能紊乱期　此期为高血压病的早期阶段,主要表现为全身细小动脉间歇性痉挛,但血管无器质性病变。此期临床上可仅表现为血压升高,且常有波动,可伴有头晕、头痛,经适当休息和治疗血压可恢复正常。

2. **动脉病变期** 此期主要影响细动脉和小动脉,主要表现为:①细动脉壁玻璃样变;②小动脉内膜纤维增生及中膜平滑肌增生。此期血压进一步升高,并持续在较高水平,失去波动性,常需降压药才能降低血压。

3. **内脏病变期** 此期主要表现为多数内脏器官受累,以心、肾、脑、视网膜为最重要。

(1) 心脏的病变:左心室因血压升高,压力负荷增加而发生代偿性肥大;心脏重量可增加达400 g以上,有的可达800 g以上,左心室壁增厚可达1.5 cm~2.0 cm,乳头肌和肉柱增粗变圆,但心腔不扩张,称向心性肥大。病变继续发展,肥大的心肌可因供血不足导致收缩力降低,发生失代偿而逐渐出现心腔扩张,称离心性肥大,严重时发生心力衰竭。

(2) 肾脏的病变:高血压时因入球小动脉玻璃样变性和肌型小动脉硬化,管壁增厚,管腔狭窄,受累的肾单位因缺血发生萎缩、纤维化和玻璃样变,肾小球体积缩小,所属肾小管因缺血而萎缩、消失,局部间质纤维化及少量淋巴细胞浸润。病变轻微区的肾小球因功能代偿而肥大,所属肾小管也相应地代偿扩张,管腔内可见蛋白管型。因此,双侧肾脏体积缩小,重量减轻,质地变硬,表面呈均匀的弥漫的细颗粒状,切面肾皮质变薄,称原发性颗粒性固缩肾。严重时可发生肾功能衰竭。

(3) 脑的病变:脑动脉硬化患者可出现一系列病变;①脑水肿:因脑内细小动脉硬化和痉挛,导致脑缺血,毛细血管通透性增加所致。临床上出现头痛、头晕、眼花、呕吐等颅内压增高的症状。当脑水肿加重时,可出现血压急剧升高引起颅内压升高、头痛、呕吐、视物障碍等中枢神经功能障碍症候群,称高血压脑病。如不及时救治,易引起死亡;②脑软化:因脑内细小动脉硬化和痉挛,使供养区脑组织因缺血而发生坏死,形成质地疏松的筛网状病灶,多发而微小,最终由胶质瘢痕修复;③脑出血:是高血压病最严重的并发症,一般认为脑动脉痉挛或硬化,使组织缺血缺氧,血管壁通透性增加,血管内压力增高,引起漏出性出血;或因细小动脉硬化使血管壁变脆,弹性降低,或推动壁外组织支撑或发生微小动脉瘤,当血压突然升高时动脉破裂,引起破裂性出血。破裂性出血多发生在基底核区域的豆纹动脉,其次为大脑白质和脑干。出血区脑组织被破坏形成囊状,其中充满坏死脑组织和凝血块,出血范围大时,可破裂入侧脑室。

脑出血的临床表现因出血部位和出血量大小而不同,表现为突然出现昏迷、呼吸加深、脉博加速、肌腱反射消失、肢体弛缓性麻痹及大小便失禁等;严重者出现陈施氏呼吸,瞳孔、角膜反射消失;内囊出血可引起对侧肢体偏瘫及感觉消失。出血后期,小血肿可被吸收;中等大出血灶可被胶质瘢痕包裹,形成血肿或液化成囊腔;出血量较多者,可因血肿占位及脑水肿引起颅内高压,导致脑疝形成。

(4) 视网膜病变:视网膜中央动脉发生细小动脉硬化,眼底镜检查见血管迂曲,反光增强,动静脉交叉处静脉受压;严重时可出现视乳头消肿,视网膜渗出和出血,视力减退等。

(二) 急进型高血压

急进型高血压又称恶性高血压,多见于青壮年,占原发性高血压的1%~5%,多数患者发病即为急进型,少数病例可由缓进型转变而来。

受累器官细小动脉发生坏死性细动脉炎和增生性小动脉硬化,前者常累及内膜和中膜,管壁发生纤维素样坏死并发微血栓形成,引起出血和微梗塞;后者内膜显著增厚,中膜平滑肌细胞增生,使血管壁呈同心圆状增厚,管腔狭窄。病变主要累及肾、脑和视网膜。

临床上血压显著升高,舒张压常超过130 mmHg,病变进展迅速,较早出现肾功能衰竭,可发生高血压脑病,常出现视网膜出血及视神经乳头水肿,患者多在1年内死亡。

第4节 动脉粥样硬化

动脉粥样硬化(atherosclerosis,AS)是严重危害人类健康的常见病,病变主要累及大中动脉。本病多见于老年人,以40~49岁年龄段发展最快,近年在我国发病率呈明显上升趋势,北方多于南方,男性多于女性。

一、病因和发病机制

动脉粥样硬化系多种因素作用于不同环节所致,这些因素称危险因素。

(一) 危险因素

1. **高脂血症** 动脉粥样硬化的严重程度随血浆总胆固醇和(或)三酰甘油水平的升高而加重。流行病学调查证明,AS的严重程度随血浆胆固醇水平的升高而加重,特别是血浆中低密度脂蛋白(LDL)和极低密度脂蛋白(VLDL)持续升高,而高密度脂蛋白(HDL)水平的降低与AS的发病率呈正相关。新近的研究发现,动脉粥样硬化发生还与载脂蛋白的类型有关。

2. **高血压** 高血压患者的动脉粥样硬化患病率比正常血压者高4倍,且发病较早,病变较重。高血压时,直接作用于血管壁的压力的增高,既可使内皮细胞损伤,内皮细胞通透性增高,脂蛋白的渗漏增加,使之易进入内膜,又可导致血管中膜致密化,使脂蛋白运出受阻,从而滞留于内膜中。

3. **吸烟** 吸烟使血液中的LDL易于氧化,并导致血中一氧化碳浓度升高,一方面直接引起内皮细胞的损伤,另一方面又刺激内皮细胞释放出生长因子,诱导中膜平滑肌细胞向内膜移行并增生。

4. **糖尿病和高胰岛素血症** 糖尿病患者血中甘油三酯、VLDL水平明显升高,而HDL水平较低;高血糖可致LDL氧化,促进血液中的单核细胞迁入内膜转变为泡沫细胞;血液中高胰岛素水平可促使动脉壁平滑肌细胞增生,并且与血中HDL的含量呈负相关。

5. **其他因素** AS有明显的家族集聚倾向,提示遗传因素是动脉粥样硬化的危险因素之一。动脉粥样硬化的检出率和病变程度还随年龄增加而增加,女性在绝经期前其HDL水平较男性高,LDL水平较男性低,动脉粥样硬化的发病率低于同龄组男性;绝经期后,两性间的这种差异消失,这可能与雌激素的影响有关。

(二)发病机制

动脉粥样硬化的发生机制比较复杂,目前较公认的损伤应答学说、脂质渗入学说和炎症学说认为:血脂升高及其他危险因素导致内皮细胞损伤和功能障碍,使血液中的脂质渗入到血管内皮下的血管壁,引起单核细胞的进入及管壁平滑肌细胞增生,从而使病变内膜显著增厚,变硬,导致粥样斑块的形成。

二、基本病理变化

动脉粥样硬化根据其发展过程,分为以下几个阶段。

(一)脂纹与脂斑

为动脉粥样硬化的早期病变。随着脂质沉积,病变处动脉内膜表面出现黄色帽针头大小的斑点或宽约 1 mm 长短不一的条纹,不隆起或略隆起于内膜;镜下观察:病灶处内皮细胞下有大量泡沫细胞聚集,此种细胞体积较大呈圆形或梭形,胞浆内含有多量大小不一的脂质空泡,还可见较多的细胞外基质,数量不等的平滑肌细胞及少量淋巴细胞、中性粒细胞、嗜碱粒细胞及嗜酸粒细胞等。

(二)纤维斑块

由脂纹与脂斑演变而来。病变处血管内膜面散在不规则、表面隆起的斑块,初为淡黄色或灰黄色,随斑块表层纤维增生及玻璃样变性,脂质被深埋而呈瓷白色;镜下观察:病灶表层为少量胶原纤维、平滑肌细胞、少数弹性纤维及蛋白聚糖形成的纤维帽,纤维下可见不等量的泡沫细胞、平滑肌细胞、细胞外脂质及炎细胞。

(三)粥样斑块

纤维斑块深层组织因营养不良而发生坏死、崩解。病变处动脉内膜表面见灰黄色斑块,切面斑块表面见玻璃样变性的纤维帽,其深层为黄色粥糜样物。镜下观察:见大量粉染的不定形物质,其中可见胆固醇结晶及钙化(图13-2 粥样斑块);斑块底部及边缘见肉芽组织及少量泡沫细胞和淋巴细胞浸润,外膜见毛细血管新生,结缔组织增生及淋巴细胞、浆细胞浸润;病变严重时,斑块处中膜平滑肌细胞因受压萎缩。弹性纤维破坏,使该处中膜变薄。

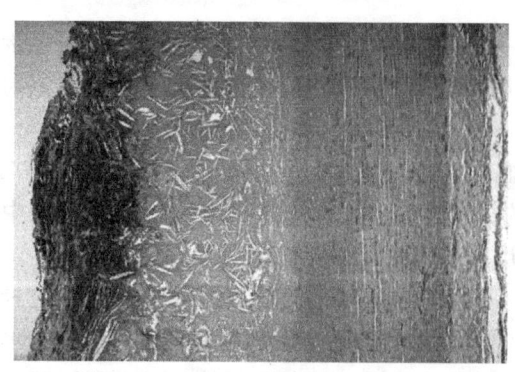

图 13-2 粥样斑块

(四)继发病变

常见的继发病变有:①斑块内出血:斑块边缘或底部新生的毛细血管破裂出血,使斑块扩大隆起,使动脉管腔变小或完全闭塞;②斑块破裂:斑块表面纤维帽破裂,深层的粥糜样物自裂口逸入血流,留下缺损,形成粥糜样溃疡;③血栓形成:病灶处粥糜性溃疡形成,血小板在局部粘集形成血栓;血栓形成加重血管腔阻塞,如脱落可引起栓塞;④钙化:钙盐沉积于纤维帽及粥样斑块内,使动脉管壁变硬、变脆;⑤动脉瘤形成:粥样斑块处的局部中膜萎缩和弹性下降,在血管内压力作用下,动脉管壁局限性扩张,形成动脉瘤,动脉瘤破裂可致大出血。

三、冠状动脉粥样硬化

冠状动脉粥样硬化是冠状动脉最常见的疾病,占冠状动脉病变的 95%~99%,是动脉粥样硬化对人体构成威胁最大的疾病;冠状动脉粥样硬化一般较主动脉粥样硬化晚发 10 年,男性多于女性,北方多于南方。

冠状动脉粥样硬化病变有一定分布规律。通常左侧冠状动脉多于右侧,大分支多于小分支,同一支的近端多于远端,即多累及心肌表面走行的一段。按病变检出率的统计,病变以冠状动脉左前降支最多,其余依次为右主干、左主干或左旋支、后降支。冠状动脉粥样硬化的基本病变与动脉粥样硬化相同,因血流冲击等原因,斑块多发生在血管的心肌侧,呈新月形,使管腔呈偏心性狭窄;依管腔狭窄程度分为 4 级:Ⅰ级≤25%、Ⅱ级 26%~50%、Ⅲ级 51%~75%、Ⅳ级>75%。

冠状动脉粥样硬化常伴发冠状动脉痉挛,后者可使原有的管腔狭窄程度加剧,甚至导致供血中断,引起心肌缺血。

四、冠状动脉粥样硬化性心脏病

冠状动脉性心脏病(coronary heart disease,CHD),简称冠心病,是由于冠状动脉狭窄所致心肌供血不足或中断引起,又称缺血性心脏病。冠心病绝大多数由冠状动脉粥样硬化引起,习惯上把冠心病视为冠状动脉粥样硬化性心脏病的同义词,但冠状动脉粥样硬化症只有在已引起心肌缺血、缺氧的功能性和器质性病变时,才称冠心病。冠心病可分为以下类型。

(一) 心绞痛

心绞痛是冠状动脉供血不足和心肌耗氧量骤增,致使心肌急剧的暂时性缺血缺氧所引起的临床综合征;表现为阵发性胸骨后的压榨性或紧缩性疼痛感,可放射至心前区或左上肢,持续数分钟。

心绞痛可分为 3 型:①稳定型劳累性心绞痛:一般不发作,仅在体力活动过度、心肌耗氧量增多时发作;②恶性劳累性心绞痛:为一种体力活动或休息时发作,发作频率和持续时间不断增加为特征的心绞痛;③自发型变异型心绞痛:常于休息或梦醒时发作,多为冠状动脉明显狭窄或动脉痉挛所致。

(二) 心肌梗死

心肌梗死(myocardial infarction, MI)指冠状动脉供血区的持续性缺血而导致的较大范围的心肌坏死,多为冠状动脉急性阻塞所致。发生于中老年人,40岁以上者占87%~96%,男略多于女,冬春季发病较多。

1. 类型 根据梗死的范围和深度主要分为2型:①心内膜下心肌梗死:指梗死仅累及心室壁心内膜侧1/3的心肌,并波及肉柱及乳头肌,表现为多发性、小灶性坏死,不规则地分布于左心室周围。患者通常有冠状动脉三大支严重动脉粥样硬化狭窄,但绝大多数无血栓形成及粥瘤性阻塞;②透壁性心肌梗死:为典型心肌梗死类型。心肌梗死部位与闭塞的冠状动脉支供血区一致,病灶较大,并累及心室壁全层,多为相应的冠状动脉支病变,并附加血栓形成或动脉痉挛所致。其中左心室前壁、心尖部及室间隔前2/3约占全部MI的50%,相当于左冠状动脉前降支的供血区;其次是左心室后壁、室间隔后1/3占25%,相当于右冠状动脉的供血区;再其次为左心室侧壁,相当于左冠状动脉旋支的供血区。

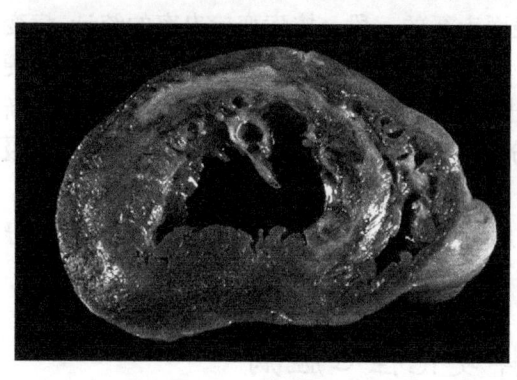

图13-3 心肌梗死

2. 病理变化 MI属贫血性梗死,梗死边缘不规则,梗死灶先呈苍白色后转为黄色,干燥较硬,四周有充血、出血带。镜下观察:心肌细胞呈凝固性坏死改变,间质出现水肿、漏出性出血及少量中性粒细胞浸润,炎性充血带区域可见血管充血、出血,有较多中性粒细胞浸润。7天后,边缘区出现肉芽组织;3周后肉芽组织开始机化,逐渐形成瘢痕组织(图13-3)。

心肌坏死后,可引起血液中某些生化改变,有助于心肌梗死的诊断。如心肌缺血30 min内,心肌细胞内糖原减少或消失,随之肌红蛋白逸出,在MI后6~12小时内出现峰值。细胞坏死后,心肌细胞内的谷氨酸-草酰已酰转氨酶、肌酸磷酸激酶及乳酸脱氧酶释放入血,引起血液中相应酶的含量升高,一般在MI后24小时达最高值。

3. 后果与合并症 心肌梗死,尤其是透壁性梗死,可出现下列后果与合并症:①心力衰竭、心源性休克:为MI导致心肌收缩力减弱、心排出量减少所致;②心律失常:为心脏传导系统受累所致,是心肌梗死最常见的并发症和死因;③心脏破裂:为透壁性梗死的严重并发症,约占MI致死病例的3%~13%,可发生在室壁或室间隔,导致心脏压塞或左右室沟通而猝死;④急性心包炎:约占MI的15%~30%,由透壁性心肌梗死诱发,表现为急性浆液性纤维素性心包炎;⑤室壁瘤:常发生在梗死灶已纤维化的愈合期,约为MI的10%~30%,多见于左心室前壁近心尖部,梗死心肌瘢痕组织在心室内压作用下形成局限性向外膨隆,可继发附壁血栓、心力衰竭、心律失常;⑥附壁血栓形成:因心内膜受损使内膜表面粗糙,室壁瘤形成,心室纤颤出现涡流等诱发,附壁血栓脱落可引起栓塞。

(三) 心肌纤维化

心肌纤维化是由于中、重度的冠状动脉粥样硬化性狭窄引起心肌纤维持续性和反复加重的缺血缺氧所产生的结果,又称心肌硬化。病变心脏增大,所有心腔扩张,心壁多灶性白色纤维斑块形成甚至出现透壁瘢痕。镜下观察:见广泛性、多灶性心肌纤维化,伴心肌纤维萎缩,心内膜下部分心肌纤维肌浆空泡化。

五、脑动脉粥样硬化

脑动脉粥样硬化一般在40岁以后出现,较冠状动脉粥样硬化发生晚。病变以大脑中动脉和基底动脉环为重,病变动脉内膜不规则增厚,血管弯曲,管壁变硬,管腔狭窄甚至闭塞,导致脑供血不足,脑组织出现萎缩,大脑皮质变薄,脑回变窄,脑沟加宽,严重者可出现智力减退。由于斑块处常继发血栓形成而致管腔阻塞,引起脑梗死出现相应的临床表现,脑动脉粥样硬化病变常可形成小动脉瘤,可因血压波动而破裂出血。

第5节 心力衰竭

心力衰竭(Heart Failure)是指在各种致病因素的作用下,心脏的收缩和舒张功能发生障碍,使心排出量绝对或相对下降,以至不能满足机体代谢需要的病理过程或综合征,又称泵衰竭。

心功能不全和心力衰竭在本质上是相同的。心功能不全是指心泵功能下降从轻到重的过程,包括完全代偿和失代偿两个阶段;心力衰竭是心功能不全的失代偿阶段,因而患者表现出明显的临床症状与体征。

一、原因及分类

(一) 原因

1. 心肌舒缩功能障碍

(1) 心肌损伤:如心肌炎、心肌梗死、心肌纤维化等,由于原发性心肌受损,使心肌舒缩功能减弱。

(2) 心肌代谢障碍:严重缺血、缺氧、维生素 B_1 缺乏等,可因心肌代谢障碍而发生心力衰竭。

2. 心脏负荷过重

(1) 容量负荷过重:指心肌舒张期末心室内血容量过多。见于心瓣膜关闭不全、甲状腺功能亢进、严重贫血、室间隔缺损等,引起心室容量负荷过重。

(2) 压力负荷过重:指心脏收缩时所承受的阻力增大。见于高血压、心瓣膜狭窄、肺动脉高压、肺栓塞等。

(二) 诱因

据统计约90%心力衰竭的发生,都是在基本病因的基础上通过某些因素的作用诱发的。这些因素称诱因,常见的诱因有:

1. **感染** 感染可加重心脏负荷,削弱心肌的舒缩能力。①发热时代谢率增高,心脏负荷加重;②内毒素直接抑制心肌收缩;③心率加快,心肌耗氧量增加,心脏舒张期缩短,心肌供血量不足。

2. **酸碱平衡及电解质紊乱** 酸中毒可使心肌收缩力减弱;低钾血症可使心肌自律性增高、传导性降低,容易形成兴奋折返,造成心律失常;高钾血症还可抵制钙离子内流,使心肌收缩性降低。

3. **心律失常** 心律失常尤其是快速型心率失常可使心脏舒张期缩短,心室充盈不足,冠脉血流量下降,心率加快,心肌耗氧增加,两者综合作用使心泵功能下降。

4. **妊娠与分娩** 妊娠期血容量增加,心率增加,心搏出量增大,机体处于高动力循环状态,心脏负荷加重。分娩期交感-肾上腺髓质系统兴奋,使静脉回流量增加,心脏容量负荷加大;外周小血管收缩,阻力增加,使心脏压力负荷加重。

5. **其他** 劳累、紧张、激动、贫血、过多过快输血、洋地黄中毒、甲状腺功能亢进等都可成为心力衰竭的诱因。

(三) 分类

心力衰竭分类方法有多种,常用的是:

1. **按心力衰竭发生的速度分**

(1) 急性心力衰竭:见于急性心肌梗死、严重心肌炎等,起病急进展快,心排血量急剧减少,机体未能发挥代偿作用。

(2) 慢性心力衰竭:见于高血压、心瓣膜病、肺动脉高压等,起病慢病程长,机体可发挥代偿功能。代偿期可无明显症状,失代偿期心输出量不能满足机体代谢需要,故出现静脉淤血、水肿等症状,又称为慢性充血性心力衰竭。

2. **按心力衰竭的发病部位分**

(1) 左心衰竭:见于高血压、冠心病、二尖瓣关闭不全等,使左室受损或负荷过重,左室输出量下降,同时伴有肺循环淤血、肺水肿。

(2) 右心衰竭:见于肺心病、肺栓塞、肺动脉狭窄等,使右室后负荷加重,或继发于左心衰,导致体循环淤血、颈静脉怒张及全身水肿等。

(3) 全心衰竭:见于严重贫血、风湿性心肌炎等,左、右心衰同时存在。

3. **按心输出量的高低分**

(1) 高输出量性心力衰竭:见于甲状腺功能亢进、维生素B_1缺乏、严重贫血等原来处于高循环动力状态的疾病,发生心衰时其心输出量虽较前有所降低,但仍高于或等于正常水平。

(2) 低输出量性心力衰竭:见于心瓣膜病、心肌病、冠心病、高血压等引起的心力衰竭,心输出量明显低于正常。

二、发病机制

心力衰竭的发病机制较复杂,不同原因所致的心力衰竭,以及心力衰竭的不同阶段,其机制各不相同,但都是通过削弱心肌的舒缩功能引发心力衰竭的,这是最基本的。

(一) 心肌收缩性减弱

心肌在肌膜动作电位的触发下,产生张力和缩短的能力,称收缩力,引起心肌收缩性减弱的基本机制是:

1. 心肌收缩蛋白质的破坏　严重心肌缺血、缺氧、炎症、中毒等造成大量心肌纤维变性坏死,使心肌收缩蛋白大量分解破坏,心肌的收缩性随之下降。

2. 心肌能量代谢障碍　心肌收缩是一个主动耗能的过程。心肌缺血、缺氧或维生素 B_1 缺乏,可使心肌细胞的能量生成障碍,ATP 的产生迅速减少。心肌过度肥大,其肌球蛋白的头部 ATP 酶活性下降,ATP 水解供能过程障碍,化学能不能有效地转化为机械能,供肌丝滑动。

3. 心肌兴奋-收缩耦联障碍　心肌的兴奋-收缩耦联是心肌收缩的控制机制,其中 Ca 是重要的中介物质,当肌质网 Ca^{2+} 的摄取、释放障碍,或 Ca^{2+} 内流减少,或肌钙蛋白与 Ca^{2+} 结合发生障碍时,心肌的兴奋-收缩耦联受阻,心肌兴奋的电活动,导致心肌的收缩性减弱。

4. 肥大心肌的收缩能力下降　心肌肥大是心脏维持心功能的重要代偿方式,但心肌过度肥大,可使单位重量心肌的交感神经分布密度下降,心肌线粒体数量减少,毛细血管密度不足,心肌微循环灌流不足,肌球蛋白的 ATP 酶活性下降,肌质网钙离子处理能力降低,导致心肌的收缩性减弱。

(二) 心室舒张功能障碍和顺应性降低

心脏舒张是维持正常心排血量的另一个重要原因;心室舒张与心肌的舒张能力和心室的顺应性有关,心室舒张障碍常见的原因有:

1. 心室舒张能力降低　心室舒张能力是指心肌收缩后心肌张力下降和伸长的能力。心室舒张能力降低主要由于:①心肌缺血缺氧,导致 ATP 供给不足,肌质网对 Ca^{2+} 的摄取能力下降,使 Ca^{2+} 在胞浆中的浓度不能迅速降到使 Ca^{2+} 脱离肌钙蛋白的水平;②ATP 生成不足,Ca^{2+} 与肌钙蛋白亲和力增加,使肌球-肌动蛋白复合体难以脱离,使心肌处于不同程度的收缩状态。

2. 心室顺应性降低　心室顺应性是指心室在单位压力变化下所引起的容积改变。心肌肥大或心肌炎性病变时,室壁增厚,心肌间质水肿,炎细胞浸润,间质纤维组织增生等使心室的僵硬度增加,顺应性降低,使心室的扩张充盈受限,导致心室充盈减少,心排血量下降。

(三) 心脏各部的舒缩活动不协调

心脏泵功能的维持有赖于心脏各部、左-右心室之间、房室之间以及心室各区域的舒缩活动处在高度协调的工作状态;各种类型的心律失常、心肌炎、严重贫血、冠心病、心肌梗死等可使心脏不同区域的心肌兴奋性、自律性、传导性、收缩性发生巨大差异;心室收缩不协调可减少心室射血量,舒张不协调可影响心室充盈量,两者均可使心排血量减少。

三、机体的代偿反应

心力衰竭发病的关键环节是心肌的收缩功能减弱,心排血量下降。心脏具有强大的代偿能力,当心排血量下降时,机体动员各种代偿机制,以提高心排血量,满足机体正常活动需要,称完全代偿;如心排血量仅能满足机体在安静状态下的需要,在活动增加时出现心力衰竭的临床表现者,称不完全代偿;如心排血量不能满足机体安静状态下的需要时,称失代偿。

(一) 心脏的代偿

1. 心率加快　心率加快是一种快捷而有效的代偿方式,启动这种代偿机制的途径是:①心排血量减少,动脉血压下降,通过颈动脉窦与主动脉弓压力感受器反射性地引起心脏迷走神经紧张性减弱,心脏交感神经紧张性增强,使心率增快。②心室舒张期末容积增大,心房淤血,心房内压增大,通过容量感受器反射性引起交感神经兴奋,使心率加快。在一定限度内,心率加快可以提高心排血量,但当心率过快时则无代偿意义,反而会使心排血量下降。

2. 心脏扩张　在一定范围内,心肌的收缩力与心肌纤维的初长度成正比,当肌节初长度增加到 2.2 μm 时,产生的收缩力最大。这种心腔在一定限度内的扩张同时伴有心肌收缩力增强,称心脏紧张源性扩张,这是心脏对容量负荷增加的一种代偿方式。但当心肌纤维过度扩张后,心肌收缩力反而下降,这种伴有心肌收缩力下降的心脏扩张称肌源性扩张,是失代偿的表现。

3. 心肌肥大　心肌肥大是指心肌细胞体积增大,心脏重量增加,这是心脏压力负荷或容量负荷长期过重情况下的一种慢性代偿机制。心肌肥大时,肌原纤维及线粒体数量增多,RNA 的蛋白质合成增多,使心肌的总收缩力增加,心排血量增多;但心肌肥大的代偿功能有一个限度,如果过度肥大,心肌的收缩性下降而致失代偿。

(二) 心脏外的代偿

1. 血容量增加　心排出量减少时,机体可通过降低肾小球滤过,增加肾小管对钠水的重吸收来增加血容量,使回心血量增加,心室充盈增多,心排血量增加。

2. 血流重新分布　心力衰竭时,交感-肾上腺髓质系统兴奋,使皮肤、内脏等外周血管收缩,血流减少,而心脑血管扩张,血流增加,以保证重要器官的血流。

3. 红细胞增多　心衰时,循环血量不足,肾缺血缺氧,刺激肾脏合成促红细胞生成素,从而促进骨髓造血,使末梢血中红细胞数目增多,血液携带氧的能力增强,但红细胞过多可使血液黏稠度增大,增加心脏负荷。

4. 组织细胞利用氧的能力增强　心衰致组织细胞缺氧,细胞线粒体数量增多,细胞色素氧化酶活性增强,有助于细胞呼吸功能的改善,提高组织细胞利用氧的能力。

四、机体的功能与代谢变化

心力衰竭时由于心泵功能下降,导致心排血量减少,肺循环及体循环淤血,从而引起器官功能障碍和代谢变化。

(一) 心泵功能及心排血量降低引起的变化

心力衰竭最具特征性的变化是心泵功能降低,导致心排血量绝对或相对减少。

1. **心排血量减少** 心排血量取决于心搏出量和心率,心力衰竭时,心搏出量减少,故心排血量减少。

2. **心排血指数降低** 心排血指数是以单位体表面积计算的心排血量,正常成人在安静、空腹状态下,心排血指数约为 3.0~3.5 L;心力衰竭时,心排血指数大多降至 2.5 L 以下。

3. **皮肤苍白或发绀** 心排血量不足,交感神经兴奋,皮肤血管收缩,皮肤的血液灌注量减少,患者出现皮肤苍白、皮温降低、出冷汗等,严重时,患者皮肤呈现斑片状或网状青紫。

4. **疲乏无力、失眠、嗜睡** 心排血量不足,身体各部位肌肉供血减少,能量代谢水平降低,肌肉能量供给不足,患者感觉疲乏无力,脑血流下降,脑细胞供氧不足,酸性代谢产物增多,神经递质合成紊乱,神经细胞水肿,导致中枢神经系统功能紊乱,患者出现头痛、失眠、烦躁不安、眩晕等症状。严重者发生嗜睡甚至昏迷。

5. **尿量减少** 心衰时,肾血液灌流减少,肾小球滤过下降,肾小管重吸收功能增强,终末尿量减少。

6. **动脉血压变化** 急性心力衰竭时心排血量急剧减少,动脉血压随之下降,组织灌流量显著减少,机体陷入休克状态;慢性心力衰竭代偿阶段,由于交感-肾上腺髓质系统和肾素-血管紧张素-醛固酮系统的激活,使外周小动脉收缩和血容量增多,动脉血压可维持在正常水平,但慢性心衰发展到失代偿阶段,由于心排血量严重降低和外周血管无代偿性收缩而致外周阻力降低,血压可明显下降,甚至出现休克。

(二) 肺循环淤血引起的变化

左心衰竭时,左心室收缩功能减弱,引起左心室舒张末期压力上升,并波及左房使左房压升高,肺静脉回流障碍,导致肺淤血;肺淤血可使肺顺应性降低,肺间质水肿,呼吸道阻力增加,使患者表现出各种形式的呼吸困难,其呼吸困难的程度与肺淤血、肺水肿的严重程度有关。

1. **呼吸困难** ①劳力性呼吸困难:患者在体力劳动时出现呼吸困难,休息时可缓解,是左心衰的早期表现。其原因是体力活动使机体需氧增加,心率加快,左室充盈减少,肺淤血加重,肺顺应性降低,通气作功增大;②端坐呼吸:患者平卧困难而被迫采取端坐或半卧体位,以减轻呼吸困难的状态,称端坐呼吸。端坐位可使膈肌位置相对下移,胸腔容积增大,肺活量增加;部分血液因重力关系转移到身体下半部,减轻肺淤血;③夜间阵发性呼吸困难:患者夜间入睡后因突感气闷被惊醒,在端坐咳喘后缓解,称夜间阵发性呼吸困难。其原因是平卧入睡后胸腔容积减少,迷走神经兴奋,支气管收缩,呼吸道阻力增大,中枢神经系统处于相对抑制状态,反射敏感性降低,只有当肺淤血使 PaO_2 下降到一定程度时,才刺激呼吸中枢,使通气增强,患者随之被惊醒,并感到气促。

2. 肺水肿　肺水肿是急性左心衰竭最严重的表现,其发病机制是:①左心衰竭时,肺毛细血管压急剧上升,组织液生成增多;②肺淤血引起肺泡通气血流比例失调,PaO_2 下降,使毛细血管壁通透性增加,有利于血浆渗入肺泡。

(三) 体循环淤血引起的变化

体循环淤血是右心衰竭或全心衰竭的结果,主要表现为:

1. 静脉淤血和静脉压升高　右心衰竭静脉回流受阻,体静脉大量血液淤积,充盈过度,压力上升,表现出颈静脉怒张、体循环时间延长、肝颈静脉反流征阳性等症状。

2. 水肿　水肿是右心衰竭的主要表现之一。其原因是水钠潴留,静脉淤血,导致毛细血管压升高,血浆液体大量外渗。水肿可表现为皮下水肿、腹水、胸水等,均可称为心源性水肿。

3. 肝脏肿大、压痛和肝功能异常　下腔静脉淤血,肝脏血液回流障碍,肝脏淤血。表现为肝脏肿大、并有压痛,肝小叶长期淤血缺血缺氧可导致肝细胞变性坏死,出现肝功能异常。长期慢性肝淤血,还可引起纤维结缔组织增生,导致心源性肝硬化。

4. 胃肠道淤血　门静脉系统因肝淤血而回流受阻,胃肠道淤血,胃肠道黏膜淤血水肿,引起消化吸收功能障碍,表现为消化不良,食欲不振、恶心、呕吐和腹泻等。

五、防治原则

(一) 防治病因、消除诱因

必须积极防治心力衰竭的病因,及时消除各种诱因作用。

(二) 改善心肌舒缩功能

可通过适当应用正性肌力药物,提高心肌收缩力和合理使用钙拮抗剂改善心肌舒张功能。

(三) 减轻心脏前、后负荷

应用利尿剂,降低血容量,以减轻前负荷;或应用血管扩张药物降低后负荷,以增加心排血量。

(四) 纠正水、电解质和酸碱平衡紊乱

控制水肿、降低血容量是治疗慢性充血性心力衰竭最有效的措施;控制钠盐摄入,针对电解质和酸碱平衡紊乱采取相应的纠正治疗措施,有利于心脏舒缩功能的恢复与维持。

第 14 章 消化系统疾病

消化系统包括消化管和消化腺。消化系统作为整体的一部分，通过神经、内分泌系统的调节，与身体其他器官系统之间是相互联系、相互影响的。当各种致病因素破坏了上述关系时，可导致消化系统的功能紊乱及结构异常，达到一定程度时则可引起消化系统疾病。有了病因的作用，消化系统是否发生疾病，还取决于整体及消化系统本身的防御代偿能力。致病因子只有在突破了消化系统的各种防御屏障后才能导致疾病发生。消化管黏膜上皮及肝脏具有强大的再生能力，组织轻度受损后可通过再生进行修复，严重受损则导致消化系统的结构及功能严重障碍。

第 1 节 慢性胃炎

胃炎（gastritis）是胃黏膜的炎症性疾病。是一种常见病、多发病。可分为急性胃炎和慢性胃炎。其中慢性胃炎（chronic gastritis）最常见，在胃镜检查病例中约占 80%～90%。

一、病因和发病机制

病因尚未完全阐明。一般认为与下列因素有关：①幽门螺杆菌感染，不仅可以对胃黏膜造成损伤，还能引起黏膜的炎症；②长期慢性刺激，如急性胃炎反复发作，长期饮酒、吸烟及进食刺激性食物，滥用水杨酸类药物等；③十二指肠液反流对胃黏膜屏障的破坏；④自身免疫性损伤。

二、类型和病理变化

根据病理变化的不同，慢性胃炎分为以下两种类型：

（一）慢性浅表性胃炎

慢性浅表性胃炎（chronic superficial gastritic）又称慢性单纯性胃炎，是胃炎中最常见的类型。以胃窦部最常见。病变呈多灶性或弥漫状。胃镜观察：病变部胃黏膜充血、水肿、呈淡红色，表面有灰白色或灰黄色黏液性渗出物覆盖，可有点状出血或糜烂。镜下观察：病变主要位于黏膜浅层即黏膜层上1/3，胃黏膜充血、水肿、表浅上皮坏死脱落，固有层有淋巴细胞和浆细胞浸润。

（二）慢性萎缩性胃炎

慢性萎缩性胃炎(chronic atrophic gastritic)主要病变特征为胃黏膜萎缩变薄，黏膜腺体减少或消失并伴有肠上皮化生。

慢性萎缩性胃炎分为A、B两型。A型与自身免疫有关，多伴有恶性贫血，病变主要在胃体或胃底部。B型与自身免疫无关，无恶性贫血，病变主要在胃窦部，我国多见。

两型胃炎的胃黏膜病变基本相同。胃镜观察：胃黏膜由正常的橘红色变成灰色或灰绿色；黏膜层变薄，皱襞平坦；黏膜下血管清晰可见。镜下观察：①腺体萎缩变小，数量减少，可见有囊性扩张；②固有层有多量淋巴细胞和浆细胞浸润；③胃黏膜内可见纤维组织增生；④有肠上皮化生现象。表现为在胃体和胃底部的腺体壁细胞和主细胞消失，为类似幽门腺的黏液分泌细胞所取代，称为假幽门腺化生；在胃窦部病变区，胃黏膜表层上皮细胞中出现杯状细胞、有纹状缘的吸收上皮细胞和潘氏细胞，称肠上皮化生。目前认为，肠上皮化生与肠型胃癌的发生有密切关系。

三、病理临床联系

慢性浅表性胃炎患者症状不明显，多数经治疗或合理饮食而痊愈，少数可转变为慢性萎缩性胃炎。

慢性萎缩性胃炎由于病变特点主要为腺体萎缩、壁细胞和主细胞减少或消失，因而胃酸、胃蛋白酶分泌减少，患者出现食欲不振、消化不良、上腹部不适等症状。A型患者由于壁细胞破坏明显，内因子缺乏，维生素B_{12}吸收障碍，易发生恶性贫血。

第2节 消化性溃疡

消化性溃疡(peptic ulcer)是以胃或十二指肠黏膜形成慢性溃疡为主要病变的一种常见病、多发病。其发病与胃酸、胃蛋白酶的自我消化有关，又称消化性溃疡。

消化性溃疡多见于成年人，男性多于女性。十二指肠溃疡较胃溃疡多见，约4∶1。仅5%的患者胃和十二指肠溃疡同时存在，称复合性溃疡。本病易反复发作，呈慢性经过。主要临床表现为周期性上腹部疼痛、反酸、嗳气和上腹部饱胀感等。

一、病因和发病机制

消化性溃疡的病因及发病目前尚未完全阐明，一般认为与下列因素有关。

(一) 胃液的自我消化作用

消化性溃疡的发生与胃酸、胃蛋白酶的自我消化有关。胃黏膜屏障功能的破坏,是胃和十二指肠黏膜组织被胃酸、胃蛋白酶腐蚀消化的结果。

(二) 黏膜屏障功能破坏

正常的胃和十二指肠黏膜具有抗腐蚀消化的屏障功能,以保护黏膜不受胃液的消化。黏膜的屏障功能包括:①黏液屏障:黏膜表面被分泌的黏液和碳酸氢盐所覆盖,避免和减少了胃液与黏膜的直接接触,同时还具有中和作用;②黏膜上皮屏障:黏膜上皮细胞的脂蛋白可以阻止胃酸逆向弥散。各种原因引起黏膜屏障功能破坏均可导致溃疡病的发生,如长期精神紧张、高钙血症、胃酸过多、水杨酸类药物、酒精、吸烟、肾上腺皮质激素过多、胆汁反流等。

(三) 幽门螺杆菌感染

近年来发现幽门螺杆菌的感染与消化性溃疡的发生密切相关。幽门螺杆菌通过释放一系列酶和细菌性血小板激活因子,而损伤胃及十二指肠黏膜上皮和固有膜血管内皮细胞,促进黏膜表面毛细血管血栓形成,影响血液供应,从而损伤黏膜上皮,使黏膜屏障功能减弱。

(四) 其他因素

溃疡病有家族多发病史,说明与遗传有关;迷走神经兴奋型的人和 O 型血的人群中胃溃疡的发病率高于其他人群。

二、病理变化

肉眼观察:胃溃疡多发生于胃小弯靠近幽门处,尤以胃窦部多见(约占75%)。较大的溃疡可在小弯的上部或贲门部。溃疡多为单个,偶见 2~3 个;呈圆形或椭圆形,直径多在 2.5 cm 以内;边缘整齐、状如刀切;溃疡可深达肌层甚至浆膜层,底部平坦;溃疡周边黏膜皱襞向四周呈放射状;切面呈斜漏斗状;浆膜面可触及瘢痕组织(硬块)(表 14-1)。

表 14-1 胃溃疡与十二指肠溃疡的鉴别

	胃溃疡	十二指肠溃疡
好发部位	胃小弯靠近幽门处,胃窦部多见	十二指肠球部,前、后壁多见
发生率	25%左右	70%左右
溃疡大小	直径多在 2.5 cm 以内	直径多在 1 cm 以内
溃疡深度	深达肌层甚至浆膜层	达黏膜下层或肌层
出现腹痛	饭后 0.5~2 小时	午夜或饥饿时
并发穿孔	少见	多见
恶性变	<1%	几乎不发生

镜下观察:溃疡底部由里(胃腔)向外(胃壁)分四层结构:①渗出层:覆盖于溃疡表面的纤维素和中性粒细胞;②坏死层:均匀红染无结构的坏死组织;③肉芽组织层:由新生的毛细血管和成纤维细胞及炎细胞构成;④瘢痕层:由大量胶原纤维和少量纤维细胞构成(图14-2)。瘢痕层内的细小动脉因受炎症刺激而发生增生性小动脉炎,管壁增厚管腔狭窄,或伴有血栓形成。血管的这种病变,有利的方面是可防止溃疡底部大出血;不利的方面是影响局部的血液供应,不利于溃疡愈合。溃疡底部神经节细胞和神经纤维常发生变性和断裂,神经纤维的断端常呈小球状增生,胃酸刺激局部可能是引起疼痛的原因之一。

十二指肠溃疡好发于十二指肠球部,前、后壁多见。形态与胃溃疡相似,但一般较胃溃疡小而浅,直径多在1 cm以内,单发或多发。

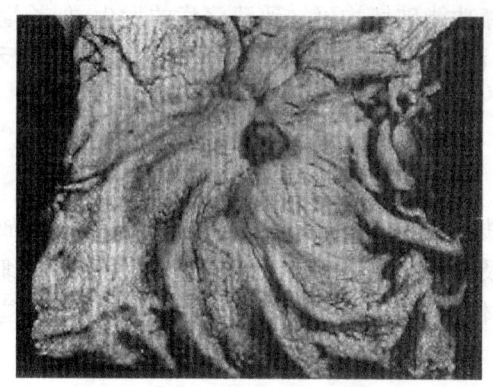

图14-1 慢性胃溃疡(肉眼观察)
单个溃疡,呈圆形,直径在2 cm左右,边缘整齐,底部平坦,溃疡周边黏膜皱襞向四周呈放射状

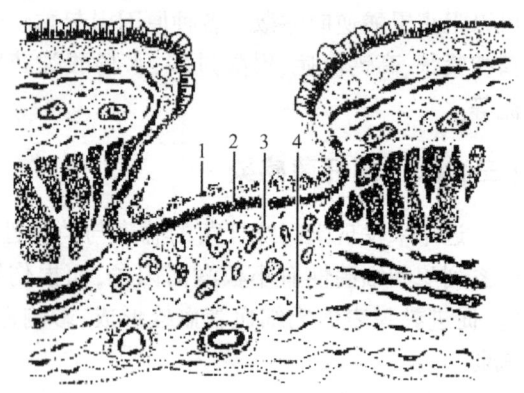

图14-2 慢性胃溃疡(镜下观察)
1. 渗出层 2. 坏死层 3. 肉芽组织层 4. 瘢痕层

三、病理临床联系

(一) 周期性上腹部疼痛

胃溃疡疼痛位于上腹部略偏左,十二指肠溃疡疼痛位于上腹部略偏右。疼痛的周期性与进食有关。胃溃疡患者的疼痛多出现在餐后0.5~2 h,这与食物刺激胃泌素分泌亢进,胃酸分泌增多,刺激溃疡创面和局部神经末梢有关。十二指肠溃疡患者的疼痛多出现于午夜或饥饿时,进餐后疼痛减轻或消失,故称为饥饿痛。这是由于饥饿或夜间时迷走神经兴奋性增高,胃酸分泌过多并刺激病灶引起疼痛,而进食后胃酸被中和或稀释,疼痛缓解。

(二) 返酸、呕吐

由于胃酸的刺激,引起幽门括约肌痉挛和胃逆蠕动,使酸性胃内容物反流,临床上出现返酸、呕吐。

(三) 嗳气、上腹部饱胀感

由于幽门括约肌痉挛,胃排空时间延长,滞留于胃内的食物发酵及消化不良而引起嗳

第14章 消化系统疾病

气和上腹部饱胀感。

（四）X线钡餐检查

溃疡处钡剂造影可见龛影。

四、结局与并发症

（一）愈合

溃疡由肉芽组织增生填充及周围黏膜上皮再生、覆盖而愈合。

（二）出血

出血是溃疡病最常见的并发症。约有1/3的患者发生。轻者为溃疡底部毛细血管破裂，出现粪潜血。较大血管被腐蚀破坏可引起大出血，临床表现为呕血及柏油样粪，严重者可发生失血性休克而危及生命。

（三）穿孔

约5%的患者可发生穿孔。溃疡穿透浆膜层发生急性穿孔，胃及十二指肠内容物漏入腹腔可引起急性弥漫性腹膜炎。十二指肠溃疡穿孔多于胃溃疡穿孔。

（四）幽门梗阻

约3%的患者发生幽门梗阻。溃疡处大量瘢痕组织形成并发生挛缩，周围组织充血、水肿、幽门括约肌痉挛收缩导致不同程度的幽门梗阻，使患者出现反复呕吐，严重者可导致水电解质紊乱，营养不良。

（五）恶变

约1%以下经久不愈的胃溃疡，其周围黏膜上皮细胞在反复损伤修复的过程中出现不典型增生而发展成胃癌。十二指肠溃疡几乎不发生癌变。

第3节 阑尾炎

阑尾炎（appendicitis）是一种常见病、多发病。以青壮年多见。临床主要表现为转移性右下腹部疼痛、体温升高、呕吐和末梢血中性粒细胞升高。

一、病因和发病机制

（一）阑尾腔阻塞

阑尾是一细长的盲管，管腔狭小，易被来自肠腔的粪便和细菌阻塞。阑尾壁富于神经装置

(如肌神经丛等),且阑尾根部有类似括约肌的结构,所以受刺激时易于收缩使管腔更为狭窄。

(二) 细菌感染

无特定的病原菌。常为大肠杆菌、肠球菌及链球菌等,但必须是在阑尾黏膜受损后,这些细菌才能侵入引起炎症。

二、病理变化

(一) 急性阑尾炎

有三种类型:

1. 急性单纯性阑尾炎(acute simpie appendicitis)　为早期阑尾炎。肉眼观察:阑尾轻度肿胀、浆膜面充血、失去正常光泽。镜下观察:黏膜层可见一个或多个缺损,并有中性粒细胞浸润和纤维素渗出。黏膜下各层有炎性水肿。

2. 急性蜂窝织性阑尾炎(acute phlegmonous appendicitis)　或称急性化脓性阑尾炎,常由急性单纯性阑尾炎发展而来。肉眼观察:阑尾显著肿胀,浆膜高度充血,表面覆以纤维素性渗出物。镜下观察:阑尾腔内有脓性渗出物,黏膜糜烂甚至形成溃疡;炎症蔓延至阑尾壁各层,各层皆为大量中性粒细胞弥漫浸润,并有炎性水肿和纤维素渗出;浆膜面有纤维素和中性粒细胞渗出。

3. 急性坏疽性阑尾炎(acute gangrenous appendicitis)　这是一种重型阑尾炎,常由化脓性阑尾炎发展而来。阑尾因管腔阻塞、积脓、腔内压力升高及阑尾系膜静脉受炎症刺激而发生血栓性静脉炎等,均可引起阑尾壁血液循环障碍,导致阑尾壁发生坏死,腐败菌大量繁殖。肉眼观察:阑尾呈暗红色或黑色,常导致穿孔,引起弥漫性腹膜炎或阑尾周围脓肿。

(二) 慢性阑尾炎

多为急性阑尾炎转变而来,也可开始即为慢性经过。主要病变为阑尾壁不同程度的纤维化和慢性炎细胞浸润等。临床上有时有右下腹疼痛,有时可急性发作。

三、结局和并发症

急性阑尾炎经外科治疗,预后良好。少数病例因治疗不及时或机体抵抗力过低,出现并发症或转变为慢性阑尾炎。

并发症中主要有因阑尾穿孔而引起的急性弥漫性腹膜炎和阑尾周围脓肿。有时细菌或脱落的含细菌血栓可循门静脉血流进入肝脏而引起肝脓肿。

第 4 节　病毒性肝炎

病毒性肝炎(viral hepatitis)是由肝炎病毒引起的以肝实质细胞变性坏死为主要病变的

传染病。其炎症性质为变质性炎症。我国及世界各地均有发生和流行,近年来发病率有明显上升趋势。临床表现为全身乏力、食欲减退、厌油腻食物、肝肿大、黄疸、肝区不适或疼痛及肝功能异常等。

一、病因和发病机制

病因为肝炎病毒。目前已知的肝炎病毒有甲、乙、丙、丁、戊、己六型。其中乙型肝炎最多见,约占50%(表14-2)。

表14-2　各型肝炎的病毒特点及临床特点

肝炎类型	病毒类型	传染途径	发病年龄	潜伏期(周)	肝脏病变
甲型肝炎(HAV)	RNA	消化道	儿童及青少年	2~6	急性肝炎
乙型肝炎(HBV)	DNA	血道及密切接触	青壮年	4~26	急慢性肝炎肝硬化
丙型肝炎(HCV)	变异的RNA	同上	同上	2~26	同上、肝癌
丁型肝炎(HDV)	缺陷性RNA	同上	同上	4~7	同上
戊型肝炎(HEV)	RNA	消化道	同上	2~8	急性肝炎
己型肝炎(HFV)	RNA	血道及密切接触			

病毒性肝炎的发病机制还不十分清楚。目前认为感染的病毒种类及宿主的免疫功能两方面在其发病中起重要作用。HAV的发病是病毒在肝细胞内繁殖而直接损伤肝细胞。HBV并不直接作用于肝细胞,而是通过细胞免疫导致肝细胞损伤;病毒在肝细胞内复制,将其抗原成分结合在肝细胞膜上,引起机体以淋巴细胞为主的免疫反应,在杀伤病毒的同时亦损伤了带有病毒抗原信息的肝细胞。免疫功能正常者,多为普通型肝炎;免疫功能超强者,常引起重型肝炎;免疫功能低下或缺乏者,往往只携带病毒而不发病。

二、基本病理变化

各型肝炎的病变基本相同,均是以肝细胞变性、坏死为主,同时伴有不同程度的炎细胞浸润、肝细胞再生和纤维组织增生。

(一) 肝细胞变性、坏死

1. 肝细胞变性

(1) 胞浆疏松化和气球样变:为肝细胞受损后细胞内水分增多所致。表现为肝细胞体积增大、胞浆疏松、半透明呈网状,称为胞浆疏松化。进一步发展肝细胞体积增大呈球形,胞浆几乎完全透明,称为气球样变(图14-3)。

(2) 肝细胞嗜酸性变:病变多累及单个或几个肝细胞,散在于小叶内。表现为肝细胞内水分脱失所致的肝细胞体积缩小,胞浆浓缩呈强嗜酸性,称嗜酸性变(图14-3)。

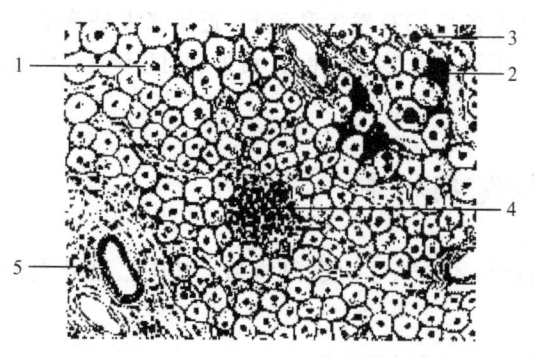

图 14-3 急性(普通型)肝炎 (镜下观)
1. 气球样变 2. 嗜酸性变 3. 嗜酸性坏死
4. 点状坏死 5. 炎细胞浸润

2. 肝细胞坏死

（1）嗜酸性坏死：由嗜酸性变进一步发展形成。表现为核浓缩、消失，胞浆更加浓缩红染，逐渐成为均匀红染的圆形小体，称嗜酸性小体。嗜酸性坏死常为单个细胞的死亡(图 14-3)。

（2）溶解性坏死：最多见，常由气球样变发展而来。核浓缩、消失，整个细胞逐渐溶解、消失。由于坏死的范围和程度不同，可出现：①点状坏死：坏死仅累及单个或几个肝细胞（图 14-3)；②灶状坏死：较多肝细胞坏死，呈灶状；③碎片状坏死：灶状坏死发生在肝小叶周边，破坏小叶界板；④桥接坏死：肝小叶中央静脉与汇管区之间或者两个中央静脉之间的坏死灶相互呈带状连接；⑤大片坏死：坏死的范围大，几乎累及整个肝小叶，仅小叶周边残存少许变性的肝细胞。

（二）炎细胞浸润

在小叶内及汇管区常有不同程度炎细胞浸润，主要是淋巴细胞和单核细胞，有时见少量的浆细胞和中性粒细胞(图 14-3)。

（三）肝细胞再生及间质反应性增生

1. 肝细胞再生　肝细胞坏死后，邻近的肝细胞可再生修复。再生的肝细胞体积较大，核大深染，可有双核。若坏死范围小，再生的肝细胞沿残存的网状纤维支架排列，恢复原小叶结构。若坏死范围大，由于网状纤维支架被破坏，再生的肝细胞团则呈结节状。

2. 间质反应性增生　包括枯否细胞(Kupffer)、间叶细胞及成纤维细胞等增生。大量的纤维组织增生可破坏肝小叶原有结构，导致肝硬化。慢性病例在汇管区尚可见小胆管增生。

三、临床病理类型及特点

病毒性肝炎的类型见表 14-3。

表 14-3　病毒性肝炎的类型

普通型肝炎	急性普通型肝炎	黄疸型
		无黄疸型
	慢性普通型肝炎	轻度
		中度
		重度

	续表
重型肝炎	急性重型肝炎 亚急性重型肝炎

(一) 急性(普通型)肝炎

最常见。临床上又可分黄疸型和无黄疸型。我国以无黄疸型居多,其中多为乙型肝炎,部分为丙型肝炎。黄疸型病变略重,多见于甲型、丁型和戊型肝炎。

病变特点:①广泛的肝细胞变性,以胞浆疏松化和气球样变最为普遍。肝细胞坏死轻微,仅见点状坏死,黄疸型较无黄疸型坏死稍多;②汇管区及小叶内有轻度的淋巴细胞浸润;③肝细胞和枯否细胞轻度增生。

急性肝炎多数在半年内痊愈。部分病例(乙型肝炎、丙型肝炎)可发展为慢性肝炎。

(二) 慢性(普通型)肝炎

病毒性肝炎病程持续在半年以上者即为慢性肝炎。其中乙型肝炎居多(约80%)。根据病变程度将慢性肝炎分为轻、中、重度3类。

1. 轻度慢性肝炎 有肝细胞点状坏死,偶见轻度碎片状坏死,汇管区周围纤维组织增生,肝小叶结构完整。

2. 中度慢性肝炎 肝细胞坏死明显,有灶状坏死,中度碎片状坏死及特征性的桥接坏死。汇管区纤维组织增生明显,肝小叶结构基本完整。

3. 重度慢性肝炎 多处肝细胞灶状坏死,重度的碎片状坏死及大范围的桥接坏死。肝细胞结节状再生,小叶内及周边纤维组织增生,并分割肝小叶的正常结构。

晚期肝脏表面不光滑,呈颗粒状,质地较硬,为早期肝硬化的表现。

(三) 重型肝炎

本型病情严重。根据起病急缓及病变程度分以下两型:

1. 急性重型肝炎 少见。起病急,病变发展迅速,病程短(10天左右),死亡率高。临床上又称暴发型肝炎。

病变特点:①大片肝细胞坏死。仅在小叶周边残留少数变性的肝细胞;②枯否细胞增生,而肝细胞再生不明显;③坏死区及汇管区可见大量炎细胞浸润;④肝窦明显扩张、充血并出血。肉眼观察:肝脏体积明显缩小,重量减轻(600~800g),包膜皱缩,质软。切面成土黄色或红褐色,故称为急性黄色肝萎缩或急性红色肝萎缩。患者常因迅速出现的肝、肾功能衰竭,肝性脑病和DIC而在短期内死亡。部分患者发展为亚急性重型肝炎。

2. 亚急性重型肝炎 病程较长,数周至数月。多数是由急性重型肝炎转化而来,少数由急性普通型肝炎恶化所致。

病变特点:①肝细胞坏死程度较急性重型肝炎轻,形态新旧不等,残存变性的肝细胞明显淤胆及胆栓形成;②肝细胞结节状再生及纤维组织明显增生;③小叶内外有明显的淋巴细胞及单核细胞浸润。肉眼观察:肝不同程度缩小,包膜皱缩,呈黄绿色(胆汁淤积),又称亚急性黄色肝萎缩。病程较长时肝表面及切面有大小不等的结节,可发展为坏死后性肝硬化。

四、病理临床联系

(一) 肝大、肝区疼痛

见于急、慢性肝炎。急性肝炎时主要是由于肝细胞广泛变性。慢性肝炎时除肝细胞变性外,还与肝细胞再生及炎细胞浸润有关。由于肝大,肝包膜紧张,牵拉、刺激神经末梢而引起肝区压痛。

(二) 血清转氨酶升高

由于肝细胞变性坏死,胞浆内的谷丙转氨酶等大量释放入血。

(三) 黄疸

为肝细胞性黄疸。由于肝细胞变性坏死,其摄取、结合、排泄胆红素的功能障碍,导致胆汁反流入血。

(四) 出血

由于肝细胞受损严重,凝血因子合成减少导致凝血功能障碍所致。患者可出现牙龈出血、鼻衄、皮下出血、呕血和便血等。

(五) 肝性脑病

常见于重型肝炎,患者出现神经精神等症状,是导致死亡的主要原因。

第5节 肝硬化

肝硬化(liver cirrhosis)是指由各种原因引起的肝细胞弥漫性变性坏死,继发性纤维组织增生和肝细胞结节状再生,这3种改变反复交替进行,从而导致肝小叶结构破坏和血液循环途径改建,最终导致肝脏变形、变硬,称肝硬化。是肝脏一种常见的慢性进行性疾病。发病年龄多在20~50岁,男多于女,临床上可出现门脉高压症和肝功能不全的一系列表现。

肝硬化种类繁多。按病因及病变分类:门脉性、坏死后性、胆汁性、酒精性、淤血性、寄生虫性和色素性肝硬化等。按形态分类:小结节型、大结节型、大小结节混合型及不完全分割型。除坏死后性肝硬化相当于大结节型和大小结节混合型外,其他几型均属于小结节型。其中门脉性肝硬化最常见,其次为坏死后性肝硬化。

一、门脉性肝硬化

门脉性肝硬化最常见,约占肝硬化的 0%,相当于小结节型肝硬化。

(一) 病因和发病机制

1. **病毒性肝炎** 是我国门脉性肝硬化的主要原因,尤其是乙型和丙型肝炎。
2. **慢性酒精中毒** 多见于长期酗酒者,是欧美国家肝硬化的主要原因。近年来我国亦有上升趋势。乙醇主要在肝脏代谢降解,转化为乙醛可直接损伤肝细胞。
3. **营养缺乏** 动物实验表明,食物中长期缺乏胆碱和蛋氨酸等营养物质,可导致肝脂肪变性而发展为肝硬化。
4. **毒物中毒** 某些化学物质如砷、磷、四氯化碳、氨基偶氮类以及黄曲霉毒素等引起肝细胞慢性中毒,损伤肝细胞进而发展成肝硬化。

上述各种因素长期反复作用于肝脏,引起肝细胞弥漫性变性、坏死,网状纤维支架破坏并塌陷,再生的肝细胞因失去网状支架而排列紊乱呈不规则的肝细胞团,即结节状再生。坏死区塌陷的网状纤维相互融合形成胶原纤维;汇管区成纤维细胞增生并产生胶原纤维,这些胶原纤维形成间隔,在中央静脉和汇管区等处相互连接,将原肝小叶分割、包绕成大小不等的肝细胞团块,改建小叶结构形成假小叶。

(二) 病理变化

肉眼观察:早期肝体积可正常或稍大,重量增加,质地正常或稍硬。晚期肝体积明显缩小,重量减轻,硬度增加。表面及切面见弥漫性结节,大小多在 0.15~0.5 cm,一般不超过 1 cm。周围有灰白色纤维组织包绕(图 14-4)。

镜下观察:正常肝小叶结构被破坏,增生的纤维组织分割或包绕再生的肝细胞结节形成大小不等、圆形或椭圆形的肝细胞团,称为假小叶。①假小叶形成:假小叶内肝细胞索排列紊乱,其中有变性坏死的肝细胞,可见再生的肝细胞体积增大、核大、染色深,可见双核;中央静脉缺如、偏位或有两个以上中央静脉及汇管区;部分肝细胞及小胆管内有淤胆;②大量的纤维组织增生:在假小叶间的纤维组织间隔内可见慢性炎细胞浸润、新生的小胆管和无管腔的假胆管。

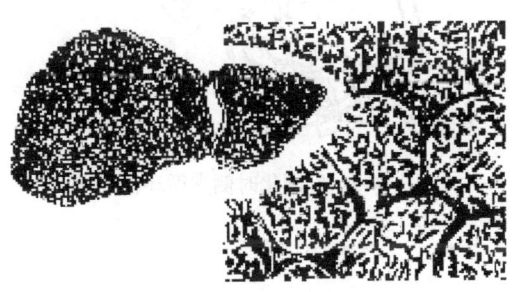

图 14-4 门脉性肝硬化(肉眼及镜下观)
肝硬化晚期肝体积明显缩小,重量减轻,硬度增加。表面及切面见弥漫性结节,大小均匀。周围有灰白色纤维组织包绕。镜下增生的纤维组织分割、包绕再生的肝细胞结节形成大小相等、圆形或椭圆形的肝细胞团。

(三) 病理临床联系

1. **门静脉高压症** 是由于肝内血管系

统在肝硬化的形成过程中被破坏改建所致。原因是：①增生的纤维组织和假小叶压迫小叶下静脉、中央静脉和肝血窦，导致门静脉回流受阻；②肝动脉与门静脉之间形成异常吻合支，动脉血流入门静脉，使门静脉压力增高。主要临床表现有：

（1）脾肿大：肝硬化患者中约有70%～85%出现脾肿大。由于门静脉高压使脾静脉血回流受阻，长期慢性脾淤血所致。患者常出现贫血、出血倾向及白细胞减少等脾功能亢进的表现。

（2）胃肠道淤血：由于门静脉高压使胃肠道静脉血回流受阻而发生淤血、水肿，患者食欲不振、消化不良等。

（3）腹水：晚期肝硬化患者常出现腹水，为淡黄色透明的漏出液。形成原因是：①门静脉高压使门静脉系统的毛细血管流体静压升高，管壁通透性增强；②肝合成蛋白功能降低尤其是血浆白蛋白合成减少，加之消化不良而引起低蛋白血症，使血浆胶体渗透压降低；③肝血窦淤血，窦内压升高，自窦壁漏出的液体部分经肝包膜漏入腹腔；④肝脏对醛固酮和抗利尿激素的灭活减少引起钠、水潴留。

（4）侧支循环形成：正常门静脉血经肝静脉注入下腔静脉。门静脉高压后，门静脉与腔静脉之间侧支循环开放，部分门静脉血不经肝脏通过侧支循环而直接回流到体静脉循环至右心。①食道下段静脉丛曲张；②直肠静脉丛曲张；③脐周浅静脉高度扩张（图14-5）。

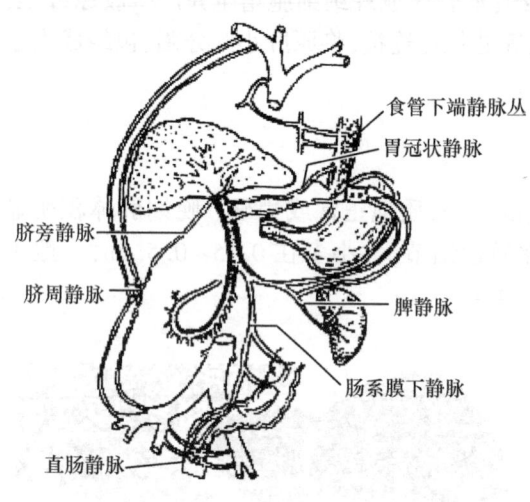

图14-5 肝硬化时侧支循环模式图

2. 肝功能不全 主要是肝实质受破坏的结果。主要临床表现有：

（1）血浆蛋白变化：肝细胞受损，合成白蛋白减少，白/球蛋白比例下降甚至倒置（正常为2：1）。

（2）对雌激素的灭活减少：血清中雌激素增加，可引起皮肤小动脉血管扩张而出现"蜘蛛痣"，主要分布于颈、面部、上胸部及前臂等处的皮肤，手掌处出现"肝掌"等；男性可出现睾丸萎缩，乳腺发育等；女性可出现月经紊乱、不孕等。

（3）出血倾向：肝脏合成凝血酶原及凝血因子减少，以及脾功能亢进，血小板破坏增多所致。表现为鼻衄、牙龈出血及皮下瘀斑等。

（4）黄疸：主要为肝脏胆色素代谢障碍及肝内胆管阻塞所致。

（5）肝性脑病：由于肝功能严重障碍或门-体静脉分流，血液中有毒物质作用于脑组织而引起的一种神经精神综合征。常为肝硬化患者的死亡原因。

二、坏死后性肝硬化

坏死后性肝硬化相当于大结节型和大小结节混合型肝硬化，是在肝细胞发生大片坏死的基础上形成的。

(一) 病因及发病机制

1. 多由乙型、丙型的亚急性重型肝炎迁徙而来。
2. 药物及化学物质中毒　某些药物或化学物质可引起肝细胞弥漫性中毒性坏死,继而出现结节状再生而发展成为坏死后性肝硬化。

(二) 病理变化

肉眼观察:肝脏体积明显缩小、变硬,尤以左叶为主。与门脉性肝硬化不同之处在于肝脏变形明显,结节大小悬殊,最大结节直径可达 5~6 cm,切面纤维结缔组织间隔宽,且厚薄不均。

镜下观察:假小叶形状大小不一,肝细胞变性坏死明显,纤维间隔较宽,其内有多量炎细胞浸润及小胆管增生。

坏死后性肝硬化一般病程较短,肝功能障碍也较明显,门脉高压症较轻,癌变率较高。

第6节　消化系统常见肿瘤

一、食　管　癌

食管癌(carcinoma of esophagus)是由食管黏膜上皮或腺体发生的恶性肿瘤。发病年龄多在 40 岁以上,尤其是 60 岁以上多见,男性多于女性。本病有明显的地区性,我国华北及河南地区多发,尤以太行山区为集中高发区。主要临床表现为进行性吞咽困难。

(一) 病因和发病机制

尚未完全明了,饮食习惯和环境因素是主要的病因。

1. 饮食习惯　长期进食过热、过硬及粗糙的食物以及吸烟、饮酒等,长期反复刺激和损伤食管黏膜,可能与食管癌发生有关。高发区居民的食物中含有较多的亚硝酸盐(如自制的酸菜等),亚硝酸盐和二级胺能合成具有强烈致癌作用的亚硝胺类化合物。
2. 环境因素　流行病学调查发现,高发区土壤中缺乏钼元素,缺钼可使农作物中硝酸盐的含量增高。

(二) 病理变化和病理临床联系

食管癌好发于食管的 3 个生理狭窄部,以中段最多,下段次之,上段最少。分为早期和中晚期 2 种类型。

1. 早期癌　病变局限,多为原位癌和黏膜内癌。未侵犯肌层,无淋巴结转移。临床无明显症状。肉眼观察:局部黏膜轻度糜烂或表面呈颗粒状。X 线钡餐检查:食管基本正常或管壁呈轻度局限性僵硬。镜下观察:绝大部分为鳞状细胞癌。如可疑者可通过脱落细胞学检查。

2. 中晚期癌　肉眼观察可分为四种类型:

(1) 髓质型:最多见,癌组织在食管壁内弥漫性浸润生长,管壁均匀增厚,管腔狭窄,切面呈灰白色,质地较软似脑髓。

(2) 蕈伞型:癌组织似蘑菇状突入食管腔内,常累及食管一部分或大部,较少侵犯肌层。

(3) 溃疡型:肿瘤表面坏死脱落形成较深的溃疡,可达肌层,边缘隆起,多累及管壁的一部分。

(4) 缩窄型:癌组织在食管壁内弥漫浸润,累及食管全周,质硬,形成环状狭窄,狭窄上端食管腔明显扩张。

镜下观察:90%以上为鳞状细胞癌,腺癌次之。

早期癌因无明显肿块形成,故症状不明显,部分患者表现为进食时有哽噎感,胸骨后或剑突下疼痛。中晚期癌由于肿瘤不断浸润性生长,使管腔狭窄,患者出现典型的吞咽困难症状,甚至不能进食,最终导致恶病质而死亡。

(三) 扩散和转移

1. 直接蔓延　癌组织穿透食管壁直接侵入邻近器官,受累器官可发生相应合并症。
2. 淋巴道转移　可转移至颈部、纵隔、食管旁及肺门淋巴结。
3. 血道转移　主要见于晚期患者,常转移至肝、肺。

二、胃　癌

胃癌(carcinoma of stomach)是由胃黏膜上皮和腺上皮发生的恶性肿瘤。占我国恶性肿瘤发生的第一或第二位。好发年龄为40~60岁,男性多于女性。好发部位为胃窦部小弯侧。

(一) 病因和发病机制

尚未完全阐明,可能与下述因素有关:

1. 饮食和环境因素　长期摄入熏制鱼肉制品、盐腌食品等,食物中含有亚硝酸盐或被黄曲霉菌感染等。胃癌的发生有一定的地理分布特点,如日本、中国的某些地区胃癌的发生率远远高于欧美国家,提示胃癌的发生可能与当地的土壤因素有关。

2. 幽门螺杆菌感染　目前认为与胃癌的发生有密切关系。

3. 某些长期未治愈的慢性胃疾病　如慢性萎缩性胃炎、胃息肉、胃溃疡伴异型增生、胃黏膜肠上皮化生等。

(二) 病理变化和病理临床联系

分早期胃癌和中晚期胃癌两种类型。

1. 早期胃癌　癌组织仅浸润至黏膜层或黏膜下层,未达肌层。肉眼观察分为以下3种类型：

(1) 隆起型：肿瘤明显向表面隆起或呈息肉状，此型较少见。

(2) 表浅型：肿瘤呈扁平状或稍微隆起于黏膜表面。

(3) 凹陷型：有溃疡形成，仍局限于黏膜下层，此型最多见。

镜下观察：早期胃癌以原位癌及高分化管状腺癌多见，其次为乳头状腺癌，未分化癌最少。

2. 中晚期癌（进展期胃癌）　指癌组织浸润超过黏膜下层以下者。肉眼观察分为以下3种类型：

(1) 息肉型和蕈伞型：癌组织向黏膜表面生长，呈息肉状或蕈伞状突入胃腔内。

(2) 溃疡型：癌组织表面坏死脱落形成溃疡，直径多在2.5 cm以上，边界不清，多呈皿状，也可隆起如火山口状。临床上要注意与胃溃疡相鉴别。

(3) 浸润型：癌组织向胃壁内局限性或弥漫性浸润，与周围正常的组织分界不清。黏膜皱襞大部分消失。当弥漫浸润时，可导致胃壁增厚、变硬、胃腔缩小，状似皮革，故有"革囊胃"之称。

3. 胶样癌　当癌组织产生大量黏液时，癌组织呈半透明胶胨状。

镜下观察：主要为腺癌，表现为：乳头状腺癌、管状腺癌、黏液腺癌和印戒细胞癌。

早期胃癌患者临床症状不明显。中晚期胃癌患者有上腹部饱胀、食欲减退、便血、消瘦、贫血、幽门梗阻等消化系统症状。胃溃疡患者症状加重或变为无规律可能提示恶变。

(三) 扩散和转移

1. 直接蔓延　当癌组织浸润穿透浆膜后，可直接蔓延到邻近器官和组织，如肝、胰腺及大网膜等。

2. 淋巴道转移　为主要转移途径。首先转移到胃小弯和幽门下淋巴结，进一步转移到肝门处淋巴结、肠系膜根部淋巴结等，晚期可通过胸导管转移到锁骨上淋巴结。

3. 血道转移　晚期常经门静脉转移至肝，其次为肺、脑及骨等器官。

4. 种植性转移　胃黏液细胞癌浸润至胃浆膜表面时，癌细胞可脱落至腹腔，种植于腹腔及盆腔器官的浆膜上。

三、大 肠 癌

大肠癌（carcinoma of large intestine）是大肠黏膜和腺体发生的恶性肿瘤，发病率仅次于胃癌和食管癌，老年人多见。

(一) 病因和发病机制

1. 饮食习惯　高营养而少纤维的饮食与大肠癌发病有关。可能因为这类饮食少消化残渣而不利于有规律的排便，延长了肠黏膜与食物中可能含有致癌物质的接触时间。

2. 遗传因素　曾报告有家族性大肠癌高发现象。

3. 某些伴有肠黏膜增生的慢性肠疾病　如肠息肉状腺病、慢性血吸虫病及慢性溃疡性结肠炎等,由于黏膜上皮过度增生而发展为癌。

(二) 病理变化和病理临床联系

好发部位以直肠最多见(50%),其余依次为乙状结肠、盲肠及升结肠、横结肠、降结肠。大体形态分以下4型:

1. 隆起型:肿瘤呈息肉状或盘状向肠腔内突出。多为分化较高的腺癌。
2. 溃疡型:肿瘤表面形成较深的溃疡或呈火山口状,较少见。
3. 浸润型:肿瘤向肠壁深层弥漫浸润,常累及肠管全周,使局部肠壁增厚,变硬,若伴有纤维组织增生,则使局部肠管周径明显缩小,形成环状狭窄。
4. 胶样型:肿瘤表面及切面呈均匀半透明胶冻状。此型预后较差。

镜下观察:乳头状腺癌、管状腺癌、黏液腺癌或印戒细胞癌、未分化癌、腺鳞癌等。

临床表现主要有贫血、消瘦、大便次数增多、变形,并有黏液血便,有时表现为肠梗阻症状。

(三) 扩散和转移

1. 直接蔓延 当癌组织侵犯到浆膜,可直接蔓延到邻近器官,如前列腺、膀胱及腹膜等处。
2. 淋巴道转移 当癌组织未穿透肠壁肌层时,较少发生淋巴道转移。一旦穿透肌层,则转移率明显增加。一般先转移至局部淋巴结,再沿淋巴引流方向到达远隔淋巴结。
3. 血道转移 晚期可经血道转移至肝、肺、骨等处。
4. 种植性转移 癌组织穿破浆膜后,癌细胞脱落,播散到腹腔内形成种植性转移。

四、原发性肝癌

原发性肝癌(pricmary carcinoma of liver)是由肝细胞或肝内胆管上皮细胞发生的恶性肿瘤,简称肝癌,为我国常见肿瘤之一。原发性肝癌发病年龄多在中年以上,男多于女。

(一) 病因和发病机制

1. 病毒性肝炎 现已知乙型肝炎与肝癌关系密切,其次为丙型肝炎。肝癌病例中HBsAg阳性率可高达80%。
2. 肝硬化 肝硬化与肝癌两者关系密切,在我国尤为明显。约84.6%的肝癌患者是在肝硬化的基础上发生的,其中以坏死后性肝硬化最常见。
3. 真菌及其毒素 黄曲霉菌、青霉菌、杂色曲霉菌等可引起实验性肝癌。其中以黄曲霉菌最重要。在肝癌高发区,黄曲霉菌污染食物、水质的情况较严重。

(二) 病理变化和病理临床联系

肉眼观察:

早期肝癌:也称小肝癌。是指单个癌结节最大直径<3 cm或两个癌结节合计最大直径<

3 cm 的原发性肝癌。结节多呈球形,边界清楚,切面均匀一致,无出血及坏死。

晚期肝癌:肝脏体积明显增大,重量增加,大体形态分为以下3种类型:

1. 巨块型　肿瘤为巨大实体肿块,直径超过 15 cm,右叶多见。切面中心部常有出血、坏死。瘤体周围常有散在的卫星状癌结节。

2. 多结节型　最常见,通常合并有肝硬化。癌结节散在多个,圆形或椭圆形,大小不等,直径由数毫米至数厘米,如融合可形成较大结节。

3. 弥漫型　较少见,癌组织弥散于肝内,结节不明显,常发生在肝硬化基础上。

镜下观察:

1. 肝细胞癌　发生于肝细胞,最多见。分化程度差异较大。分化较好者癌细胞类似正常肝细胞;分化差者癌细胞异型性明显,常有巨核及多核瘤细胞。

2. 胆管细胞癌　发生于肝内胆管上皮的恶性肿瘤。一般不并发肝硬化。

3. 混合细胞型肝癌　具有肝细胞癌和胆管细胞癌两种结构,最少见。

早期肝癌患者常无明显临床症状,多有肝炎、肝硬化病史,表现为进行性消瘦、肝区疼痛、肝迅速增大、黄疸及腹水等。

(三) 扩散和转移

1. 直接蔓延　首先在肝内直接蔓延。
2. 淋巴道转移　可转移至肝门淋巴结、上腹部淋巴结和腹膜后淋巴结。
3. 血道转移　晚期通过肝静脉转移至肺、肾上腺、脑及肾等处。

第7节　肝性脑病

一、概　念

肝性脑病(hepatic encephalopathy)是指由于严重肝脏疾病所引起的一种神经精神综合征。

二、原因和类型

(一) 内源性肝性脑病(暴发型肝性脑病)

多见于重型肝炎、肝癌、严重的胆道感染以及药物、毒物、引起的急性肝损伤。肝功能严重受损。临床上多为急性经过,又称急性肝性脑病。

(二) 外源性肝性脑病(门-体型肝性脑病)

多见于门脉性肝硬化等有门-体静脉分流时,由胃肠道吸收入门静脉的毒性物质绕过肝脏而直接进入体循环所致。临床上多为慢性经过,又称慢性肝性脑病。

三、发病机制

肝性脑病的发病机制尚未完全阐明。多数学者认为其发生主要是脑细胞的代谢和功能障碍所致。

(一) 氨中毒学说

80%~90%的肝性脑病患者伴有血液及脑脊液中氨浓度增高,提示肝性脑病的发生与血氨升高有明显关系。正常情况下,氨在肝脏中经鸟氨酸循环合成尿素,使血氨的生成和清除保持动态平衡,血氨浓度不超过 59 μmoL/L。当肝功能受损时,鸟氨酸循环发生障碍,导致血氨升高。增高的血氨通过血血-脑屏障进入脑组织,干扰脑细胞的代谢和功能,从而引起脑功能障碍。

1. 血氨升高的原因

(1) 氨的清除不足:体内产生的氨其主要去路是在肝内通过鸟氨酸循环,合成尿素后经肾脏排出。①肝功能严重障碍时,ATP 及尿素合成所需的酶生成不足,鸟氨酸循环受阻,尿素合成减少;②门-体静脉分流时,来自肠道吸收的氨绕过肝脏直接进入体循环,使血氨升高。

(2) 氨的生成增多:①患者常有上消化道出血,血浆蛋白质在肠道细菌作用下产氨增多;②胃肠道淤血、水肿,食物消化吸收障碍,肠道细菌繁殖,氨的生成增多;③晚期患者常合并肾功能不全而发生氮质血症,血液中大量尿素弥散入肠腔,在肠道细菌尿素酶的作用下,分解生成氨;④患者躁动不安,肌肉收缩增加,肌肉中的腺苷酸分解产氨增多。

2. 氨对脑的毒性作用

(1) 干扰脑细胞的能量代谢:正常时脑需要能量较大,其能量来源主要是葡萄糖的氧化。氨干扰脑细胞的能量代谢主要是通过干扰葡萄糖生物氧化的进行,使能量生成减少及消耗过多。

(2) 氨使脑内神经递质发生改变:脑内兴奋性神经递质与抑制性神经递质保持动态平衡,脑内氨增高可使兴奋性神经递质减少而抑制性神经递质增多,干扰了神经递质之间的平衡,因而造成中枢神经系统功能紊乱。

(3) 氨干扰脑细胞的离子转运:氨能干扰神经细胞膜上 Na^+-K^+-ATP 酶的活性,使细胞内外的 Na^+、K^+ 异常分布,进而影响脑细胞的电兴奋过程。

(二) 假性神经递质学说

当肝功能严重障碍或门-体静脉分流时,肠道内所产生的胺类(苯乙胺和酪胺)未经肝脏清除或绕过肝脏直接进入体循环到达脑组织,在脑细胞 β-羟化酶的作用下,羟化生成苯乙醇胺和羟苯乙醇胺。这两种物质的化学结构与正常神经递质去甲肾上腺素和多巴胺相似,但其生理功能只有正常的 1/10,故称为假性神经递质。假性神经递质与正常神经递质相互争夺突触受体,从而导致神经信息的传递受阻,大脑抑制,出现一系列神经精神症状,甚至昏迷。

(三) 其他

其他如血浆氨基酸失衡学说、GABA 学说目前已受到重视。

肝性脑病的发生，尤其是外源性肝性脑病大多都有明确的诱因：上消化道出血、碱中毒、长期使用中枢抑制剂、感染、便秘、过多过快放腹水及大量饮酒、进食过多的蛋白质等均可诱发肝性脑病，其中上消化道出血是最常见的诱因。

四、临床特点

肝性脑病在临床上根据神经精神症状的不同可分为 4 期：

一期：有轻微的性格和行为改变。临床表现为欣快感或沉默少言、注意力不集中、反应迟钝等。

二期：以精神错乱、睡眠障碍、行为失常为主。临床表现为行为迟钝、嗜睡、哭笑无常、定向障碍、理解能力减退等，可出现特征性的扑翼样震颤等。

三期：以昏睡和严重精神错乱为主，临床表现为嗜睡、木僵等。

四期：完全丧失神志，不能唤醒，进入昏迷阶段。

第 15 章 泌尿系统疾病

第 1 节 肾小球肾炎

肾小球肾炎(glomerulo nephritis,GN)简称肾炎,是以双侧肾脏的肾小球损害为主的变态反应性疾病。主要临床表现有蛋白尿、血尿、水肿和高血压等,晚期可引起肾功能衰竭。

一、病因和发病机制

肾炎的病因和发病机制尚未完全明了,现认为大多数类型都是由于抗原抗体复合物(免疫复合物)沉积于肾小球而致病。与肾炎发病有关的抗原可分为内源性和外源性两大类:内源性抗原包括肾小球性抗原(如肾小球基底膜抗原等)和非肾小球性抗原(如核抗原、DNA、肿瘤抗原等);外源性抗原包括细菌、病毒、寄生虫、真菌和螺旋体等生物性病原体的成分,某些药物和异种血清等。各种不同的抗原刺激机体产生相应的抗体,抗原抗体结合形成免疫复合物。

免疫复合物是引起肾小球损伤的主要原因,有关的损伤机制如下:

(一) 循环免疫复合物沉积

非肾小球性的可溶性抗原(包括外源性和内源性)刺激机体产生相应的抗体,抗原抗体在血循环内结合形成免疫复合物,当免疫复合物随血液流经肾脏时,便沉积于肾小球内而引起肾小球损伤。

(二) 原位免疫复合物形成

由于肾小球本身某些成分(如肾小球基底膜)的结构发生改变而显现出抗原性;或某些细菌、病毒等与肾小球基底膜具有共同抗原性;或某些非肾小球性抗原与肾小球内的成分结合形成植入性抗原等,均可使机体产生相应的抗体,这些抗体便直接与肾小球内的上述

第15章 泌尿系统疾病

相应抗原结合,导致在肾小球内原位免疫复合物形成,并引起肾小球损伤。

免疫复合物沉积于肾小球内,可激活补体,引起炎细胞渗出,损害基底膜,同时引起肾小球内多种细胞成分增生,破坏肾小球的正常结构和功能,导致肾小球肾炎的发生。

二、常见肾炎类型

肾小球肾炎的命名和分类方法很多。按照临床症状及发病缓急可将肾小球肾炎分为急性、急进性、慢性及隐匿性几种类型。按照病理变化特点又可分为下列病理类型:①急性弥漫性增生性肾小球肾炎;②快速进行性(新月体性)肾小球肾炎;③膜性肾小球肾炎;④微小病变性肾小球肾炎;⑤局灶性节段性肾小球硬化;⑥膜增生性肾小球肾炎;⑦系膜增生性肾小球肾炎;⑧IgA肾病;⑨慢性肾小球肾炎。

肾小球肾炎的临床表现

> **链接** 肾小球肾炎的病理类型较多,其临床表现与病理类型密切相关,肾小球肾炎常见的表现有:尿量的改变(少尿、无尿、多尿或夜尿)、尿性状的改变(血尿、蛋白尿和管型尿)、氮质血症、水肿和高血压等。在临床上,各型肾小球肾炎常表现出一定的症状组合,称"综合征"。常见的综合征有以下几种类型:
>
> 1. 急性肾炎综合征 起病急,常突然出现明显的血尿,伴有程度不等的蛋白尿、少尿、水肿和高血压,严重者可出现氮质血症。主要见于急性弥漫性增生性肾小球肾炎。
>
> 2. 快速进行性肾炎综合征 起病急,病情进展快。有明显的水肿、血尿和蛋白尿,并迅速出现少尿或无尿、氮质血症和急性肾功能衰竭。主要见于快速进行性肾小球肾炎。
>
> 3. 肾病综合征 主要表现为"三高一低":①大量蛋白尿;②明显水肿;③高脂血症和脂尿;④低蛋白血症。常见于膜性肾小球肾炎、脂性肾病、局灶性节段性肾小球硬化、膜增生性肾小球肾炎和系膜增生性肾小球肾炎。

本节介绍几种常见的病理类型。

(一) 急性弥漫性增生性肾小球肾炎

急性弥漫性增生性肾小球肾炎以弥漫性肾小球毛细血管内皮细胞和系膜细胞增生为病变特征,是临床上最常见的类型。其病因主要与A族乙型溶血性链球菌感染引起的变态反应有关。本病好发于儿童,成人较少见。临床上起病急,病程短,预后较好。

1. 病理变化 镜下观察:病变弥漫累及双肾绝大部分肾小球。受累肾小球体积增大,肾小球内细胞数量明显增多,主要是肿胀增生的内皮细胞和系膜细胞,并有较多的中性粒细胞浸润,毛细血管管腔狭窄甚至闭塞,肾小球呈缺血改变(图15-1)。病

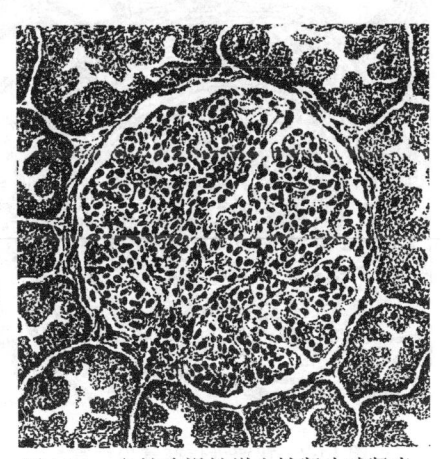

图15-1 急性弥漫性增生性肾小球肾炎

变严重者,毛细血管壁可发生纤维素样坏死。肾小管上皮细胞常发生变性改变,肾小管腔内可见红细胞、白细胞、脱落的上皮细胞及各种管型。肾间质有不同程度的充血、水肿,并有少量淋巴细胞、中性粒细胞浸润。肉眼观察:两肾对称性肿大,被膜紧张,表面光滑,颜色较红,故称大红肾。有时肾表面及切面可见散在的小出血点如蚤咬状,称蚤咬肾。

2. 病理临床联系 此型肾炎起病急,临床主要表现为急性肾炎综合征。

(1) 尿的变化:由于肾小球毛细血管管腔狭窄甚至闭塞,血流量减少,肾小球滤过率下降,而肾小管重吸收功能无明显障碍,故出现少尿,严重者无尿并可出现氮质血症。由于肾小球毛细血管损伤,通透性增高,可出现血尿、蛋白尿、管型尿等。

(2) 水肿:常为起病的最初症状,首先出现在眼睑等组织疏松部位,严重时可波及全身。引起水肿的主要原因是少尿、无尿所致的钠水潴留,也与变态反应引起的全身毛细血管通透性增加有关。

(3) 高血压:患者常有轻至中度的高血压,可能与钠水潴留引起的血容量增加有关。

此型肾炎预后良好。儿童链球菌感染后肾炎95%以上可在数周或数月内痊愈;少数患儿反复发作,逐渐发展为慢性肾小球肾炎;极少数患儿发展较快,可转变为快速进行性肾小球肾炎。成人患者通常预后较差。

(二) 快速进行性(新月体性)肾小球肾炎

快速进行性肾小球肾炎以肾小球壁层上皮细胞增生,形成新月体或环状体为病变特征,又称新月体性肾小球肾炎。本病比较少见,多见于青壮年。临床上起病急,病情重,进展快,预后差。

1. 病理变化 镜下观察:双肾大部分肾小球球囊内有新月体形成。新月体主要由增生的肾小球囊壁层上皮细胞和渗出的单核巨噬细胞组成。增生的上皮细胞体积增大,成层堆积,在肾小球毛细血管丛周围形成新月状或环状结构(图15-2),故称新月体或环状体。严重时毛细血管壁发生纤维素样坏死及出血。新月体形成后,一方面压迫毛细血管丛;另一方面,球囊壁增厚并与毛细血管丛粘连,使球囊腔闭塞,最后整个肾小球发生纤维化和玻璃样变性,使肾功能丧失。肾小管上皮细胞可发生变性,甚至萎缩、消失。肾间质水肿,常有炎细胞浸润。肉眼观察:双肾体积增大,颜色苍白,皮质常有点状出血。

2. 病理临床联系 此型肾炎病情发展快速,临床主要表现为快速进行性肾炎综合征。由于肾小球毛细血管损伤严重,常出现严重的血尿、蛋白尿。大量新月体形成后阻塞肾球囊腔,压迫毛细血管丛,而迅速出现少尿、无尿和氮质血症。大量肾单位缺血,通过肾素-血管紧张素的作用,可发生高血压。大量代谢产物在体内潴留,水、电解质和酸碱平衡紊乱,短期内即可导致肾功能衰竭。

此型肾炎病变广泛,进展迅速,预后极差。如

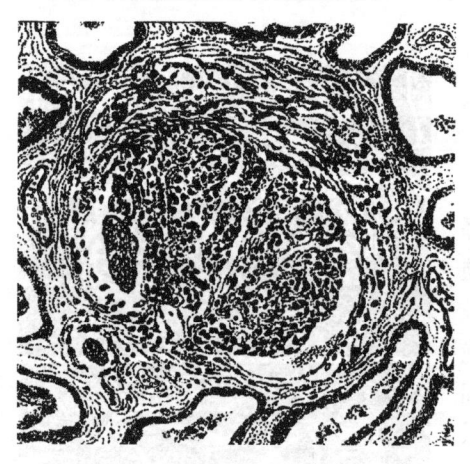

图15-2 快速进行性肾小球肾炎

不及时治疗,患者常在数周或数月内死于尿毒症。

(三) 慢性肾小球肾炎

慢性肾小球肾炎是各型肾小球肾炎发展的终末阶段,以大量肾小球发生玻璃样变性和硬化为病变特征,又称弥漫性硬化性肾小球肾炎。本病多见于成年人,部分患者过去有肾炎病史,也有相当数量的患者起病隐匿,无明显自觉症状及肾炎病史,发现时已进入慢性阶段。本病病程多较长,预后差。

1. 病理变化　镜下观察:大量肾小球纤维化及玻璃样变性,所属肾小管萎缩消失或纤维化,纤维组织收缩使病变的肾小球相互靠拢,称肾小球集中现象;病变轻的肾单位呈代偿性改变,表现为肾小球肥大,肾小管扩张;肾间质纤维组织明显增生,并有多量淋巴细胞和浆细胞浸润,可见小动脉硬化(图 15-3)。肉眼观察:双肾对称性缩小,颜色苍白,质地变硬,表面呈弥漫性细颗粒状,故称颗粒性固缩肾(图 15-4)。切面见肾皮质萎缩变薄,皮髓质界限不清。

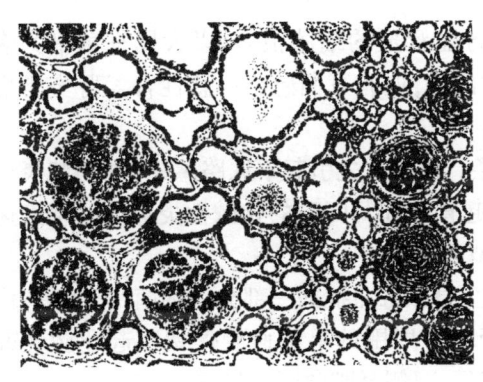

图 15-3　慢性肾小球肾炎(镜下)

图 15-4　慢性肾小球肾炎(大体)

2. 病理临床联系　此型肾炎多发展缓慢,晚期主要表现为慢性肾炎综合征。

(1) 尿的变化:由于大量肾单位破坏,血流通过少量存留肾单位的速度及滤过加快,原尿通过肾小管的速度也加快,超过肾小管的重吸收能力,所以出现多尿、夜尿、低比重尿。由于存留的肾单位相对正常,因此蛋白尿、血尿、管型尿多不太明显。

(2) 高血压:这是此型肾炎晚期的突出症状。由于大量肾单位纤维化,使肾组织严重缺血,肾素分泌增加,而致血压升高。

(3) 氮质血症:由于肾单位不断破坏,存留的肾单位越来越少,使代谢产物在体内蓄积,引起氮质血症,最终可导致尿毒症。

(4) 贫血:由于大量肾单位破坏,促红细胞生成素产生减少,而且蓄积在体内的大量代谢产物又可抑制骨髓造血功能,故常引起贫血。

此型肾炎若早期进行合理治疗,可控制病情发展。若发展到晚期常导致肾功能衰竭和心力衰竭,预后极差。死亡原因主要为尿毒症,其次为高血压引起的心力衰竭和脑出血,部分患者死于继发感染。

第2节 肾盂肾炎

肾盂肾炎(pyelonephritis)是感染引起的主要累及肾盂、肾间质和肾小管的炎性疾病。根据病变特点和病程可分为急性肾盂肾炎和慢性肾盂肾炎2类。

一、急性肾盂肾炎

急性肾盂肾炎是由细菌感染引起的肾盂、肾间质和肾小管的急性化脓性炎症。本病可发生于任何年龄,以女性多见,其发病率约为男性的10倍。

(一)病因和发病机制

急性肾盂肾炎主要由细菌感染引起。引起肾盂肾炎的细菌很多,以大肠杆菌最为多见,其次为肠杆菌、产气杆菌、变形杆菌和葡萄球菌等,偶有真菌感染。急性肾盂肾炎常由单一细菌感染引起,主要的感染途径有以下2条:

1. **上行性感染** 上行性感染是主要感染途径。细菌首先引起下尿路感染(如膀胱炎或尿道炎),然后沿输尿管上行至肾盂和肾间质,引起肾盂和肾间质的化脓性炎症。此感染途径的病原菌以大肠杆菌为主,病变可累及一侧或双侧肾脏。

2. **血源性感染** 血源性感染较为少见,常为全身脓毒血症的一部分。细菌(化脓菌)由体内化脓病灶侵入血流到达肾脏,于肾小球或肾小管周围的毛细血管停留引起化脓性改变。此条感染途径的病原菌以金黄色葡萄球菌多见,双侧肾脏常同时受累。

泌尿道结石、前列腺肥大、妊娠子宫和肿瘤压迫等引起的尿路完全或不完全阻塞,膀胱输尿管反流,尿道的器械检查和手术使泌尿道黏膜受损等均可成为肾盂肾炎的诱发因素。女性尿道较短,外阴部常含较多细菌,且缺乏男性前列腺液含有的抗菌物质,故女性发病率比男性高。

(二)病理变化

肉眼观察:肾肿大,表面充血,可见散在多个大小不等的黄白色脓肿,周围有充血出血带环绕。有时多个病灶融合,可形成较大脓肿。切面见肾盂黏膜充血、水肿,表面有脓性渗出物覆盖,严重时肾盂内有脓液积聚;髓质内有黄色条纹状病灶向皮质伸展,肾组织中有小脓肿形成。镜下观察:上行性感染时病变首先累及肾盂,引起肾盂黏膜充血、水肿,大量中性粒细胞浸润;以后炎症沿肾小管及周围组织扩散,引起肾间质化脓性炎并伴脓肿形成(图15-5)。血源性感染时,首先在肾小球或肾小管周围的肾间质形成小脓肿,然后逐渐扩散蔓延到肾盂。

(三)病理临床联系

起病急,常突然出现寒战、发热、白细胞增多等全身症状。由于肾肿大和化脓性病变的影响,患者常有腰部酸痛和肾区叩击痛,并出现脓尿、菌尿、蛋白尿和管型尿等。由于膀胱、尿道炎症刺激,可出现尿频、尿急、尿痛等膀胱刺激征。

急性肾盂肾炎如能及时彻底治疗,大多在短期内治愈;如治疗不彻底或致病因素未消除,则易反复发作而转为慢性。

二、慢性肾盂肾炎

慢性肾盂肾炎多由急性肾盂肾炎未及时彻底治疗、反复发作转变而来,少数病例也可无明显的急性病史。

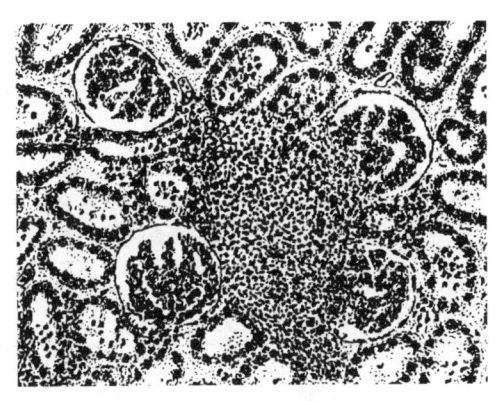

图15-5 急性肾盂肾炎

(一) 病因和发病机制

慢性肾盂肾炎常由多种细菌混合反复感染所致。根据发病机制可分为慢性阻塞性肾盂肾炎和慢性反流性肾盂肾炎2种类型。

(二) 病理变化

肉眼观察:肾体积缩小,质地变硬,表面高低不平,有不规则的凹陷性瘢痕;切面皮髓质分界不清,肾盂黏膜粗糙增厚,肾盂、肾盏变形。双肾多不对称,病变分布不均。镜下观察:病变不规则,呈灶性分布。肾盂黏膜增厚,部分黏膜上皮脱落,可见鳞状上皮化生;肾间质有大量纤维组织增生和慢性炎细胞浸润;大部分肾小管和肾小球萎缩、坏死、纤维化;病灶间部分肾小球代偿肥大,部分肾小管扩张。

(三) 病理临床联系

由于肾小管病变发生较早且较严重,尿浓缩功能降低,可出现多尿、夜尿、低比重尿、酸中毒等。由于肾组织缺血,肾素分泌增加,可引起高血压。晚期大量肾组织破坏,可引起氮质血症和尿毒症。慢性肾盂肾炎患者全身感染及膀胱刺激症不太明显。慢性肾盂肾炎可急性发作,发作时临床症状与急性肾盂肾炎相似。

慢性肾盂肾炎病程较长,可反复发作。若及时治疗可控制病变发展。如病变广泛且频繁发作,晚期可引起高血压、心力衰竭和尿毒症等严重后果而危及生命。

肾小球肾炎和肾盂肾炎的主要区别见表15-1。

表15-1 肾小球肾炎和肾盂肾炎的区别表

	肾小球肾炎	肾盂肾炎
炎症性质	变态反应性炎症	化脓性炎症
病因	多种抗原	细菌
发病机制	循环免疫复合物沉积	上行性感染(主要途径)
	原位免疫复合物形成	下行性感染

续表

	肾小球肾炎	肾盂肾炎
病变特点	弥漫性肾小球损伤 双肾同时受累	肾盂肾间质化脓 双侧肾脏病变常不对称
临床表现	急性肾炎综合征、快速进行性肾炎综合征、肾病综合征、慢性肾炎综合征等	寒战、高热、腰痛脓尿、蛋白尿、菌尿、血尿 膀胱刺激征
结局	治愈、转为慢性肾小球肾炎、最终导致肾功能衰竭	治愈、转为慢性肾盂肾炎、最终导致肾功能衰竭

第3节 肾功能衰竭

肾脏是人体的重要生命器官,具有排出体内代谢产物、药物和毒物,调节水、电解质和酸碱平衡,产生肾素、促红细胞生成素、$1,25\text{-}(OH)_2$维生素D_3和前列腺素等诸多生理功能,在维持人体内环境稳定中具有重要的作用。

当各种病因引起肾功能严重障碍时,体内会出现多种代谢产物的蓄积,水、电解质和酸碱平衡紊乱,以及肾脏内分泌功能障碍等一系列病理生理变化,称为肾功能衰竭(renal failure)。根据病因、发病缓急和病程长短,肾功能衰竭又可分为急性肾功能衰竭和慢性肾功能衰竭。无论是急性还是慢性肾功能衰竭,当发展到最严重阶段时,均可导致尿毒症而告终。

一、急性肾功能衰竭

急性肾功能衰竭(acute renal failure,ARF)是指各种病因在短期内引起两肾泌尿功能急剧障碍,以致机体内环境出现严重紊乱的全身性病理过程。临床主要表现为水中毒、氮质血症、高钾血症和代谢性酸中毒等。多数病人常伴少尿或无尿,为少尿型急性肾功能衰竭;部分病人尿量并无明显减少,称为非少尿型急性肾功能衰竭。

(一) 病因和发病机制

引起急性肾功能衰竭的病因可分为肾前性、肾性和肾后性三大类。

1. **肾前性因素** 主要指能引起肾血液灌流量急剧减少的一些因素。常见于失血、失液、烧伤、创伤、感染等引起的各型休克早期和急性心力衰竭等。

由于有效循环血量不足,肾血流量急剧减少,通过交感-肾上腺髓质系统兴奋及肾素-血管紧张素系统激活等引起持续的肾血管收缩,导致肾小球滤过率明显降低而发生急性肾功能衰竭。此时,肾小管尚无器质性病变,一旦肾血流恢复,肾功能也迅速恢复,故属于功能性肾功能衰竭。若肾缺血持续过久,将会引起急性肾小管坏死而转为器质性肾功能衰竭。

2. 肾性因素 指肾实质的器质性病变。临床上以严重而持久的肾缺血和肾毒物引起的急性肾小管坏死最为常见,也见于急性肾小球肾炎、恶性高血压、急性肾盂肾炎等引起的弥漫性肾实质性疾病。

肾缺血和肾毒物引起的肾小管坏死时,坏死脱落的上皮细胞碎片及各种管型均可引起肾小管阻塞,妨碍原尿通过,又使管腔内压升高,影响肾小球滤过而引起少尿。同时,肾小管上皮细胞的坏死脱落使管腔的完整性被破坏,可使肾小管内原尿从管壁破裂处回漏至周围肾间质,称为原尿回漏。这一方面直接造成尿量减少,另一方面又引起肾间质水肿,使间质内压力增高,压迫肾小管及其周围的毛细血管,进一步加重肾小管阻塞和肾缺血,使肾小球滤过率进一步下降。

3. 肾后性因素 指从肾盏到尿道口任何部位的急性阻塞。多见于双侧输尿管结石、前列腺增生及前列腺癌等。

由于尿路梗阻直接阻止尿液排出而表现少尿、无尿;同时阻塞处近端尿路内压上升,降低了有效滤过压,使肾小球滤过率降低,而致急性肾功能衰竭。

(二) 机体功能代谢变化

急性肾功能衰竭大多为少尿型,按其发展过程可分为少尿期、多尿期和恢复期3个阶段。

1. 少尿期 此期是急性肾功能衰竭的早期阶段,也是病情最危重的阶段,不仅尿量明显减少,而且还伴有严重的内环境紊乱。此期一般持续1~2周,持续时间越长,预后越差。

(1) 尿的变化:①少尿或无尿:迅速出现少尿(24 h 少于 400 ml)甚至无尿(24 h 少于 100 ml)是此期的主要特征。少尿、无尿是由于肾小球滤过率降低、肾小管阻塞及原尿回漏等因素综合作用所致;②低比重尿:由于肾小管对原尿的浓缩和稀释功能障碍,故尿比重降低,常固定于1.010~1.020;③尿钠高:由于肾小管对钠的重吸收功能障碍而致钠排出增加,因而尿钠含量增高;④血尿、蛋白尿、管型尿:由于肾小球滤过功能障碍和肾小管上皮细胞坏死脱落,可出现血尿、蛋白尿、管型尿等。

功能性急性肾功能衰竭时,由于肾小管功能未受损害,少尿主要是由于肾小球滤过率显著降低所致;而器质性急性肾功能衰竭时,肾小球和肾小管功能均有障碍,两者不仅在少尿的发生机制上不同,而且尿液的成分也有区别(表15-2),临床治疗也不相同。因此鉴别功能性与器质性急性肾功能衰竭,对于临床判断预后和指导治疗都有着重要的意义。

表15-2 功能性与器质性急性肾功能衰竭尿液变化比较表

	功能性急性肾功能衰竭	器质性急性肾功能衰竭
尿比重	>1.020	<1.015
尿渗透压(mmol/L)	>700	<250
尿钠含量(mmol/L)	<20	>40
尿/血肌酐比值	>40:1	<10:1
尿蛋白	阴性或微量	+~++++
尿沉渣镜检	基本正常	各种管型、红白细胞及变性上皮细胞
甘露醇利尿效应	好	差

(2) 水中毒：由于少尿无尿、体内分解代谢增强使内生水增多、或因水摄入或输入过多等原因，可发生水中毒。严重者可引起脑水肿、肺水肿及心力衰竭导致患者死亡。因此对急性肾功能衰竭病人必须严密观察和记录水的出入量，严格控制补液速度和补液量。

(3) 代谢性酸中毒：由于肾小球滤过率降低、肾排酸保碱功能下降以及体内固定酸产生增多，均可使酸性代谢产物在体内潴留而引起代谢性酸中毒。

(4) 高钾血症：高钾血症是急性肾功能衰竭病人最常见、最危险的并发症，常为少尿期的致死原因。高钾血症的危险性在于对心肌的毒性作用，可致心律失常，严重时可因心室颤动或心跳骤停而死亡。引起血钾升高的病因主要有：肾排钾减少；组织破坏、细胞分解及酸中毒等使钾从细胞内向细胞外转移；摄入含钾量高的食物或输入库存较久的血液等等。

(5) 氮质血症：由于少尿，体内蛋白质代谢产物不能充分排出，使血中尿素、肌酐、尿酸等非蛋白氮含量显著增高，称为氮质血症。病情严重时往往还同时伴有其他毒性代谢产物在体内蓄积而发生尿毒症。

2. 多尿期　当24 h尿量超过400 ml时，即进入多尿期。这是病情好转、肾功能开始恢复的征象。随着病程发展，每日尿量可达3000 ml以上。

产生多尿的机制主要是：①肾血流量和肾小球滤过功能逐渐恢复；②潴留在血中的代谢产物从肾小球大量滤出，产生渗透性利尿；③损伤的肾小管上皮细胞开始再生修复，但新生的上皮细胞功能尚未成熟，对钠、水的重吸收功能低下；④肾小管阻塞解除，间质水肿消退。

多尿期患者尿量虽已增多，但在多尿早期，由于肾小球滤过率仍低于正常，故氮质血症、高钾血症和酸中毒还不能立即改善，通常要到多尿后期才会逐渐消失。而多尿后期由于尿量明显增多，水和电解质大量排出，若不及时补充，又可发生脱水、低钾血症和低钠血症等，应及时采取相应措施。

多尿期持续时间约为1~2周，逐步进入恢复期。

3. 恢复期　多尿期与恢复期之间无明显界限。在恢复期，肾小管的结构和功能逐渐恢复，尿量基本恢复正常，机体内环境紊乱得到纠正，临床症状消失。但肾小管的浓缩和酸化功能恢复较慢，通常完全恢复正常需要数月甚至更长时间。

非少尿型急性肾功能衰竭肾内病变和临床表现一般较轻，尿量并不明显减少，24 h尿量通常在400~1000 ml，尿比重降低，有氮质血症，但很少出现高钾血症。此型肾衰病程较短，预后较好。但非少尿型急性肾衰和少尿型急性肾衰可相互转化。

二、慢性肾功能衰竭

慢性肾功能衰竭(chronic renal failure, CRF)是指各种慢性肾脏疾病导致肾单位进行性破坏，以致残存的肾单位不能充分排出代谢废物和维持内环境恒定，进而发生泌尿功能障碍和内环境紊乱，使体内出现代谢废物和毒物的潴留，水、电解质和酸碱平衡紊乱，并伴有一系列临床症状的病理过程。

(一) 病因和发病机制

凡能造成肾实质进行性破坏的疾患,均可引起慢性肾功能衰竭。

1. 肾脏病变 如慢性肾小球肾炎、慢性肾盂肾炎、肾结核、系统性红斑狼疮等,其中以慢性肾小球肾炎最常见,约占 50%~60%。

2. 肾血管病变 如高血压性肾动脉硬化、糖尿病性肾病等。

3. 尿路慢性梗阻 如尿路结石、肾肿瘤、前列腺肥大等。

慢性肾功能衰竭的发病机制十分复杂,目前尚不十分清楚。一般认为可能与健存肾单位日益减少、矫枉失衡、肾小球过度滤过及肾小管-肾间质损害等因素有关。

健存肾单位学说与慢性肾功能衰竭的发展进程

> 链接 健存肾单位学说认为,慢性肾脏疾病时,肾单位不断被破坏而丧失功能,此时,肾脏存在着完全丧失功能的肾单位和轻度受损或仍属正常的肾单位(即健存肾单位),肾功能只能由健存肾单位来承担。为了维持肾脏功能,健存肾单位往往发生代偿性肥大,肾小球的滤过功能、肾小管的重吸收功能等都相应加强,从而可维持机体内环境基本稳定相当长时间。随着疾病的进展,健存肾单位数目越来越少,肾脏的代偿功能也逐渐下降,当健存肾单位数目少到不足以维持肾脏代偿功能时,就会出现肾功能衰竭。因此,健存肾单位的多少是决定慢性肾功能衰竭发展的重要因素。
>
> 慢性肾功能衰竭是一个缓慢且进行性加重的发展过程,是肾功能由代偿走向失代偿的一个动态的发生发展过程:肾储备功能降低期(代偿期)、肾功能不全期、肾功能衰竭期、尿毒症期。

(二) 机体功能和代谢变化

1. 尿的改变

(1) 夜尿:正常成人每日尿量约 1500 ml,白天尿量约占总尿量的 2/3,夜间尿量占 1/3。慢性肾功能衰竭早期夜间排尿即可增多,夜间尿量和白天尿量接近,甚至超过白天尿量,故称为夜尿。其发生机制不清。

(2) 多尿:成人 24 h 尿量超过 2000 ml 称为多尿。由于多数肾单位破坏,流经残留肾小球的血量代偿性增加,使原尿生成增多,流经肾小管时流速增快,肾小管来不及充分重吸收;加之原尿内溶质含量代偿性增高,引起渗透性利尿,从而出现多尿。

(3) 低渗或等渗尿:慢性肾功能衰竭早期,由于肾浓缩功能减退而稀释功能正常,因而出现低渗尿。随着病情发展,肾浓缩功能和稀释功能均丧失,尿的渗透压接近于血浆,尿比重固定在 1.008~1.012,称为等渗尿。

(4) 少尿:病变晚期,由于肾单位大量破坏,肾小球滤过率极度降低,每日尿量可少于 400 ml。

2. 水、电解质及酸碱平衡紊乱

(1) 水代谢紊乱:慢性肾功能衰竭时,肾脏对水的适应调节能力降低,当水摄入增加时,肾不能相应增加水的排泄而易发生水潴留,甚至水中毒;若严格限制水的摄入,又可因肾不能减少水的排泄而导致脱水。

（2）电解质代谢紊乱:①钠代谢紊乱:因呕吐、腹泻、长期限钠、肾脏持续失钠等可导致低钠血症,而摄钠过多又可导致钠水潴留;②钾代谢紊乱:慢性肾功能衰竭时,一般只要尿量不减少,血钾可维持正常,但如果患者进食不足、呕吐、腹泻、长期应用排钾利尿剂等,可出现低钾血症;如果钾的摄入量过多,尿量减少、酸中毒、长期应用保钾利尿剂等,又可出现高钾血症;③钙、磷代谢紊乱:表现为血磷增高,血钙降低,并出现肾性骨营养不良。慢性肾功能衰竭时,由于肾小球滤过率不断下降,肾排磷减少而致血磷升高。为了维持血浆中钙磷浓度间的关系,血磷升高时血钙就会降低;同时由于肾实质破坏,1,25-$(OH)_2$维生素D_3生成不足及体内毒性物质的潴留等,抑制肠道对钙的吸收,更加重低钙血症。低血钙刺激甲状旁腺分泌甲状旁腺激素(PTH)增多,由于 PTH 的溶骨作用,增加骨质脱钙;同时,慢性肾功能衰竭时伴有的代谢性酸中毒也可促进骨盐溶解,从而引起肾性骨营养不良,导致儿童的肾性佝偻病和成人的骨质软化、纤维性骨炎和骨质疏松等,患者出现骨痛、行动困难,易发生病理性骨折。

（3）代谢性酸中毒:由于肾小管泌H^+产NH_3能力下降,重吸收$NaHCO_3$减少,特别是硫酸、磷酸等酸性代谢产物滤出减少而在体内潴留,导致代谢性酸中毒。

3. 氮质血症　慢性肾功能衰竭早期,氮质血症不太明显。慢性肾功能衰竭晚期,由于肾单位大量破坏和肾小球滤过率下降,使含氮的代谢终末产物,如尿素、肌酐、尿酸等在体内蓄积,而出现氮质血症。

4. 肾性高血压　肾性高血压是指因肾实质病变引起的高血压,是最常见的继发性高血压。肾性高血压的发生机制可能是:

（1）钠、水潴留:慢性肾功能衰竭时,由于肾排钠、排水功能降低,体内钠、水潴留,血容量增加和心排血量增多,导致血压升高,这种高血压称为钠依赖性高血压,限制钠盐、促进利尿可收到较好的治疗效果。

（2）肾素-血管紧张素系统活性增强:某些肾脏疾病,由于肾相对缺血,激活肾素-血管紧张素系统,使血管收缩,外周阻力增加,导致血压升高,这种高血压称为肾素依赖性高血压,使用血管紧张素转换酶抑制剂可收到较好的治疗效果。

（3）肾分泌的抗高血压物质减少:肾髓质生成前列腺素A_2和E_2等舒血管物质减少,引起血压升高。

5. 肾性贫血　慢性肾功能衰竭患者常伴有贫血,称肾性贫血。贫血程度往往与肾功能损害程度一致。由于肾实质破坏,促红细胞生成素减少是肾性贫血的主要原因。同时,血液内潴留的毒性物质抑制骨髓造血功能、红细胞破坏增多、出血、铁的吸收利用障碍等均可导致或加重贫血。

6. 出血倾向　常表现为皮下出血、鼻出血、牙龈出血、胃肠道出血等。可能与体内蓄积的毒性物质造成血小板功能障碍有关。不断出血可加重贫血。

7. 尿毒症　当慢性肾功能衰竭发展到晚期阶段,可出现一系列尿毒症中毒症状。患者常因尿毒症而死亡。

三、尿 毒 症

急、慢性肾功能衰竭发展到最严重的阶段,由于代谢终末产物和内源性毒性物质在体内潴留,水、电解质和酸碱平衡严重紊乱以及肾脏内分泌功能失调,从而引起一系列自体中毒症状,称为尿毒症(uremia)。

尿毒症是一个复杂的病理过程,临床表现也多种多样。除了急、慢性肾功能衰竭原有的表现进一步加重外,还可出现各系统功能障碍和物质代谢紊乱等一系列自体中毒表现,如尿毒症性胃肠炎、尿毒症性脑病、周围神经病变、尿毒症性心包炎等等,预后极差。近年来由于采用了腹膜透析、人工肾和肾移植等治疗方法,挽救了不少病人的生命。

第16章 女性生殖系统疾病

第1节 慢性子宫颈炎

慢性宫颈炎是生育期妇女的常见病,多数由急性炎症未及时治愈或反复发作形成。由于子宫颈管内膜上皮薄、皱襞和腺体多,病原体潜藏不易彻底清除,所以,急性宫颈炎较易转变为慢性。

一、病因

多由分娩、流产或手术造成子宫颈裂伤后,并由细菌感染所致。引起本病的细菌多为葡萄球菌、链球菌、肠球菌等。阴道内酸性环境改变时,感染较易发生。

二、病理变化

慢性宫颈炎主要有以下几种病理类型。

(一)子宫颈糜烂

是最常见的病理类型。即宫颈阴道部表面的鳞状上皮脱落,由宫颈管的柱状上皮覆盖,由于柱状上皮薄,皮下的血管显露而呈红色区,称之为糜烂。初时表面平滑,谓之单纯性糜烂。以后继续发展,因腺上皮及间质增生而粗糙不平,谓之颗粒型或乳头型糜烂。在上皮的下方固有膜内有大量淋巴细胞、浆细胞浸润和炎性充血、水肿。

(二)宫颈肥大

因长期炎症刺激,宫颈充血、水肿,间质增生,宫颈呈不同程度肥大,质变硬,但表面多光滑呈乳白色。

(三) 宫颈息肉

由于炎症刺激，宫颈管局部黏膜增生过长，形成单个或多个带蒂的、鲜红结节状小肿物，下垂于宫颈管或宫颈外口，称为宫颈息肉（图 16-1）。息肉由增生的腺体、纤维组织和血管构成，并有淋巴细胞和浆细胞浸润。息肉的覆盖上皮与宫颈管内膜上皮一样为单层柱状上皮。

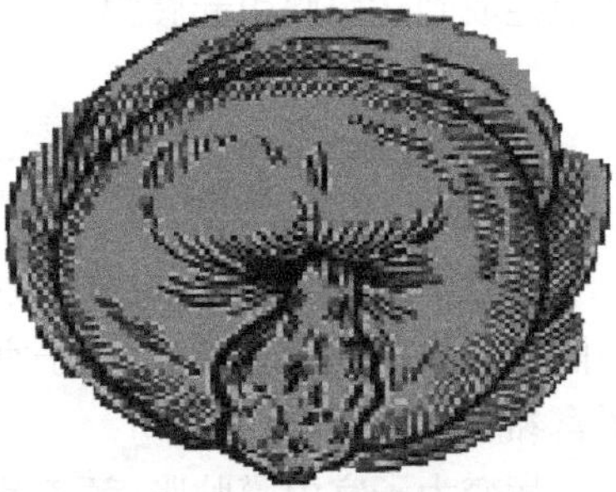

(四) 宫颈腺体囊肿

慢性宫颈炎时，腺体分泌亢进，腺管开口因炎症病变被新生的鳞状上皮覆盖或增生的结缔组织压迫，腺体内的分泌物不能流出而积存于腺腔内，使其扩张成囊称宫颈腺体囊肿又称纳氏囊肿。此时，在宫颈阴道部表面有单个或多个大小不等突起的小囊泡，呈青白色，内含无色黏液。

图 16-1 宫颈息肉

慢性宫颈炎的主要症状是白带增多，有时伴有腰痛、下腹或腰骶部疼痛，偶可有接触性出血。

第 2 节 慢性盆腔炎

女性生殖器及其周围的结缔组织、盆腔腹膜发生的炎症称为盆腔炎。有急性和慢性之分。急性主要见于产褥感染。而慢性盆腔炎多由急性盆腔炎治疗不及时、不彻底或患者体质虚弱、病程迁延所致。少数无急性盆腔炎病史。

主要病变为结缔组织增生及粘连。当炎性分泌物及渗出液积聚，则形成炎性包块。病变多局限于输卵管、卵巢和盆腔结缔组织，常见有慢性输卵管炎与输卵管积水、输卵管卵巢炎及输卵管卵巢囊肿、慢性盆腔结缔组织炎。

主要表现为下腹部胀痛及腰骶部酸痛。

第 3 节 子宫内膜炎

子宫内膜炎可分为急性和慢性 2 种。

一、急性子宫内膜炎

急性子宫内膜炎常为分娩及流产后感染所致。病原体多为链球菌、葡萄球菌、大肠埃希菌等。急性子宫内膜炎时，内膜肿胀、充血、水肿，表面有脓性分泌物，局部可形成溃疡。严重者，子宫内膜可发生坏死，甚至形成广泛坏疽。细菌极易从感染的内膜进入血液形成败血症或到达腹膜引起腹膜炎。

二、慢性子宫内膜炎

急性子宫内膜炎未治愈或致病菌对治疗不敏感，病变可以侵及内膜基底层，由于该层不随月经脱落，从而引起慢性子宫内膜炎。主要原因有：胎盘组织残留、近期不完全流产或子宫黏膜下肌瘤等。

病变为子宫内膜肿胀、颜色苍白，有慢性炎症细胞浸润和纤维结缔组织增生等。

慢性子宫内膜炎一般无明显症状，病变严重时，可有不规则阴道出血。

第4节 子宫内膜增生症（无排卵性功能失调性子宫出血）

子宫内膜增生症又称子宫内膜增生过长，属于无排卵型功能性子宫出血性疾病，因卵巢内分泌功能紊乱，使雌激素分泌过多，而孕激素过少所引起的异常子宫出血。

一、病因和发病机制

本病主要见于卵巢发育不成熟的青春期女性和卵巢功能退化的更年期女性。主要原因是下丘脑-腺垂体-卵巢轴功能失调，以及腺垂体分泌的卵泡刺激素与黄体生成素之间的比例失调导致卵巢内的卵泡无法成熟，从而不能排卵、无黄体形成，继而孕激素缺乏，雌激素过多，使子宫内膜增生过长。

二、病理变化

（一）肉眼观察

子宫内膜增厚，表面形成皱襞或呈息肉状。刮宫所得内膜量多，质韧。

（二）镜下观察

腺上皮为高柱状，排列成复层或假复层，间质细胞也增生，一般不见分泌期改变，但核分裂象常见。根据增生特点不同，可有以下几种类型：

1. 单纯型　内膜增生，腺体增多，腺体大小不等，形态不一，个别的腺体较小或呈囊状扩张。
2. 囊腺型　腺体增多，而且明显扩张呈囊状。
3. 腺瘤样型　以腺体增生为主，腺体排列紧密，呈"背靠背"现象，而间质不增生或反而减少。
4. 非典型性腺瘤样型　上述增生的腺体上皮细胞核大、深染，排列不规则。由于可以发展成为子宫体癌，因此，本型为癌前病变。

患者的主要症状是子宫不规则出血(特点是月经周期紊乱,经期长短不一,出血量不等)、贫血(出血量多或时间长者)和不能受孕。

第5节 子宫内膜异位症

子宫内膜异位症是指子宫内膜组织出现在正常内膜以外的部位,称为子宫内膜异位症。按位置不同分为子宫内子宫内膜异位症和子宫外子宫内膜异位症。其发病率近年明显提高,是目前常见的妇科疾病之一。

目前认为,子宫内子宫内膜异位症可能是通过经血逆流导致子宫内膜种植形成。而子宫外子宫内膜异位症时,子宫内膜可能是通过淋巴或静脉播散所致等。

一、子宫内子宫内膜异位症

子宫内膜在子宫肌层内呈良性侵入并伴有平滑肌增生,局限时称为子宫腺肌瘤,如果弥漫则称为子宫腺肌病。

子宫内子宫内膜异位症多见于子宫后壁,病变处肌层增厚,可呈结节状,但无包膜。

子宫内子宫内膜异位症,肌层呈对称性增厚,子宫增大。由于异位的子宫内膜也有周期性变化,在切面上可见到出血灶,呈暗红色或巧克力色,镜下观察:见子宫内膜灶状分布于肌纤维间,无异型性。

临床表现为子宫增大、变硬,痛经和月经失调。

二、子宫外子宫内膜异位症

绝大多数在盆腔内,尤其是以卵巢最为多见,占80%,其次是子宫直肠窝、子宫韧带、阴道壁、膀胱、输卵管等浆膜面。远离子宫处较少见,如腹壁手术瘢痕、肾、肺、乳腺等。

病变处见到暗红色或紫红色结节,有时可形成含血囊肿即巧克力囊肿。囊肿不断增大,破裂后与周围组织粘连。

临床上,表现为痛经、月经不调。子宫常常不大,但在卵巢等病变处可扪到包块,当月经来潮时包块增大并疼痛。

第6节 女性生殖系统肿瘤

一、子宫颈癌

子宫颈癌是女性生殖器官最常见的恶性肿瘤。患者年龄曲线呈双峰状,35～39岁和

60～64岁。子宫颈癌常有较长的癌前病变期,通过宫颈细胞学检查,可以早期发现、早期治疗,使宫颈癌的发病率明显下降,死亡率也不断下降。

(一) 病因

病因尚未完全明了。可能与下列因素有关:

1. 根据国内外资料显示,认为其发病可能与早婚(20岁前结婚)、性生活紊乱、过早性生活(18岁前已有性生活)、早年分娩、密产、多产及多次结婚等有关。
2. 与高危男子(患阴茎癌、前列腺癌或其前妻曾患宫颈癌等)性接触。
3. 病毒感染,如单纯疱疹Ⅱ型病毒、人乳头状病毒、人巨细胞病毒等。

(二) 病理变化

1. 肉眼观察　宫颈癌分为3型:

(1) 糜烂型:其肉眼观与子宫颈糜烂相似。病变处黏膜潮红、粗糙呈细颗粒状,质脆而易出血。常为早期癌(原位癌或早期浸润癌)。对可疑病例作活体组织学检查可确诊。

(2) 菜花型:是最常见的类型。癌组织呈明显外生性生长,在子宫颈前唇或后唇近外口处形成乳头状突起或菜花状突起,表面可有浅溃疡。如果能早期诊断和治疗,预后也较好。

(3) 浸润型及溃疡型:少见。癌组织向内呈浸润性生长,使子宫颈前唇或(和)后唇增大变硬,可有结节状突起。晚期癌组织大块坏死脱落形成较大溃疡或空洞时,称为溃疡型。此类型在相当长的时期内无症状,不易被早期发现。

2. 镜下观察　宫颈癌可分为两大类:

(1) 鳞状细胞癌:是宫颈癌的主要类型,占90%以上,大多发生在子宫颈外口鳞状上皮和柱状上皮交界处。通常是非典型增生进一步发展的最终结果。

非典型增生是指鳞状上皮明显增生,尤其是基底部的细胞增生活跃,细胞层次增加,排列紊乱,并呈现一定的细胞异型性。可分为轻、中、重3级。其中Ⅲ度非典型增生属于癌前病变。

子宫颈鳞状细胞癌分为早期癌和晚期癌,前者包括原位癌和早期浸润癌。

(2) 子宫颈腺癌:少见,通常起源于宫颈管内膜的柱状上皮和子宫颈腺上皮。与一般腺癌无异。

(三) 扩散途径

1. 直接蔓延　向阴道穹隆、阴道壁、宫体及宫旁组织浸润扩展。晚期向前蔓延到膀胱,向后蔓延到直肠。
2. 淋巴道转移　如果发生淋巴道转移,首先转移到盆腔淋巴结,然后可引起髂总淋巴结、腹股沟深浅淋巴结及腹主动脉旁淋巴结等转移。
3. 血道转移　癌症晚期,可经血道转移到达肺、肾或脊柱等。

（四）病理与临床联系（临床表现）

早期自觉症状不明显，但常常可有性交后出血表现，宫颈涂片检查即可发现。当癌组织坏死脱落或侵蚀血管时，可发生不规则的阴道流血，且白带增多、恶臭。晚期，由于癌组织浸润及转移，压迫盆腔内神经，患者可有下腹痛或腰骶部痛。到达膀胱可引起排尿困难、血尿等。到达直肠则可引起便秘等症状。

二、滋养层细胞肿瘤

（一）水泡状胎块

水泡状胎块又称葡萄胎，是指妊娠后胎盘绒毛滋养细胞异常增生，终末绒毛变成水泡且相连成串，形如葡萄而得名（图16-2）。镜下观察：可见绒毛间质高度水肿，绒毛间质中的血管减少或消失，而绒毛膜滋养层细胞增生，并具有一定的异型性和核分裂象。

临床上，患者最常见的表现是停经后阴道不规则流血；且子宫增大明显，远超过同月份妊娠子宫的大小；无胎心音和胎动。有时可形成黄素囊肿甚至可扭转引起急性腹痛。

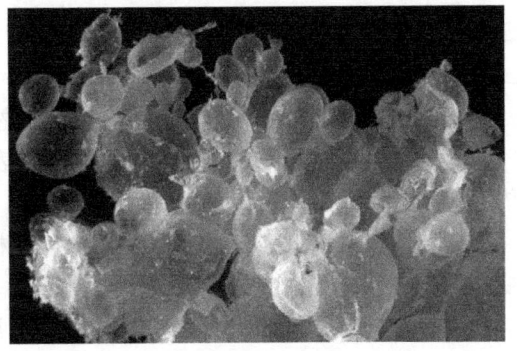

图16-2 水泡状胎块

（二）侵袭性水泡状胎块

侵袭性水泡状胎块又称恶性葡萄胎，是指葡萄胎组织侵入子宫肌层局部。大多数继发于水泡状胎块之后。在清除水泡状胎块后6个月内发生。

临床上最主要的表现是阴道不规则流血，此外，如果发生转移，则有相应的症状和体征。

（三）绒毛膜上皮癌

绒毛膜上皮癌简称绒癌，是来自绒毛膜滋养上皮的恶性肿瘤。其发生绝大多数与妊娠有关。可以发生在葡萄胎后、流产后，少数也可以发生于正常妊娠之后。发生于异位妊娠之后者罕见。

绒癌多数发生在子宫，形成单个或多个宫壁肿瘤，直径2～10 cm不等，肿瘤侵犯子宫壁、向内可突出于宫腔，向外生长可达浆膜层。瘤灶表面呈紫色，切面为暗红色结节。常伴出血、坏死、感染，质地软脆，极易出血。

临床上，阴道流血是其最主要的症状，腹痛和盆腔包块是常有的症状体征。此外，由于绒癌早期即可转移，发生转移后有相应的症状和体征。

三、卵巢肿瘤

卵巢是最常发生肿瘤的器官之一，也是全身各脏器肿瘤类型最多的部位。

（一）分类

由于卵巢的胚胎发育过程、组织解剖学和内分泌功能等方面都较为复杂，目前大多采用世界卫生组织制定的卵巢肿瘤组织分类法：

1. 体腔上皮来源的肿瘤　浆液性肿瘤，黏液性肿瘤，子宫内膜样肿瘤等。而这些肿瘤又具有3种情况即良性、交界性和恶性。如浆液性肿瘤有良性浆液性肿瘤、交界性浆液性肿瘤、恶性浆液性肿瘤等。
2. 性索间质来源的肿瘤　颗粒、间质细胞肿瘤、支持细胞肿瘤等。
3. 生殖细胞肿瘤　畸胎瘤、绒癌、胚胎癌、无性细胞瘤等。
4. 转移性肿瘤　肿瘤原发灶可能为胃肠道、乳腺或其他部位。

（二）主要病理类型及表现

1. 卵巢囊腺瘤　是卵巢最常见的肿瘤。多发生于中青年妇女。包括浆液性或黏液性2种。

（1）浆液性囊腺瘤：是卵巢常见良性肿瘤，常单侧发生，可单房或多房。

肉眼观察：为圆形或卵圆形、大小不等、表面光滑之囊性肿物，囊内充满淡黄色清澈液体，囊腔内壁可光滑或伴有乳头状突起。

镜下观察：囊壁为纤维结缔组织，内衬有柱状上皮，并可能因为囊内压力的压迫使之转变成为低柱状上皮或立方上皮甚至扁平上皮。

（2）黏液性囊腺瘤：也是卵巢常见肿瘤，常单侧发生，多为多房。

肉眼观察：为圆形或卵圆形、体积较大或巨大、表面光滑之囊性肿物，囊内充满灰白色胶胨状黏液，囊腔内壁光滑，一般不形成乳头状。

镜下观察：囊壁及间隔为纤维结缔组织，内衬有高柱状上皮（产生黏液），有时可有杯状细胞或嗜银细胞。

卵巢囊腺瘤临床上患者主要表现为腹胀，巨大时可见腹部膨大，检查可扪及囊性包块。如果发生扭转，使肿瘤发生出血、坏死则成为妇科急腹症之一。

2. 卵巢囊腺癌　是卵巢最常见的恶性肿瘤。大多是上述良性囊性腺瘤恶性变的结果。尤其是浆液性囊腺癌更为多见。囊腺癌的发病年龄比囊腺瘤的发病年龄晚10年左右。且多为双侧性。

肉眼观察：表面凹凸不平，灰白色的囊性物，切面常为半囊半实，多房可伴小乳头。

镜下观察：呈现腺癌特点，具有明显的组织和细胞异型性。

临床上，患者主要表现为腹胀，检查可扪及肿块，常转移到腹膜产生血性腹水，腹水内可找到癌细胞，也可经淋巴道或血道转移。

3. 交界性肿瘤　瘤细胞具有轻、中度异型性，而组织异型性不明显的卵巢的囊腺瘤，称为交界性囊腺瘤。它们在形态结构上介于良性和恶性之间。如交界性浆液性囊腺瘤或交界性黏液性囊腺瘤等。

第7节 乳腺疾病

一、乳腺病

是最常见的以乳腺组织增生为特征的疾病,又叫乳腺结构不良。多见于20~40岁的育龄妇女,其发生可能与卵巢内分泌失调有关,特别是雌激素过多有关,雌激素过多导致乳腺过度增生所致。有2种类型。

(一) 腺病

腺病以小叶腺泡、末梢导管及结缔组织发生不同程度的增生为特征。依次发展,经历3个阶段,形成3种类型:

1. 小叶增生型　表现为小叶内导管和腺泡增多,使小叶数目增多,小叶间质增生不明显。
2. 纤维腺病型　是小叶增生型继续发展的结果,除上述病变外,乳腺间质也明显增生。
3. 纤维化型　是纤维腺病型继续发展的结果,由于纤维结缔组织大量增生,使腺泡被压迫而萎缩、消失,仅剩残余的小导管。

(二) 纤维囊性乳腺病(乳腺囊肿病)

纤维囊性乳腺病是以乳腺小叶末梢导管和腺泡高度扩张成囊为特征的一种乳腺疾病。

肉眼观察:无包膜,呈结节性或囊性肿块,切面黄色或灰白色,有多个大小不一的小囊。

镜下观察:病变区内乳腺导管增生,常明显扩张形成大小不等的囊腔,囊壁上皮细胞增生或呈现萎缩,有时可形成乳头状突起。

临床上,乳腺病患者感觉乳房胀痛,可摸到一侧或双侧乳房上有一个或多个硬结,与周围组织无明显界限。少数患者有血性或浆液性乳头溢液现象。不易与乳腺癌区别。其中乳腺囊肿病为癌前病变。约5%病例可发生癌变。

二、乳腺纤维腺瘤

乳腺纤维腺瘤是最常见的乳腺良性肿瘤。一般认为其发生是由于雌激素过高或乳腺对雌激素过高反应,使局部组织增生形成。

本病可发生于乳腺的任何部位,但常以外上象限为主。瘤体积大小不等,其中超过10 cm者,称为巨纤维腺瘤。常具有完整包膜,与周围组织分界清楚,质地坚硬,切面灰白色或灰红色,可见到散在裂隙。镜下观察:包膜为薄层纤维结缔组织,瘤实体由上皮(腺)组织和纤维组织两种成分构成肿瘤的实质。本瘤生长缓慢,极少发生癌变。

三、乳腺癌

乳腺癌是由乳腺导管上皮和腺泡上皮发生的恶性肿瘤。在女性中,其发生率仅次于宫颈癌。发病年龄多以40~60岁为主。20岁前的女性和男性很少发生。

(一) 病因

未完全阐明,可能与下列因素有关:

1. **雌激素** 动物实验和临床观察都证明,乳腺癌的发生与雌激素的水平过高有关。雌激素通过与乳腺组织的雌激素受体结合,引起乳腺导管上皮增生。

2. **遗传因素** 有乳腺癌家族史妇女的乳腺癌发生率比无家族史妇女高得多,而且有家族史者乳腺癌发病年龄也较早。说明遗传因素与乳腺癌的发生有一定的关系。

3. **病毒因素** 在乳腺癌小鼠已经证实了病毒与其乳腺癌的发生有关,但是在人类尚有待于进一步证实。

(二) 病理变化

1. **肉眼观察** 乳腺癌以单侧多见,偶为双侧。好发于乳腺外上象限,肿瘤大小不一,质地一般较硬,与周围组织分界不清,活动度小。切面癌组织呈灰白色,可有出血、坏死,甚至可穿破皮肤形成溃疡。

如果癌肿侵及乳头并有多量纤维结缔组织增生时,由于纤维结缔组织收缩,可导致乳头下陷。

如果癌组织阻塞乳腺淋巴管,可导致乳腺皮肤水肿,而毛囊、汗腺处皮肤下陷。因此,乳腺皮肤局部呈现橘皮样外观。

2. **镜下观察** 乳腺癌形态多样,常见的类型有:

(1) 硬癌:癌细胞巢呈实体性,不形成腺腔样结构。作为实质的癌细胞相对少,而间质相对多,质地硬,谓之硬癌。

(2) 髓样癌:与硬癌相反,癌细胞多,癌细胞巢(癌巢)呈片块状,间质少,质地软如髓,故称为髓样癌。

(三) 扩散

1. **直接蔓延** 癌细胞首先在乳腺组织内部沿乳腺腺泡、乳腺导管或神经周围间隙扩展,进一步可蔓延到胸大肌及胸壁。

2. **淋巴道转移** 乳腺的淋巴管丰富,通过淋巴道转移是乳腺癌最主要、最常见转移途径。主要转移到同侧腋窝淋巴结,也可转移到锁骨、内乳动脉旁、纵隔淋巴结,偶可到对侧腋窝淋巴结。

3. **血道转移** 晚期乳腺癌可经血道转移到远处器官组织,如肺、肝、骨骼等。

(四) 病理临床联系(临床表现)

乳腺癌早期,为无痛性肿块,没有明显自我感觉不适,常常是体检中或无意中触摸乳房时发现。此时,移动性好、无粘连,易误诊为良性肿瘤或其他良性病变。

进一步发展,肿瘤固定,不易推动,可出现乳头下陷或呈橘皮样外观,甚至形成巨大肿块或穿破皮肤形成溃疡,并合并出血感染。

第 17 章

传染病及寄生虫病

第 1 节 结 核 病

一、概 述

结核病(tuberculosis)是由结核杆菌引起的一种慢性肉芽肿病。全身各器官均可受累,但以肺结核病最常见。结核病的典型病变为结核结节形成伴有不同程度的干酪样坏死。临床上患者可有发热、盗汗、乏力、食欲不振、消瘦等全身中毒症状以及受累器官相应的临床表现。

结核病曾严重影响人类健康。自抗结核药物发明应用以来,结核病的发病率和死亡率均明显下降。但上世纪80年代以来,由于耐药菌株的出现和艾滋病的流行,结核病的发病率又呈上升趋势。世界卫生组织已将结核病作为重点控制的传染病之一,宣布全球结核病已处于紧急状态,并将每年的3月24日确定为"世界防治结核病日"。

(一) 病因和发病机制

结核病的病原菌是结核分枝杆菌,以人型结核杆菌感染为主,少数可由牛型结核杆菌引起。结核病主要经呼吸道传染,少数患者可因食入含结核杆菌的食物经消化道传染,偶可经皮肤黏膜伤口感染。

结核病的发生和发展除与感染细菌数量的多少、毒力的强弱有关外,机体的反应性(免疫反应或变态反应)也起着很重要的作用。结核病时免疫反应和变态反应常同时发生并相伴出现,决定着结核病的发展和转归。出现免疫反应(细胞免疫为主)表示机体已获得免疫力,对病原菌有杀灭作用,可使病灶局限,病情好转。发生变态反应(迟发型)可引起渗出性变化,甚至干酪样坏死,导致病情恶化进展。

(二) 基本病理变化

1. 以渗出为主的病变　在结核病变早期,当细菌数量多、毒力强、机体免疫力低下而变态反应较强时,发生以渗出为主的病变,表现为浆液性炎或浆液纤维素性炎。在渗出液中可查见结核杆菌。此种病变常发生于肺、浆膜和脑膜等处。渗出性病变不够稳定,好转时可完全吸收或转变为肉芽肿性病变,恶化时可发展为干酪样坏死。

2. 以增生为主的病变 当细菌数量较少、毒力较弱或机体免疫反应较强时,发生以增生为主的病变,形成结核结节。结核结节是结核病的特征性病变,具有诊断价值。镜下观察:典型的结核结节中央为干酪样坏死,周围有大量由巨噬细胞吞噬结核杆菌后演变而来的上皮样细胞和数量不等的朗汉斯巨细胞,最外围有淋巴细胞聚集和成纤维细胞围绕(图17-1)。上皮样细胞呈梭形或多角形,胞质丰富,细胞境界不清;朗汉斯巨细胞体积大,胞质丰富,细胞核可达几个、十几个或几十个,呈马蹄形或花环状排列在胞质的周边部。肉眼观察,单个结核结节肉眼不易看到,多个结节融合时肉眼可见,约粟粒大小、灰白色、境界清楚、常略隆起于器官表面。

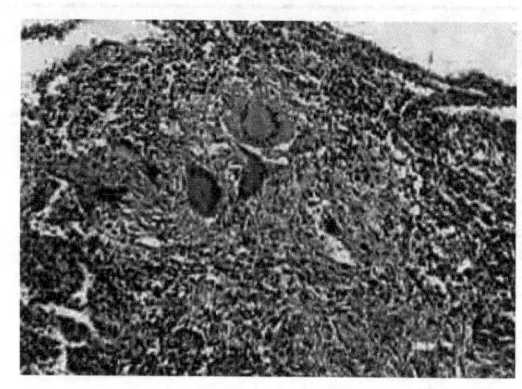

图17-1 结核结节

3. 以变质为主的病变 当细菌数量多、毒力强、机体抵抗力低下而变态反应强烈时,渗出性和增生性病变均可发生干酪样坏死。肉眼观察:干酪样坏死灶呈淡黄色、均匀细腻、质地松脆、状似奶酪,故称干酪样坏死。镜下观察:干酪样坏死为红染无结构的颗粒状物。干酪样坏死物中常含有一定量的结核杆菌。干酪样坏死形成后,可长期保持凝固状态,但有时也可发生液化。液化有利于干酪样坏死排出,成为结核杆菌在体内蔓延和体外传播的重要传染源。

渗出、增生和变质3种病变往往同时存在,但常以某一种病变为主,而且可互相转化。如渗出性病变经适当治疗或机体免疫力增强可转变为增生性病变;反之,当机体抵抗力下降或变态反应强烈时,增生性病变也可转变为渗出性或变质性病变。

(三) 结核基本病变的转归

1. 好转愈合 当机体抵抗力增强,细菌逐渐被控制或消灭时,病变转向愈合,表现为吸收消散、纤维化、纤维包裹和钙化。

(1) 吸收消散:这是渗出性病变的主要愈合方式。渗出物通过淋巴管或血管吸收而使病灶缩小或完全消失,较小的结核结节或干酪样坏死也可被吸收消散。X线检查可见边缘模糊、密度不均的云絮状阴影逐渐缩小或被分割成小片状阴影,甚至完全消失。临床称为吸收好转期。

(2) 纤维化、纤维包裹和钙化:结核结节和较小的干酪样坏死灶可经肉芽组织机化而愈合,即纤维化。较大的干酪样坏死灶难以被完全机化,则由病灶周围纤维组织增生将坏死物包裹,称为纤维包裹。其中干酪样坏死物质可逐渐干燥浓缩并有钙盐沉积而发生钙化。包裹、钙化的结核病灶内仍常有少量细菌存活,当机体抵抗力下降时结核病变可以复发。X线检查可见纤维化病灶为边缘清楚、密度增高的条索状阴影;钙化灶为密度更高、边缘清晰的阴影。临床称为硬结钙化期。

2. 恶化进展　当机体抵抗力低下,细菌毒力强或治疗不及时,病变转向恶化进展,表现为浸润进展和溶解播散。

（1）浸润进展:表现为在原有病灶周围出现渗出性病变,使病灶范围不断扩大,并可继发干酪样坏死。X线检查可见在原有病灶周围有边缘模糊的云絮状阴影。临床称为浸润进展期。

（2）溶解播散:病变恶化时,干酪样坏死物可发生溶解液化。液化的坏死物可经体内自然管道(如支气管、输尿管等)排出,使局部形成空洞。液化的干酪样坏死物中含有大量结核杆菌,可沿自然管道播散到其他部位,引起新的结核病变。X线检查见病灶阴影密度深浅不一,空洞部位呈现透亮区,其他部位出现大小不等、密度不均的播散病灶阴影,临床称为溶解播散期。结核杆菌除沿自然管道播散外,还可经淋巴道或血道播散到全身各处。

二、肺结核病

结核病主要经呼吸道传播,故结核病中以肺结核病最为常见。由于机体对初次感染和再次感染结核杆菌时的反应性不同,肺结核病可分为原发性和继发性两大类。

(一) 原发性肺结核病

机体第一次感染结核杆菌所引起的肺结核病称原发性肺结核病。多见于儿童,又称儿童型肺结核病。

1. 病理变化　结核杆菌侵入肺组织后,多在肺上叶下部或肺下叶上部近胸膜处引起一直径1cm左右的灰白色实变病灶,称为原发病灶,以右肺多见。原发病灶早期为渗出性病变,继而中央发生干酪样坏死。由于初次感染结核杆菌,机体缺乏特异性免疫力,结核杆菌可从原发病灶侵入局部淋巴管随淋巴液引流到肺门淋巴结,引起肺门淋巴结肿大和干酪样坏死。肺的原发病灶、结核性淋巴管炎和肺门淋巴结结核三者合称为原发综合征,是原发性肺结核病的特征性病变,X线检查呈哑铃状阴影。

2. 发展和转归

（1）愈合:大多数原发性肺结核病患者常无明显症状,随着机体免疫力逐渐增强,病变多自然愈合。

（2）恶化:少数患者由于营养不良或合并流感、麻疹等其他传染病,使抵抗力低下,导致病情恶化,并通过以下途径播散(图17-2):①血道播散:最多见。大量结核杆菌侵入肺静脉经左心至体循环后,可播散到全身各器官,引起全身粟粒性结核病。在病变的器官内可见分布均匀、灰白带黄、圆形、粟粒大小、境界清楚的结核结节。如果结核杆菌仅侵入肺动脉播散,病变局限于两肺内,称为肺粟粒性结核病;②淋巴道播散:肺门淋巴结病灶内的结核杆菌可沿淋巴管到达气管旁、纵隔及颈部淋巴结,也

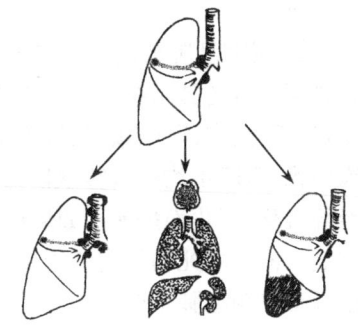

图 17-2　原发性肺结核病播散途径

可逆行至腹膜后、肠系膜等处淋巴结,引起广泛的淋巴结结核;③支气管播散:较少见。结核杆菌连同液化的干酪样坏死物质沿支气管播散到同侧或对侧肺叶,引起干酪性肺炎。

(二) 继发性肺结核病

机体再次感染结核杆菌而发生的肺结核病称继发性肺结核病。多见于成人,又称成人型肺结核病。再感染的结核杆菌可来自体内原有的结核病灶,即内源性再感染;也可由外界再次入侵机体所致,即外源性再感染。目前多认为内源性再感染是继发性肺结核病的主要原因。

继发性肺结核病患者对结核杆菌已有一定的免疫力,因而继发性肺结核病的病变与原发性肺结核病有所不同,具有以下特点:①病变多开始于肺尖部;②病变一般局限在肺内,主要通过支气管播散,很少发生血道和淋巴道播散;③病程较长,病变时好时坏,病灶新旧不一,复杂多样。

原发性肺结核病和继发性肺结核病的区别见表 17-1。

表 17-1 原发性肺结核病和继发性肺结核病比较表

	原发性肺结核病	继发性肺结核病
发病人群	儿童	成人
感染结核杆菌	初次	再次
特异性免疫力	开始无,在病程中产生	已有
起始病变位置	上叶下部、下叶上部近胸膜处	肺尖部或锁骨上下
病理特征	原发综合征	病变复杂多样,较局限
播散途径	淋巴道、血道播散为主	支气管播散为主
临床特点	常无明显症状,大多可自愈	症状明显,病程长,需治疗

继发性肺结核病根据其病变特点和临床经过,可分为以下几种常见类型:

1. **局灶型肺结核** 是继发性肺结核病的早期病变。常位于右肺尖部,见单个或多个直径 0.5~1.0 cm、境界清楚的病灶,病变以增生为主,中央可发生干酪样坏死。X 线检查见肺尖部有境界清楚的阴影。此型肺结核常无自觉症状,病变多数自愈,少数可发展为浸润型肺结核。

2. **浸润型肺结核** 是临床上最常见的类型。多由局灶型肺结核恶化发展而来,多位于锁骨下区域的肺组织。病变以渗出为主,中央有干酪样坏死,周围有炎症包绕。临床常有低热、乏力、盗汗、咳嗽、咳痰等明显症状,痰中常含有结核杆菌。X 线检查见锁骨下区有边缘模糊、密度不均的云雾状阴影。经及时治疗,渗出性病变可吸收,增生性、坏死性病变可经纤维化、钙化而痊愈。如果病变继续发展,坏死物液化后经支气管排出,局部可形成急性空洞。液化坏死物经支气管播散,可引起干酪性肺炎。若急性空洞久治不愈,可发展为慢性纤维空洞型肺结核。

3. **慢性纤维空洞型肺结核** 该型病变有两大特征:①厚壁空洞形成。厚壁空洞多位于肺上叶,一个或几个。空洞壁分 3 层:内层为干酪样坏死物,内有大量结核杆菌;中层为结核性肉芽组织;外层为增生的纤维组织;②肺内病灶新旧不一、大小不等、病变广泛、复杂多样。既有广泛陈旧的纤维化病变,又有新鲜的渗出性病变,通常病灶部位越往下,病变越新鲜。晚期因肺组织严重破坏,广泛纤维化,使肺缩小、变形、变硬,胸膜增厚粘连,严重影响肺功能。

4. 干酪性肺炎　可由浸润型肺结核恶化进展而来,或由急慢性空洞内的结核杆菌经支气管播散所致。病灶迅速扩大,在肺内形成广泛渗出性病变,并很快发生大片干酪样坏死。临床上有严重的结核中毒症状,病情发展快,死亡率高。目前已很罕见。

5. 结核球　结核球是由纤维组织包裹的、孤立的、直径2~5 cm的球形干酪样坏死灶。常位于肺上叶,多为单个。结核球由于有纤维组织包裹,抗结核药物不易发挥作用,其中的干酪样坏死物可长期存在,在一定条件下有恶化播散的可能。X线检查有时需与肺癌鉴别,临床多采取手术切除。

6. 结核性胸膜炎　继发性肺结核病和原发性肺结核病时均可发生。可影响一侧或双侧胸膜。按病变性质可分为2型:①渗出性结核性胸膜炎:以浆液和纤维蛋白渗出为主,可引起胸腔积液。经适当治疗可吸收痊愈,但如果纤维蛋白渗出过多未被完全吸收,可发生机化,造成胸膜粘连;②增生性结核性胸膜炎:以增生性改变为主,常发生纤维化,造成局部胸膜增厚、粘连。此型胸腔积液少见。

三、肺外结核病

(一) 肠结核病

肠结核病分原发性和继发性2型。原发性肠结核少见,多为儿童因饮用带结核杆菌的牛奶而感染,形成原发性肠结核病,其病变包括肠内原发病灶、结核性淋巴管炎及肠系膜淋巴结结核,称为肠原发综合征。

继发性肠结核病多继发于肺结核病,因患者反复咽下含结核杆菌的痰液而引起肠道感染,好发于回盲部。根据其病变特点的不同可分为2型:①溃疡型:较多见。病变以干酪样坏死为主,坏死物脱落后形成溃疡。肠结核溃疡一般较浅,边缘不整齐,呈锯齿状;溃疡底部高低不平,附有干酪样坏死物;因肠壁淋巴管呈环行分布,故肠结核溃疡多呈环状,其长轴与肠腔垂直。溃疡愈合后,常因纤维组织增生和瘢痕收缩而引起肠腔狭窄,甚至导致肠梗阻。患者常有腹痛、腹泻与便秘交替、营养不良等表现;②增生型:较少见。以肠壁结核性肉芽组织形成和纤维组织增生为特征,导致肠壁增厚,肠腔狭窄。临床可有慢性不完全性肠梗阻表现,右下腹常可扪及包块,故需与肿瘤相鉴别。

(二) 结核性脑膜炎

结核性脑膜炎多见于儿童,多由肺原发综合征经血道播散所致,常为全身粟粒性结核病的一部分。

病变以脑底部最为明显,主要表现为渗出性改变。肉眼观察:脑膜充血,脑回变平,蛛网膜下腔内有多量灰黄色混浊的胶冻状的渗出物积聚。镜下观察:蛛网膜下腔内有大量炎性渗出物,主要由浆液、纤维素、巨噬细胞、淋巴细胞等组成,可见干酪样坏死,偶见典型的结核结节形成,病变严重者可累及脑皮质引起脑膜脑炎。临床上有结核中毒症状、脑膜刺激征、颅内高压表现和脑脊液异常。如及时治疗,渗出物可吸收痊愈;病程长者,可由于渗出物机化而使蛛网膜粘连,引起脑积水。

(三) 肾结核病

肾结核病常见于青壮年男性。结核杆菌常由原发性肺结核病经血道播散而来,多累及单侧肾。病变大多起始于肾皮髓质交界处或肾锥体乳头,随病变进展发生干酪样坏死,坏死物液化并破入肾盂后在局部形成结核性空洞。随着病变扩大蔓延,肾组织大部分被破坏,在肾内可有多个空洞形成,最后肾可仅剩一空壳。由于液化的坏死物不断随尿排出,可引起输尿管及膀胱结核,患者可有血尿、结核性脓尿和尿频、尿急、尿痛等膀胱刺激症状,严重者可致肾功能损害。

(四) 骨结核病

骨结核多由血道播散引起。常见于儿童和青少年。多侵犯脊椎骨、指骨和长骨骨骺等处。病变多由松质骨内的小结核病灶开始,逐渐发展为明显的干酪样坏死及死骨形成,并可累及骨周围软组织发生干酪样坏死。坏死物液化后可在骨旁形成结核性脓肿。由于此脓肿局部无红、热、痛现象,故称"冷脓肿"。病变如穿破皮肤可形成经久不愈的窦道。

骨结核中最常见的是脊椎结核,多见于第10胸椎至第2腰椎。病变开始于椎体,常发生干酪样坏死,进而破坏椎间盘和邻近椎体。被破坏的椎体因不能负重而发生塌陷,可造成脊柱后凸畸形(即驼背),严重者压迫脊髓,可引起截瘫。

第 2 节 伤 寒

伤寒(typhoid fever)是由伤寒杆菌引起的急性传染病。病变特征是全身单核-巨噬细胞系统细胞增生和肉芽肿形成。以回肠末端淋巴组织病变最为明显,故又称肠伤寒。临床主要表现为持续性高热、相对脉缓、脾肿大、皮肤玫瑰疹和中性粒细胞减少等。本病好发于夏秋季,多见于儿童及青壮年。病后可获得持久免疫力。

一、病因和发病机制

伤寒杆菌属沙门菌属,革兰阴性杆菌。菌体崩解时所释放的内毒素为致病的主要因素。伤寒患者或带菌者是本病的传染源。细菌随粪便和尿排出体外,污染水源和食物,经口感染。苍蝇是本病的传播媒介。

伤寒杆菌进入消化道后,一般可被胃酸杀灭。如细菌量多,未被杀灭的细菌可进入小肠,穿过肠黏膜侵入肠壁淋巴组织,并可扩散到肠系膜淋巴结。伤寒杆菌一部分可被巨噬细胞吞噬,一部分可经胸导管进入血液,引起第一次菌血症。血中的细菌很快被全身单核巨噬细胞系统(骨髓、肝、脾和淋巴结)中的巨噬细胞所吞噬,并在其中进一步繁殖。此后,在单核巨噬细胞系统内繁殖的伤寒杆菌及其释放的内毒素再次大量释放入血,出现全身中毒症状和各器官的病理改变。

二、病理变化和病理临床联系

伤寒杆菌引起的炎症是以巨噬细胞增生为特征的急性增生性炎。增生的巨噬细胞具有活跃的吞噬能力,胞质中常见有吞噬的伤寒杆菌、红细胞、淋巴细胞和坏死细胞的碎屑等,称为伤寒细胞。伤寒细胞常聚集成团,形成境界清楚的结节状病灶,称为伤寒小结或伤寒肉芽肿(图17-3)。伤寒小结是伤寒的特征性病变,具有病理诊断价值。

(一) 肠道病变

伤寒肠道病变主要见于回肠末段的集合淋巴小结与孤立淋巴小结。按病变发展过程,可分为以下4期,每期病程大约1周。

1. 髓样肿胀期 为发病的第1周。由于巨噬细胞大量增生和伤寒小结形成,使回肠末段淋巴组织明显肿胀,突出于黏膜表面,呈圆形或椭圆形,灰红色,质软,表面凹凸不平形似脑回,故称髓样肿胀期。

2. 坏死期 见于发病的第2周。由于细菌内毒素的作用、伤寒小结压迫毛细血管引起

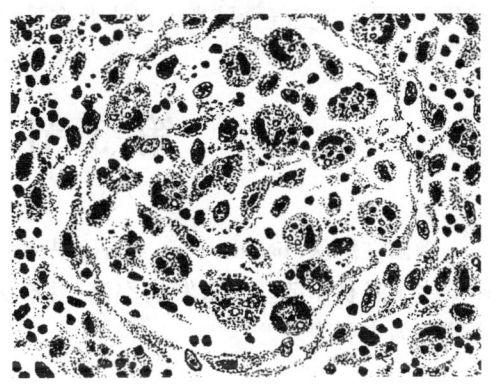

图17-3 伤寒小结

局部缺血以及局部过敏反应等,肿胀的淋巴组织中央发生小灶性坏死并逐渐扩大融合。坏死处表面粗糙不平、灰白色、无光泽、中心凹陷、边缘肿胀呈脐状。

3. 溃疡期 约为发病的第3周。坏死组织崩解脱落形成溃疡。溃疡为圆形或椭圆形,椭圆形溃疡的长轴与肠的长轴平行,溃疡边缘稍隆起,底部高低不平,深浅不一,一般可达黏膜下层,严重者可深达肌层或浆膜层,易引起肠穿孔,侵犯血管可引起肠出血。

4. 愈合期 约为发病的第4周。坏死组织完全脱落,由溃疡底部长出肉芽组织,逐渐填平溃疡,再由溃疡边缘的黏膜上皮再生覆盖而愈合,一般不留瘢痕。

临床上,由于菌血症和毒血症,全身中毒症状明显。患者体温呈阶梯状上升,数日内可达40℃以上,可出现全身乏力、玫瑰疹、相对脉缓、肝脾肿大和神经系统症状等。由于肠道病变,患者出现食欲减退、腹胀、便秘或腹泻等症状。第一周血培养伤寒杆菌阳性率高,第2周起粪便培养伤寒杆菌阳性率逐渐增高,肥达反应阳性。

(二) 其他病变

肠系膜淋巴结、肝、脾由于巨噬细胞增生、伤寒小结形成而肿大。骨髓内巨噬细胞增生和细菌毒素作用,可抑制骨髓造血,致使外周血液中性粒细胞减少。心肌纤维可有变性、甚至坏死,重者可发生中毒性心肌炎,出现相对缓脉。胆囊一般无明显病变,但伤寒杆菌极易在胆汁内生存繁殖,有的患者临床痊愈后仍有细菌通过胆汁不断经肠道排出,是伤寒的重

要传染源。

三、结局和并发症

伤寒如无并发症，一般经过4~5周即可痊愈，病后可获得稳定免疫力。由于抗生素早期及有效治疗，本病病程明显缩短，典型病变很难见到，临床症状也大为减轻，但复发率有所增加。少数患者可因严重的毒血症和并发症而死亡。

常见的并发症有：①肠出血。多发生在溃疡期，肠出血严重者可引起出血性休克；②肠穿孔。是伤寒最严重的并发症，亦多见于溃疡期。穿孔后常引起弥漫性腹膜炎，是本病重要死亡原因；③支气管肺炎。以小儿多见，常因机体抵抗力下降、继发细菌感染所致。

第3节 细菌性痢疾

细菌性痢疾（bacillary dysentery）是由痢疾杆菌引起的一种常见肠道传染病，简称菌痢。多发生于夏秋季节。儿童发病率高，其次为青壮年。临床以腹痛、腹泻、里急后重、黏液脓血便等为主要表现。

一、病因和发病机制

痢疾杆菌为革兰阴性短杆菌，可分为福氏、宋内氏、鲍氏和志贺氏菌4群。痢疾杆菌均能产生内毒素，志贺氏菌尚可产生强烈的外毒素。菌痢患者和带菌者是本病的传染源，苍蝇是重要的传染媒介。痢疾杆菌从粪便排出，污染食物、饮水、食具和手等，经消化道传染。

痢疾杆菌进入胃后，大部分被胃酸杀灭。少数未被杀灭的细菌进入肠道，当人体全身或局部抵抗力降低时（如过度疲劳、暴饮暴食、胃酸缺乏等），进入肠道的痢疾杆菌可侵入肠黏膜，并在肠黏膜固有层内繁殖，释放毒素，引起肠壁急性炎症、溃疡形成和全身毒血症反应。

二、病理变化和病理临床联系

细菌性痢疾的病变主要累及结肠，尤以乙状结肠和直肠最为明显。病变特征是结肠黏膜的假膜性炎。根据肠道病变特征、全身表现和临床经过，细菌性痢疾可分为三种：

（一）急性细菌性痢疾

病变初期呈急性卡他性炎症，表现为肠黏膜充血水肿，黏液分泌亢进，中性粒细胞浸润，可有点状出血。随病变进一步发展，肠黏膜表层坏死，有大量纤维素渗出。坏死的黏膜上皮与渗出的纤维素、中性粒细胞、红细胞和细菌等一起混合在肠黏膜表面形成一层膜样结构,称为假膜,似糠皮样,可融合成片。约发病后1周左右,假膜开始脱落,形成大小不等、形状不一的表浅溃疡。炎症消退后,溃疡由周围组织再生修复愈合,一般不留瘢痕。

临床上患者可出现发热、头痛、乏力、食欲减退和白细胞增高等全身中毒症状。由于病变肠管蠕动亢进,可引起阵发性腹痛和腹泻。炎症刺激直肠壁内的神经末梢和肛门括约肌,导致患者出现里急后重和频繁排便。最初排出黏液稀便,由于假膜脱落形成溃疡则转为黏液脓血便。

急性细菌性痢疾病程一般为1~2周,经适当治疗大多可痊愈,少数患者可转为慢性。

(二) 中毒性细菌性痢疾

本型特征是起病急骤,全身中毒症状很严重,但肠道病变和临床症状不明显。患者常于发病后数小时出现中毒性休克或呼吸衰竭,死亡率高。临床多见于2~7岁儿童。中毒性菌痢常由毒力较低的福氏或宋内氏痢疾杆菌引起。

(三) 慢性细菌性痢疾

菌痢病程超过2个月以上者即为慢性细菌性痢疾。多由急性菌痢未及时彻底治愈转变而来,有的病程可长达数月或数年。在此期间,肠黏膜溃疡的形成与组织修复反复交替进行,有些黏膜溃疡已愈合,有的尚未完全愈合又有新的溃疡形成。慢性溃疡比急性菌痢的溃疡深,多达肌层,边缘不规则,溃疡底部有肉芽组织增生及瘢痕形成,边缘黏膜常过度增生而形成息肉。由于肠壁反复受损,大量纤维组织增生,使肠壁不规则增厚、变硬,严重者可导致肠腔狭窄。

慢性菌痢患者临床上有腹痛、腹胀、腹泻或腹泻与便秘交替等肠道症状。慢性菌痢可急性发作,发作时可出现急性菌痢的临床表现。少数患者可无明显临床表现,但粪便痢疾杆菌培养持续阳性,成为慢性带菌者,是本病重要的传染源。

第4节 流行性脑脊髓膜炎

流行性脑脊髓膜炎(epidemic cerebrospinal meningitis)是由脑膜炎双球菌引起的脑脊髓膜的急性化脓性炎症,简称流脑。常流行于冬春季节,多见于儿童和青少年。临床表现为高热、头痛、呕吐、皮肤瘀点或瘀斑及脑膜刺激症状等,部分患者可出现中毒性休克。

一、病因和发病机制

脑膜炎双球菌存在于患者和带菌者的鼻咽部,通过咳嗽、喷嚏等由飞沫经呼吸道传染。细菌进入上呼吸道后,大多数人只引起局部轻度炎症,少数人因机体抵抗力低下,或菌量多、毒力大时,细菌从上呼吸道黏膜侵入血流,并在血中生长繁殖,再随血流通过血-脑屏障到达脑脊髓膜,引起脑脊髓膜的化脓性炎症。

二、病理变化

流行性脑脊髓膜炎根据病情发展过程，一般可分为3期：

（一）上呼吸道感染期

脑膜炎双球菌在鼻咽部生长繁殖，引起局部黏膜充血、水肿、分泌物增多，患者出现上呼吸道感染症状。

（二）败血症期

脑膜炎双球菌侵入血流，并在血中生长繁殖，产生毒素，引起败血症。

（三）脑膜炎症期

此期特征性病变是脑脊髓膜的化脓性炎症。病变主要累及软脑膜和蛛网膜，常弥漫分布。一般以大脑额叶、顶叶病变最为明显。肉眼观察：脑脊髓膜血管高度扩张充血，蛛网膜下腔充满灰黄色脓性渗出物覆盖脑沟脑回，使脑沟变浅，沟回模糊不清。严重者由于脓性渗出物的阻塞使脑脊液循环障碍，可引起脑室不同程度扩张。镜下观察：软脑膜血管高度扩张充血，蛛网膜下腔增宽，充满脓性渗出物，其中见大量中性粒细胞、纤维素和少量单核细胞、淋巴细胞渗出。脑实质一般不受累。病变严重者，炎症可影响邻近脑膜的脑实质，使神经细胞损伤，称为脑膜脑炎。

三、病理临床联系

（一）败血症表现

在败血症期，患者可出现寒战、高热、头痛、呕吐等全身症状，大部分患者皮肤黏膜出现瘀点、瘀斑。通过瘀点、瘀斑的血液涂片检查，常可找到细菌。血培养阳性。

（二）颅内压升高

由于脑膜血管扩张充血、蛛网膜下腔渗出物堆积、脑水肿等常引起颅内压升高。患者出现剧烈头痛、喷射性呕吐、婴幼儿前囟饱满等症状体征。

（三）脑膜刺激症状

脑膜刺激症状包括颈项强直、角弓反张、屈髋伸膝征阳性等。颈项强直是由于炎症累及脊髓神经根周围的蛛网膜及软脑膜和软脊膜，使神经根在通过椎间孔处受压，当颈背部肌肉运动时牵拉受压的神经根产生疼痛，因而颈背部肌肉发生保护性痉挛而呈现的僵硬紧张状态。在婴幼儿，其腰背部肌肉也常发生保护性痉挛而形成"角弓反张"体征。屈髋伸膝征阳性是由于腰骶节段脊神经后根因炎症波及而受压所致。检查时，坐骨神经受到牵引发生疼痛而呈现阳性体征。

(四) 脑脊液变化

脑脊液压力增高,混浊不清,蛋白质含量增多,糖量减少,有大量脓细胞。脑脊液涂片和细菌培养均可找到脑膜炎双球菌。

暴发型脑膜炎双球菌败血症

> **链接** 暴发型脑膜炎双球菌败血症多见于儿童。临床上起病急骤,病情危重。短期内出现皮肤、黏膜下的广泛性出血、周围循环衰竭、败血症休克等严重临床表现,并有两侧肾上腺广泛出血,肾上腺皮质功能衰竭等,而脑膜的炎症病变和临床表现均较轻。现认为,其发生机制主要是在败血症期大量内毒素释放入血,引起中毒性休克和弥散性血管内凝血,两者互相影响,导致病情恶化的结果。

四、结局和并发症

本病经及时治疗,大多数患者都能痊愈。少数患者可转变为慢性,并可发生脑积水、颅内神经受损麻痹、脑梗死等后遗症。暴发型脑膜炎双球菌败血症患者死亡率较高。

第5节 流行性乙型脑炎

流行性乙型脑炎(epidemic encephalitis B)是乙型脑炎病毒感染引起的一种急性传染病,简称乙脑。本病好发于10岁以下儿童。多流行于夏秋季节。本病起病急,病情重,死亡率高。临床上有高热、头痛、呕吐、嗜睡、抽搐、昏迷等表现。

一、病因和发病机制

乙型脑炎病毒是一种嗜神经性RNA病毒。乙型脑炎患者为传染源,家畜、家禽为中间宿主,蚊子是传播媒介。携带病毒的蚊子叮人吸血时,病毒侵入人体引起病毒血症。如机体免疫力强,血-血-脑屏障功能正常,病毒则不能侵入脑组织致病而成为隐性感染。如机体免疫功能低下,血-血-脑屏障功能不健全,病毒可侵入中枢神经系统而致病。由于受感染的神经细胞表面有膜抗原存在,可激发机体产生体液免疫或细胞免疫而引起神经组织的病变。隐性感染和患过本病的人可获得持久免疫力。

二、病理变化

本病病变广泛累及整个中枢神经系统的实质,但以大脑皮质、基底核、视丘最为严重,小脑皮质、丘脑及桥脑次之,脊髓病变最轻。

肉眼观察：软脑膜充血、水肿明显，脑回变宽，脑沟变浅。切面脑组织充血水肿，严重者在脑实质内可见散在点状出血及粟粒大小半透明的软化灶，呈弥漫分布或聚集成片，以顶叶及丘脑处最为明显。

镜下观察：可有以下几种特征性改变（图17-4）：

1. 神经细胞变性坏死　病毒在神经细胞内繁殖，引起神经细胞肿胀，尼氏小体消失，严重者神经细胞发生核固缩、核碎裂、核溶解。在变性坏死的神经细胞周围常有增生的少突胶质细胞围绕，称为神经细胞卫星现象。增生的小胶质细胞及中性粒细胞侵入变性坏死的神经细胞内，称为嗜神经细胞现象。

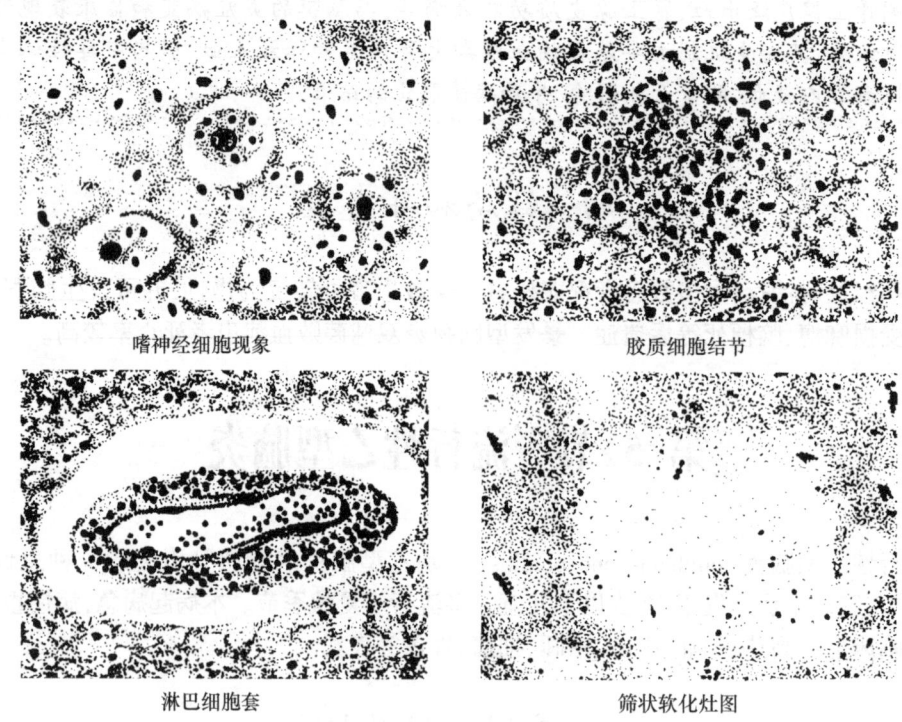

嗜神经细胞现象　　　　　　胶质细胞结节

淋巴细胞套　　　　　　筛状软化灶图

图17-4　流行性乙型脑炎

2. 软化灶形成　病变严重时，神经细胞发生局灶性坏死液化，可形成质地疏松、染色较淡的筛状软化灶。

3. 血管变化和炎细胞浸润　脑内血管高度扩张充血，血管周围间隙增宽，以淋巴细胞为主的炎细胞围绕在血管周围形成袖套样浸润，称为淋巴细胞套。

4. 胶质细胞增生　小胶质细胞呈弥漫性或局灶性增生。在小血管旁或坏死的神经细胞附近，可见增生的小胶质细胞聚集成群，形成胶质细胞结节。

三、病理临床联系

本病早期由于病毒血症，有高热、全身不适等症状。由于神经细胞广泛病变，患者常出现嗜睡、昏迷。由于脑内血管扩张充血、血管壁通透性增高,可引起脑水肿和颅内压升高,患者常出现头痛、呕吐。严重的颅内压升高可形成脑疝。小脑扁桃体疝时,因压迫延髓呼吸中枢和心血管中枢,可引起呼吸、循环衰竭,甚至死亡。脑膜刺激症状一般较轻。脑脊液检查呈透明或微混浊,细胞数轻度增加,多以淋巴细胞为主。

四、结局和并发症

乙脑患者经过积极治疗,大多数在急性期后痊愈。部分患者由于病变较重,可出现痴呆、言语障碍、肢体瘫痪等表现,一般数月之后多能逐渐恢复正常,若不能恢复则可留下相应后遗症。少数病变严重者,可因呼吸、循环衰竭而死亡。

流行性脑脊髓膜炎与流行性乙型脑炎的区别见表17-2。

表17-2 流行性脑脊髓膜炎与流行性乙型脑炎比较

	流行性脑脊髓膜炎	流行性乙型脑炎
病原体	脑膜炎双球菌	乙型脑炎病毒
传播途径	呼吸道传播	蚊子传播
流行季节	冬春季	夏秋季
病变部位	脑脊髓膜	脑脊髓实质
病变性质	化脓性炎症	变质性炎症
主要病变	软脑膜血管高度扩张,蛛网膜下腔有大量脓性渗出物积聚,脑沟脑回结构模糊	神经细胞变性坏死,软化灶形成,脑内血管扩张充血和炎细胞袖套灶浸润,胶质细胞增生
临床特征	颅内压升高、脑膜刺激症状、皮肤瘀点、瘀斑等	嗜睡、昏迷、抽搐等神经症状显著,颅内压升高、病毒血症

第6节 脊髓灰质炎

脊髓灰质炎(poliomyelitis)是脊髓灰质炎病毒引起的急性传染病。好发于夏秋季节。多见于1~6岁儿童,因病后常遗留肢体麻痹,又称小儿麻痹症。自普遍口服脊髓灰质炎病毒疫苗预防以来,发病率已显著下降。

一、病因和发病机制

脊髓灰质炎病毒是一种嗜神经的小型RNA病毒,患者及带病毒者是本病传染源,病毒存在于他们的粪便、血液和鼻咽部分泌物中,主要通过污染的食物、玩具等经消化道传染,少数可借飞沫通过呼吸道传染。

病毒进入人体后入血引起短暂的病毒血症。在机体免疫功能低下时,病毒可经血液侵入中枢神经系统,最终侵犯脊髓前角运动神经细胞引起病变。

二、病理变化和病理临床联系

病变主要累及脊髓灰质前角运动神经细胞,以脊髓腰膨大、颈膨大处的前角运动神经细胞损害最明显。部分严重患者亦可侵犯延髓、桥脑和中脑,甚至整个中枢神经系统。通常病变从脊髓到脑,越往上病变越轻。病变性质与流行性乙型脑炎相似,表现为神经细胞变性坏死,淋巴细胞、中性粒细胞浸润和胶质细胞增生等。

临床上,由于病毒血症可引起发热、上呼吸道感染或肠道感染等表现。因脊髓前角运动神经细胞变性坏死,可引起相应肌肉无力甚至麻痹。由于病变主要累及脊髓腰膨大段,故多表现为下肢弛缓性麻痹。若病变累及延髓则可引起中枢性呼吸和循环障碍,而导致患者死亡。

第7节 流行性出血热

流行性出血热(epidemic hemorrhagic fever,EHF)是由汉坦(Hantaan)病毒引起的一种由鼠类传播给人的自然疫源性急性传染病。主要在冬季流行。任何年龄均可感染,但以野外劳动的男性青壮年多见。临床以高热、出血、休克和急性肾功能衰竭为主要表现。

一、病因和发病机制

流行性出血热由感染汉坦病毒引起。鼠类是主要传染源。病毒主要通过鼠类的排泄物经皮肤伤口、呼吸道、消化道和蜱螨叮咬等方式传播。发病机制比较复杂,可能是病毒进入人体后产生病毒血症,引起全身中毒症状,并直接损害小血管内皮细胞;同时病毒在受染细胞内进行复制并释放抗原,与机体产生的特异性抗体结合形成大量免疫复合物,沉积于小血管壁、肾等组织,引起变态反应,造成血管壁通透性增加,大量血浆和有形成分漏出,导致休克、DIC、出血和肾功能衰竭等表现。

二、病理变化

流行性出血热的基本病变是出血性小血管炎,导致全身皮肤、黏膜和各脏器广泛出血,并伴有实质细胞变性坏死。全身各器官均可受累,尤以心、肾和脑垂体病变最为显著。

(一)血管和心脏病变

全身小血管高度扩张充血,血管内皮细胞肿胀、脱落和纤维素样坏死;同时血管壁通透性增高,引起组织水肿和广泛出血。在心脏,可见右心房和右心耳的心内膜下弥漫性出血,心肌纤维变性。

(二) 肾脏病变

肾体积增大,包膜紧张,表面明显充血并见点状出血。切面以锥体部与皮质交界处髓质的病变最明显,表现为高度充血出血而呈暗红色,与肾皮质贫血呈苍白色形成鲜明对比。

(三) 脑垂体病变

脑垂体肿大,可见充血、出血和灶状坏死,尤以垂体前叶最为明显。

三、病理临床联系

流行性出血热典型的临床经过分为发热期、低血压休克期、少尿期、多尿期和恢复期五期。发热、出血、休克、急性肾功能衰竭是本病最突出的临床表现。

(一) 发热

多数患者起病时可有高热、寒战、全身酸痛等全身中毒症状,系由病毒血症引起。

(二) 出血

出血是本病突出的临床表现之一。早期常表现为皮肤、黏膜瘀点瘀斑,后期可见广泛的组织器官进行性出血。

(三) 休克

多在起病后第5天左右出现低血压休克。休克的发生主要与全身小血管广泛损伤、血管壁通透性增高、血浆大量外渗、血容量急剧减少等因素有关。

(四) 急性功能肾衰竭

几乎所有病例都出现急性肾功能衰竭。一般在休克期后发生,出现少尿期、多尿期和恢复期的典型经过。

四、结　　局

本病2/3以上病例病情较轻,主要表现为发热和上呼吸道感染症状,肾损害较轻,预后较好。少数重症病例起病急骤,高热明显,临床表现广泛而严重,预后较差,可因休克、急性肾功能衰竭、大出血、肺水肿、脑水肿、心力衰竭及合并感染而死亡。

第8节　淋　病

淋病(gonorrhea)是由淋球菌引起的泌尿生殖系统的化脓性炎症,是最常见的一种性传播疾病。多发生于青壮年，以20~24岁最常见，男女均可患病。临床上以尿痛、尿道口溢脓为主要表现。

一、病因和发病机制

淋病的病原菌是淋球菌，患者及隐性感染者是本病传染源。本病主要通过直接接触传染，成人几乎全部通过性交而传染，儿童可能通过接触污染的衣物等传染，新生儿可在分娩过程中经阴道传染而引发淋球菌性眼结合膜炎。

二、病理变化和病理临床联系

淋球菌主要侵犯泌尿生殖系统，引起化脓性病变。男性病变从前尿道开始，可逆行蔓延至后尿道、前列腺、精囊和附睾。患者主要表现为急性尿道炎，尿道外口充血、水肿，有脓性分泌物流出，可有尿痛、尿频、尿急症状。女性病变常累及外阴、阴道腺体、子宫颈内膜、输卵管及尿道等，严重时病变可扩展至盆腔。患者尿道口、尿道旁腺以及前庭大腺开口处红肿，并有脓性分泌物，白带增多，下腹疼痛等。

急性淋病经及时彻底治疗多可痊愈。若治疗不彻底，反复发作，可转变为慢性。严重者可导致男性尿道狭窄和女性不育。

第9节 梅 毒

梅毒（syphilis）是由梅毒螺旋体感染引起的一种慢性性传播疾病。病原体可侵犯全身各组织器官。本病病程长，呈慢性经过，临床表现复杂多样，严重者可危及生命。

一、病因和发病机制

梅毒的病原体为梅毒螺旋体。梅毒患者是唯一的传染源，主要通过性交传染，少数可因输入带有梅毒螺旋体的血液、接吻或皮肤直接接触而传染；也可以通过胎盘传染给胎儿，引起先天性梅毒。

梅毒螺旋体从皮肤黏膜破损处侵入机体后，经淋巴管入血迅速播散至全身，引起多器官病变。同时引发机体产生免疫反应，其中以细胞免疫为主。机体免疫力的强弱决定着本病的发展。体液免疫使机体在感染后第6周血清出现梅毒螺旋体特异性抗体，具有血清诊断的价值。随着机体对梅毒螺旋体的免疫力增强，病变部位的螺旋体数量减少，以至早期梅毒有不治自愈的倾向。感染后不治疗或治疗不彻底者体内的螺旋体成为复发梅毒、晚期梅毒发生的原因。少数人感染了梅毒螺旋体后在体内可终身隐伏（血清反应阳性，而无症状和体征），称为隐性梅毒。

二、基本病理变化

梅毒的基本病理变化是闭塞性动脉内膜炎和树胶样肿形成。

(一) 闭塞性动脉内膜炎和小血管周围炎

闭塞性动脉内膜炎指小动脉内膜增生,使血管壁增厚、血管腔狭窄闭塞。小血管周围炎指小血管周围有大量浆细胞、淋巴细胞和单核细胞浸润,浆细胞恒定出现是本病的特点之一。此类病变可见于各期梅毒。

(二) 树胶样肿

树胶样肿见于晚期梅毒。肉眼观察:病灶呈灰白色结节状,大小不一,质韧而有弹性,似树胶,故称树胶样肿,又称梅毒瘤。镜下观察:病灶中央为凝固性坏死,周围有大量淋巴细胞和浆细胞浸润,但上皮样细胞和朗汉斯巨细胞较少,此病变既类似于结核结节,又有所不同。树胶样肿后期可被吸收、纤维化,但很少钙化,对组织器官破坏严重。

三、类型及病变特点

根据传染途径的不同可将梅毒分为先天性梅毒和后天性梅毒2种类型。

(一) 后天性梅毒

后天性梅毒按病变发展过程可分为3期。第一、二期梅毒属早期梅毒,传染性强;第三期梅毒称晚期梅毒,一般无传染性,但对组织器官破坏性大。

1. 第一期梅毒　病变特点是在病原体侵入部位见硬性下疳形成。常于感染后3周左右出现,好发于阴茎头、子宫颈及阴唇处,亦可发生于口唇、舌等处。病变处可见质硬、底部洁净、边缘隆起的溃疡,即为硬性下疳。下疳常为单个,直径约1 cm大小。硬性下疳经1个月左右可自行愈合,但梅毒螺旋体仍在体内继续繁殖。

2. 第二期梅毒　病变特点是全身出现广泛性梅毒疹。常于感染2个月后出现。系由潜伏于患者体内的梅毒螺旋体大量繁殖,经血流散布至全身所致。梅毒疹好发于全身皮肤和黏膜,伴全身淋巴结肿大。病灶内可查到梅毒螺旋体,梅毒血清反应强阳性,此期传染性最强。梅毒疹一般也可自愈,但数年后可发展为第三期梅毒。

3. 第三期梅毒　病变特点是形成树胶样肿和瘢痕形成,造成组织器官严重破坏。常发生于感染后4~5年。病变常累及内脏,特别是心血管、中枢神经系统、肝和骨骼,常引起梅毒性主动脉炎、主动脉瘤、主动脉瓣关闭不全、麻痹性痴呆和脊髓痨(主要为脊髓后束变性)等。病变也可累及皮肤黏膜,皮肤树胶样肿破溃可形成溃疡。三期梅毒病灶内难以查到梅毒螺旋体,但梅毒血清反应呈阳性。

(二) 先天性梅毒

先天性梅毒是指孕妇血中的梅毒螺旋体经胎盘感染胎儿所致。胎儿感染后多数夭折，出现流产、早产或死胎。受染的新生儿和早产儿皮肤黏膜可发生广泛性梅毒疹和大片剥落性皮炎。2岁后发病患儿常发育不良、智力低下、身材矮小，可有间质性角膜炎、神经性耳聋及楔形门齿，并有骨膜炎及马鞍鼻等表现。某些患儿感染后可无临床表现，只有血清反应阳性，若不治疗，青春期后可发病。

第10节 获得性免疫缺陷综合征

获得性免疫缺陷综合征(acquired immunodeficiency syndrome, AIDS)是由人类免疫缺陷病毒感染引起的一种致命性传染病，简称艾滋病。以全身性严重免疫缺陷伴机会性感染和(或)继发性肿瘤为特征。临床常表现为发热、乏力、消瘦、全身淋巴结肿大等。自1981年首次报告以来，传播迅速，发病率日增，几乎遍及世界各地。目前尚无理想的治疗药物，故死亡率极高，严重危害人类健康。因此大力实施各种预防措施，对防止艾滋病的流行至关重要。世界卫生组织把每年的12月1日确定为"世界艾滋病日"。

一、病因和发病机制

艾滋病的病原体是人类免疫缺陷病毒(HIV)。艾滋病患者及无症状的病毒携带者是本病的传染源。艾滋病的主要传染途径包括：①性接触传播，为最常见的传播途径；②用污染的针头作静脉注射；③输血和血制品的应用；④母体HIV通过胎盘、哺乳等方式感染婴儿；⑤医务人员的职业性传播，此途径少见。艾滋病的潜伏期长，从病毒感染到出现艾滋病症状，需5年甚至更长时间。

HIV在干燥环境下不能存活，可被一般消毒和清洁剂所灭活。因此，一般认为下列途径并不引起艾滋病的传播：①普通工作场所或学校的接触；②拥抱、握手、咳嗽等一般生活接触；③水、食物、茶杯；④公共浴室、游泳池、厕所；⑤昆虫叮咬。HIV进入人体血液后与$CD4^+$T细胞表面的受体结合进入该细胞，然后整合入宿主基因组，产生新的病毒颗粒而处于潜伏状态。经数月至数年潜伏期后，可被激活而不断复制，导致$CD4^+$T细胞的溶解坏死，病毒释放入血可再感染其他的$CD4^+$T细胞，造成$CD4^+$T细胞的大量破坏而明显减少，进一步引起巨噬细胞、B淋巴细胞的功能紊乱；使机体免疫功能不断下降直至严重免疫缺陷，从而引起机会性感染和恶性肿瘤的发生。

二、病理变化和病理临床联系

(一) 淋巴结改变

这是HIV直接引起淋巴结的原发病变。早期淋巴结肿大，淋巴滤泡明显增生，生发中心活跃;中期表现为滤泡网状带消失,小血管增生;晚期淋巴结明显缩小,淋巴结结构消失,淋巴细胞也消失殆尽,仅有少量巨噬细胞和浆细胞残留。

(二) 机会性感染

机会性感染是指致病力弱的病原体在机体免疫力下降甚至缺陷的特定条件下而发生的严重感染。艾滋病时的机会性感染具有病原体种类多、受累器官多、临床病变复杂等特征,是艾滋病重要的致死原因。常见的病原体有卡氏肺孢子虫、刚地弓形虫、白色念球菌、新型隐球菌等。机会性感染范围广泛,全身各器官均可受累,其中以肺、中枢神经系统、消化道感染最常见。卡氏肺孢子虫性肺炎是艾滋病最常见死亡原因之一,对诊断艾滋病有一定参考价值。

(三) 恶性肿瘤

约 30% 的艾滋病患者可伴有卡波西肉瘤。该肿瘤主要发生于皮肤、黏膜及内脏,以下肢最为多见。这也是艾滋病常见的死亡原因之一。

第11节 阿米巴病

阿米巴病(amoebiasis)是由溶组织内阿米巴原虫感染人体引起的一种肠道寄生虫病,主要侵犯结肠,因临床上常出现腹痛、腹泻、排出暗红色带有腥臭味粪便的痢疾症状,故常称肠阿米巴病或阿米巴痢疾。阿米巴原虫还可经血流移行至肠外组织和器官,引起继发性阿米巴病,以阿米巴肝脓肿最常见。

一、肠阿米巴病

(一) 病因和发病机制

本病的病原体是溶组织内阿米巴原虫。溶组织内阿米巴有包囊和滋养体 2 种形式。滋养体为致病性病原体,无传染性;包囊为传染性病原体。人体多因食入被包囊污染的水和食物而感染该病。包囊囊壁能抵抗胃酸的作用而到达回盲部,在肠液作用下囊内虫体脱囊而出,发育成小滋养体。若结肠功能正常或肠腔环境不适宜,小滋养体即形成成熟包囊随粪便排出,成为传染源。当人体抵抗力降低或结肠功能紊乱时,小滋养体可侵入肠壁,大量繁殖,吞噬红细胞和组织细胞碎片,转变为大滋养体,破坏肠壁组织,引起肠壁溃疡性病变。

溶组织内阿米巴的致病机制尚未完全清楚,主要表现在阿米巴对宿主细胞的溶解破坏作用。可能与滋养体的机械性损伤和吞噬作用、接触性溶细胞作用、细胞毒素作用等因素有关。

(二) 病理变化和病理临床联系

病变主要发生于盲肠和升结肠,其次是乙状结肠和直肠,严重时可累及整个结肠和回肠下段。基本病变是肠壁组织溶解液化为主的变质性炎,以形成口小底大烧瓶状溃疡为特征。可分为急性期和慢性期。

1. **急性期病变** 早期阿米巴滋养体侵入肠黏膜,在肠黏膜表面形成多数隆起的灰黄色针头大小点状坏死或浅表溃疡。随着病变进展,滋养体在黏膜层内不断繁殖,并穿过黏膜肌层进入疏松的黏膜下层,引起广泛的组织坏死。坏死组织液化脱落后形成口小底大的烧瓶状溃疡(图17-5)。溃疡间黏膜基本正常。病变严重时,相邻的溃疡可在黏膜下层互相沟通,形成隧道样病变,其表面黏膜可大块坏死脱落,形成边缘潜行的巨大溃疡。镜下观察:溃疡底部和边缘可见液化性坏死组织,在溃疡边缘与正常组织交界处可找到阿米巴滋养体;病灶周围炎症反应轻微。

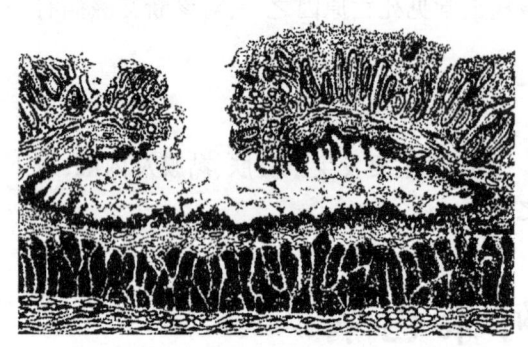

图17-5 肠阿米巴溃疡

急性期临床主要表现为肠道症状。患者多有明显的腹痛、腹泻,大便量较多,因含大量黏液、血液及坏死溶解的组织,粪多呈暗红色糊状,有腥臭味。粪检易找到阿米巴滋养体。由于直肠和肛门病变较轻,故里急后重症状不明显。一般全身症状多较轻微。

急性期经有效治疗多数可治愈,少数病例可出现肠出血和肠穿孔等并发症。治疗不彻底者可转为慢性。

2. **慢性期病变** 此期肠道病变甚为复杂。组织坏死、溃疡形成、肉芽组织增生和瘢痕形成反复交替发生,新旧病变并存,最终使肠黏膜完全失去正常结构。肠黏膜过度增生可导致息肉形成,纤维组织增生使肠壁增厚变硬,可引起肠腔狭窄。少数慢性病例由于肉芽组织增生过多而形成局限性包块,称为阿米巴肿,多见于盲肠,临床应与结肠癌鉴别。

慢性期临床症状多较轻微,患者可有轻度腹泻、腹痛、腹胀和腹部不适等肠道症状,并可出现肠梗阻。久病不愈者可引起贫血、营养不良和消瘦。

二、阿米巴肝脓肿

阿米巴肝脓肿是肠阿米巴病最重要和最常见的合并症。系由阿米巴滋养体侵入肠壁小静脉,经门静脉到达肝脏;有时也可因滋养体从直肠进入腹腔直接入侵肝脏,而引起局部肝组织液化性坏死形成阿米巴肝脓肿。

肉眼观察:阿米巴肝脓肿多位于肝右叶,以单个多见。脓肿大小不等,大者可达小儿头大,几乎占据整个肝右叶。脓肿内容物为液化坏死的肝组织与陈旧性血液混合而成的棕红色果酱样物。脓肿壁不光滑,附有尚未彻底液化坏死的结缔组织、血管、胆管等,呈破棉絮状。镜下观察:脓肿壁为未彻底液化坏死的组织,周围有少量炎细胞浸润,在坏死组织边缘的活组织中可查见阿米巴滋养体。

临床上患者常长期发热,伴有右上腹疼痛、肝肿大及肝区压痛、全身消瘦等表现。阿米巴肝脓肿如继续发展扩大,可穿破周围组织,引起相邻部位的病变,如膈下脓肿、肺脓肿、脓胸等。

细菌性痢疾与阿米巴痢疾的比较见表17-3。

表 17-3　细菌性痢疾与阿米巴痢疾比较表

	细菌性痢疾	阿米巴痢疾
病原体	痢疾杆菌	溶组织内阿米巴原虫
病变部位	以乙状结肠、直肠为主	以盲肠、升结肠为主
病变性质	纤维素性炎症	变质性炎症
溃疡特点	溃疡表浅、弥漫、大小不一、形状不规则肠黏膜呈急性炎症改变	溃疡较深、呈口小底大烧瓶状、病变波及黏膜下层成隧道状 溃疡间黏膜基本正常
临床表现	起病急、毒血症显著、左下腹痛、里急后重明显	起病缓慢、毒血症轻微、右下腹痛、里急后重不明显
粪便检查	排便次数多,量少,黏液脓血便,胶冻状,痢疾杆菌阳性	排便次数少,量多,呈暗红色糊状,腥臭味,可找到阿米巴原虫
并发症	少见	阿米巴肝脓肿等

第 12 节　血吸虫病

血吸虫病(schistosomiasis)是由血吸虫寄生于人体引起的一种地方性寄生虫病。在我国,本病流行于长江中下游 13 个省市。夏、秋季节最易感染。病变主要累及结肠和肝。临床表现为发热、腹痛、腹泻、肝肿大等,晚期可发展为肝硬化。

一、病因和发病机制

我国血吸虫病的病原体是日本血吸虫。血吸虫患者是主要传染源,由人、畜皮肤接触有血吸虫尾蚴的疫水而感染。

血吸虫虫卵随患者或病畜的粪便排入水中后孵化出毛蚴;毛蚴钻入中间宿主钉螺体内发育成尾蚴;尾蚴游动于水中,当人畜与疫水接触时,尾蚴钻入宿主皮肤或黏膜脱去尾部转变为童虫;童虫侵入小静脉或淋巴管,随血流到达右心、肺动脉,再经肺静脉进入左心,通过体循环散布于全身。只有进入肠系膜静脉的童虫,才能发育为成虫,并交配产卵。虫卵可随门静脉血流到达肝,或逆流入肠壁在组织内沉积而引起病变。肠壁内的虫卵可破坏肠黏膜而进入肠腔,并随粪便排出体外,再重演其生活周期。

二、基本病理变化

血吸虫的尾蚴、童虫、成虫和虫卵等不同发育阶段均可引起病变,但以虫卵引起的病变最严重,危害也最大。

(一) 尾蚴引起的病变

尾蚴钻入皮肤后几小时至 2~3 日内,局部皮肤出现奇痒的红色小丘疹,称尾蚴性皮炎,数日后可自然消退。

(二) 童虫引起的病变

童虫移行到肺,可穿破肺泡壁毛细血管进入肺组织,引起血管炎和血管周围炎,表现为肺组织充血水肿、局部点状出血和嗜酸粒细胞浸润。患者可出现咳嗽和痰中带血等症状。

(三) 成虫引起的病变

血吸虫在门静脉系统内生长发育成熟后,其代谢产物可使机体发生贫血、嗜酸粒细胞增多、脾大、静脉内膜炎及静脉周围炎等。

(四) 虫卵引起的病变

虫卵沉积引起的病变是最主要的病变。基本病变为虫卵结节形成。虫卵可随门静脉血流到达肝,停留于门静脉小分支内;也可逆血流进入肠壁肠系膜静脉小分支内引起特征性的虫卵结节形成。

按病变发展过程可将虫卵结节分为2种:

1. **急性虫卵结节**　由成熟虫卵引起。肉眼观察为灰黄色、粟粒大小结节。镜下观察:结节中央常有1~2个成熟虫卵,虫卵表面可见有放射状嗜酸性的棒状体,为虫卵抗原与机体产生的抗体结合形成的抗原抗体复合物。虫卵周围有大量嗜酸粒细胞浸润,并发生坏死,状似脓肿,故称嗜酸性脓肿。随着病变发展,周围有肉芽组织增生,并出现围绕结节呈放射状排列的类上皮细胞层,病变逐步向慢性虫卵结节过渡。

2. **慢性虫卵结节**　急性虫卵结节经过10天左右,虫卵内毛蚴死亡,坏死物质逐渐被吸收清除,虫卵破裂或钙化,其周围出现由巨噬细胞转变而来的类上皮细胞和异物巨细胞,病灶外围为淋巴细胞浸润及肉芽组织增生,此即为慢性虫卵结节(图 17-6),因其形态类似于结核结节,故又称假结核结节。最后结节发生纤维化,其中的卵壳碎片及钙化死卵可长期残留。

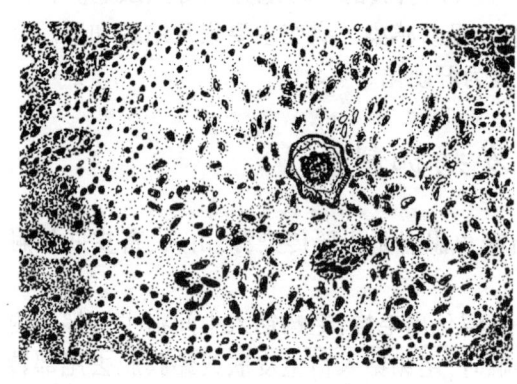

图 17-6　慢性虫卵结节

三、主要器官的病变和病理临床联系

(一) 结肠

病变可累及全部结肠,但以乙状结肠和直肠最为显著。在急性期,虫卵沉积于黏膜内和黏膜下层,引起急性虫卵结节。随后,结节中央坏死破溃,虫卵排入肠腔,局部形成浅表小溃疡,溃疡周围黏膜充血、水肿,并有点状出血。患者可出现腹痛、腹泻、脓便血等症状。粪便中可查见虫卵。

随着病变发展,虫卵结节发生纤维化。晚期,由于虫卵反复沉积,肠黏膜的溃疡和肠壁纤维化反复交替发生,使肠壁增厚变硬,严重者可致肠腔狭窄而引起肠梗阻。部分慢性病人在肠黏膜息肉状增生的基础上,有时可并发结肠癌。

(二) 肝

病变早期,可有较多的急性虫卵结节分布于门管区附近。肉眼观察:肝轻度增大,表面及切面有许多灰白或灰黄色粟粒大小的小结节。镜下观察:见多量典型的急性虫卵结节,结节周围肝细胞可因受压而萎缩,也可有肿胀及小灶性坏死。

慢性期,肝内可见慢性虫卵结节,并发生纤维化。肉眼观察:肝体积缩小,质地变硬,表面不平整,严重者可形成粗大结节。切面可见增生的纤维组织沿门静脉分支呈树枝状分布,称为干线型肝硬化。由于病变主要发生在门管区,肝小叶未遭严重破坏,一般不形成假小叶。由于门静脉分支内虫卵栓塞、静脉内膜炎、血栓形成以及门静脉周围纤维组织增生,使肝内门静脉分支阻塞和受压,造成明显的门静脉高压,患者常出现腹水、巨脾、食管静脉曲张等临床表现。

(三) 脾

早期由于成虫代谢产物引起单核巨噬细胞增生,致脾轻度肿大。晚期则因门静脉高压引起脾淤血,使脾呈进行性肿大,可形成巨脾,重量可达4000g以上,患者常伴有脾功能亢进症状。

第13节 丝 虫 病

丝虫病(filariasis)是由丝虫寄生于淋巴系统引起的慢性寄生虫病。我国中原及东南沿海等省区均有流行。本病由蚊虫传播,5~10月为主要感染季节。人类普遍易感,以农村居民感染率高。临床特征早期主要有淋巴管炎和淋巴结炎,晚期出现淋巴管阻塞,常形成象皮肿。

一、病因和发病机制

在我国,丝虫病的病原体为班氏丝虫和马来丝虫。凡血中有微丝蚴的患者或携带者均是本病传染源。蚊虫为传播媒介。当蚊虫吸吮患者血液时,微丝蚴进入蚊体内发育成为感染性蚴虫。蚊虫再次吸健康人血时蚴虫进入人体,最终到达淋巴管和淋巴结内发育为成虫。雌雄成虫交配后其虫卵发育成微丝蚴,由淋巴系统进入血循环,白天滞留于肺等器官的毛细血管内,夜晚8时至次晨4时出现于周围血液中。这种周期性夜现象提示临床检验微丝蚴的取血时间,以午夜前后为宜。

本病的发病机制一般认为：在急性期，虫体及其代谢和崩解产物都具有抗原性，刺激机体产生变态反应，引起淋巴管炎和淋巴结炎。慢性期淋巴管内皮细胞增生，丝虫成虫阻塞淋巴管，是淋巴管回流受阻的主要原因。

二、病理变化和病理临床联系

丝虫的微丝蚴和成虫均可引起病变，但对人体危害较重的主要是成虫。

（一）淋巴管炎和淋巴结炎

淋巴管炎多发生在较大的淋巴管，尤以下肢最多见，精索、附睾、腹腔内淋巴管及乳腺等处也较常见。肉眼观察：急性淋巴管炎呈一条红线自上而下离心性发展。镜下观察：表现为淋巴管扩张，内皮细胞增生肿胀，大量嗜酸粒细胞浸润及组织坏死，在坏死组织中央可见死亡虫体，形成嗜酸性脓肿。最后死亡虫体被吸收或钙化，肉芽肿逐渐纤维化，引起淋巴管阻塞。

淋巴结炎与淋巴管炎常同时发生，其病变基本相同，可见腹股沟、腘窝、腋窝等处淋巴结肿大。

（二）淋巴系统阻塞的继发性病变

由于淋巴系统阻塞，淋巴回流障碍，出现远心端淋巴管扩张，甚至破裂，淋巴外溢。腹腔淋巴管扩张破裂，可引起腹水；精索、睾丸淋巴管破裂引起睾丸鞘膜积液；胸导管或乳糜池发生阻塞时，乳糜液通过吻合支逆流到泌尿系统淋巴管，这些淋巴管破裂可引起乳糜尿等。如果外溢的淋巴液长期滞留于皮肤和皮下组织，使其增厚变硬、粗糙而有皱褶，外观似大象的皮肤，称为象皮肿，多发生于下肢、阴囊、手臂及女性乳房等处。

实 验 指 导

实验1 细菌形态和结构

一、实验要求

1. 基本掌握显微镜油镜的使用和保护。
2. 学会在油镜下辨认细菌的基本形态和特殊结构。
3. 初步学会细菌标本制作和革兰染色法的操作,并能分析其结果。

二、实验内容与方法

1. 显微镜油镜的使用和保护(操作)
(1) 使用油镜时,保持镜台呈水平状态,不要将镜台倾斜,以免镜油流出,污染镜台。
(2) 以自然光线为光源时,用平面反光镜;用灯光为光源时,用凹面反光镜。
(3) 将载玻片标本放在载物台上,用移动器或固定夹固定。先用低倍镜对好光,然后转换油镜头,放大光圈和升高聚光器。
(4) 在标本上滴一滴香柏油,然后眼睛从侧面观察,慢慢将镜头下降至镜油内,但不要碰到载玻片,以免损伤镜头。
(5) 用左眼注视目镜视野内,先用粗调节器将油镜头缓慢调离玻片至有模糊物象时,然后用细调节器调至物象清晰。观察标本时,宜两眼同时睁开,以减少眼睛疲劳。最好用左眼看镜筒内,右眼配合绘图或记录。
(6) 观察结束,立即用擦镜纸(切不可用手、布或其他纸类)擦去香柏油。如油镜头上油已干,可用擦镜纸蘸少许二甲苯将镜头上的镜油擦干净,再用擦镜纸将残存的二甲苯擦干净。
(7) 最后将物镜转成"八字形",反光镜竖起,下降镜筒和集光器,罩好镜套,放入镜箱内。
(8) 使用显微镜要轻拿轻放,平时放置要注意通风干燥,防霉防晒。
2. 细菌的基本形态和特殊结构观察(示教)
(1) 细菌基本形态观察
① 球菌 葡萄球菌、链球菌、脑膜炎奈瑟菌。
② 杆菌 伤寒杆菌、痢疾杆菌、结核分枝杆菌、炭疽芽孢杆菌。

③弧菌 霍乱弧菌。
(2)细菌特殊结构观察
①鞭毛 伤寒杆菌的鞭毛。
②荚膜 肺炎双球菌的荚膜。
③芽孢 破伤风杆菌的芽孢。
3.细菌标本制作和革兰染色法(操作)
(1)细菌标本制作
基本过程:涂片-干燥-固定

具体操作程序为:以无菌操作将生理盐水各一滴滴于玻片两侧,用接种环分别挑取葡萄球菌和大肠杆菌菌落少许涂于载玻片两侧的生理盐水中,并研成均匀浑浊的菌液(如系液体标本,则不需加生理盐水,直接涂于载玻片上)。置室温中自然干燥,如要节省时间,可将菌液背面置火焰上方不烤手的高处,将载玻片以钟摆速度通过3次,予以烘烤固定,切忌将菌膜烤焦。

(2)革兰染色法 将制备好的标本片按下列步骤进行染色:
1)初染 滴加结晶紫染液初染1 min,水洗。
2)媒染 滴加卢戈碘液媒染1 min,水洗。
3)脱色 滴加95%乙醇脱色,摇摆标本片至无紫色脱下为止,0.5~1 min后水洗。
4)复染 滴加稀释复红复染0.5 min,水洗。用吸水纸吸干,油镜镜检。

染色结果:葡萄球菌染成紫色,系革兰阳性菌(G^+菌);大肠杆菌染成红色,系革兰阴性菌(G^-菌)。

实验2 细菌生理和外界环境因素影响

一、实验要求

1. 初步能辨认细菌在培养基中的生长现象。
2. 通过细菌分布的实验操作,了解细菌在自然界与正常人体分布的特点,树立无菌观念。
3. 了解高压灭菌器的应用及使用注意事项。
4. 通过药物敏感试验的操作,了解药敏试验在临床应用的实际意义。

二、实验内容与方法

1. 细菌在培养基中生长现象的观察(示教)
(1)液体培养基 均匀浑浊生长(葡萄球菌)、菌膜形成(枯草芽孢杆菌)、沉淀生长(链球菌)。
(2)固体培养基 形成菌落和菌苔。观察菌落的大小、形态、透明度、颜色、湿润度、表面和边缘情况及菌落周围有无溶血环等。

(3) 半固体培养基　可用于观察细菌有无动力。痢疾杆菌沿穿刺线生长,穿刺线清晰,周围培养基为透明,动力阴性;大肠杆菌沿穿刺线向周围扩散生长,穿刺线模糊,整个培养基变得混浊,动力阳性。

2. 空气、咽喉部细菌的检查(操作)

(1) 空气中细菌的检查　取普通琼脂平板2个,分别置于实验室内和消过毒的无菌室或超净工作台上,打开平皿盖暴露10 min,盖上平皿盖,做好标记,37℃培养24 h后观察结果。

(2) 咽喉部细菌的检查　取血平板1个,在平板底部正中画一直线分为两部分,分别做好标记,由两位同学用无菌操作分别将咽喉部棉拭子标本涂于血平板表面的相应位置,然后再用接种环画线分离,37℃培养24 h后观察结果。

3. 常用消毒灭菌器介绍(示教)

(1) 高压蒸汽灭菌器　是应用最广的灭菌器凡能耐高温的普通培养基、敷料、手术器械、药品、注射用液体和玻璃器皿等,均可用此法灭菌。

高压蒸汽灭菌器的使用方法与注意事项:

先向外筒内加水,把需灭菌的物品放入内筒内,盖好盖并将螺旋拧紧,打开排气阀开始加热,水沸腾后,排气阀开始排出气体,待筒内空气完全排出,关上排气阀。此时,筒内压力逐渐上升,至压力表显示压力达到103.4 kPa时,此时温度为121.3℃,调节热源,维持15~20 min可达灭菌目的。灭菌完毕,关闭热源,待压力下降至零时,方可开盖取物。

(2) 干烤箱(干热灭菌器)　干烤箱是用两层金属板制成的箱子,中间充以石棉,箱底有热源(电炉),并附有温度计和自动调节器。灭菌时,加热箱内空气,靠空气灭菌。主要用于玻璃器皿、试管、吸管、三角烧杯、油剂、粉剂等灭菌。用时将需灭菌的物品经清洗和晾干之后,整齐排放在箱内,不宜过挤,关闭两层箱门,通电,待温度升到160~170℃,维持2 h,可达到灭菌目的。灭菌完毕,关闭电源,待温度自然下降至50℃以下才能开门取物,以防玻璃器皿骤冷发生爆裂。

4. 紫外线杀菌试验(示教)　取普通琼脂平板一个,均匀密集画线接种大肠杆菌。用无菌镊子把经灭菌的方形纸片帖于平板表面中央部分。打开平皿盖,置紫外线灯下距离20~30 cm处照射30 min,除去纸片,盖好平皿盖,置37℃温箱培养24 h后观察结果。

5. 皮肤消毒试验(操作)

每两名学生用一个琼脂平板,先在平板底部贴上标签纸,纸上分5格,标明序号,两人用未消毒手指分别在1、2格内涂布,然后用2%碘酊消毒手指后再分别涂抹3、4格,余下第5格作为空白对照,盖上皿盖,置37℃温箱培养24 h后观察结果。

6. 药物敏感试验(纸片法,示教)

(1) 取普通琼脂平板1个,在平板底部标记贴药敏纸片的位置。

(2) 用无菌棉拭子蘸取菌液,在培养基表面分别从上、下、左、右四个边缘向培养基中心涂布,以保证菌液涂布均匀。

(3) 待稍干燥后,无菌操作用镊子取药敏纸片,按标记位置贴在涂布细菌的培养基表面,用镊尖压一下,使其贴平,一次贴好,不得移动。纸片一贴上就不可再拿起,因纸片中的药液已扩散到琼脂中。每张纸片中心间距不少于 24 mm,纸片中心距平板边线距离不少于 15 mm。直径为 90 mm 的平板最多贴 6 片。

(4) 贴上纸片后,须在 15 min 内置 37℃温箱培养 24 h 后观察结果。

(5) 结果报告　测量抑菌圈(无细菌生长的环)的直径,结合药物的性质,一般以敏感、中度敏感、耐药 3 个等级报告结果。

实验 3　人体寄生虫

实 验 要 求

1. 蠕虫成虫、虫卵及幼虫形态观察(示教)
2. 中间宿主标本观察(示教)
3. 溶组织内阿米巴标本观察(示教)
4. 粪便直接涂片检查(示教或操作)

实验 4　免疫学基础

实 验 要 求

1. E 花环形成试验(结果示教)
2. 淋巴细胞转化试验(结果示教)
3. 吞噬细胞吞噬现象(结果示教)
4. 抗原抗体反应
(1) 玻片凝集试验(操作)
(2) 试管凝集试验(示教)
(3) ELISA 法检测乙肝表面抗原
5. 常用生物制品观察(示教)

实验 5　组织的损伤、修复与适应

一、目的与要求

1. 通过对以下病变组织的观察,加深对组织损伤、修复与适应的理解。
2. 绘图:镜下细胞水肿、肝脂肪变性或肉芽组织。

二、大体标本观察

1. **肾水肿** 病变肾脏体积增大,包膜紧张,颜色变淡,色泽变浊。
2. **肝脂肪变性** 肝脏体积增大、包膜紧张、边缘圆钝、淡黄色、有油腻的感觉。
3. **肺结核干酪样坏死及空洞形成** 坏死组织崩解彻底,质地松软、略带黄色,似干酪而得名。
4. **肢体干性坏疽** 局部组织含水量少,坏死局部干燥、皱缩,呈黑色,与周围组织分界清楚。
5. **坏疽性阑尾炎** 局部明显肿胀,暗绿色或污黑色。
6. **肾压迫性萎缩** 肾盂积水所致的肾萎缩,肾实质体积缩小,重量减轻,颜色变深。

三、病理切片观察

1. **细胞水肿** 肾小管上皮肤细胞体积增大,胞质内出现很多原来没有的红染的细小颗粒。
2. **肝脂肪变性** HE 染色的切片表现为细胞内出现大小不等的脂肪空泡,严重时融合成一个大空泡,将细胞核推挤到包膜下,状似脂肪细胞。
3. **肉芽组织** 大量新生的毛细血管,与创面垂直,伴有大量的成纤维细胞和炎症细胞。

实验 6 局部血液循环障碍

一、目的与要求

1. 通过观察大体标本及切片,对淤血、血栓形成和梗死等的病理变化有更深刻的认识。
2. 绘图:慢性肝淤血(镜下)或肺出血性梗死(镜下)。

二、大体标本观察

1. **慢性肺淤血** 肺脏体积肿大饱满,呈暗红色,切面挤压有血性泡沫状液体溢出。
2. **慢性肝淤血** 肝体积肿大,包膜紧张、边缘钝圆,质地较硬。肝表面及切面呈红黄相间的花纹状(固定后呈棕褐色与灰黄色相间)。因切面如槟榔,故称"槟榔肝"。
3. **静脉内血栓** 静脉一段,沿纵轴打开静脉壁,管腔内见一暗红条索状物,干燥呈暗红色与灰白色条纹相间,紧附于静脉内膜上,不易剥离。
4. **肾贫血性梗死** 肾组织切面可见呈"△"形灰白色病灶,其尖端指向肾门,底靠近肾被膜,病灶边缘可见暗红色出血带,与正常组织界限清楚。
5. **肺出血性梗死** 梗死灶大致为楔形、尖端指向肺门,底部近胸膜。病灶质实,呈红褐色。

三、病理切片观察

1. **慢性肺淤血** 肺泡壁毛细血管高度扩张充血。肺泡腔内出现粉红色、均质状水肿液。水肿液内可见红细胞和心力衰竭细胞(体积较大,胞浆丰富,胞浆内有棕黄色含铁血黄素颗粒)。

2. **慢性肝淤血** 肝小叶中央静脉及其周围的肝窦扩张、充满红细胞,相邻的肝细胞受压萎缩甚至消失。小叶周边的肝细胞胞浆内可见小而圆的空泡(脂肪变性)。

3. **肺出血性梗死** 梗死区肺组织正常结构消失,仅存有肺泡结构影迹,肺泡腔内充满红细胞。周围肺组织呈淤血改变。

实验7 炎　　症

一、目的与要求

1. 通过观察大体标本及切片,对各类炎症的病理变化有更深刻的认识。
2. 绘图:急性化脓性阑尾炎(镜下)。

二、大体标本观察

1. **纤维蛋白性心包炎** 心包脏层表面被覆一厚层灰白色绒毛状纤维蛋白性渗出物(绒毛心)。

2. **结肠黏膜纤维素性炎** 此标本是由痢疾杆菌引起的病变。结肠黏膜表面覆盖一厚层污秽的糠皮样纤维蛋白性假膜,部分区域假膜脱落形成表浅不一形状不规则的溃疡。

3. **化脓性阑尾炎(急性蜂窝织炎性阑尾炎)** 阑尾明显变粗,浆膜血管高度扩张充血,且被覆一厚层淡黄色渗出物(脓苔)。横切面见管腔扩张,内有脓性渗出物。

4. **肝脓肿** 肝左叶切面有一局限性化脓灶,其直径3 cm,与肝组织界限清楚,脓肿内脓液大部分已在切开时流失。

5. **鼻息肉** 标本呈不规则形,表面光滑,色灰白,半透明,较细部分为肿物的蒂。此为慢性鼻炎患者常见病变。

三、病理切片观察

1. **急性化脓性(蜂窝织炎性)阑尾炎** 阑尾腔内充满坏死组织及脓细胞。阑尾壁各层组织内有大量中性粒细胞浸润,有的粒细胞变性、坏死成为脓细胞,浆膜血管扩张充血。

2. **鼻息肉** 息肉表面被覆假复层纤毛柱状上皮,其内为增生的腺体及结缔组织。结缔组织高度水肿,血管增生、扩张充血,并有各种炎细胞浸润。

实验 8 肿 瘤

一、目的与要求

1. 通过实验,学会用肉眼和借助显微镜分辨良恶性肿瘤。
2. 绘制鳞癌或腺癌镜下图。

二、大体标本观察

1. 皮肤乳头状瘤 肿瘤突起于皮肤表面,呈乳头状,灰白色,有蒂相连。
2. 乳腺癌 乳头下陷,乳头周围皮肤呈橘皮样外观,乳头下肿块呈单发性,灰白色,与周围组织及皮肤相连。
3. 脂肪瘤 黄色脂肪样肿块,质软,有包膜,分叶状。
4. 子宫平滑肌瘤 肿瘤外观呈球形,大小不一,多发性,质较硬,切面肌纤维呈编织状有包膜,灰白色与子宫壁肌肉分界清楚。
5. 卵巢畸胎瘤 肿瘤体积较大,直径多在 15 cm 以上,囊性表面光滑,呈圆形,切面多为单房,囊内含有脂肪、毛发、牙齿等。
6. 卵巢浆液性囊腺瘤 瘤体圆形,表面光滑,切面多为单房,囊内充满清亮透明的浆液。
7. 股骨骨肉瘤 股骨下端骨质已被破坏,局部肿大形成肿块,切面灰白,骨皮质和骨髓腔已被侵犯,与周围组织分界不清。骨皮质和掀起的骨外膜间形成三角形隆起,称 Codman 三角。
8. 原发性肝癌 肝右叶见 1 个巨大肿块,质较硬,切面灰白,与周围分界不清,肿块周围有数个散在灰白色小结节。
9. 转移性肺癌 多个癌结节散在分布在肺表面,灰白色,大小较一致,界线清楚,无包膜。

三、病理切片观察

1. 鳞状细胞癌 癌细胞排列呈大小不等的团块状及条索状,部分癌巢中央可形成同心圆状的角化珠,癌细胞大小不等、形态多样、核大深染,可见病理性核分裂象,间质较少。
2. 腺癌 癌细胞排列成大小不等、形状不一、不规则腺管状结构,腺管有共壁和背靠背现象,癌细胞层次多,核大深染,核膜厚,可见核分裂象。
3. 平滑肌瘤 癌细胞由形状一致的梭形平滑肌细胞细胞构成,排列呈束状,互相交织,核呈长杆状,两端钝圆,似正常平滑肌细胞。
4. 纤维肉瘤 肉瘤由大小不一的梭形或短梭形细胞组成,瘤细胞呈编织状或漩涡状排列,可见核分裂象。

实验 9　呼吸系统疾病

一、目的与要求

1. 观察大体标本　大叶性肺炎(灰色肝样变期)、小叶性肺炎、肺气肿、矽肺、肺癌。
2. 绘画:大叶性肺炎(红色、灰色肝样变期)或小叶性肺炎镜下病变。

二、大体标本观察

1. 大叶性肺炎　红(灰)色肝样变期,病变肺叶肿大,重量增加,暗红(灰白)色,质实如肝,切面颗粒状。病变肺叶的胸膜表面有一层纤维素性渗出物覆盖。
2. 小叶性肺炎　病灶散布在两肺各叶,以背侧和下叶为重。切面病灶质实,暗红色或灰黄色,略隆起,病灶大小不一,多数直径在 1 cm 左右,形状不规则。严重者相互融合成大片。
3. 矽肺　肺表面见圆形或椭圆形,直径 2~5 mm,灰白色,质硬的结节,结节境界清楚,触之有砂样感。肺内不同程度的弥漫性纤维组织增生,矽结节与纤维化的肺组织融合成块,团块中央因缺血坏死液化形成空洞。胸膜可增厚。
4. 肺癌　中央型肺癌肺切面上见肺门附近有灰白色巨大肿块,形状不规则或呈分叶状,与肺组织分界不清,周围有卫星灶;周围型肺癌在肺周边有孤立结节,接近胸膜,呈球形或结节型,无包膜,与周围组织境界较清楚。

三、病理切片观察

1. 大叶性肺炎
(1) 红色肝样变期　肺泡壁的毛细血管扩张充血,肺泡腔内有大量的红细胞和纤维素、少量中性粒细胞和巨噬细胞,纤维素通过肺泡间孔相互连接成网状。
(2) 灰色肝样变期　肺泡腔内充满大量纤维素和中性粒细胞、少量红细胞,肺泡壁毛细血管受压闭塞,处于贫血状态。
2. 小叶性肺炎　病变呈灶状分布,病灶中央的细小支气管管腔内及周围肺泡腔内有大量中性粒细胞和浆液、少量纤维蛋白和红细胞,上皮细胞坏死脱落,管壁充血、水肿。病灶间肺组织基本正常,也可呈代偿性气肿和肺不张。

实验 10　心血管系统疾病

一、目的与要求

1. 通过实验,理解心血管系统疾病时的病理变化和由此产生的临床表现。

2. 绘画:风湿性心肌炎、冠状动脉粥样硬化或高血压病小动脉硬化镜下病变。

二、大体标本观察

1. **慢性风湿性心脏瓣膜病** 二尖瓣赘生物发生机化,瓣膜本身发生纤维化及瘢痕形成,瓣膜病变反复发生,引起瓣膜增厚、变硬、卷曲、短缩,瓣叶间相互粘连,腱索增粗、短缩,最终导致心瓣膜病。
2. **高血压心脏病** 左心室因血压升高,压力负荷增加而发生代偿性肥大,心脏重量增加,左心室壁增厚,乳头肌和肉柱增粗变圆,但心腔不扩张,称向心性肥大。
3. **高血压肾** 双侧肾脏体积缩小,重量减轻,质地变硬,表面呈均匀的弥漫的细颗粒状,切面肾皮质变薄,称原发性颗粒性固缩肾
4. **主动脉粥样硬化** 病变处动脉内膜表面见灰黄色斑块,切面斑块表面见玻璃样变性的纤维帽,其深层为黄色粥糜样物。
5. **冠状动脉粥样硬化** 斑块多发生在血管的心肌侧,呈新月形,使管腔呈偏心性狭窄。
6. **心肌梗死** 梗死边缘不规则,梗死灶先呈苍白色后转为黄色,干燥较硬,四周有充血、出血带。
7. **脑动脉粥样硬化** 病变以大脑中动脉和基底动脉环为重,病变动脉内膜不规则增厚,血管弯曲,管壁变硬,管腔狭窄甚至闭塞,导致脑供血不足,脑组织出现萎缩,大脑皮质变薄。脑回变窄,脑沟加宽。

三、病理切片观察

1. **风湿性心肌炎** 病灶多在心肌间质小血管周围,中央有纤维素样坏死,周围有巨噬细胞增生、聚集,吞噬纤维素样坏死物,形成风湿细胞或称阿少夫细胞;外周还可有少量淋巴细胞、浆细胞浸润,共同构成风湿性肉芽肿,又称风湿小体。风湿细胞体积较大、圆形或多边形,胞浆丰富,核圆形或卵圆形,核膜清晰,染色质集中于中央并丝状向核膜放散,因而核纵切时呈毛虫状,横切时呈鸟眼状。
2. **冠状动脉粥样硬化** 病灶表层为少量胶原纤维、平滑肌细胞,少数弹性纤维及蛋白聚糖形成的纤维帽,纤维下可见大量粉染的不定形物质,其中可见胆固醇结晶及钙化;斑块底部及边缘见肉芽组织及少量泡沫细胞和淋巴细胞浸润,外膜见毛细血管新生,结缔组织增生及淋巴细胞、浆细胞浸润。
3. **高血压病小动脉硬化** 小动脉内膜纤维增生及中膜平滑肌增生。

实验11 消化系统疾病

一、目的与要求

1. 通过实验,能够认识消化系统疾病的病变特征。

2. 绘出急性病毒性肝炎或门脉性肝硬化的镜下简图。

二、大体标本观察

1. **慢性胃溃疡** 胃小弯靠近幽门处可见一圆形或椭圆形溃疡,直径约 2 cm,边缘整齐,状似刀切,溃疡深达肌层,底部平坦,周边黏膜皱襞呈放射状。
2. **急性重型肝炎** 肝体积明显缩小,包膜皱缩,尤以左叶明显,肝脏边缘变薄、变锐。切面呈土黄色或红褐色,均匀致密似脾脏。
3. **亚急性重性肝炎** 肝脏体积缩小,表面不光滑,高低不平,切面见灰白色或黄绿色的结节,结节粟粒至绿豆大小,边界清楚,结节之间纤维间隔较宽,并且宽窄不等。
4. **门脉性肝硬化** 肝脏体积缩小,重量减轻,质地变硬,表面有大小不等的结节状隆起;切面见无数的圆形、类圆形黄色结节;结节大小相仿,结节之间有灰白色较窄的纤维间隔。
5. **坏死后性肝硬化** 肝脏变形明显,表面和切面结节较大,呈现大小不等,最大者直径可达 6 cm,结节之间的纤维间隔较宽,并且宽窄不等。
6. **食管癌(髓质型)** 食管纵剖面见黏膜面有一不均匀增厚、灰白色的肿块,质地较脆,管腔明显狭窄。

三、病理切片观察

1. **慢性胃溃疡** 低倍镜观察:溃疡由内向外分四层:渗出层(为渗出的纤维素和白细胞);坏死层(为一薄层均匀红染无结构的坏死带);肉芽组织层(大量新生的毛细血管和大量的成纤维细胞及炎细胞)瘢痕层(纤维组织增生,玻璃样变;小动脉可见管壁增厚,血栓形成)。
2. **急性(普通型)肝炎** 肝小叶结构仍保留,但肝细胞索排列略乱,大部分肝细胞体积增大,胞浆疏松,甚至透明(气球样变),部分肝细胞脂肪变性。部分肝细胞体积变小,胞浆浓缩红染,有的甚至浓缩为红色的圆形小体(嗜酸性小体)。此外,尚可见点状坏死,坏死仅累及几个肝细胞,坏死周围可见淋巴细胞及单核细胞浸润。
3. **门脉性肝硬化(小结节型)**。低倍镜观察:正常的小叶结构被破坏,有大小不等的肝细胞团块-假小叶。假小叶内肝细胞索排列紊乱,中央静脉偏位、缺如或出现两个中央静脉,汇管区被增生的纤维组织包入假小叶内。高倍镜观察:假小叶内可见脂肪变性及坏死的肝细胞;再生的肝细胞(体积大、核大、深染、可有双核)。增生的纤维组织中有大量淋巴细胞浸润及小胆管增生。

实验 12 泌尿系统疾病

一、目的与要求

1. 观察大体标本:急性弥漫性增生性肾小球肾炎、慢性肾小球肾炎。

2. 绘图:急性弥漫性增生性肾小球肾炎或慢性肾小球肾炎镜下病变。

二、大体标本观察

1. **急性弥漫性增生性肾小球肾炎** 肾体积肿大,包膜紧张,表面光滑,充血明显,色红,称大红肾。有的肾表面及切面可见散在小出血点,似蚤咬状,称蚤咬肾。

2. **慢性肾小球肾炎** 肾体积缩小,质地硬,颜色苍白,表面呈均匀弥漫的细颗粒状;切面皮质变薄,纹理模糊,皮髓质分界不清;包膜粘连不易剥离。

三、病理切片观察

1. **急性弥漫性增生性肾小球肾炎** 低倍镜观察:肾小球体积增大,肾小球内细胞数量明显增多;近曲小管上皮细胞水样变性,肾小管管腔内可出现管型;肾间质充血、水肿并有少量炎细胞浸润。高倍镜观察:肾小球内细胞数量增多,毛细血管狭窄或闭塞,见中性粒细胞和单核细胞浸润。

2. **慢性肾小球肾炎** 部分肾小球纤维化、玻璃样变性,呈均匀红染无结构的小球;所属的肾小管萎缩、消失;间质纤维组织增生及淋巴细胞浸润,病变的肾小球相互靠拢、集中。部分肾小球代偿性肥大,其所属的肾小管扩张,扩张的肾小管内常见管型。

3. **急性肾盂肾炎** 肾盂黏膜血管扩张充血、水肿,并有大量中性粒细胞浸润和脓肿形成。肾小管及周围组织可见多数散在的小脓肿。

实验13 传染病与寄生虫病

一、目的与要求

1. 通过实验,初步认识以下疾病的病变特征:原发性肺结核病、肠伤寒、流行性脑脊髓膜炎、急性结肠血吸虫病、血吸虫性肝硬化。

2. 绘画以下任一病变(镜下):结核结节、肠伤寒、流行性脑髓膜炎、流行性乙型脑炎、血吸虫病虫卵结节、肠阿米巴病。

二、大体标本观察

1. **原发性肺结核病(原发综合征)** 在肺上叶下部(或下叶上部)近胸膜处,见一圆形干酪样坏死病灶,直径1 cm左右;切面灰黄色,质致密。同侧肺门支气管周围淋巴结明显增大,切面呈干酪样坏死。

2. **肠伤寒** 回肠黏膜孤立及集合淋巴小结增生肿胀,隆起于黏膜表面,呈圆形或椭圆形,似脑回状(髓样肿胀期);可发生坏死,坏死处粗糙不平,灰白色无光泽,呈脐状(坏死期);坏死组织脱落后形成圆形或椭圆形溃疡,边缘隆起,底部高低不平,椭圆形溃疡的长轴与肠管平行(溃疡期)。

3. 流行性脑脊髓膜炎　大脑表面脑膜血管扩张充血,蛛网膜下腔有灰黄色脓液堆积,脑沟内尤为明显,使脑沟脑回结构被脓液掩盖而变得模糊不清。

4. 急性结肠血吸虫病　结肠黏膜表面有不规则浅表小溃疡,溃疡周围黏膜充血水肿,可见散在分布的小出血点。

5. 血吸虫性肝硬化　肝体积缩小,质地变硬,表面可见不规则分布的浅沟纹将肝分割成块(地图状分叶肝)。切面可见增生的纤维组织沿门静脉分支呈树枝状纵横排列。

三、病理切片观察

1. 急性粟粒性肺结核(结核结节)　肺组织中有许多大小相似的结核结节散在分布。典型的结核结节中央为干酪样坏死;周围有数量较多的类上皮细胞及1至数个朗汉斯巨细胞,朗汉斯巨细胞体积巨大,胞质内有多个核排列于细胞周边,呈花环状或马蹄状。最外围是成纤维细胞和少量淋巴细胞包绕。

2. 肠伤寒(伤寒小结)　回肠黏膜下淋巴滤泡中有大量巨噬细胞增生(伤寒细胞),聚集成团,形成伤寒小结。伤寒细胞体积大,圆形或椭圆形,胞质内常吞噬有淋巴细胞、红细胞或坏死的细胞碎片。

3. 流行性脑脊髓膜炎　软脑膜血管高度扩张充血,蛛网膜下腔增宽,充满脓性渗出物,其中见大量中性粒细胞、纤维素和少量单核细胞、淋巴细胞渗出。严重者可见近脑膜处神经细胞损伤改变。

4. 流行性乙型脑炎　在脑组织中可见神经细胞肿胀变性或坏死溶解,并有胶质细胞浸润到坏死的神经细胞部位;脑组织中可见筛状软化灶,软化灶内神经组织溶解消失;脑血管扩张充血,有的血管周围有淋巴细胞和单核细胞围绕,形成血管淋巴细胞套;此外,还可见神经胶质细胞弥漫增生,可形成胶质细胞结节。

5. 血吸虫病急性虫卵结节　结节中央可见1~2个成熟虫卵,虫卵表面可见放射状物质。虫卵周围有大量嗜酸粒细胞浸润,并发生坏死,状似脓肿,故称嗜酸性脓肿。

6. 血吸虫病慢性虫卵结节　结节中央可见破裂或钙化的虫卵及卵壳碎片,其周围出现类上皮细胞和异物巨细胞,病灶外围为淋巴细胞浸润及纤维组织增生,形似结核结节,又称为假结核结节。

7. 肠阿米巴病　低倍镜观察:肠黏膜及肠壁有溃疡形成,溃疡呈口小底大烧瓶样,病灶周围炎症反应轻微,溃疡底部有液化性坏死物质。高倍镜观察:在溃疡底部坏死组织与正常组织的交界处可找到阿米巴滋养体。

《疾病学基础》教学大纲

一、性质任务

疾病学基础是介绍人体疾病的病因、发病机制、发展规律以及疾病过程中机体形态结构、功能代谢变化和疾病的转归,从而阐明疾病本质的一门医学基础课程。内容包括免疫学基础、病原生物学和病理学等知识。本课程的任务是使学生掌握学习疾病学基础的方法,学习病因学、发病学、病理学基础理论知识,初步掌握其实践方法,为学习临床课程及预防疾病打好理论基础。

二、教学目标

(一) 基本知识教学目标

1. 理解健康与疾病的概念及两者间的动态连续性。
2. 掌握常见疾病的病原生物的形态结构、发病机制、基本病理变化及与临床的联系和免疫学等基本知识。
3. 了解病因与疾病、局部与整体、形态结构与功能代谢、病理性损伤与生理性防御等的辩证关系。

(二) 能力教学目标是

1. 能辨认常见病原生物的形态结构和常见疾病的病变特点。
2. 能应用理论知识理解、分析常见疾病的临床病变特点。
3. 初步掌握病理与临床的联系。

(三) 思想教育目标是

1. 初步具备认识疾病的辩证思维能力。
2. 具有预防为主的观念,培养良好的职业素质和理论联系实际的科学态度。
3. 具有实事求是的学风和创新意识、创新精神。

三、教学内容和要求

教学内容及要点	教学要求		
	了解	理解	掌握
绪论			
（一）疾病学基础的任务			√
（二）疾病学基础在医学中的地位	√		
（三）学习疾病学基础的指导思想		√	
一、医用微生物学概述			
（一）微生物的概念、种类及与人类的关系			√
（二）细菌的生物学性状与致病性		√	
1. 细菌的形态与结构			√
2. 细菌的生长、繁殖、代谢及变异		√	
3. 微生物的分布	√		
4. 外界因素对微生物的影响			√
5. 细菌的致病性			√
（三）病毒的基本特性、致病性与免疫性			
1. 病毒的基本特性			√
2. 病毒的致病性与免疫性		√	
3. 病毒的微生物学检查及防治原则	√		
（四）常见致病微生物及其他微生物	√		
实验1：细菌形态学检查、标本的制作、革兰染色及结果判断		√	
实验2：细菌的生理与外界环境因素影响		√	
二、人体寄生虫学概述			
（一）人体寄生虫的概念、范畴和任务		√	
（二）寄生虫的生活史		√	
（三）寄生虫的感染方式和途径	√		
（四）寄生虫与宿主的关系	√		
（五）寄生虫的流行特点和防治原则			√
（六）常见人体寄生虫			√
实验：人体寄生虫的大体标本观察及镜下标本观察，粪便直接涂片法		√	
三、心理、社会因素与疾病			
（一）概述	√		
（二）心身疾病的病因学		√	
（三）心身疾病的发病学	√		
（四）几种常见的心身疾病		√	

《疾病学基础》教学大纲

续表

教学内容及要点	教学要求		
	了解	理解	掌握
四、免疫学基础			
（一）免疫系统：免疫器官、免疫细胞、免疫分子			√
（二）抗原的概念与性能、决定抗原免疫原性的因素、医学上重要的抗原种类			√
（三）抗体与免疫球蛋白的概念			√
分子结构、分类、特性与功能		√	
人工制备抗体的种类	√		
（四）补体系统的概念、组成、性质、激活途径与生物学功能		√	
（五）免疫应答的概念、类型基本过程和特点、体液免疫与细胞免疫应答			√
免疫耐受与免疫调节	√		
（六）抗感染免疫的概念与类型、结局		√	
非特异性免疫、特异性免疫			√
五、免疫病理与免疫学应用			
（一）超敏反应的概念、类型、发病机制及常见疾病			√
（二）自身免疫性疾病	√		
（三）免疫缺陷病	√		
（四）免疫学防治			√
（五）免疫学诊断	√		
实验：淋巴细胞、E 花环形成细胞、淋巴母细胞形成、吞噬细胞吞噬现象、玻片凝集试验、试管凝集试验、常用生物制品的观察		√	
六、细胞、组织的适应、损伤和修复			
（一）组织、细胞的适应			
1. 肥大、萎缩、增生、化生的概念			√
2. 肥大、萎缩、增生、化生的病理变化		√	
（二）组织、细胞的损伤			
1. 变性、坏死的概念			√
2. 变性、坏死的类型及病理变化		√	
（三）组织、细胞的修复			
1. 再生的概念、各种组织的再生能力及影响再生的因素	√		
2. 肉芽组织、创伤愈合、骨折愈合		√	
实验：大体标本：肾细胞水肿、肝脂肪变性、肺结核干酪样坏死及空洞形成、肢体干性坏疽、肠或阑尾炎湿性坏疽、肾盂积水所致肾压迫性萎缩		√	
切片标本：肝脂肪变性、肉芽组织	√		
七、局部血液循环障碍			
（一）动脉和静脉性充血的概念、病理变化		√	

续表

教学内容及要点	教学要求		
	了解	理解	掌握
（二）血栓形成的概念、形成条件、类型、转归、对机体的影响		√	
（三）栓塞的概念、栓子的运行途径、类型及后果		√	
（四）梗死的概念、类型、病理变化		√	
实验：大体标本：槟榔肝、慢性肺淤血、脾或肾贫血性梗死、肺出血性梗死、血栓		√	
切片标本：慢性肝淤血、慢性肺淤血	√		
八、炎症			
（一）炎症的概念、原因		√	
（二）炎症的基本病理变化			√
渗出液与漏出液的区别		√	
（三）炎症的局部表现和全身反应		√	
（四）炎症的类型和病理变化			√
（五）炎症的结局	√		
实验：大体标本：变质性炎（急性重型肝炎）、假膜性炎、浆膜纤维素性炎、化脓性炎、脓肿、炎性息肉		√	
切片标本：急性化脓性阑尾炎、炎性息肉、各类炎细胞形态	√		
九、肿瘤			
（一）肿瘤的概念			√
（二）肿瘤的大体形态与结构、异型性		√	
（三）肿瘤的生长、扩散及其对机体的影响		√	
（四）肿瘤细胞的代谢特点	√		
（五）良性肿瘤与恶性肿瘤的区别			√
（六）癌前病变、原位癌和早期浸润癌			√
（七）肿瘤的命名原则、分类，癌与肉瘤的区别		√	
（八）常见组织肿瘤的形态特征和病理临床联系	√		
（九）肿瘤病因学和发病学		√	
（十）肿瘤的病理学检查方法	√		
（十一）肿瘤的防治原则	√		
实验：大体标本：乳头状瘤、腺瘤、乳腺癌、子宫平滑肌瘤、卵巢畸胎瘤、骨肉瘤、原发性肝癌、转移性肺癌、卵巢浆液性囊腺瘤		√	
切片标本：鳞状细胞癌、腺癌、平滑肌瘤、纤维肉瘤	√		
十、水、电解质代谢紊乱			
（一）脱水的概念		√	
（二）脱水的类型、原因及机体变化		√	

《疾病学基础》教学大纲

续表

教学内容及要点	教学要求		
	了解	理解	掌握
（三）高、低钾血症的概念及机体变化			√
（四）水肿的概念、发生基本因素		√	
（五）水肿的常见类型及临床特点		√	
（六）水肿对机体的影响	√		
十一、休克			
（一）休克的概念、原因及类型		√	
（二）发生、发展过程、机制及病理临床联系			√
（三）机体功能代谢变化		√	
（四）重要器官的病理变化		√	
十二、呼吸系统疾病			
（一）慢性支气管炎			
1. 病因及发病机制	√		
2. 病理变化、病理临床联系、并发症			√
（二）慢性肺源性心脏病			
1. 病因及发病机制		√	
2. 病理变化及病理临床联系		√	
（三）肺炎			
1. 肺炎的分类	√		
2. 大叶性肺炎的病因、发病机制		√	
3. 大叶性肺炎的病理变化、病理临床联系、并发症		√	
4. 小叶性肺炎的病因、发病机制		√	
5. 小叶性肺炎的病理变化、病理临床联系、并发症			√
6. 间质性肺炎	√		
（四）尘肺	√		
（五）肺癌的类型、病理变化及病理临床联系	√		
（六）呼吸衰竭			
1. 概念、发病机制		√	
2. 机体功能及代谢变化		√	
实验：大体标本：大叶性肺炎（灰色肝样变期）、小叶性肺炎、肺气肿、矽肺、肺癌		√	
切片标本：大叶性肺炎（红色、灰色肝样变期）、小叶性肺炎	√		
十三、心血管系统疾病			
（一）风湿病			
1. 病因和发病机制、基本病理变化		√	

续表

教学内容及要点	教学要求		
	了解	理解	掌握
2. 心脏病理变化			√
3. 其他组织器官病变	√		
（二）心瓣膜病		√	
（三）亚急性细菌性心内膜炎	√		
（四）心肌炎		√	
（五）高血压病			
1. 高血压的诊断标准		√	
2. 病因及发病机制、类型		√	
3. 分期及各期病理变化			√
（六）动脉粥样硬化			
1. 病因、发病机制		√	
2. 基本病理变化		√	
3. 重要器官的病理变化及后果			√
（七）心力衰竭			
1. 概念		√	
2. 代偿功能、原因及诱因、发生机理		√	
3. 机体主要变化		√	
实验：大体标本：慢性风湿性心脏瓣膜病、高血压心脏病、高血压肾、主动脉粥样硬化、冠状动脉粥样硬化、心肌梗死、脑动脉粥样硬化		√	
切片标本：风湿性心肌炎、冠状动脉粥样硬化、高血压病动脉硬化	√		
十四、消化系统疾病			
（一）慢性胃炎			
1. 慢性浅表性胃炎、慢性萎缩性胃炎的病因	√		
2. 慢性浅表性胃炎、慢性萎缩性胃炎的病理变化及病理临床联系		√	
（二）溃疡病			
1. 病因和发病机制		√	
2. 病理变化、病理临床联系、并发症			√
（三）阑尾炎	√		
（四）病毒性肝炎			
1. 肝炎病毒的生物学特征及发病机制		√	
2. 基本病理变化		√	
3. 临床病理类型及病理临床联系			√
（五）肝硬化			
1. 病因及发病机制	√		

教学内容及要点	教学要求		
	了解	理解	掌握
2. 门脉炎肝硬化的病理变化及病理临床联系			√
（六）食管癌、胃癌、大肠癌、原发性肝癌的病因、病理变化及病理临床联系	√		
（七）肝性脑病		√	
实验：大体标本：胃溃疡、食管癌、胃癌、大肠癌、肝癌、门脉性肝硬化、阑尾炎、亚急性重型肝炎		√	
切片标本：慢性胃溃疡、门脉性肝硬化、急性病毒性肝炎	√		
十五、泌尿系统疾病			
（一）肾小球肾炎			
1. 病因和发病机制、常见肾炎类型		√	
2. 急性弥漫性增生性肾小球肾炎的病理变化及病理临床联系			√
3. 快速进行性（新月体性）肾小球肾炎的病理变化及病理临床联系		√	
4. 慢性肾小球肾炎的病理变化及病理临床联系			√
（二）肾盂肾炎			
1. 概念、病因和发病机制		√	
2. 急、慢性肾盂肾炎的病理变化、病理临床联系		√	
（三）肾功能衰竭的概念、原因和发病机制、机体功能和代谢变化		√	
实验：大体标本：急性弥漫性增生性肾小球肾炎、慢性肾小球肾炎		√	
切片标本：急性弥漫性增生性肾小球肾炎、慢性肾小球肾炎、急性肾盂肾炎	√		
十六、女性生殖系统疾病			
（一）慢性子宫颈炎的病因、病理变化		√	
（二）子宫颈癌的病因、病理变化、病理临床联系		√	
（三）子宫内膜增殖症的病因及发病机制、病理变化、病理临床联系	√		
（四）水泡状胎块		√	
（五）绒毛膜癌的病理变化、扩散和转移、病理临床联系	√		
（六）卵巢常见肿瘤	√		
（七）乳腺癌的病理变化、扩散和转移、病理临床联系		√	
十七、传染病及寄生虫病			
（一）结核病			
1. 病因及发病机制、基本病理变化、转归			√
2. 原发性肺结核病的病理变化及转归		√	
3. 继发性肺结核病的类型及病理变化		√	
4. 肺外器官结核病	√		
（二）伤寒的病因及传染途径、病理变化、病理临床联系、并发症	√		
（三）细菌性痢疾的病因及传染途径、病理变化、病理临床联系		√	

续表

教学内容及要点	教学要求		
	了解	理解	掌握
（四）流行性脑脊髓膜炎的病因及传染途径、病理变化、病理临床联系		√	
（五）流行性乙型脑炎的病因及传染途径、病理变化、病理临床联系	√		
（六）脊髓灰质炎的病因及传染途径、病理变化、病理临床联系	√		
（七）流行性出血热的病因及传染途径、病理变化、病理临床联系	√		
（八）淋病的病因及传染途径、病理变化、病理临床联系	√		
（九）梅毒的病因及传染途径、病理变化、病理临床联系	√		
（十）艾滋病的病因及传染途径、病理变化	√		
（十一）阿米巴病的病因及传染途径、病理变化、病理临床联系	√		
（十二）血吸虫病的病因及传染途径、病理变化、病理临床联系		√	
（十三）丝虫病的病因及传染途径、病理变化、病理临床联系	√		
实验：大体标本：原发性肺结核病、肠伤寒、流行性脑脊髓膜炎、急性结肠血吸虫病、血吸虫性肝硬化		√	
切片标本：结核结节、肠伤寒、流行性脑脊髓膜炎、流行性乙型脑炎、血吸虫病肝脏、血吸虫病肠、肠阿米巴病	√		

四、学 时 分 配

单元		学时数		
		总学时	讲授学时	实验学时
1	绪论	1	1	
2	医用微生物学概述	20	16	4
3	人体寄生虫学概论	8	6	2
4	心理、社会因素与疾病	2	2	
5	免疫学基础	18	14	4
6	细胞、组织的适应、损伤和修复	5	4	1
7	局部血液循环障碍	5	4	1
8	炎症	6	4	2
9	肿瘤	6	4	2
10	水、电解质代谢紊乱	2	2	
11	休克	2	2	
12	呼吸系统疾病	6	5	1
13	心血管系统疾病	6	5	1
14	消化系统疾病	5	4	1

续表

单元		学时数		
		总学时	讲授学时	实验学时
15	泌尿系统疾病	4	3	1
16	女性生殖系统疾病	2	2	
17	传染病及寄生虫病	8	6	2
	机动	8		8
	合计	114	84	30

五、说　　明

1. 由于不同地区疾病谱也不相同，所以课时安排可以根据本地区实际决定。

2. 因为学时有限，部分章节没有安排实验，可将需要实验的内容一起放在其他章节。

3. 应该采用现代化教育手段，结合标本和模型等丰富教学实践，增加学生的感性认识，启发学生进行科学思维。

4. 可采用课堂提问、小测验、实验操作、实验报告和考试等综合评价学生的学习效果和教学效果。

5. 本教材是由病原微生物、人体寄生虫、免疫学基础和病理学融合而成，在教学中要注意相互联系。

主要参考文献

丁运良.2001.病理学基础.北京:人民卫生出版社
黄汉菊.2004.医学微生物学.北京:高等教育出版社
金惠铭,王建枝.2003.病理生理学.第6版.北京:人民卫生出版社
李凡,谷鸿喜,黄敏.2003.医学微生物学.第5版.北京:高等教育出版社
李玉林.2003.病理学(第6版).北京:人民卫生出版社
王建中.2004.疾病学基础.南京:江苏科学技术出版社
王振隆.2003.病理学.北京:中国科学技术出版社
肖运本.1999.免疫学基础和病原生物学.北京:人民卫生出版社
姚秀缤.2002.病原生物与免疫学基础.北京:人民卫生出版社
张艺文.2003.病理学.北京:科学出版社